Kind und Bewegung

Schriftenreihe des Bundesinstituts für Sportwissenschaft
Band 19

Kind und Bewegung

Kinderturnen kritisch betrachtet

Wissenschaftlicher Kongreß
vom 23. bis 26. November 1977 in Berlin

Veranstalter:
Deutscher Turnerbund
Deutsche Turnerjugend
Bundesinstitut für Sportwissenschaft

Redaktion:
Erwin Hahn, Günter Kalb, Lorenz Peiffer

VERLAG KARL HOFMANN SCHORNDORF

Schriftenreihe des Bundesinstituts für Sportwissenschaft, Band 19

Titelaufnahme:

CIP-Kurztitelaufnahme der Deutschen Bibliothek

Kind und Bewegung: Kinderturnen krit. betrachtet; Bericht d. Wissenschaftl. Kongresses vom 23.—26. November 1977 in Berlin / veranst. vom Dt. Turnerbund, d. Dt. Turnerjugend u. d. Bundesinst. für Sportwiss. Red.: Erwin Hahn ...
— 1. Aufl. — Schorndorf: Hofmann, 1978.
(Schriftenreihe des Bundesinstituts für Sportwissenschaft; Bd. 19)
ISBN 3-7780-3091-4

NE: Hahn, Erwin [Red.]; Deutscher Turner-Bund; Deutsche Turnerjugend

Redaktion: Erwin Hahn, Günter Kalb, Lorenz Peiffer

unter Mitwirkung von

Burkhard Amelung, Ulrich Baumann, Ursula Hülsmann, Ulrike Verhoeven,
Inge Westerhoff, Klaus-Helmut Wistokat
vom Lehrstuhl für Sportpädagogik der Universität Münster

Bestellnummer 309

1. Auflage 1978

Verlag Karl Hofmann, 7060 Schorndorf

Gesamtherstellung in der Hausdruckerei des Verlags
Printed in Germany · ISBN 3-7780-3091-4

Inhalt

TEIL I: VORWORTE

WERNER MAIHOFER
Grußtelegramm 11

AUGUST KIRSCH
Vorwort 12

WILLI GREITE
Vorwort 14

TEIL II: REFERATE

DIETRICH KURZ
Bewegungserziehung im Elementar- und Primarbereich 19

HARALD SEEHAUSEN
Bewegungserziehung im Elementarbereich —
aus der Sicht vorschulischer Einrichtungen 33

URSULA VOGT
Bewegungserziehung im Elementar- und Primarbereich —
aus der Sicht des Vereins 39

GERHARD HECKER
Bewegungserziehung im Primarbereich —
Sportunterricht aus der Sicht der Grundschule 47

KLAUS SCHLEICHER
Bewegungserziehung im Elementar- und Primarbereich —
aus der Sicht der Eltern und mit Blick auf die Eltern 55

HANS PETER BLEUEL
„Bewegung gehört halt zur Erziehung ...“ 65

JAKOB MUTH
Stellenwert der Bewegung in der Gesamterziehung des Kindes 70

TEIL III: ARBEITSKREISE

Arbeitskreis 1: Motorische Entwicklung des Kindes

KLAUS WILLIMCZIK
Die motorische Entwicklung des Kindes 79

Robert Decker
Die motorische Entwicklung des Kindes 91

Diskussion des Arbeitskreises 1 101

Arbeitskreis 2: Bewegungserziehung für Behinderte

Paul van der Schoot
Bewegungserziehung mit behinderten Kindern, dargestellt am Beispiel der Hyperaktivität im Kindesalter 102

Friedhelm Schilling
Psychomotorische Erziehung für Behinderte 113

Diskussion des Arbeitskreises 2 125

Arbeitskreis 3: „Sonderturnen" in Schule und Verein 127

Hanns Schoberth
Medizinische Aspekte beim Schulsonderturnen 127

Theo Lautwein
Sonderturnen in Schule und Verein — didaktisch-methodische Orientierung . . 133

Diskussion des Arbeitskreises 3 147

Arbeitskreis 4: Spiel und Kreativität 148

Erwin Hahn
Erziehung zu Spiel und Kreativität 148

Hansjochen Brüggemann
Kreativität im Sportunterricht — Realisierungsproblematik 161

Diskussion des Arbeitskreises 4 171

Arbeitskreis 5: Talentförderung und Leistungsentwicklung

Klaus Carl
Talentförderung — Leistungsentwicklung. Probleme einer frühen Spezialisierung im Training 173

Emil Beck
Talentförderung und Leistungsentwicklung 181

Diskussion des Arbeitskreises 5 186

Arbeitskreis 6: Kooperation vorschulischer Einrichtungen, Schule, Verein und Eltern 187

Günter Hein
Kooperation — aus der Sicht der Schule 187

Annegret Marona
Kooperation — aus der Sicht vorschulischer Einrichtungen 190

Klaus Altpeter
Kooperation — aus der Sicht des Verbandes 194

Diskussion des Arbeitskreises 6 199

Norbert Wolf
Bewegungserziehung für Kinder 201

Willi Greite
Nachwort 212

TEIL IV: DOKUMENTATION

Ilse Reichel
Begrüßung 216

Willi Greite
Begrüßung 219

Rudi Müller
Schlußwort 222

Erwin Hahn
Demonstrationen 223

Lorenz Peiffer
1. Internationale Lehrwoche der Deutschen Turnerjugend
27. bis 30. November 1977, Berlin 233

Biographische Daten der Mitarbeiter und Referenten des Kongresses . . . 235

TEIL V: LITERATUR

Eine Auswahlbibliographie zur Bewegungserziehung in Familie, Kindergarten, Grundschule und Verein 245

Referenten und Teilnehmer des Kongresses: G. Kalb, Nürnberg; R. Müller, Enkenbach; E. Hahn, Köln; R. Decker, Luxemburg; H. J. Fritz, Frankfurt; K. H. Schwirtz, Rheinbach; H. Schulz, Düsseldorf; L. Peiffer, Münster; N. Wolf, Frankfurt; F. Schilling, Marburg (von oben links).

Zeichnungen von Durcetti Ennio, Berlin.

TEIL I

VORWORTE

Grußtelegramm

Dem Wissenschaftlichen Kongreß des Deutschen Turner-Bundes übermittle ich meine besten Grüße. Wir wissen, daß die erzieherischen Werte des Sports weit über die Vermittlung von Bewegungsausgleich, Sozialverhalten und Freude am Spiel hinausgehen. Sport wird damit zu einem wesentlichen Element der Persönlichkeitsbildung. Sport ist in diesem Sinne Träger eines wichtigen pädagogischen Auftrages und verhindert eine einseitig ausgerichtete intellektuelle Bildung. Ich bin überzeugt, daß es dem Kongreß gelingen wird, zahlreiche aktuelle Probleme der motorischen Erziehung und Entwicklung von Kindern und Jugendlichen fundiert darzustellen, gemeinsame Erfahrungen auszutauschen und praxisnahe Lösungsmöglichkeiten zu erarbeiten. Ihren Beratungen und Diskussionen wünsche ich einen guten Verlauf.

WERNER MAIHOFER

Bundesminister des Innern

Vorwort

In einer Zeit der starken Einengung des kindlichen Verhaltens- und Bewegungsraumes durch eine kinderfeindliche Umwelt und angesichts einer zunehmend unter technischen Gesichtpunkten stehenden Wirklichkeit ist es verdienstvoll, einen Kongreß zu organisieren, der sich den Problemen von „Kind und Bewegung" zuwendet.

Aufbauend auf der Zusammenarbeit des Deutschen Turner-Bundes mit dem Bundesinstitut für Sportwissenschaft anläßlich des Wissenschaftlichen Kongresses der 6. Gymnaestrada Berlin 1975 „Die menschliche Bewegung" wurde der Wunsch an uns herangetragen, diesen Kongreß der Turnerjugend mitzutragen. Da eine inhaltliche Folge zu diesem Thema gesehen wurde, aber auch auf einen bewährten Stab von Mitarbeitern zurückgegriffen werden konnte, fiel die Entscheidung nicht schwer.

Schwieriger gestaltete sich die Ansiedlung des Kongresses in der Mitte von Theorie und Praxis. Die eindeutige Zielgruppe des Kongresses waren die Sportlehrer, Kindergärtnerinnen, Sozialarbeiter und Erzieher, die im Kongreß eine Art Praxisanreicherung sehen wollten. Erklärtes Ziel von Deutscher Turner-Bund und Bundesinstitut für Sportwissenschaft konnte jedoch nur sein, wissenschaftliche Erkenntnisse aufzubereiten und darzustellen. In dieser Diskrepanz von Erwartungen und Planungen sollte jene „fruchtbare" Frustration bei den Zuhörern und Zuschauern erzeugt werden, die eigenes Verhalten und pädagogisches Handeln kritisch reflektieren läßt, eigene Lehrmuster überprüfbar macht und so zu einem vertieften Verständnis für Entwicklungsgesetzmäßigkeiten und didaktisch-methodische Möglichkeiten voranschreitet.

Dieser Prozeß einer verstärkten Bewußtmachung und Intellektualisierung konnte während des Kongresses nur angestoßen, soll nun aber mit der Veröffentlichung vertieft werden.

Dieses mittlere Feld zwischen Wissenschaft und Praxis ist nur schwer herzustellen und überzeugend darzubieten. So wurden in dem Angebot der Referate und der Arbeitskreise beide Bereiche nebeneinandergestellt und zu verknüpfen versucht. Dies gelang nicht immer optimal. Neben eine sachlich-nüchterne Berichterstattung trat die reflektierte Praxis, die nicht immer zu präzisen Aussagen und scharfen Trennungen kommen kann. Auch in der Auswahl der Referenten tauchten daher eine Zahl von Problemen auf, die durch eine Reihe bedauerlicher Ausfälle noch verstärkt wurde. Vor allem im Bereich zwischen Wissenschaft und Praxis konnte keine volle Übereinstimmung erzielt werden.

Wenn daher einige Beiträge unseren Vorstellungen nicht voll entsprechen, wurden sie doch in den Bericht aufgenommen, um die Pluralität der Anschauung darzustellen und den gesamten Kongreßablauf zu dokumentieren.

Der Kongreßbericht will aber mehr sein als eine Dokumentation einer Veranstaltung, die mit über 700 Teilnehmern aus 15 Nationen die Erwartung der Kongreßleitung weit übertroffen hat.

Er will als Basis einer fruchtbaren Diskussion dienen, in die alle mit Kindern arbeitenden Erzieher einzubeziehen sind. Daher ist es sehr zu begrüßen, daß Deutscher Turner-Bund und Deutsche Turner-Jugend in ihren Aktionsprogrammen die Arbeit mit diesem Buch als eine Grundlage der Aus- und Weiterbildung für Übungs- und Jugendleiter empfehlen.

Darüber hinaus soll der Band ein erster Beitrag auf dem Gebiete der Bewegungserziehung und des Sports für das „Internationale Jahr des Kindes" sein.

Das Buch soll zum Deutschen Turnfest 1978 in Hannover vorliegen. Wir knüpfen daran den Wunsch, daß die Wirkung dieses Berichtes sich bald positiv auf die Bewegungserziehung unserer Kinder niederschlagen möge.

Prof. Dr. August Kirsch

Direktor des Bundesinstituts
für Sportwissenschaft

Vorwort

„Kind und Bewegung" — das war Leitgedanke und Titel des Kongresses, den der Deutsche Turner-Bund in Verbindung mit dem Bundesinstitut für Sportwissenschaft vom 23. bis 26. November in Berlin durchführte. Diese Formulierung schon erhellt die Grundauffassung von Turnen und Sport, wie sie vom DTB vertreten wird:

Es geht uns nicht nur um „die kindliche Bewegung" oder „die Bewegung des Kindes", so als könne man den jungen Menschen quasi segmentieren in „Bewegung" und „Geist". Im Mittelpunkt aller Bemühungen des DTB steht das Kind und seine ganze Persönlichkeit. Es wird nach der Bedeutung der Bewegung, des Turnens, des Spiels und des Sports für den Prozeß der allseitigen Persönlichkeitsentfaltung im jeweiligen sozialen Umfeld gefragt. Wir richten unser Augenmerk auf die Lebensverhältnisse der Kinder in unserem Land, und wir fragen dabei nach dem Stellenwert der Bewegung. Wir formulieren vor diesem Hintergrund unsere Ziele. Wir beharren auf diesem Anspruch, weil nur das Wissen um ein Ziel der täglichen Arbeit Inhalt und Richtung geben kann.

Der Deutsche Turner-Bund meint, damit ein Problem von gesamtgesellschaftlicher Bedeutung angesprochen und mit seinen Mitteln ein wenig zur Problemlösung beigetragen zu haben. Als Problem gesamtgesellschaftlicher Dimension stellen sich die Lebensverhältnisse der Kinder dar. Noch immer denken viele für den Wohnungsbau Verantwortliche eher an Garagen denn an Kinderspielplätze, werden Kinderzimmer vor allem als Schlafstätte und nicht als Spielzimmer geplant. Berufstätige Mütter sind oft objektives Entwicklungshemmnis für Kinder, weil genügend qualifizierte öffentliche Einrichtungen fehlen, oder Kinder werden für die Familie zum Finanzproblem. Schulen mit zum Teil überfüllten Klassen stellen Lehrer vor schwere Aufgaben, wenn sie den pädagogischen Auftrag, alles für die Entwicklung der Kinder zu tun, ernst nehmen.

Die tägliche Bewegungszeit ist seit langer Zeit Standardforderung für die Schulen, deren Erfüllung noch immer meilenweit entfernt ist. Und schließlich stellen Jugendarbeitslosigkeit und numerus clausus Perspektiven dar, die den un-kindlichen Konkurrenzkampf um gerechte Lebenschancen bereits ins früheste Alter verlagern.

Ohne zu verkennen, daß in vielen Bereichen Verbesserungen für unsere Kinder eingetreten sind, muß doch festgestellt werden: humanere Lebensverhältnisse für unsere Kinder — dies Ziel zu erreichen erfordert noch große Anstrengungen von allen Betroffenen und Beteiligten. Wenn der Kongreß das Bewußtsein darüber verbreitert und vertieft hat, dann hat er Bedeutung gehabt.

Der DTB will diese Frage nicht vom Standpunkt des Erwachsenen lösen, will nicht irgendwie gewonnene Zielvorstellungen auf die Kinder übertragen, sondern er meint, daß Ausgangspunkt aller Überlegungen die objektiven und subjektiven Bedürfnisse der Kinder sein müßten. Kinder brauchen Bewegung — Kinder wollen Bewegung. Gegen diese banale Erkenntnis wird vielfach verstoßen. Man betrachte nur einmal die Stellung der Bewegungserziehung im Gesamt des Erziehungs- und Bildungsangebots. Der Kongreß sollte diesen Gedanken vom „Brauchen“ und „Wollen“ präziser formulieren und damit Analyse und Handlungsanalyse für alle Beteiligten liefern.

Die Kinder in der Bundesrepublik sind die Zukunft unseres Landes — aus dieser einfachen Erkenntnis sollte das Bemühen erwachsen, alles für ihre optimale Entwicklung zu tun. Wenn das hier und heute nicht so ist, liegt das sicherlich daran, daß zu wenig dafür getan wird, Probleme und Bedürfnisse von Kindern in der Öffentlichkeit deutlich zu machen. In einer Gesellschaft, in der Entscheidungen Ergebnis der Austragung formulierter oder nicht formulierter Interessengegensätze sind, muß sich diese Tatsache zu Lasten der Kinder, die auf sich alleine gestellt ihre Rechte nicht wahrnehmen können, auswirken.

Wenn der Kongreß ein Stück Öffentlichkeitsarbeit für die Kinder in der Bundesrepublik geleistet hat, dann ist er von kaum zu überschätzender Bedeutung gewesen. Absicht des DTB war es, sich auch als Interesssenvertreter der Kinder darzustellen.

Wenn Analyse und Perspektive auch immer wieder neu formuliert werden, so ist das Kinderturnen für den Deutschen Turner-Bund doch keineswegs etwas Neues. Kinder waren bereits auf Jahns Turnplatz in der Hasenheide mit dabei. Spätestens in der Weimarer Republik fand das Kinderturnen starken Aufschwung und fand organisatorischen Ausdruck in Gremien aller Ebenen. Mit dem Jahr 1952 fand die Schaffung der institutionellen Grundlagen des Kinderturnens im DTB ihren Abschluß.

Heute turnen in den Vereinen des DTB 1,25 Millionen Kinder. Das Kinderturnen steht in der Verantwortung der Deutschen Turnerjugend. Mit Kinderturnwarten und Kinderturnausschüssen auf allen Ebenen des Verbandes — vom Verein bis zum Bund — sind die organisatorischen Voraussetzungen gelegt.

„Turnen“ heißt im DTB „vielseitige Leibesübungen“, und in den Kinderturnabteilungen der Vereine wird dieser Anspruch vielfach verwirklicht. Um bei der fachspezifischen Gliederung zu bleiben: es wird an den Geräten und am Boden geturnt, Kinder tanzen und spielen, laufen, springen, werfen und schwimmen. Das Besondere des Kinderturnens im DTB besteht also darin, daß es fachübergreifend angelegt ist. Das entspricht auch modernen sportwissenschaftlichen Erkenntnissen, im Kindesalter eine breite Grundlagenausbildung zu betreiben.

Die Tätigkeit der Kinderturnabteilungen beschränkt sich nicht allein darauf. Es wird gesungen, musiziert, gebastelt, überlegt, gesprochen, es werden Feste gefeiert. Die gewählten verbandspolitischen Gremien versuchen diese Arbeit zu unterstützen, indem sie die Jugend- und Übungsleiterausbildung und -fortbildung organisieren, den Erfahrungsaustausch zwischen den Mitarbeitern vertiefen, Materialien und Konzeptionen erarbeiten und Öffentlichkeitsarbeit betreiben. Das Kinderturnen ist ein Herzstück der Turnerjugend. In diesem Sinne war der Kongreß seitens der Veranstalter echtes Anliegen und bewußte Notwendigkeit.

Der Leser selbst kann anhand des Kongreßberichtes überprüfen, ob die gesteckten Ziele erreicht wurden. Der Kongreß diente der Standortbestimmung im Bereich „Kind und Bewegung“; er sollte Perspektiven formulieren und zur Diskussion stellen. Dabei war er so angelegt, daß die Vielfalt des Kinderturnens zum Ausdruck kam: Es geht dem Deutschen Turner-Bund mit seiner Turnerjugend um jedes Kind — das „Jedermann-Kind“, das besonders leistungsstarke — genau so das behinderte und schwache. Es geht uns um motorisches Lernen, um soziales Verhalten, um die Erweiterung von Kenntnissen und Fähigkeiten.

Der Kongreßbericht hält fest, was in den vier Tagen in Berlin gesagt und getan wurde. Er ist damit Leitfaden zur Auswertung des Kongresses, die darin bestehen muß, seine Ergebnisse zu diskutieren und in die Praxis umzusetzen. Mit Veröffentlichung des Berichtes stellt der DTB seine Arbeit zur Diskussion und bietet sich allen interessierten Institutionen, Organisationen und Persönlichkeiten als Partner an. Dabei ist unbenommen, daß die einzelnen Referate in der Verantwortung der jeweiligen Autoren liegen.

Die notwendige Zusammenarbeit im Interesse der Kinder hat sich bereits in der Vorbereitung und Durchführung des Kongresses manifestiert:

Ohne die finanzielle Unterstützung des Bundesministers des Innern und des Senats von Berlin wäre seine Durchführung nicht möglich gewesen. Frau Ilse Reichel, Senatorin in Berlin, trug mit ihren Begrüßungsworten wichtige Aussagen zu den Kongreßinhalten bei. An dieser Stelle sei den verantwortlichen Politikern Dank gesagt.

Wesentlichen Anteil am Gelingen des Kongresses hatte der Berliner Turnerbund, dem an dieser Stelle ein herzliches „Dankeschön" gilt.

Die bewährte Zusammenarbeit mit dem Bundesinstitut für Sportwissenschaft fand auch in diesem Kongreß seinen Ausdruck. Ohne die Mitarbeit dieser Institution hätte viel von dem nicht getan werden können, was den Erfolg des Kongresses ausmachte.

Den Referenten und Arbeitskreis-Leitern sei ebenfalls Dank gesagt: sie stellten sich an exponierter Stelle zur Diskussion und waren maßgeblich an der Formulierung der Kongreßaussagen beteiligt.

Es sei dem Präsidium des DTB gestattet, einen Dank in eigener Sache auszusprechen: dem Kongreßausschuß, in dem ehren- und hauptamtlich Mitarbeiter die Veranstaltung planten und durchführten, den Übungsleitern und Mitarbeitern, die Woche für Woche in ihrer Freizeit in den Kinderturnabteilungen oder in den Verbandsgremien versuchen, ihr bestes zu geben und die im November die Zeit fanden, nach Berlin zu reisen, um sich für unsere gemeinsame Aufgabe weiterzubilden.

WILLI GREITE

Präsident des Deutschen Turner-Bundes

TEIL II

REFERATE

Dietrich Kurz

Bewegungserziehung im Elementar- und Primarbereich

Dieser Beitrag soll einen einleitenden Überblick über den Bereich der Erziehung geben, der auf diesem Kongreß behandelt wird. Das kann kein Überblick über die derzeitige Praxis und ihre Probleme sein (die sind für einen einzelnen nicht zu überblicken) und schon gar nicht eine detaillierte Handlungsanleitung für Praktiker, sondern vorrangig eine Einführung in die Literatur zum Thema. Und die erfordert eine Einführung!

Denn wer sich auf sie einläßt — und das sollte jeder tun, der in diesem Bereich pädagogische Verantwortung trägt —, ist zunächst überrascht von ihrer Vielfalt. Allein ein gutes Hundert deutschsprachiger Buchveröffentlichungen der letzen 15 Jahre gilt ausschließlich oder in großen Teilen diesem Bereich (1); und die meisten von ihnen bieten nicht nur pädagogische Begründungen unterschiedlichster Art, sondern auch handfeste, einfallsreiche, in der Praxis erprobte Anregungen. Erzieher in diesem Bereich — so ist der erste Eindruck — haben es gut: denn an bewährten Hinweisen, was sie alles mit gutem pädagogischem Gewissen tun können, fehlt es wahrhaftig nicht.

Auf den zweiten Blick liegt jedoch gerade darin ein Problem: Niemand — kein Erzieher und keine Erziehungsinstitution — kann alles das, was da nebeneinander vorgeschlagen wird, zusammen in die Praxis umsetzen. Jeder muß auswählen und gewichten. Wenn er jedoch diese Auswahl und Gewichtung nicht dem Zufall überlassen will, wenn er pädagogisch, d. h. in Verantwortung gegenüber der Entwicklung der Kinder, auswählen und gewichten will, dann erscheint dieselbe Literatur, die auf den ersten Blick reichhaltig war, als verwirrend. Denn dann stößt man auf ein ordnungsloses Nebeneinander von Ansätzen, Konzepten und Richtungen, die jedoch großteils — und das vermehrt die Verwirrung — mit mehr oder weniger Nachdruck den Anspruch vertreten, dem Leser *das* Konzept darzustellen. Liest man nur eine Veröffentlichung (und gerät an eine der zahlreichen guten), so ist dieser Anspruch sogar glaubhaft; doch spätestens nach der dritten oder vierten, die mit großer Wahrscheinlichkeit zu jeweils völlig anderen Konsequenzen für die Praxis kommen (und zwar nicht im Detail, sondern im Ganzen) und jeweils wiederum auf der Grundlage einleuchtender pädagogischer Argumente — spätestens dann wird man unsicher, wenn nicht gar mißtrauisch (2).

Von dieser Erfahrung gehen meine folgenden Überlegungen aus. Ich meine nämlich, daß es für die Abgrenzung und Begründung des Erziehungsbereichs, dem dieser Kongreß gilt, tatsächlich mehrere grundsätzlich verschiedene, aber pädagogisch gleichermaßen berechtigte Möglichkeiten gibt, die auch jeweils zu grundsätzlich verschiedenen Konsequenzen für die Praxis führen. Das spiegelt sich schon in den verschiedenen Bezeichnungen, die für diesen Bereich nebeneinander verwandt werden: Bewegungserziehung, Turnen, Sport, Spielerziehung, Rhythmik, Leibeserziehung, psychomotorische Erziehung. Nicht jede dieser Bezeichnungen steht eindeutig für ein fest umrissenes Konzept; aber hinter ihnen werden doch unterschiedliche Grundpositionen sichtbar. Und wenn in den Arbeitskreisen und Praxisdemonstrationen jeweils eine dieser Bezeichnungen bevorzugt wird, dann ist damit zu rechnen, daß jeweils bestimmte pädagogische Begründungen und praktische Vorschläge in den Vordergrund treten. Daher drängt sich der Eindruck auf, bei diesem Kongreß gehe es eigentlich nicht um einen, sondern um mehrere Bereiche der Erziehung. Aber was heißt das eigentlich: Bereiche der Erziehung? Ist Erziehung — zumal bei Kindern — nicht eigentlich etwas Ganzes, Unteilbares? Diese Frage erfordert noch eine kurze Vorbemerkung.

Die Entwicklung von Kindern zu Jugendlichen und erwachsenen Menschen ist ein vielschichtiger Prozeß, dessen Verlauf und Zielrichtung wesentlich von den äußeren Anregungen (Reizen) abhängt, die Kinder erfahren. Keine noch so einfache Kultur überläßt daher die Auswahl dieser Anregungen ganz dem Zufall (oder den Heranwachsenden selbst); überall werden vielmehr auch besondere Maßnahmen in der bewußten Absicht getroffen, Anregungen so auszuwählen oder zu arrangieren, daß die Entwicklung der Heranwachsenden in einer gewünschten Richtung gefördert wird. Solche Maßnahmen können wir unter dem Begriff Erziehung zusammenfassen (3). Je komplexer und unübersichtlicher nun eine Gesellschaft ist, je differenzierter damit die Anforderungen sind, die sie an ihre Mitglieder stellt, desto schwieriger und umfangreicher wird die Erziehung; desto mehr muß sie aus dem übrigen Leben herausgehoben werden in eigene Veranstaltungen; desto mehr ist man geneigt, sie eigenen Erziehungsinstitutionen mit eigens ausgebildeten Erziehern zu übergeben, und desto mehr stellt sich in der Folge die Tendenz ein, den Gesamtprozeß der Erziehung in Bereiche oder Fächer zu zergliedern, weil niemand ihn mehr ganz verantworten kann. Unsere hochentwickelten Industriegesellschaften haben in dieser Beziehung bereits ein Stadium erreicht, in dem neben der Notwendigkeit solcher Institutionalisierung und Ausfächerung der Erziehung auch die Probleme dieser Entwicklung immer deutlicher werden. So haben wir seit einigen Jahren deutliche Symptome dieser Problematik erlebt: die Rufe nach der Entschulung der Schule und nach der Wiederversöhnung der Erziehung mit Erfahrung und Leben, die Einrichtung neuer Schulfächer, die Verschmelzung alter Fächer zu neuen, größeren Einheiten oder auch die vorsichtige Abkehr vom Fachlehrerprinzip in der Grundschule — bevor es richtig eingeführt war (4). Alles das sind Symptome dafür, daß Erziehung nicht von selbst in Fächer zerfällt und daß die Aufgaben dieser Fächer nicht in natürlicher Weise bestimmten Institutionen zukommen.

Die Notwendigkeit jedoch, Erziehung wenigstens zum Teil Institutionen zuzuweisen und auszufächern, besteht trotz solcher Probleme nach wie vor — vermutlich sogar in weiter zunehmendem Maße. *Wie* wir das jedoch machen und wie weit wir dabei gehen, d. h., *wie* wir Erziehung in Bereiche oder Perspektiven einteilen und welche der Aufgaben in diesen Bereichen wir wem zuweisen wollen — das müssen wir von Grund auf neu überdenken.

Und das scheint mir auch ein Kernproblem dieses Kongresses zu sein, und die Kongreßleitung hat alle Voraussetzungen dafür geschaffen, daß dieses Problem auf ihm für alle offensichtlich wird: Sie hat zwar mit „Bewegung" und „Bewegungserziehung" eine einigende Überschrift für die Ausschnitte der Erziehung gesucht, um die es in diesen Tagen gehen soll — aber sie hat auch dafür gesorgt, daß die Referate und Praxisdemonstrationen des Kongresses jedem deutlich vor Augen führen werden, daß es sich hier um verschiedene Perspektiven handelt und nicht um einen in sich geschlossenen Bereich der Erziehung. Die Kongreßleitung hat dieses Hauptreferat auch unter die präzisierende Einschränkung „im Elementar- und Primarbereich" gestellt; eine Einschränkung, die zu unterstellen scheint, alles, was wir unter Bewegungserziehung verstehen können, gehöre vor allem in die Verantwortung der Schule und der vorschulischen Einrichtungen — aber sie hat das Kongreßschema auch darauf abgestellt, daß Sprecher der Vereine, der Eltern und der Öffentlichkeit diesen Eindruck zerstören werden.

Ich springe nun mitten in diese Problematik hinein und behaupte zunächst, daß sich hinter der Bezeichnung „Bewegungserziehung“ mindestens vier Perspektiven der Erziehung mit je eigenen Begründungen und eigenen Maßnahmen verbergen. Diese Perspektiven, die sich mit den Begriffen 1. Gesundheit, 2. Wahrnehmung und Erfahrung, 3. Spiel, 4. Sport vorläufig kennzeichnen lassen, will ich zunächst je für sich beschreiben (5).

Bewegungserziehung unter der Perspektive der körperlichen Gesundheit

Kinder brauchen für eine gesunde körperliche Entwicklung Bewegung. Die Organe des menschlichen Körpers (das Herz, die Lunge, der Kreislauf, die Muskeln), aber auch das Skelettsystem reifen nicht einfach nach einem genetisch angelegten Plan, sondern sie entwickeln sich in weiten Grenzen nach dem Maß ihrer Beanspruchung. Biologische Systeme, die nicht gefordert werden, bleiben unterentwickelt oder entwickeln sich zurück (6).

Das ist z. T. als eine sinnvolle Anpassung an die jeweiligen Lebensbedingungen zu begreifen; wenn jedoch ein gewisses Minimum an Bewegungsreizen unterschritten wird, stellen sich bald krankhafte Symptome ein: Ein Herz, das nicht genügend belastet wird, bleibt nicht nur kleiner, es arbeitet auch unökonomischer und ist störungsanfälliger; Muskeln, die nicht trainiert werden, können bald die Wirbelsäule nicht mehr halten oder das Fußgewölbe; ein Skelett, das während des Wachstums nicht immer wieder auf Zug und Druck belastet wurde, bleibt unterentwickelt (7).

Erwachsene haben in den letzten zehn Jahren gelernt, die praktische Bedeutung solcher Zusammenhänge — und zwar insbesondere für ihr Herz-Kreislauf-System — anzuerkennen. Breite Kreise der Bevölkerung haben erkannt, daß bestimmte Formen der Bewegung nicht nur eine Therapie sein können, wenn die Gesundheit bereits gefährdet oder beeinträchtigt ist, sondern besser noch ein Mittel der Prävention, und sie ziehen Konsequenzen daraus: Trimm-Trab, Radfahren, Schwimmen, Skilanglauf usw.

Für Kinder sind wir hier jedoch vielfach noch anderer Meinung. Kinder — so lautet ein verbreitetes Urteil — verbinden Bewegung nicht mit Gesunderhaltung; das ist vielmehr eine charakteristische Perspektive Erwachsener, an der wir Bewegungserziehung im Kindesalter daher auch nicht orientieren sollten. Diese Meinung hat einen berechtigten Kern, und doch scheint sie mir insgesamt gefährlich. Denn zunächst einmal ist es eine unbestreitbare Tatsache, daß Kinder für eine gesunde Entwicklung sogar viel mehr Bewegung brauchen als Erwachsene für die Erhaltung ihrer Gesundheit. Es ist vielleicht möglich, für Erwachsene rationelle Fitneß-Programme auszuklügeln, die in 2 × wöchentlich 30 min. alle für eine leidliche Gesundheit notwendigen Bewegungsreize enthalten, die es erlauben, den Rest der Woche sitzend und liegend zu verbringen und sich dabei wohlzufühlen. Für Kinder wären solche Programme jedoch nicht nur noch langweiliger, als sie für Erwachsene schon sind; sie wären auch lange nicht ausreichend.

Gesunde Kinder müssen — gleichgültig, aus welchen Motiven — mehrmals täglich ihr Herz-Kreislauf-System und alle ihre Muskeln trainingswirksam belasten, also solche Dinge tun wie rennen, auf Rollschuhen oder Fahrrädern rasen, im Wasser toben, sich balgen, turnähnliche Kunststücke ausprobieren und klettern — oder sie bleiben nicht gesund und können dann auch am Leben der anderen nicht so teilnehmen, wie sie das gern möchten — mit allen nachhaltigen Folgen psychischer, kognitiver und sozialer Art, die das haben kann (8). Diese mehrmals tägliche, gesunde Bewegung haben offenbar mindestens 30 bis 40% unserer Kinder nicht — wenn es stimmt, was in Lehrbüchern des Schulsonderturnens über Haltungs- und Organleistungsschwächen steht (9). Ich will das pädagogische und politische Problem, das damit zusammenhängt, zunächst noch nicht weiter verfolgen, sondern mich erst der zweiten Perspektive der Bewegungserziehung zuwenden:

Bewegungserziehung unter der Perspektive von Wahrnehmungsfähigkeit und Erfahrung

Bewegung ist nicht nur die Grundlage einer gesunden körperlichen Entwicklung; durch Bewegung erfahren Menschen auch vieles über sich und über ihre Umwelt (10). Zumal für Kinder ist Bewegung die erste und lange noch die wichtigste Form der Kommunikation mit der Welt.

Wenn Kinder z. B. mit Reifen hantieren (leichten Gymnastikreifen, schweren Autoreifen oder — noch besser — mit beiden) und sie lassen sie rollen (auf ebener Strecke, bergauf, bergab), austrudeln, über Schanzen springen, laufen hinter oder gehen neben ihnen her, bremsen sie ab, kriechen durch sie hindurch usw.: dann machen sie grundlegende Erfahrungen über Gleichgewicht und Trägheit, über Flugbahnen, Geschwindigkeit und ihren Zusammenhang mit der Geländeform, sie lernen Raumwege zu kalkulieren, Geräusche Bewegungen zuzuordnen, und sie differenzieren ihr eigenes Körperschema (11). Solche Erfahrungen müssen sie nicht mit Reifen gewinnen; manches davon — und auch wieder anderes — erfahren Kinder auch im Umgang mit Bällen, Büchsen, Tonnen, Kisten, Balken, Stühlen, an Tauen und Schaukeln, auf Stelzen oder Rollen, auf Schnee und Eis. Doch immer gewinnen sie solche Erfahrungen nur über die eigene Bewegung; und je vielfältiger die Bedingungen der Bewegung variiert werden, desto differenzierter werden mit den Handlungs- auch die Erfahrungsmöglichkeiten. Diese Grundtatsache, daß die Entwicklung der Bewegungsfähigkeit einerseits und die Entwicklung der Wahrnehmungsfähigkeit und mit ihr die Zunahme der Erfahrung andererseits sich wechselseitig bedingen, ist im Grunde schon lange bekannt (12). Vergleichsweise neu — zumindest für uns in Deutschland — ist jedoch, daß man daraus Konsequenzen für die Praxis der Erziehung ableiten kann, ja, daß daraus ein eigenes Konzept der Bewegungserziehung bei Kindern zu begründen ist — und zwar jenes, dem die Bezeichnung „Bewegungserziehung" mit dem größtem Recht zukommt. Diese Einsicht wurde zuerst in der Sonderpädagogik gewonnen (13).

Es zeigt sich nämlich, daß viele Behinderungen und Beeinträchtigungen im Kindesalter, insbesondere geistige und Lernbehinderungen, Sprachbehinderungen, aber auch Verhaltensstörungen (und wir haben in der Bundesrepublik immerhin eine halbe Million solcher Kinder) sowohl als Folge wie auch als Ursache motorischer Störungen begriffen werden können. Viele dieser Behinderungen kommen jedenfalls im Bewegungsverhalten zum Ausdruck und können über eine Verbesserung des Bewegungsverhaltens wirksam beeinflußt werden.

Die Verallgemeinerung dieser Einsichten auf die Erziehung aller Kinder war nur konsequent. Denn wenn sich offensichtliche Mängel der Wahrnehmungsfähigkeit durch Maßnahmen einer Bewegungserziehung ausgleichen lassen, muß es auch möglich sein, durch eine entsprechende frühzeitige Differenzierung der Bewegungsfähigkeit vorzusorgen, daß zumindest ein Teil dieser Mängel gar nicht erst entsteht. Wie eine Bewegungserziehung unter der Perspektive der Gesundheit nicht erst dann einzusetzen hat, wenn die Gesundheit bereits gefährdet ist, sollte auch eine Bewegungserziehung unter der Perspektive von Wahrnehmung und Erfahrung sozusagen präventiv ausgerichtet sein.

Die Entwicklung der Psychomotorik in Frankreich ist diesen Weg mit Berufung vor allem auf Piaget und Wallon folgerichtig gegangen, und auch deutschsprachige Psychomotoriker wie Kiphard oder Schilling und der Luxemburger Decker betonen in neuerer Zeit immer mehr die Bedeutung dieses Ansatzes für alle Kinder (14). In den Konsequenzen für die Praxis der Bewegungserziehung treffen sie sich in der Bundesrepublik mit einer gerade erst einsetzenden direkten Auswertung PIAGETS sowie z. T. auch mit Anregungen aus dem Umkreis der Rhythmik (15).

Nimmt man solche Strömungen zusammen, so lassen sich aus ihnen Hinweise für die Praxis einer Bewegungserziehung im Kindesalter gewinnen, die grundsätzlich anders sind als die, die man aus der Perspektive der Gesundheit ableiten muß. Es ist zwar bisher nicht gelungen (und kann vielleicht auch gar nicht gelingen), eine inhaltliche Systematik der Erfahrungen zu entwerfen, die Kinder sich durch Bewegung erschließen sollten; und es ist schon gar nicht möglich, etwa einen Katalog der Bewegungen aufzustellen, die Kinder einmal ausgeführt haben müssen.

Einigkeit besteht aber darüber, daß es unter der Perspektive von Wahrnehmung und Erfahrung nicht darauf ankommen kann, bestimmte normierte Bewegungsfertigkeiten zu vermitteln. Entscheidend ist vielmehr, daß Kinder Anregungen erhalten, für immer wieder sich verändernde Umgebungsbedingungen variantenreiche Bewegungsmuster zu entwickeln. Diese Veränderung der Umgebungsbedingungen kann sich insbesondere beziehen auf

— die Umgebung, innerhalb derer man sich bewegt,
— die Objekte, die man bewegt, und
— akustische und optische Signale, nach denen man sich bewegt.

Ich will nur den ersten dieser drei Aspekte etwas erläutern. Hier geht es z. B. darum, ob der Bewegungs-Untergrund etwa fest, locker, nachgebend, schlüpfrig ist, eben, geneigt oder steil, weiträumig oder eng, ob er markante Linien oder Punkte hat, ob und wie der Handlungsraum durch Wasser charakterisiert ist oder durch Griffe und Tritte in der Höhe — denn alles das ermöglicht oder erfordert eigene Bewegungen und erschließt Kindern zugleich je besondere für ihre Entwicklung grundlegende Erfahrungen (16).

Damit wird aber zugleich auch deutlich, daß diese Perspektive der Bewegungserziehung nicht notwendig auf den Rahmen von Unterrichtsveranstaltungen verwiesen ist. Vieles, ja das meiste, erschließen sich Kinder selbst an Böschungen, Pfützen, Gräben, in Sandkuhlen, natürlichen oder künstlichen Höhlen, in Bäumen, ja sogar noch auf Leitern und Straßenpflastermarkierungen, in Treppenhäusern und Hinterhöfen, an Garagenplätzen und Umzäunungen — wenn ihnen so etwas nur zugänglich ist und sie sich dort gefahrlos und ohne Angst vor Strafe bewegen dürfen (17).

Ich breche auch diese zweite Perspektive hier zunächst ab und wende mich der dritten zu.

Bewegungserziehung unter der Perspektive des Spiels

Daß der Entwicklung der Spielfähigkeit im Kindesalter zentrale Bedeutung zukommt, wird heute niemand mehr bestreiten. Obwohl im einzelnen noch erhebliche Unterschiede in der pädagogischen Theorie des Spiels bestehen, herrscht doch Übereinstimmung darin, daß Spielen und Spiele unverzichtbar für die geistige und soziale Entwicklung, aber auch die emotionale Balance des Kindes sind. Diese Bedeutung nimmt — wie interkulturelle Vergleiche zeigen — mit der Komplexität und Unübersichtlichkeit einer Gesellschaft zu. Besonders SUTTON-SMITH hat in seiner integrativen Spieltheorie die Vielfalt der Wirkungen beschrieben, die das Spiel haben kann. Sie lassen sich nach ihm unter zwei Gesichtspunkten zusammenfassen (18):

Spiele haben erstens eine integrative oder sozialisierende Funktion, d. h. sie üben auf einer einfachen und allgemeinen Ebene Handlungsweisen, Fertigkeiten, Rollen usw. ein, die für die jeweilige Gesellschaft wichtig sind; und Spiele haben zweitens eine innovative

Funktion, d. h., in ihnen werden Handlungsalternativen gewonnen und ohne Druck der Ernstsituation erprobt, die man auch einmal anwenden könnte.

Je mehr man solche Wirkungen im einzelnen erkennt, desto größer wird die Verführung, das Spiel auf sie hin zu funktionalisieren, d. h., durch das Spiel auf solche Wirkungen hin quasi hinterrücks zu erziehen, das Spiel für bestimmte Lernziele, etwa für die Förderung bestimmter Faktoren der Intelligenz, für den Sachunterricht, für soziales Lernen, für politische Erziehung usw. als Mittel einzusetzen. Für alles das liegen Beispiele vor. Gerade im Bereich der Bewegungserziehung sind solche spielerischen Einkleidungen und Lernspiele verbreitet, traditionell vor allem für das motorische und nun auch für das soziale Lernen (19). Ich möchte diesen Beispielen nicht folgen, sondern einer eher bescheidenen, dem Spiel gegenüber behutsameren Richtung, die nicht immer auf die durch das Spiel erzielbaren Wirkungen schielt, sondern sich der Spielfähigkeit des Kindes selbst zuwendet und in erster Linie diese entwickeln und differenzieren will (20). Ihre Maxime ist also: je reicher das Spielrepertoire, desto besser für die Entwicklung. Diese Richtung geht, wenn sie die Frage nach der pädagogischen Auswahl der Spiele für Kinder beantworten will, etwa so vor: Sie fragt zunächst, welche Grundmuster, Typen, Ausprägungen des Spiels es gibt; und benutzt die gefundene Systematik der Spiele als Kriterium für die Vollständigkeit der Spielerziehung. Sie fragt dann, ob es nach der Höhe und Komplexität der Anforderungen so etwas wie eine Hierarchie der Spiele gibt, und benutzt diese dann als Kriterium für die methodische Reihung der Spiele.

Es ist mir nicht möglich, diesen beiden Fragen jetzt im einzelnen zu folgen. Ich will aber für jede von beiden eine pädagogische Konsequenz nennen, die schon so ein pragmatischer und bescheidener Ansatz für die pädagogische Auswahl der Bewegungsspiele im Kindesalter hat. In den meisten Systematiken der Spiele bildet das Rollenspiel eine eigene Kategorie, dürfte also in einer Spielerziehung nicht fehlen. Während jedoch in der neueren allgemeinen pädagogisch orientierten Spielforschung gerade die Bedeutung des Rollenspiels betont wird (21), bildet es im Rahmen der Bewegungserziehung ein Randphänomen. Lehrbücher empfehlen vielleicht einmal, Kinder wie Häschen hüpfen oder wie Riesen gehen zu lassen, damit ihr Kreislauf belastet bzw. ihr Fußgewölbe gekräftigt wird. Das ist jedoch nicht die Art von Rollenspiel, um die es in einer Spielerziehung gehen muß. Kinder leben nicht in einer Welt von Häschen und Riesen, sondern unter Menschen, Kindern und Erwachsenen, die unterschiedliche Eigenarten haben, verschiedene Rollen einnehmen und in unterschiedlichen, häufig unübersichtlichen und bedrohlichen Situationen handeln. Solche Situationen vereinfacht und von ihrem Ernst entlastet in verschiedenen Rollen durchzuspielen, bedeutet Handlungsalternativen und damit ein Stück Souveränität zu erwerben.

Dabei hat neben der Sprache die Bewegung eine bedeutsame Funktion. BANNMÜLLER hat mit ihrer szenischen Folge zum Thema „Bilder einer Großstadt" Beispiele gegeben, wie ein pädagogisch durchdachtes Rollenspiel in einer Bewegungserziehung bei Kindern aussehen kann: Da spielen Kinder das Leben auf den Hauptstraßen, auf den Märkten und Spielplätzen einer Stadt, probieren z. B. aus, wie man sich unter einem Polizeihelm bewegt und wie unter einem Damenhut, machen nach, wie Erwachsene sich an der Bushaltestelle drängen oder an der Ladenkasse, oder wie Massen sich in Bewegung setzen, wenn die Ampel grün wird; und sie spielen ihre Träume von dem Kinderspielplatz, der alles enthält, was Kinder sich an Bewegungsmöglichkeiten wünschen (22).

Die zweite Konsequenz dieses pragmatischen Spielkonzepts, die ich nennen will, betrifft die Partei- und Regelspiele. SUTTON-SMITH hat als das wesentliche (und auch für pädagogische Überlegungen entscheidende) Merkmal der Spiele ihre antithetische oder dialektische Struktur beschrieben, ihr Schwanken zwischen zwei Polen. Spiele, so sagt er, bilden grundlegende, unser Leben charakterisierende Gegensätze ab wie Ordnung und Unordnung, Annähern und Zurückweisen, Suchen und Verstecken, Fliehen und Verfolgen, Sammeln und Rauben, Raum gewinnen und Raumgewinn verhindern oder auch (allgemeiner) Erfolg und Mißerfolg haben (23).

Spiele bilden jedoch solche Gegensätze möglichst so ab, daß alle Spieler prinzipiell gleiche Chancen haben, auf der einen wie auf der anderen Seite zu stehen, oder zumindest doch so, daß die Spieler die persönlichen Konsequenzen nicht zu tragen haben, die damit verbunden sind, daß man getroffen, beraubt, gefangen wird oder Mißerfolg hat. Im Gegenteil: ein gelungenes Spiel hebt diese Gegensätze in einer von allen Teilnehmern als spannend und lustvoll empfundenen Weise auf einer höheren Ebene auf (24).

Daß aber ein Spiel in dieser Weise gelingt, ist nicht so sehr Sache des Zufalls, sondern will gelernt sein; und Kinder lernen das nur, indem sie immer wieder Regelspiele spielen, in denen sie diese Dialektik erfahren können — und zwar zunächst Spiele einfacherer, dann allmählich komplexerer Struktur. Auch die großen Sportspiele können diese Dialektik erfahrbar machen; sie enthalten allerdings nur einen Teil der für Regelspiele möglichen Grundgegensätze, und sie enthalten sie in einer so komplexen Interaktionsstruktur und erfordern ein so hohes Fertigkeitsniveau, daß hinter der Fülle dessen, was man lernen muß, um sie spielen zu können, die Dialektik für viele Kinder zunächst unsichtbar bleibt. Es ist daher eine unvertretbare Verarmung, wenn Kinder — wie in Grundschulkonzepten neuerdings immer häufiger vorgesehen — nur noch solche Parteispiele lernen, die als Elemente oder Vorformen der „großen" Sportspiele anzusehen sind (25). Reichhaltige Erfahrungen in Platzsuchspielen, Fangspielen, Staffeln, Versteckspielen, Geländespielen, Zielwurf- und Abwurfspielen, Balltreibespielen, Raufspielen sind für die Entwicklung kindlicher Spielfähigkeit notwendig — auch wenn (nein sogar: gerade weil) ein Teil der Prinzipien, auf denen solche Kleinen Spiele beruhen, im Sport nicht vorkommt (26).

Bewegungserziehung unter der Perspektive des Sports

Die letzten Bemerkungen könnten in dem Sinne mißverstanden werden, hier würde die Auffassung vertreten, Sport sei nichts für Kinder. Das ist nicht der Fall. Es wird vielmehr behauptet: Nicht nur der Sport ist etwas für Kinder, sondern auch das Spiel; und Sport kann für Kinder Spiel sein, aber mit ihm läßt sich das, was Kinder für die Entwicklung ihrer Spielgefähigkeit brauchen, nur z. T. abdecken. Der Sport ist eine Perspektive der Bewegungserziehung für Kinder — eine notwendige —, aber auch nur eine neben mindestens drei anderen.

Diese Behauptung wird erst verständlich, wenn ich sage, was ich hier unter Sport verstehe. Ein sportlicher Wettkampf ist zunächst ein Regelspiel, und der einzige prinzipielle Unterschied gegenüber Kleinen Spielen besteht darin, daß die Regeln des Sports durch internationale Vereinbarungen festgelegt sind, möglichst keine Interpretationsspielräume lassen und durch mächtige Institutionen geschützt werden. Ein Sportler weiß, was er in einer Sportart tun darf und was nicht. Er wird immer beidbeinig abspringen, wenn er über ein Pferd, dagegen einbeinig, wenn er in eine Grube springen wird. Er will einen Ball mit einer Hand prellen und nicht mit beiden, aber nicht bei jedem Schritt, sondern bei jedem zweiten. Diese Beispiele lassen sich endlos vermehren. Sie sollen veranschaulichen: jede Sportart ist durch bestimmte Rahmenbedingungen (Räume und Geräte) charakterisiert und läßt aus den Handlungen, die innerhalb dieser Rahmenbedingungen möglich sind, immer nur wenige, manchmal nur eine einzige, zu (27).

In dieser Begrenzung der Handlungsmöglichkeiten liegt es einerseits begründet, daß keine der drei anderen Perspektiven einer Bewegungserziehung durch den Sport ganz abgedeckt werden kann. Aus ihr erklärt sich andererseits wohl auch die Faszination des Sports: Denn die Einschränkung der Handlungsmöglichkeiten schafft auch Handlungssicherheit; und sie bildet die Grundlage dafür, daß Handlungen eindeutig als Leistungen bewertet werden können und zugleich die Grundlage für die Entwicklung von Souveränität, Meisterschaft und Kunst, die wir ja erst dort erkennen können, wo die einsetzbaren Mittel begrenzt sind. Außerdem bietet erst die Einschränkung der Handlungsmöglichkeiten die Voraussetzung dafür, daß man sich systematisch und langfristig vorbereiten kann: Sport ermöglicht und erfordert Training.

Offenbar fasziniert diese Institution Sport mit ihren Ritualen und ihren Leistungsmaßstäben schon Kinder — und zwar nicht nur deshalb, weil sie auch Erwachsene fasziniert und Kinder auch erwachsen werden wollen; sondern auch deshalb, weil schon Kinder ihr Selbstbewußtsein durch Leistungen aufbauen müssen und der Sport ein hervorragendes Feld ist, Leistungen zu erbringen, deren Anerkennung durch Kinder und Erwachsene gewiß ist. Bewegungserziehung unter der Perspektive des Sports ist daher nicht nur eine Einführung in einen wichtigen Ausschnitt der Erwachsenenwelt, sondern hat schon für Kinder immer auch mit Leistungen zu tun, und das heißt: mit der Suche nach der individuell angemessenen Schwierigkeit, mit Anregung der Hoffnung auf Erfolg, mit realistischer Selbsteinschätzung und fairer Beurteilung der anderen (28).

Was kann und was soll die Schule leisten?

Ich breche hier ab. Denn selbst wenn man es bei diesen vier Perspektiven beläßt und nicht auch noch einige andere, ebenfalls mögliche diskutiert (29), stellt sich nun die Frage: Wie soll man das alles schaffen? Wenn es zutrifft, daß die Bewegungserziehung erst dann vollständig ist, wenn sie

— die für eine gesunde Entwicklung notwendigen Bewegungsreize vermittelt,
— auf Differenzierung der Wahrnehmungsfähigkeit und Verbreiterung der Erfahrung gerichtet ist,
— in die wichtigsten Typen des Spiels an zunächst einfacheren, dann komplexeren Beispielen einführt,
— jene Voraussetzungen schafft, die für eine aktive Beteiligung an der Welt des Sports notwendig sind,

dann braucht man für eine solche Bewegungserziehung nicht nur drei und auch nicht nur sechs, sondern eher zehn oder mehr Wochenstunden. Man brauchte auch andere Räume und Geräte, als wir sie heute in aller Regel haben, man brauchte Lehrkräfte, die anders ausgebildet sind, und dazu andere Lehrbücher (30). So eine Bewegungserziehung ist daher eine Utopie, und noch nicht einmal eine konkrete.

Auf der Suche nach einem Ausweg aus diesem Dilemma empfiehlt es sich, noch einmal zur ersten Perspektive (der der Gesundheit) zurückzugehen, weil sich an ihr das Problem am besten beispielhaft verdeutlichen läßt. Unter dieser Perspektive war das Fazit zunächst gewesen: Kinder müssen mehrmals täglich ihren Kreislauf belasten und alle ihre Muskeln beanspruchen — und zwar jeweils so hoch, daß der für eine Trainingswirkung notwendige Mindestwert erreicht wird. Mehrmals täglich!

Es ist also nicht damit getan, daß wir allen Kindern in zwei oder drei Wochenstunden Schulunterricht ein vielseitiges Bewegungsangebot machen. Jeder Vormittag im Kindergarten, in der Vorschule oder der Schule; jeder Nachmittag in der Familie und mit den

Spielkameraden muß vielmehr immer wieder solche Abschnitte der Bewegung enthalten. Wenn der Tageslauf der Kinder eine altersangemessene Balance von konzentriertem, ruhigem Spielen oder Lernen und ausgelassenem Bewegen aufweist, dann ist für Kinder eine bewußte Bewegungserziehung unter der Perspektive der Gesundheit nicht einmal nötig (31). Kinder tun, wenn nur die Voraussetzungen dafür bestehen, von sich aus, was ihrer Gesundheit gut tut. Kinder tun es noch. Nur wenn wir uns die Wohnungen ansehen, in denen viele Kinder leben müssen, die nähere Umgebung, die ihnen und ihren Spielkameraden ohne Aufsicht zugänglich ist, die Räume, in denen Kindergarten, Vorschule und Schule stattfinden, und die Flächen, auf denen man da Pause machen darf — dann dürfen wir uns nicht wundern, daß heute trotz zwei bis drei Wochenstunden Bewegungsunterricht ein Drittel aller Kinder Organleistungs- und Haltungsschwächen hat.

Besondere Gesundheitsprogramme im Grundschulunterricht, Ausdauerlauf oder Circuittraining im Kindesalter, ja letztlich auch das ganze herkömmliche Schulsonderturnen, sind dann nur noch gut gemeinte, aber doch hilflose Maßnahmen; denn jedes Lehrbuch der Sportmedizin beschreibt, daß eine oder zwei Trainingseinheiten pro Woche bei Kindern die Kraft und die Ausdauer nicht erheblich verbessern. Alle Maßnahmen können, wenn sie überhaupt etwas nützen sollen, nur darauf gerichtet sein, das Bewegungsleben der Kinder insgesamt zu bereichern (32). Und das heißt eben immer zugleich auch: Elternberatung, kinderfreundlicher Wohnungsbau, bewegungsanregende Spielplätze (was leider nicht selbstverständlich ist), bewegungsanregende Pausenhöfe (die sind immer noch seltene Ausnahmen) (33) und erst als allerletztes — wenn wir alles andere nicht ausreichend schaffen — so etwas wie präventive Bewegungserziehung oder Schulsonderturnen, aber dann so, daß es Kinder anregt, das, was sie da lernen, auch von sich aus noch oft zu wiederholen — nicht im Sinn von Hausaufgaben, sondern von Verführungen, denen nachzugeben Spaß macht (34).

Entsprechend könnte man die Argumentation für die zweite und die dritte Perspektive wiederholen. Auch sie erfordern, wenn Eltern die notwendigen ersten Anstöße geben, wenn der Lebensraum der Kinder anregend und bewegungsfreundlich ist und sie Spielkameraden haben, denen etwas einfällt, keine institutionalisierte Erziehung, keinen Unterricht. Kinder können das meiste selbst finden oder von anderen Kindern lernen.

Nur der Sport, die vierte Perspektive, erfordert von einem bestimmten Könnensniveau ab (das unter günstigen Umständen auch im Kindesalter bald erreicht ist) sachgemäße Anleitung durch Erwachsene. Wir könnten es uns also leicht machen — wie es viele tun — und uns im Unterricht (in Vorschule, Schule und besonders im Verein) auf diese Perspektive beschränken. Im Interesse aller der Kinder, die gesundheitliche Schwächen, psychomotorische Defizite oder eine unausgebildete Spielfähigkeit haben, ist das jedoch unverantwortlich; und auch für den Sport bringt es nicht viel ein, weil nämlich Kinder mit gesundheitlichen Schwächen, psychomotorischen Defiziten oder einer unausgebildeten Spielfähigkeit auch keine guten Sportler werden.

Das scheint eine Alternative nahezulegen: Vorrangig sind in jedem Fall die Perspektiven der Gesundheit, der Wahrnehmung und Erfahrung und des Spiels, weil sich Mängel in diesen Bereichen für die gesamte Entwicklung des Kindes unmittelbar nachteilig auswirken — was man für ein geringes Können in Sportarten nicht behaupten kann. Doch auch diese von den Schulsonderturnlehrern, Psychomotorikern und Spieltherapeuten gern vertretene Ansicht verkennt, daß Mängel in den drei ersten Bereichen ja durch Unterricht allein nicht kompensiert werden können. Entscheidend ist, daß es gelingt, auch das Bewegungsleben der Kinder außerhalb des Unterrichts zu bereichern und das gelingt schon bei Grundschülern zumeist am leichtesten und nachhaltigsten durch Sport.

Es gibt also offenbar keine eindeutige Lösung. Bewegungserziehung wird unter den Bedingungen unseres Lebens zum Stückwerk. Kein Erzieher in Kindergarten, Vorschule, Schule, Verein kann die Bewegungserziehung der ihm anvertrauten Kinder ganz leisten — es sei denn, sie ist von den Eltern, den Spielkameraden und einer bewegungsfreundlichen Umwelt schon fast ganz geleistet worden. Was tun?

Ich glaube, es lassen sich trotz dieser zunächst deprimierenden Einsicht doch einige Prinzipien nennen, nach denen jeder, der neben den Eltern mit der Bewegungserziehung von Kindern zu tun hat, in seinem Bereich vorgehen sollte:

1. Jeder Bewegungserzieher trägt in seinem Wirkungsbereich nur einen kleinen Teil zur Entwicklung der Kinder bei. Diesen Teil wird er nur dann sinnvoll nutzen können, wenn er zumindest weiß, was die ihm anvertrauten Kinder außerdem noch an Bewegungsmöglichkeiten und -anreizen haben. Die Unterrichtszeit ist zu kostbar, um mit Dingen gefüllt zu werden, die Kinder auch sonst haben können.
2. Die Wirkung von zwei oder drei Wochenstunden in der Schule oder einer Trainingseinheit im Verein ist eng begrenzt. Sie vermehrt sich, wenn diese Stunden so angelegt sind, daß ihre Anregungen außerhalb weiterwirken. Wir sollten daher in diesen Stunden möglichst viele Anregungen geben, die Kinder auch ohne Anleitung umsetzen können.
3. Bewegungserziehung darf nicht nur im abgegrenzten, mit Normgeräten ausgestatteten Unterrichtsraum stattfinden, sondern muß ihn auch verlassen und Kindern zeigen, was sie in ihrem Wohngebiet mit seinen unnormierten Bewegungsmöglichkeiten tun können.
4. Wenn das Wohngebiet davon nicht genügend bietet, müssen die Bewegungserzieher — Kindergärtnerinnen, Vorschullehrer, Grundschullehrer, Übungsleiter, Kinderwarte — sich dafür einsetzen, daß solche Möglichkeiten geschaffen werden. Wer könnte es sonst mit dem nötigen Sachverstand tun?
5. Wenn es im Wohngebiet nicht sofort gelingt, muß man zumindest im Umkreis des Unterrichts beginnen. Nichts ist erbärmlicher als ein kahler, asphaltierter Pausenhof in einer Grundschule — selbst wenn diese Grundschule ihren Schülern drei Wochenstunden Sport in einer phantastisch ausgestatteten Halle bietet.
6. Bewegungserzieher in Vorschule, Schule und Verein kennen durch ihre Ausbildung oft nur eine oder zwei der beschriebenen Perspektiven der Bewegungserziehung. Eine zentrale Aufgabe der Fortbildung muß es sein, die damit bestehenden Richtungen unter den Bewegungserziehern miteinander ins Gespräch zu bringen. Wenn z. B. die Sportler bei den Psychomotorikern, die Schulsonderturner bei den Spielerziehern in die Lehre gingen (und natürlich auch umgekehrt!), dann wäre im Interesse der ihnen anvertrauten Kinder viel erreicht.

Anmerkungen

1 Eine ausgewählte, für eine erste Übersicht empfehlenswerte Bibliographie zum Bereich der Grundschule bieten Kleine-Tebbe/Brodtmann 1977; für den Vorschulbereich vgl. Deutscher Sportbund 1974, 256—267.

2 Eine eindrucksvolle Gegenüberstellung unterschiedlicher, jedoch durchweg anregender Ansätze und Konzepte findet sich in den beiden entsprechenden Schwerpunktheften der Zeitschrift „Sportwissenschaft" im Jahrgang 7 (1977); Autoren: Bannmüller, Beier/Hecker, Brodtmann, Diem, Ehni, Kirsch, Kleine/Hecker, Retter, Scherler, Schilling, Stübing. — Ein Eindruck von der verwirrenden Vielfalt der Ansätze und Konzepte entsteht aber auch, wenn man nacheinander z. B. folgende neuere deutschsprachige Buchveröffentlichungen durchsieht, die durchweg wertvolle, aber eben jeweils anders orientierte Anregungen für die Praxis geben:

Bach/Haupt 1975, Blumenthal 1976, Cratty 1977, Diem/Kirsch 1975, Fischer 1975, Frostig 1975, Hecker 1974, Kiphard/Leger o. J., Vogt 1975.

3 Eine umfassende, verständlich geschriebene Einführung in den gesellschaftlichen Zusammenhang der Erziehung bietet Kob 1976. Aus der Sicht der Sportpädagogik finden sich anregende Überlegungen bei Brodtmann u. a. 1977.

4 Einige Beispiele für die genannten Tendenzen der pädagogischen Diskussion finden sich z. B. bei Illich 1970, von Hentig 1973, Giel/Hiller/Krämer 1974.

5 Die folgende Beschreibung beansprucht nicht, alle möglichen Orientierungen der Bewegungserziehung im Kindesalter zu erfassen. So verweisen z. B. Kleine/Hecker 1977, Retter 1977, Schleske 1977, aber auch Bauer/Kleindienst 1976, Brodtmann 1977 auf weitere Möglichkeiten, die in diesem Beitrag nicht als eigene Perspektiven dargestellt sind. Die vier hier unterschiedenen Perspektiven liegen auch weder nach den sie charakterisierenden Begriffen noch unter anthropologischen Gesichtspunkten eindeutig auf einer Ebene; keinesfalls bilden sie zusammen so etwas wie ein System der Bewegungserziehung. Sie sind vielmehr in der Literatur aufzufinden und sowohl nach ihren zentralen Begründungen als auch nach ihren praktischen Konsequenzen analytisch voneinander abzuheben. Diese Perspektiven werden jedoch in den vorliegenden Veröffentlichungen nur von wenigen Autoren herausgehoben; viele Beiträge vermischen zwei oder drei von ihnen oder geben eine für das ganze der Bewegungserziehung aus.

6 Zu diesem „Gesetz der Homöostase" in der körperlichen Entwicklung vgl. v. a. Nöcker 1974, bes. 7—14; aber auch z. B. Hollmann/Hettinger 1976, 109—116.

7 Vgl. die Zusammenstellung von verbreiteten Bewegungsmangelerkrankungen bei Mellerowicz/Meller 1975, 85—92; aber auch die ältere, mehr auf Kinder bezogene Darstellung von Hellbrügge/Rutenfranz/Graf 1960.

8 Damit die Argumentation übersichtlich bleibt, ist die Beschreibung der „Perspektive der Gesundheit" hier weitgehend auf den Gesichtspunkt beschränkt, welche positiven Wirkungen Bewegung für die körperliche Entwicklung von Kindern hat. Eine vollständige Beschreibung müßte drei weitere Gesichtspunkte erfassen: 1. die Vermeidung von Verletzungen und Schäden (vgl. Müller 1976), 2. Hygiene; 3. psychosomatische Aspekte der Gesundheit (vgl. z. B. Grupe 1976 b). Das Gesamtkonzept einer in diesem Sinn umfassenden Gesundheitserziehung — allerdings eher orientiert am Jugendalter — wird bei Haag 1971 sichtbar; für die Grundschule finden sich praxisnahe Hinweise, die besonders auch den Gesichtspunkt der Hygiene berücksichtigen, bei Diem/Kirsch 1975, 44—49.

9 Vgl. z. B. das Geleitwort bei Cicurs 1977. Genauere, aber ältere Daten bei Hellbrügge/Rutenfranz/Graf 1960, 19—22. Die verbreitet zu findende Auffassung, das muskuläre und das kardiopulmonale System entwickelten sich bei Kindern (im Unterschied zu Jugendlichen und Erwachsenen) durch endogen gesteuerte Reifungsprozesse, widerspricht den Erfahrungen der Praxis und ließe Programme des Schulsonderturnens, die ja auf der Annahme von Trainingswirkungen beruhen, als absurd erscheinen. Offensichtlich ist jedoch — und das muß auch bei Überlegungen zur Bewegungserziehung im Kindesalter berücksichtigt werden —, daß die Effektivität des Trainings von Kraft und Ausdauer bei Kindern gering ist und erst mit der Pubertät so zunimmt, daß gezielte Maßnahmen für alle Schüler im Rahmen des verpflichtenden Sportunterrichts sinnvoll erscheinen (vgl. Frey 1978). Für das Schulsonderturnen ist diese Tatsache diskutiert bei Volck/Reiber 1977, bes. 9—25.

10 Grundlegend zur Bewegung als Medium der Erfahrung Scherler 1975, Grupe 1976 a.

11 Dieses Beispiel findet sich neben vielen anderen bei Scherler 1975, 146; ähnliche Beispiele auch bei Grupe 1976 a.

12 Die dialektische Einheit von Bewegen und Wahrnehmen (oder: Sensomotorik und Erfahrung) ist ein Grundthema im Werk Piagets; dazu zusammenfassend Scherler 1975, bes. 100—135. Unter anderen Aspekten ist dieses Thema z. B. auch durch Gehlen 1958, bes. 140—353, Merleau-Ponty 1966 und von Weizsäcker 1973 bearbeitet worden.

13 Zum folgenden vgl. bes. die zusammenfassende Darstellung durch Schilling 1977; darüber hinaus Eggert/Kiphard 1972 (darin bes. die Beiträge von Kiphard, Volkamer, Decker, Wiegersma, Rieder) und Müller/Decker/Schilling 1975 (darin bes. die Beiträge von Vayer, Schilling, Wiegersma, Lapierre, J. Azémar, Jetter, Kiphard, Eggert/Schuck).

14 Zur Entwicklung und den Richtungen der französischen Psychomotorik vgl. die informativen Überblickungsdarstellungen Decker 1972, 1976. Beispiele für die Praxis einer auf diesem Konzept beruhenden „psychomotorischen Elementarerziehung" bieten Kiphard/Leger o. J.

15 Vgl. nochmals Scherler 1975. — Praktische Hinweise, die in ganz ähnlicher Weise auf die Erweiterung der Wahrnehmungsfähigkeit und der Erfahrung von Umwelt, Raum und Zeit

abgestellt sind, finden sich bereits in der Rhythmik FEUDELS (dazu zusammenfassend BÜNNER 1971), neuerdings auch in den verwandten Konzepten HASELBACHS (z. B. 1971, 1976) und BANNMÜLLERS (1977 a, b), die jedoch alle den theoretischen Anschluß an die Psychomotorik noch nicht gefunden haben. — Auch in einige neuere Darstellungen der Bewegungserziehung bes. für die Vorschule sind praktische Hinweise eingegangen, die sich aus dieser Perspektive begründen lassen. Hervorzuheben ist hier bes. VOGT 1975, aber auch BACH/HAUPT 1975, FROSTIG 1975 sowie bereits BLUMENTHAL 1970; für die Grundschule enthält ähnliche Aspekte FISCHER 1975.

16 Unterrichtsbeispiele, die in dieser Weise auf Erfahrung mit der Umgebung, innerhalb deren man sich bewegt, abgestellt sind, finden sich u. a. bei BACH/HAUPT 1975, 119—136; BLUMENTHAL 1970, 27—65; KIPHARD/LEGER o. J., bes. 32—34, 38—49, 90—93. Freie Lerngelegenheiten für solche Erfahrungen sind bei SCHERLER 1975, 152 f. und VOGT 1975, 43—47, 61—63, 72—78 beschrieben.

17 Vgl. hierzu bes. SCHERLER 1975, 139—154; aber auch KRAFT 1977, bes. 179—190.

18 Hierzu und zum folgenden vgl. SUTTON-SMITHS bereits in deutscher Übersetzung zugängliche Aufsätze (1973 a, b, 1975). Eine Gesamtdarstellung seiner Spieltheorie in deutscher Sprache, die auch über seine bereits vorliegenden englischsprachigen Überblicksdarstellungen hinausgeht, ist in Vorb.: SUTTON-SMITH 1978.

19 Unter den neueren Veröffentlichungen, die in diese Richtung gehen, d. h. das Bewegungsspiel möglichst als Mittel zielgerichteter Erziehung einsetzen möchten, sind besonders anregend: CRATTY 1977, CACHAY/KLEINDIENST 1976 sowie — wenn auch in der Tendenz vorsichtiger — BLUMENTHAL 1976.

20 Vgl. dazu den Forschungsbericht A. FLITNERS (1975), der als typischer Vertreter dieser pragmatischen Richtung der Spielpädagogik u. a. SMILANSKY und DAUBLEBSKY beschreibt.

21 Vgl. z. B. FLITNERS Sammelband zum Kinderspiel (1976) und DAUBLEBSKY (1976).

22 BANNMÜLLER 1977 a, bes. 134—149 — Beispiele für pädagogisch durchdachte Rollenspiele, die vorwiegend auf der Ausdrucksfähigkeit der Bewegung beruhen, finden sich auch bei HASELBACH 1971, 179—218; 1976, 114—120.

23 Dazu vgl. SUTTON-SMITH 1973a; weiter entwickelt in SUTTON-SMITH 1978.

24 Vgl. dazu auch die anregende Deutung des Spiels bei GOFFMAN 1973.

25 Das methodisch sehr gut aufgebaute, in sich konsequente Spielkonzept von HAGEDORN u. a. 1972 bildet — wenn es für die gesamte Spielerziehung in der Primarstufe stehen soll — ein anschauliches Beispiel dieser Verarmung.

26 Die vielfältigen Varianten „Kleiner Spiele“ (vgl. noch immer WIEMANN 1974), die aus dieser Sicht pädagogisch notwendig sind, geraten in neuerer Zeit immer mehr in Vergessenheit oder werden nur unter dem Gesichtspunkt der Konditionsverbesserung (KREIDLER 1970) oder zur Vorbereitung auf die großen Sportspiele (richtungsweisend bereits HILMER 1969, bes. 153—183) gesehen. Für eine Spielerziehung, die gerade die kleinen Spiele wieder ernst nimmt, hat sich in jüngster Zeit bes. SCHERLER (1977) eingesetzt.

27 Diese Abhebung des Sports als einer besonders institutionalisierten Form des Spiels beruht v. a. auf SUTTON-SMITH 1978; sie ist etwas weiter ausgeführt und belegt bei KURZ 1977, bes. 57—64, 88—93.

28 Autoren, die für die Bewegungserziehung im Kindesalter den Begriff „Sport“ verwenden, haben diesen Zusammenhang mit einem — pädagogisch interpretierbaren — Leistungsbegriff betont. Vgl. bes. DIEM 1973, bes. 40—56; DIEM/KIRSCH 1975, 64—70; GABLER/GRUPE 1975, 202 f.; HECKER 1971, 1974; KLEINE/HECKER 1977.

29 Vgl. Anm. 5.

30 Unter den bisher vorliegenden Lehrbüchern ist keines ausdrücklich auf die Verbindung der hier unterschiedenen vier Perspektiven ausgerichtet. Praktische Hinweise, die die Vielfalt dessen, was unter diesen vier Perspektiven wichtig wäre, einigermaßen repräsentieren, bieten am ehesten BACH/HAUPT 1975, FISCHER 1975.

31 Die Aufgabe der Schule „unter dem Horizont der Hygiene“ hat WILHELM 1969, 416—422, eindringlich beschrieben: Die Schule muß selbst ein Modell sein für einen sinnvollen Ausgleich von Arbeit und Muße.

32 Das ist die konsequente Ausrichtung bei VOGT 1975.

33 Die Misere unserer Schulhöfe beschreibt eindringlich KRAFT 1977; dieses lesenswerte Buch gibt auch ausgezeichnete, praxisnahe Anregungen, wie sich das Pausengelände als Bewegungsraum gestalten läßt und wie sich solche Vorstellungen politisch durchsetzen lassen.

34 Erste Überlegungen, wie die Wirkungslosigkeit des herkömmlichen, auf bestenfalls zwei Stunden Unterricht beschränkten Schulsonderturnens überwunden werden kann, finden sich bei VOLCK/REIBER 1977.

Literatur

BACH, F. / HAUPT, U.: Lernbereich Sport. Bewegungserziehung der 4- bis 6jährigen. München 1975.

BANNMÜLLER, E.: Realitätserfahrungen im Sportunterricht der Grundschule. Diss. Tübingen 1977 (a).

BANNMÜLLER, E.: Schritte zu einem „offenen Bewegungskonzept" für die Grundschule. In: Sportwissenschaft 7 (1977), 374—385 (b).

BAUER, D. / KLEINDIENST, C.: Soziale Erziehung im Schulsport. Unterrichtsversuche in einem dritten Schuljahr. In: sportunterricht 25 (1976), 224—227 u. 262—268.

BAUMANN, S. / GEBHARD, U.: Sport in der Grundschule II. München 1976.

BAUMANN, S. / GEBHARD, U.: Sport in der Grundschule I. Studienmaterial zum Medienverbundkurs Lehrerkolleg „Sport in der Grundschule". München 1977.

BLUMENTHAL, E.: Vorschulturnen an Geräten. Ein Beitrag zur Entwicklungsförderung der 3- bis 5jährigen. Schorndorf 1970.

BLUMENTHAL, E.: Bewegungsspiele für Vorschulkinder. Ein Beitrag zur Entwicklungsförderung der 3- bis 5jährigen (1973). Schorndorf 1976[2].

BRODTMANN, D.: Kommunikation und Kooperation im Sportunterricht. In: Die Grundschule 9 (1977), 452—457.

BRODTMANN, D. u. a.: Sportpädagogik — Rückzug ins Denken oder Anleitung zum Handeln? In: Zeitschrift für Sportpädagogik 1 (1977), 8—37.

BÜNNER, G.: Rhythmik — Rhythmisch-musikalische Erziehung. In: BÜNNER, G. / RÖTHIG, P.: Grundlagen und Methoden rhythmischer Erziehung. Stuttgart 1971, 73—99.

CACHAY, K. / KLEINDIENST, C.: Soziales Lernen im Sportunterricht. In: Sportwissenschaft 5 (1975), 339—367.

CACHAY, K. / KLEINDIENST, C.: Soziale Lernprozesse im Sportspiel. In: Sportwissenschaft 6 (1976), 291—310.

CICURS, H. (Red.): Lehr- und Arbeitsbuch Sonderturnen. Bonn 1977[5].

CRATTY, B. J.: Aktive Spiele und Soziales Lernen. Ravensburg 1977.

DAUBLEBSKY, B.: Spielen in der Schule. Vorschläge und Begründungen für ein Spielcurriculum. Stuttgart 1976[4].

DECKER, R.: Praxis und Theorie der psycho-motorischen Erziehung bei behinderten und normalen Kindern in Frankreich. In: EGGERT/KIPHARD 1972, 68—97.

DECKER, R.: Die psychomotorische Erziehung im Kindes- und Jugendalter. In: HAHN/PREISING 1976, 139—157.

Deutscher Sportbund (Hrsg.): Bewegung, Spiel und Sport im Elementarbereich. 6. Werkwoche. Malente 1974.

DIEM, L.: Sport für Kinder. München 1973.

DIEM, L. / KIRSCH, A.: Lernziele und Lernprozesse im Sport der Grundschule. Frankfurt 1975.

DIEM, L. / SCHOLZMETHNER, R.: Schulsonderturnen. Frankfurt 1974.

EGGERT, D. / KIPHARD, E. J.: Die Bedeutung der Motorik für die Entwicklung normaler und behinderter Kinder. Schorndorf 1972.

FISCHER, H.: Turnen und Sport in der Schule. Band 2: 1.—4. Schuljahr. Basel 1975.

FLITNER, A.: Untersuchungen zur Förderung des Kinderspiels. In: Zeitschrift für Pädagogik 21 (1975), 441—448.

FLITNER, A. (Hrsg.): Das Kinderspiel. München 1976[3].

FREY, G.: Entwicklungsgemäßes Training in der Schule. In: Sportwissenschaft 8 (1978) (i. Dr.).

FROSTIG, M.: Bewegungserziehung. München/Basel 1975.

FREY, G.: Zur Altersplazierung von Trainingsinhalten. In: Sportwissenschaft 8 (1978).

GABLER, H. / GRUPE, O.: Bewegung, Bewegungsspiel und Sport (Begründungen und Vorschläge). In: Gutachten und Studien der Bildungskommission 48/1: Die Eingangsstufe des Primarbereichs, Band 2/1: Spielen und Gestalten. Stuttgart 1975.

GEHLEN, A.: Der Mensch. Seine Natur und seine Stellung in der Welt. Bonn 1958.

GIEL, K. / HILLER, G. G. / KRÄMER, H.: Stücke zu einem mehrperspektivischen Unterricht. Aufsätze zur Konzeption 1. Stuttgart 1974.

GOFFMAN, E.: Interaktion: Spaß am Spiel/Rollendistanz (1961). München 1973.

Grupe, O.: Was ist und was bedeutet Bewegung? In: Hahn/Preising 1976, 3—19 (a).
Grupe, O.: Leibeserziehung und Erziehung zum Wohlbefinden. In: Sportwissenschaft 6 (1976), 355—373 (b).
Haag, H.: Die amerikanische Gesundheitserziehung. Schorndorf 1971.
Hagedorn, G. / Bisanz, G. / Duell, H.: Das Mannschaftsspiel — Sport in der Primarstufe 3. Frankfurt 1972.
Hahn, E. / Preising, W. (Red.): Die menschliche Bewegung — Human Movement. Schorndorf 1976.
Haselbach, B.: Tanzerziehung. Stuttgart 1971.
Haselbach, B.: Improvisation, Tanz, Bewegung. Stuttgart 1976.
Hecker, G.: Leistungsentwicklung im Sportunterricht. Weinheim 1971.
Hecker, G.: Aufgabenkanon für 100 Sportstunden im 1. und 2. Schuljahr. Schorndorf 1974.
Hellbrügge, Th. / Rutenfranz, J. / Graf, O.: Gesundheit und Leistungsfähigkeit im Kindes- und Jugendalter. Stuttgart 1960.
Hentig, H. von: Schule als Erfahrungsraum? Stuttgart 1973.
Hilmer, J.: Grundzüge einer pädagogischen Theorie der Bewegungsspiele. Hannover usw. 1969.
Hollmann, W. / Hettinger, Th.: Sportmedizin. Arbeits- und Trainingsgrundlagen. Stuttgart 1976.
Illich, I.: Entschulung der Gesellschaft. München 1970.
Kiphard, E. J. / Leger, A.: Psychomotorische Elementarerziehung. Ein Bildbericht. Gütersloh o. J.
Kleine, W. / Hecker, G.: Zur Förderung der Leistungsmotivation und der Sportmotorik im Sportunterricht der Grundschule. In: Sportwissenschaft 7 (1977), 63—76.
Kleine-Tebbe, M. / Brodtmann, D.: Sportunterricht im Primarbereich. In: Zeitschrift für Sportpädagogik 1 (1977), 187—208.
Kob, J.: Soziologische Theorie der Erziehung. Stuttgart usw. 1976.
Kraft, P.: Der Schulhof als Ort sozialen Verhaltens. Braunschweig 1977.
Kreidler, H.-D.: Konditionsschulung durch Spiele. Schorndorf 1970.
Kurz, D.: Elemente des Schulsports. Grundlagen einer pragmatischen Fachdidaktik. Schorndorf 1977.
Mellerowicz, H. / Meller, M.: Training. Berlin usw. 1975².
Merleau-Ponty, M.: Phänomenologie der Wahrnehmung. Berlin 1966.
Müller, H.: Unfallverhütung im Sportunterricht. Frankfurt 1976.
Müller, H.-J. / Decker, R. / Schilling, F.: Motorik im Vorschulalter. Wissenschaftliche Grundlagen und Erfassungsmethoden. Schorndorf 1975.
Nöcker, J.: Die biologischen Grundlagen der Leistungssteigerung durch Training. Schorndorf 1974.
Paschen, K.: Die Schulsport-Misere. Gedanken und Pläne zur „Täglichen Turnstunde". Braunschweig 1969.
Retter, H.: Bewegungserziehung als Lernbereich im fachübergreifenden Curriculum. In: Sportwissenschaft 7 (1977), 42—51.
Scherler, K.: Sensomotorische Entwicklung und materiale Erfahrung. Schorndorf 1975.
Scherler, K.: Die Regelung von Bewegungsspielen als Thema des Sportunterrichts. In: Sportwissenschaft 7 (1977), 341—360.
Schilling, F.: Bewegungsentwicklung, Bewegungsbehinderung und das Konzept der „Erziehung durch Bewegung". In: Sportwissenschaft 7 (1977), 361—373.
Schleske, W.: Abenteuer — Wagnis — Risiko im Sport. Schorndorf 1977.
Sutton-Smith, B.: Konfliktsozialisierung im Spiel. In: Grupe, O. (Hrsg.): Sport in unserer Welt — Chancen und Probleme. Berlin usw. 1973, 78—84 (a).
Sutton-Smith, B.: Spiel: das Vermitteln von Neuem. In: Grupe, O. (Hrsg.): Sport in unserer Welt — Chancen und Probleme. Berlin usw. 1973, 607—613 (b).
Sutton-Smith, B.: Forschung und Theoriebildung im Bereich von Spiel und Sport. In: Zeitschrift für Pädagogik 21 (1975), 325—334.
Sutton-Smith, B.: Dialektik des Spiels. Schorndorf 1978 (i. Dr.).
Vogt, W.: Bewegungsförderung. Hannover 1975.
Volck, G. / Reiber, H. (Red.): Schulsonderturnen in der Diskussion. Schorndorf 1977.
Weizsäcker, V. von: Der Gestaltkreis. Theorie der Einheit von Wahrnehmen und Bewegen. Stuttgart 1973⁴.
Wiemann, K.: Spiel mit. Frankfurt 1974⁶.
Wilhelm, Th.: Theorie der Schule. Hauptschule und Gymnasium im Zeitalter der Wissenschaften. Stuttgart 1969².

Harald Seehausen

Bewegungserziehung im Elementarbereich — aus der Sicht vorschulischer Einrichtungen —

1. Ein Alltagsbeispiel

Wir beginnen skizzenhaft mit einem praktischen Beispiel: In einem Kindergarten des Rhein-Main-Gebiets beobachten Erzieherinnen während der sogenannten Turnstunde der altersgemischten Gruppe von 3- bis 6jährigen eine enorme körperliche Unruhe und Gereiztheit. Gemeinsames Spiel findet nicht statt. Das aggressive Verhalten steht im Vordergrund, die Spielaktionen der Kinder verlaufen emotionsgesteuert. Die Jungen bilden kleine Banden, die die Mädchen — nach Aussagen der Erzieherin — tyrannisieren.

2. Erste Situationsanalyse

Praktiker und Wissenschaftler stoßen bei der Situationsanalyse vor Ort auf unterschiedliche Ursachen und Hintergründe:

— auf die beengten Wohnverhältnisse und der sich hieraus ergebenden Einschränkung kindlichen Bewegungsbedürfnisses;

— auf eine von der Städteplanung nach vornehmlich wirtschaftlichen Gesichtspunkten ausgerichtete Umwelt, die nur selten selbstorganisierte Lernerfahrungen des Kindes zuläßt;

— auf die ökonomische und soziale Lage der Eltern (so kommen in diesem Kindergarten allein 30% der Kinder aus unvollständigen Familien), die verhindert, daß das Vorschulkind ausreichend menschliche Liebe, Wärme und Zuwendung erhält;

— auf die Isolation der Kleinfamilie in der spätkapitalistischen Industriegesellschaft, die im hohen Maße die Entwicklung der Kooperationsfähigkeit und das Kommunikationsvermögens einschränkt und damit die Unfähigkeit zu Kontakten fördert.

Diese Faktoren (hier nur kurz und unvollständig angedeutet) beeinflussen fundamental das erzieherische Geschehen in den vorschulischen und sportlichen Einrichtungen. Sie fordern uns heraus, die Diskussion um die Rolle und Funktion motorischer Erziehung nicht losgelöst von den vorhandenen gesellschaftlichen Strukturen der Bundesrepublik Deutschland und den damit in Verbindung stehenden Herrschaftsverhältnissen zu führen. Und diese rationale Auseinandersetzung wird meines Erachtens um so dringlicher, wo — hervorgerufen durch die nun schon seit längerer Zeit andauernde ökonomische und politische Krise unserer Gesellschaft — Tendenzen Raum gewinnen, die die zu Beginn angeführten kindlichen Verhaltensweisen nicht als Resultat gesellschaftlicher Verhältnisse begreifen.

3. Das isolierte Fertigkeitstraining

Im Verlauf der Situationsuntersuchung stießen Praktiker und Berater auf einen weiteren Faktor, den eine Erzieherin so darstellte: „Wir hatten das Üben von Fertigkeiten in den Vordergrund gestellt. Irgendwie ging dieses Training an den kleinen Kindern vorbei, das Spiel wurde rausgehalten.“

Wir sehen eine enge Wechselbeziehung zwischen der körperlichen Unruhe, der aggressiven Egozentrik, einem oft explodierenden Bewegungsdrang und der in der Alltagspraxis oft vorfindbaren einseitigen Förderung motorischer Fertigkeiten (1). Unkonzentriertes, ichbezogenes und von Emotionen „überflutetes" Verhalten und Handeln können sich dort steigern, wo Lerninhalte in den Spiel- und Sportstunden aus dem Erlebnis- und Erfahrungszusammenhang des Kleinkindes herausgelöst werden.

Ich habe vor wenigen Tagen als Vater eines 3jährigen Kindes ein „Mutter-Kind-Turnen" erlebt, wo die Entwicklung der Grundformen sportlicher Motorik an Matten, kleinen und großen Kästen, Keulen, Bällen, Reifen u. a. erfolgte, ohne daß die Kinder am Auf- und Abbau der Geräte beteiligt wurden, ohne daß sie Namen der Geräte kennenlernten, ohne daß Raum und Ausstattung veränderbar und demzufolge für unterschiedliche Spielprozesse verwendbar waren, ohne daß Organisationsformen der Partner- und Gruppenübung berücksichtigt wurden.

Damit stellt sich uns die Frage nach dem hinter diesem sportdidaktischen Ansatz stehenden Menschenbild. Ich will an dieser Stelle bestimmten Arbeitsgruppen dieses Kongresses nicht vorgreifen, nur soll von der Praxisbeobachtung her auf einige Gefahren dieser Ausrichtung hingewiesen werden:

Das Einüben von einzelnen oft isolierten Fertigkeiten mit ihren stereotypen Bewegungsabläufen unterstützt letztlich ein antisoziales Verhalten. Das Kind wird unselbständig, indem der Erzieher oder Übungsleiter nicht selten im Zentrum des Geschehens steht; die Originalität und Spontaneität der kindlichen Phantasie und Erwartung sowie das Streben nach Erweiterung seiner Erfahrungen wird eingeengt, da funktionsfreies Material zu wenig zur Verfügung steht; die Lust zu erkunden, zu entdecken, auszuprobieren und dann neugierig zu warten, was nun wohl geschehen wird, geht verloren ... (Arbeitsgruppe Vorschulerziehung). Die Verwirklichung dieses Ansatzes kann die Herausbildung von „Radfahrerfiguren" unterstützen.

Hier schließt sich uns die Frage an: „Mit Hilfe welcher Kriterien begründen wir die Auswahl der Lerninhalte?"

Aus zeitlichen Gründen können wir nur auf zwei Markierungspunkte — Spiel- und Personenorientierung — eingehen.

4. Das Spiel als zentrales Kennzeichen

Um im Ansatz Antworten auf diese Frage zu erarbeiten und damit auch die pädagogischen Handlungen in der Kinder- und Elterngruppe sachgerecht begründen zu können, wird die Auseinandersetzung mit der Grundstruktur des Kleinkindes erforderlich (2).

Zu vorschnell werden Ziele vom Erwachsenen formuliert und gesetzt, ohne die besonderen Merkmale der einzelnen Entwicklungsabläufe des 3- bis 6jährigen sorgfältig zu beobachten und zu analysieren. Diese Vorarbeit ist notwendig, um von hier aus z. B. Unterrichtsinhalte und Lernmethoden abzuleiten.

Sportwissenschaftler und Sozialpädagogen sind aufgefordert, die Bedeutung und Entwicklung des Spiels (3) für die kindliche Sozialisation ins Zentrum der praktischen und theoretischen Arbeit zu rücken.

Praktiker stellen z. B. die Frage: „Warum springt ein 3- bis 4jähriges Kind schnell und leicht von einem Thema zum anderen?" Soeben hat es noch mit einem Mitspieler die Puppe gewaschen, Sekunden später wendet es sich an die Erzieherin mit der Frage „Warum muß meine Mami arbeiten gehen?", um kurz danach auf der Matratze in der

Ecke des Gruppenraumes zu toben. Das Kleinkind lebt sozusagen von Augenblick zu Augenblick.

Und was bedeutet diese Alltagsbeobachtung, die oft vom Erwachsenen fälschlicherweise als „Unkonzentration" interpretiert wird, jedoch vielmehr ein für jede Gesellschaftsform typisches Merkmal von Kindheit darstellt, für eine Didaktik der Bewegungserziehung (4)?

Oder — da der Unterschied von Spiel und Arbeit für das Kind nicht existiert, das Spiel für das Kind eine so ernste Sache darstellt, wie für den Erwachsenen die Arbeit (beispielhaft zeigt sich dies an den alltäglichen Vorgängen im Haushalt bzw. in der Kinderküche der vorschulischen Einrichtung) — stellt sich auch hier die Frage nach den didaktischen Konsequenzen, die aus diesem typischen Merkmal der Kindentwicklung für den Aufbau des „Stundenbildes" zu ziehen sind?

Die an Lebenssituationen von Kindern orientierte Kleinkindpädagogik im Kindergarten (5) hat z. B. aus der Bedeutung des Spiels für das Kleinkind Alternativen zur herkömmlichen Tageseinteilung in Beschäftigung und Freispiel entwickelt, indem sie an die Stelle der scharfen Trennung eine enge Verzahnung von Spiel und Projekt setzt (Colberg-Schrader/Krug 1977, 30—36) (6).

In diesem Zusammenhang kritisieren Vorschulpädagogen ebenso wie Lehrer einer reformierten Grundschule die für den Erwachsenenbereich typische Trennung in Arbeit und Freizeit in ihrer Übertragung auf Kindergarten, Eingangsstufe, Vorklasse und Grundschule. Auswahl und Angebot von Material, Raumaufteilung und Zeiteinteilung (Arbeitsgruppe Vorschulerziehung 1976b) sollen vorrangig an den alltäglichen Situationen des Kindes anknüpfen, wie z. B. „Kinder werden abgelehnt", „Kinder allein zu Hause", „Fernsehen", „Kochen, Ausflug, Kinderfeste", „Verlaufen in der Stadt", „Kinder im Krankenhaus", „Aufräumen, Essen, Schlafen", „Wohnen".

5. Die Person-Orientierung als weiteres Merkmal

Mit der Person-Orientierung möchten wir auf einen weiteren sehr ernst zu nehmenden Aspekt des Entwicklungs- und Erziehungsprozesses des Kleinkindes hinweisen (insbesondere, weil an diesem Kongreß so zahlreiche Sportpädagogen anwesend sind). Die Praxis weist nach, daß das Kindergarten-Kind sich in seinen Tätigkeiten, Ausdrucksformen, aber auch in Beobachtungen und Gedanken vorrangig an Menschen orientiert. Hierzu ein Beispiel: „Ein Mädchen kommt schon um 8 Uhr in den Kindergarten. Es ist noch mit der Erzieherin allein. Diese fragt sich jetzt, ob sie die Gelegenheit ergreifen soll, um den Kontakt mit dem Kind zu verstärken. Soll sie sich mit ihm ein wenig unterhalten? Oder ist es besser, das Mädchen mit einem Spielzeug allein zu lassen, an das es sonst selten herankommt, weil die anderen Kinder immer schneller sind als es selbst?

Noch steht das Mädchen unentschlossen im Flur. Die Erzieherin entscheidet sich dafür, mit dem Kind zu spielen. Während des Spiels hält sich die Erzieherin bewußt zurück, um dem Kind die Möglichkeit zu geben, falls es will, das Gespräch von sich aus aufzunehmen. Tatsächlich beginnt das Kind nach einer kurzen Zeit von häuslichen Erlebnissen zu erzählen. Die Nähe der Erzieherin, die Stille des Zimmers, das bevorzugte Spielzeug, die unprogrammierte freie Zeit haben dem sonst schwerfällig formulierenden und etwas scheuen Kind die Zunge gelöst.

Die Erzieherin hat den Eindruck, daß sie sich richtig verhalten hat, denn durch ihre Schweigsamkeit und die Kontaktaufnahme hat sie einmal dem Kind die Möglichkeit gegeben, etwas freier als gewöhnlich zu sprechen. Zugleich konnte sie die innere Bewegung zwischen ihr und dem Kind verstärken" (Deissler 1974, 92—93).

Wir meinen, daß dieses Beispiel aus einem Freiburger Modell-Kindergarten die enorme Bedeutung der Personalität für das Kleinkind skizziert. Bei der Durchsicht von sportfachlicher Literatur zur motorischen Entwicklung des Kleinkindes fällt dem Kindergarten-Pädagogen auf, daß im Verhältnis zu Zielsetzung und Inhalt der Rolle des Erziehers wenig Raum gewidmet wird. Es ist viel (und das unterstützen wir) über die Auswahl- und Beurteilungskriterien für die Ausstattung eines Kindergartens, einer Turnhalle oder einer Schwimmeinrichtung nachgedacht worden, über die Bedeutung der Bezugsperson für den Säugling bzw. das Kleinkind liegen aus der Hospitalismusforschung wichtige Erkenntnisse vor, doch bezogen auf den Sozialisierungsprozeß des Vorschulkindes im Kindergarten und Verein existiert noch eine relative Unsicherheit.

Die Trennung zwischen der Beziehung des Kleinkindes zur erwachsenen Person, also der sozialen Seite des Erziehungsprozesses, und der sportfachlichen Seite sollte im Vorschulalter auf keinen Fall erfolgen. Erst in dem Maße, wie das Kind lernt, abstrakte Begriffe zu beherrschen, also mit zunehmendem Alter (etwa um das 6.—7. Lebensjahr) die Ebene der planlosen Aktivitäten verläßt und zu planvollerem Tun gelangt, kann dieser Trennungsprozeß intensiver unterstützt werden.

Um an dieser Stelle aber nicht mißverstanden zu werden: Vorschulische Erziehung und sportbezogene Aktivitäten im Verein zielen die Unabhängigkeit des Kindes vom Erwachsenen an, jedoch darf in diesem Lernprozeß das kindliche Bedürfnis nach sozialer Bestätigung und Ermutigung durch den Erzieher nicht hintenan gestellt werden.

Denn „je nach dem Verhalten seiner Bezugspersonen, je nach ihrem Erwarten an sein Verhalten formt das Kind eine Vorstellung von dem, was es von sich erwarten soll; und daran mißt es, mehr oder weniger bewußt, das Gelingen oder Scheitern dessen, was es tut. ... Finden z. B. bei kleinen Mädchen deren bastlerische Versuche mit ‚männlichem' Material und Werkzeug, also Geräten, Metall, Hammer, Schraubenzieher etc. nicht nur keine positive Beobachtung sondern offensichtliche Ablehnung oder gar Strafe — im Gegensatz zu denen des kleinen Bruders, so kann jeder spätere Umgang mit Werkzeug, hartem Metall und Gerät von der Erwartung des Scheiterns begleitet, also selektiv angsterzeugend sein“ (Jouhy 1973, 69).

6. Ganzheitliche Sichtweiten und Thesen

Der Arbeitskreis „Sporterziehung im Elementarbereich“ der Deutschen Sportjugend plädiert für eine Sporterziehung, die die körperliche Erziehung in enger Verschränkung mit den emotionalen, sozialen und intellektuellen Lernprozessen begreift.

Wir als Vertreter der Kleinkindpädagogik können von der Sportseite u. a. lernen, wie man in der Verbindung von Theorie und Praxis mit Hilfe von vielfältigen Bewegungsangeboten auf die zunehmenden Haltungsschwächen pädagogisch sinnvoll reagieren kann, denn Erzieher und besonders die Eltern erfahren tagtäglich, welche Folgen die negativen Veränderungen im Herz-Kreislauf-System sowie Haltungs- und Bewegungsapparat auf die sozial-emotionale Entwicklung des Vorschulkindes in Bewegung setzen können.

Gemeinsam sollten in Zukunft in praktisch-theoretischer Hinsicht Sport- und Sozialpädagogik voneinander lernen, daß Reifungs- und Lernprozesse als zusammenwirkend angesehen werden müssen. Es ist demzufolge falsch, körperliche Entwicklungsvorgänge vorrangig der Reifung, sozial-emotionale Entwicklungsvorgänge in erster Linie dem Lernen zuzuordnen. Molekular-biologische Forschungen (Hyden) haben eindeutig nachgewiesen, wie von außen kommende Lern-Reize in der organischen Substanz des Gehirns bis in den Zellaufbau hineinreichende Veränderungen bewirken können.

Es schließen sich fünf Thesen an, mit denen ich als Sozialpädagoge versuche, die Bedeutung der Bewegungserziehung auf dem Hintergrund unserer pädagogischen Zielsetzung und Arbeitsweise im Kindergarten einzuschätzen.

6.1 Die Unterstützung von körperlicher Gesundheit über eine geförderte Koordination steht im engen Wechselverhältnis zu den Problemen der Bewegungsgehemmtheit, aber auch zu Aspekten der Fettleibigkeit sowie Hyperaktivitäten.

Und damit stellt sich ein wechselseitiger Zusammenhang von physischer und psychischer Gesundheit her. Unterschiedliche Bewegungsformen können Möglichkeiten der emotionalen Entspannung anbieten.

Besonders die Erregung von unangenehmen Emotionen (z. B. über Furcht, Wut, Eifersucht, Neid) benötigt Entspannungsformen, ja eine gewisse Distanzierung, um mit ihnen wieder rational und mit mehr Bereitschaft und Wärme umgehen zu können. Die direkte pädagogische Konfrontation mit den Gefühlsreaktionen sollte bei 3- bis 6jährigen sehr vorsichtig gehandhabt werden, weil die noch ungenügend ausgebildete Vorstellungsfähigkeit dies nur sehr bedingt zuläßt.

6.2 Je umfassender die motorische Koordination des Kindergartenkindes ausgebildet wird, um so höher ist der Grad der Selbsttätigkeit und -beschäftigung.

Denn, in dem Maße wie das Kind nicht über die Kontrolle der Grob- und Feinmotorik verfügt, wird die produktive und kreative Auseinandersetzung mit Spielzeug und Geräten eingeschränkt. Die Aufmerksamkeit des Kindes richtet sich vom Gegenstand fort, nicht selten beginnt das Kind sich zu langweilen.

6.3 Die Beziehungsstrukturen zwischen Kind und Gruppe werden ohne Zweifel auch von dem Stand der Bewegungsförderung des Einzelkindes bestimmt. Wo es dem Kind schwerfällt oder nicht gelingt den Ball zu werfen oder aufzufangen, in das rotierende Seil hinein- bzw. herauszuspringen, radzufahren etc., dort gibt es Handlungs- und Verhaltensreaktionen der Gruppe. Nicht selten werden diese Kinder zu abgelehnten Kindern, werden zu Außenseitern, ziehen sich zurück oder beanspruchen die Aufmerksamkeit der Erzieherin in hohem Maße.

6.4 Der Grad der motorischen Entwicklung kann auf den Grad der Abhängigkeit bzw. Unabhängigkeit vom Erwachsenen einen wichtigen Stellenwert einnehmen.

Denn je selbständiger das Kind z. B. die Treppe vom 4. zum 2. Stockwerk bewältigen kann, um so schneller löst es sich vom Erwachsenen, nimmt Kontakt mit dem Nachbarkind auf, gewinnt Selbstvertrauen und ein höheres Maß an Zufriedenheit. Je größer die Abhängigkeit vom Erwachsenen (aber auch vom anderen Kindergartenkind), um so höher das Gefühl der individuellen und sozialen Minderwertigkeit.

6.5 Von hier anschließend können Zusammenhänge zum Selbstbild des Kindes geschlossen werden. Denn je sicherer das Kind die Umwelt erforschen kann, desto weniger Befürchtungen und Ängste existieren gegenüber anstehenden Gefahren. Damit kann ein Selbstvertrauen hergestellt werden, das auch auf andere Lebenssituationen übergreift, vor allem auf solche, für die nicht unbedingt die Beherrschung der motorischen Koordination notwendig wird.

Anmerkungen

1 Siehe auch die Auseinandersetzung um das Selbstverständnis anthropologischer Denkweisen im Sport, insbesondere die Nichtberücksichtigung sozialwissenschaftlicher Erkenntnisse sowie die Diskussion um die unterschiedlichen curricularen Ansätze. U. a. SCHULKE 1975, 92—96; SEEHAUSEN 1976, 7—32.

2 Die wissenschaftliche Begründung pädagogischer Entscheidungen muß z. B. psychologische und soziologische Erkenntnisse berücksichtigen, um von hier aus zu einer allgemeinen Verbesserung der pädagogischen Qualität zu gelangen.
Beispielhaft sei an dieser Stelle für die Reform der vergesellschafteten Kleinkindererziehung auf das schwedische Konzept sowie den Ansatz der Arbeitsgruppe Vorschulerziehung hingewiesen: MOSKAL/WAGNER 1975; ZIMMER 1973.

3 Siehe u. a. BOHNSACK 1976, 98—106, der sich ausführlich mit der Erziehungskonzeption des amerikanischen Pädagogen DEWEY beschäftigt.

4 Hier ist ein Zusammenhang mit den Theorien zum sensomotorischen Lernen, insbesondere mit der sowjetischen Handlungspsychologie RUBINSTEINS herzustellen. Das Springen von einem Thema zum anderen erfolgt für das Kind ohne Übergänge und Brüche.
„Was immer das Kind gerade interessiert, bilde ihm für diesen Moment die ganze Welt (...). Diese Welt sei fließend, ihre Inhalte veränderten sich mit erstaunlicher Geschwindigkeit", in BOHNSACK 1976, 96.
Der sensomotorische Ansatz spricht hier von der Einheit von Wahrnehmung, Bewegung, Sprechen und Denken, u. a. VOLPERT 1974.

5 Der situationsorientierte Ansatz verfolgt das Ziel, Kinder verschiedener Herkunft und mit unterschiedlicher Lerngeschichte zu befähigen, in Situationen ihres gegenwärtigen und künftigen Lebens möglichst autonom und kompetent denken und handeln zu können. Vgl. Arbeitsgruppe Vorschulerziehung 1976a.

6 Siehe auch BARRES 1972, 52—86, der in dieser empirischen Untersuchung u. a. feststellt, daß „sich die pädagogische Organisation und Gestaltung des kindlichen Lebensraumes ... als wenig abwechslungsreich, wenig systematisch durchdacht und kaum an modernen pädagogischen Auffassungen und psychologischen Erkenntnissen über die in diesen Altersstufen wirksamen kindlichen Bedürfnisse und Begabungsmöglichkeiten orientiert".

Literatur

Arbeitsgruppe Vorschulerziehung und die Erzieherinnen aus Modellkindergärten der Länder Rheinland-Pfalz und Hessen: Didaktische Einheit, Spielsituationen. Erprobungsfassung. Stuttgart/München 1976.

Arbeitsgruppe Vorschulerziehung: Anregungen III: Didaktische Einheiten im Kindergarten. München 1976a.

Arbeitsgruppe Vorschulerziehung: Anregung II: Zur Ausstattung des Kindergartens. München 1976b (überarbeitet).

BARRES, E.: Erziehung im Kindergarten. Weinheim/Basel 1973².

BOHNSACK, F.: Erziehung zur Demokratie. John Deweys Pädagogik und ihre Bedeutung für die Reform unserer Schule. Ravensburg 1976.

COLBERG-SCHRADER, H. / KRUG, M.: Arbeitsfeld Kindergarten. Planung, Praxisgestaltung, Teamarbeit. München 1977.

DEISSLER, H. H.: Der neue Kindergarten. Die erzieherische Gestaltung. Freiburg 1974.

JOUHY, E.: Verhaltenshygiene. In: Hessischer Rundfunk: Sachunterricht in der Primarstufe. Frankfurt 1973, 67—76.

MOSKAL, E. / WAGNER, J.: Pädagogik im Kindergarten. Das schwedische Konzept als Anregung und Beispiel. München 1975.

SCHULKE, H.-J.: Statt Leistung: Spaß? Zum Problem von Lernzielen und Lerninhalten einer sportbezogenen Vorschulerziehung. In: STÜBING, A.-D. / TREESS, U. (Hrsg.): Sporterziehung im Vorschulalter. Theoretische Grundlagen und Anregungen zur Praxis. München 1975, 77—107.

SEEHAUSEN, H.: Gegenwärtiger Stand der Vorschulerziehung. Entwicklung der vorschulischen Curricula. In: Deutsche Sportjugend: Beiträge zur Aus- und Fortbildung von Erziehern und Sozialpädagogen. Frankfurt 1976, 7—32.

VOLPERT, W.: Sensomotorisches Lernen. Frankfurt 1974.

ZIMMER, J.: Curriculumentwicklung im Vorschulbereich. Bd. 1 und 2. München 1973.

Ursula Vogt

Bewegungserziehung im Elementar- und Primarbereich — aus der Sicht des Vereins —

Einleitung

Um der Thematik gerecht zu werden, müssen zunächst die in ihr vorgegebenen Begriffe geklärt werden. Dies kann in der Kürze der zur Verfügung stehenden Zeit nur in der Form geschehen, daß eine Aussage darüber gemacht wird, in welchem Sinnzusammenhang die Begriffe verwendet werden, ohne auf weitere Bedeutungsmöglichkeiten einzugehen. Im Anschluß an diese Begriffsklärung soll deutlich gemacht werden, welchen Wert die Bewegungserziehung für die Kinder hat und welche Ziele sie verfolgen soll. Danach wird aus der allgemeinen Zielsetzung der Vereine abgeleitet, ob die Bewegungserziehung in diesen Zielkatalog hineingehört, welche Inhalte angeboten werden sollten und welche methodischen Prinzipien berücksichtigt werden müßten. Abschließend soll dann geklärt werden, wie der Verein der Aufgabenstellung einer sinnvollen Bewegungserziehung für die Kinder im Elementar- und Primarbereich gerecht werden könnte.

Grundsätzlich muß betont werden, daß es sich bei dem Folgenden nicht um eine geschlossene Theorie der Bewegungserziehung aus der Sicht des Vereins handeln kann, sondern nur um den Versuch, einige grundlegende Gedanken ohne Anspruch auf Vollständigkeit zur Diskussion zu stellen und damit Anregungen für die Praxis zu geben.

Begriffsklärung

Unter Bewegungserziehung werden alle gezielten Maßnahmen verstanden, die der Förderung der Entwicklung von Kindern und Jugendlichen durch die Bewegung dienen. Der Lerngegenstand ist der Sport, verstanden als der Bereich, der alle kontrollierten Bewegungshandlungen und Bewegungsleistungen umfaßt, die der Auseinandersetzung mit Räumen, Objekten, Medien und Partnern dienen. Er beinhaltet alle Grundformen der Bewegung wie gehen, laufen, springen, rollen, werfen u. a., die auch im Alltag vielfältige Anwendung finden, wie auch komplizierte Bewegungsfertigkeiten, die speziell für die optimale Lösung einer nur im Sport auftretenden Aufgabe entwickelt worden sind, wie z. B. der Korbleger im Basketball oder der Fosbury-Flop im Hochsprung.

Die formale Abgrenzung der Thematik durch die Begriffe Elementar- und Primarbereich wird inhaltlich verstanden als der Entwicklungsbereich, der zwischen dem 1. und 2. Gestaltwandel liegt, d. h. als das Alter zwischen etwa 5 und 12 Jahren. In Abgrenzung zum Kleinkind- und Jugendalter handelt es sich um die eigentliche Kindheit, und es wird daher im weiteren auch vom Kind schlechthin gesprochen.

Der Begriff Verein wird eingeengt auf den Begriff Sportverein verwendet. „Sportvereine sind primär freiwillige gesellschaftliche Zusammenschlüsse von Sportinteressierten zum Zwecke einer sportlichen Betätigung und haben in der Regel den juristischen Status eines eingetragenen Vereins“ (Röthig 1972, 220).

Die Notwendigkeit der Bewegungserziehung

Um zu klären, welche Bedeutung die Bewegungserziehung für die Kinder hat, ist es notwendig, einige Aspekte der kindlichen Entwicklung isoliert zu betrachten, um ihren

Zusammenhang zur Bewegung deutlich zu machen. Es ist selbstverständlich, daß es sich hierbei nur um ein theoretisches Modell handelt und daß die kindliche Entwicklung sich in der Realität immer als ein ganzheitlicher Prozeß darstellt.

Die Bedeutung der Bewegung für die biologische Entwicklung ist heute allgemein bekannt und anerkannt. Es sei hier darum nur kurz darauf hingewiesen, daß die Bewegungsreize für die Entwicklung des Bewegungsapparates, der inneren Organe und des Nervensystems unabdingbar sind. Wo sie fehlen, kommt es zu Unterentwicklung und Unterfunktion bis hin zu Bewegungsmangelerkrankungen. Da wie in der gesamten Kindheit und Jugend auch zwischen dem 5. und 12. Lebensjahr umfangreiche körperliche Entwicklungsvorgänge ablaufen, ist in dieser Zeit die Bewegung als biologischer Entwicklungsreiz von besonderer Bedeutung. Nur durch die schrittweise Anpassung an körperliche Belastungen kann sich der kindliche Organismus gesund und leistungsfähig entwickeln.

Einen ähnlich engen Zusammenhang wie zur biologischen Entwicklung hat die Bewegung zur motorischen Entwicklung. Kraft und Schnelligkeit können sich z. B. nur optimal entwickeln, wenn sie durch Bewegung trainiert worden sind. Das gleiche gilt auch für alle anderen motorischen Eigenschaften, Fähigkeiten und Fertigkeiten. Der Einfluß, der von der Bewegung auf die biologische und motorische Entwicklung ausgeht, ist unmittelbar und durch eine Reihe von sportmedizinischen und motorischen Untersuchungen empirisch nachgewiesen worden.

Wesentlich komplexer sind die Zusammenhänge zwischen der Motorik und den psychischen und sozialen Aspekten der kindlichen Entwicklung. Sie sind in überwiegendem Maße bisher nur phänomenologisch erfaßt worden und einer empirischen Überprüfung nur schwer zugänglich. Mit dieser Einschränkung sollen einige besonders auffällige Beispiele beschrieben werden, die auch von Pädagogen und Entwicklungspsychologen dargestellt worden sind (Ausubel/Sullivan 1974; Hurlock 1970; Kleber 1974; Meinel 1975; Piaget 1972 u. a.). Die folgenden Zusammenhänge sind umso enger, je jünger das Kind ist.

Eine altersspezifisch entwickelte Motorik ist wichtige Voraussetzung für eine harmonische Entwicklung der verschiedenen psychischen Bereiche. Motorische Retardierung bedingt häufig psychische Fehlentwicklungen. So ist z. B. die motorische Geschicklichkeit eines Kindes eine wichtige Komponente seines Gefühls, mit der Umwelt mehr oder weniger gut fertig werden zu können. Damit ist die Motorik wichtig für die Entwicklung des Selbstbewußtseins. Durch ein positives Selbstbild und Selbstvertrauen wird die Aktivität des Kindes gesteigert. Seine Selbständigkeit und Unabhängigkeit wird gefördert. Je mehr ein Kind kann, umso weniger ist es auf die Mithilfe der Umwelt angewiesen. Es kann sich selbst beschäftigen und vermeidet damit Langeweile. Auf diese Weise kann eine gut entwickelte Motorik zum Abbau von negativen Gefühlen, wie z. B. der Unzufriedenheit beitragen. Motorische Aktivität kann ein Ventil für emotionale Spannungen sein und so zum Abbau von aufgestauten Energien beitragen.

Altersspezifische Motorik ist die Voraussetzung für körperliche Aktivitäten. Sie bereiten dem Kind Freude, und diese ist die Motivation für weitere Aktivitäten. Es entsteht eine relativ autonome Motivation. Das Motiv zur Bewegung ist gleichzeitig ein Leistungsmotiv, das sich an sachbezogenen Gütemaßstäben entwickeln kann. Hierdurch ist eine realistische Selbsteinschätzung möglich, die eine erfolgszuversichtliche Leistungsmotivation aufbauen hilft.

Auch die Zusammenhänge zwischen Motorik und sozialer Entwicklung sollen nur an einigen Beispielen deutlich gemacht werden. Die Gesellschaft erwartet in jedem Alter bestimmte motorische Fähigkeiten und Fertigkeiten von den Kindern und reagiert je nach Können mit Lob und Tadel. So ist die soziale Anerkennung der Kinder in Elternhaus und

Schule in starkem Maße auch mit von der motorischen Leistungsfähigkeit geprägt. Dies trifft wieder in sehr starkem Maße bei den kleineren Kindern zu und läßt im Verlaufe der Schulzeit immer mehr nach.

Während der ganzen Kindheit hingegen bleibt die Motorik ein wesentlicher Prestigefaktor im sozialen Interaktionsfeld der Kinder untereinander. Hier geht es zusätzlich noch um die Frage, ob man in der Gruppe der Gleichaltrigen mitspielen und an gemeinsamen Unternehmungen teilhaben kann. Motorische Retardierung führt daher oft zu Isolierung und es entsteht ein Mangel an Gelegenheit, in der Interaktion soziale Anpassung zu üben. Die Auseinandersetzung mit den Verhaltensweisen anderer im gemeinsamen Bewegungsspiel bietet die Möglichkeit, Anpassungsfähigkeit an das Können und die Ansprüche anderer zu entwickeln (Gabler 1973). Das durch motorische Schwäche isolierte Kind entwickelt häufig eine negative Einstellung zu sozialen Aktivitäten. Hier beginnt oft, durch motorische Retardierung bedingt, ein Teufelskreis der sozial schlechten Anpassung, da durch das Fehlen des Spiels in der Gruppe der Gleichaltrigen gleichzeitig ein Mangel an motorischer Übung bedingt wird.

Zusammenfassend läßt sich somit feststellen, daß die Bewegung eine zentrale Bedeutung im Entwicklungsprozeß der Kinder hat. Sie gibt die notwendigen Entwicklungsreize für den Organismus, fördert die Persönlichkeitsentfaltung und gibt Möglichkeiten zu sozialen Kontakten, in denen das Kind Kooperation und Anpassung erlernen kann. Da alle Persönlichkeitsmerkmale ihrerseits wieder auf die motorische Entwicklung zurückwirken, entsteht ein Kreisprozeß. Dieser weist gleichzeitig darauf hin, daß, wie bereits vorher erwähnt, die Isolierung einzelner Aspekte der kindlichen Entwicklung nur theoretisch vorgenommen werden kann und daß die Praxis immer der ganzheitlichen Entwicklung des Kindes gerecht werden muß. Die pädagogische Realität kann nur das Kind als Ganzes im Blickpunkt haben und immer nur Schwerpunkte in die eine oder andere Richtung setzen.

Aus der dargestellten Bedeutung der Motorik im Entwicklungsprozeß der Kinder und der gesellschaftlich bedingten Einengung des Bewegungsspielraums läßt sich die Notwendigkeit der Bewegungserziehung ableiten. Die Gesellschaft hindert die Kinder an der Befriedigung ihres Bewegungsdrangs, der dadurch immer schwächer wird. Das Kind verliert auf diese Weise den Antrieb, sich die für eine gesunde Entwicklung notwendige Bewegung selbst zu verschaffen. Die Einengung, die durch schlechte Wohnverhältnisse und zu geringen Freiraum zum Spielen bedingt wird, verstärkt sich mit Eintritt der Kinder in eine Erziehungs- und Bildungsinstitution noch erheblich. Weder der Kindergarten noch die Schule stellen den Kindern ausreichende Bewegungsmöglichkeiten zur Verfügung. Hinzu kommt die Verringerung der Freizeit. Dadurch wird eine gezielte Bewegungserziehung notwendig, um diesen gesellschaftlich bedingten Mangel auszugleichen.

Ziele der Bewegungserziehung

Die umfangreiche Lernzieldiskussion der letzten Jahre zeigt, wie problematisch eine Formulierung von pädagogischen Zielen in unserer pluralistischen Gesellschaft ist. Ebenso schwierig ist die Frage nach der Umsetzbarkeit von Lernzielen in pädagogisches Handeln zu beantworten, die eng mit der Operationalisierung von Lernzielen zusammenhängt. Im vollen Bewußtsein dieser Problematik sollen hier dennoch einige Ziele der Bewegungserziehung pragmatisch benannt werden, die für wesentlich erachtet werden und eine Ausgangsbasis für praktische Konzeptionen sein können.

Aus dem bisher Gesagten leitet sich als oberstes Lernziel der Bewegungserziehung die Erhaltung und Entfaltung des kindlichen Bewegungsdranges ab. Die Kinder müssen

Freude an der Bewegung haben, denn nur so kann eine primäre und überdauernde Motivation zur Bewegung erhalten oder aufgebaut werden, die dann die Basis für lebenslange sportliche Aktivitäten bildet. Somit wird die gesamtmotorische Entwicklungsförderung zu einem zentralen Ziel der Bewegungserziehung. Die motorischen Eigenschaften und Fähigkeiten der Kinder müssen entwickelt und verbessert werden. Das Kind soll vielfältige motorische Fertigkeiten lernen und sich mit den verschiedenen Bewegungsmöglichkeiten auseinandersetzen. Auf der Basis einer derartig breit angelegten allseitigen motorischen Entwicklungsförderung läßt sich auch das Ziel der biologischen Entwicklungsförderung verwirklichen. Vielseitige körperliche Betätigungen im Sportunterricht helfen die Formen und Funktionen des kindlichen Organismus optimal zu entwickeln.

Darüber hinaus soll die allseitige kindliche Persönlichkeitsentwicklung durch die Bewegungserziehung unterstützt werden, indem affektive Lernziele, wie die Entwicklung von Sicherheit und Selbstvertrauen, Phantasie und Kreativität, Selbständigkeit und Eigeninitiative u. a. verfolgt werden. Auch kognitive Lernziele sind mit Hilfe der Bewegungserziehung zu verfolgen. Diese reichen von der Auseinandersetzung mit Räumen und Gegenständen und deren intellektueller Erfassung bis hin zu den Kenntnissen über die Wirkungen der Bewegung auf den Organismus.

Durch das im Sport überwiegend notwendige Handeln in der Gruppe lernen die Kinder sich kooperativ zu verhalten. Sie machen die Erfahrung, daß sie z. B. beim Geräteaufbau die Hilfe der Partner brauchen oder ein Spiel nur spielen können, wenn sie Mitspieler und Gegner haben, d. h. daß sie sich mit anderen arrangieren müssen. Diese Lernziele im sozialen Bereich haben eine hohe Bedeutung und dürfen im Rahmen der Bewegungserziehung nicht vernachlässigt werden.

Ziele von Sportvereinen

Die Ziele von Sportvereinen, wie sie in den Satzungen zu finden sind, lassen sich überwiegend unter sportlichen, geselligen und erzieherischen Aspekten systematisieren (Lenk 1967). Dabei kommt es in der Praxis, je nach den Schwerpunkten der Zielsetzung, zur Unterteilung in die Bereiche Breiten- und Leistungssport. Im Leistungssport stehen die sportlichen Ziele im Vordergrund und im Breitensport die geselligen und erzieherischen. Die Übergänge zwischen den Bereichen sind fließend. Im Hochleistungssport als einem speziellen Bereich des Leistungssports werden ausschließlich sportliche Ziele unter besonderer Betonung der absoluten Leistung verfolgt. Breitensport und Leistungssport haben gesellschaftspolitische Bedeutung und sind daher in gleichem Maße legitime Anliegen der Vereine.

Betrachtet man nun die schwerpunktmäßigen Ziele des Breitensports, wie Gesundheit, Geselligkeit, Persönlichkeitsentfaltung, Freizeitgestaltung u. a., so lassen sich diese in die vorher dargestellten Ziele der Bewegungserziehung einordnen. Auch das vorrangige Ziel des Leistungssports, die kontinuierliche, persönliche Leistungssteigerung, wird durch die im Anspruch der Bewegungserziehung angestrebte optimale Förderung der motorischen Entwicklung der Kinder verwirklicht. Somit lassen sich die Ziele des Vereinssports mit der kindlichen Bewegungserziehung erreichen.

Es ist damit gerechtfertigt, zu fordern, daß der Sport für Kinder im Verein Bewegungserziehung sein und so der allseitigen Persönlichkeitsentwicklung dienen muß. Dabei sollen die biologischen, motorischen, psychischen und sozialen Lernziele gleichermaßen verfolgt werden. Die Kinderabteilung der Vereine dürfen weder dem Leistungssport noch dem Breitensport zugeordnet werden, sondern müssen die Basis für beide Bereiche bilden.

Inhalte und Methoden der Bewegungserziehung im Verein

Jede didaktisch-methodische Planung muß den allgemeinen Entwicklungsstand der Kinder berücksichtigen. Da die Kinder sich im Alter rascher Veränderung der Motorik und guter motorischer Lernfähigkeit befinden, muß die Bewegungserziehung dies berücksichtigen. Der hohe motorische Leistungsstand der Kinder soll die Grundlage für die Auswahl der Inhalte und Methoden sein, um den enormen Veränderungsprozeß der Kinder durch qualifizierten Sportunterricht zu unterstützen.

Die Vereine können durch ein vielseitiges Grundlagentraining dem Anspruch der Bewegungserziehung nach motorischer Entwicklungsförderung der Kinder gerecht werden. Dabei kann der Unterricht je nach der Struktur des Vereins an bestimmte Sportarten angelehnt sein, muß aber jede Einseitigkeit vermeiden und immer einen sinnvollen Ausgleich bieten. Jede frühzeitige Spezialisierung, die die kindliche Entwicklung negativ beeinflussen und zu irreversiblen Schäden führen kann, ist nicht zu verantworten.

Durch vielfältige Spielformen soll in jedem Training dem Spielbedürfnis der Kinder Rechnung getragen werden. Hier müssen vor allem die Individualsportarten ihre Trainingskonzeptionen überdenken. Aber auch in den Spielsportarten steht häufig das Üben von Fertigkeiten im Vordergrund und nicht das Spiel.

Das Informationsbedürfnis und der Wissensdrang der Kinder muß berücksichtigt werden, indem ihnen Kenntnisse über den von ihnen betriebenen Sport, seine Regeln und seine Wirkungen vermittelt werden.

Geht man von der Definition der Bewegungserziehung aus, so muß als oberstes methodisches Prinzip angesehen werden, daß die Bewegung im Mittelpunkt der Bewegungserziehung stehen muß. Es soll daher vorrangig die Intensität der Bewegung, die dem kindlichen Bewegungsdrang gerecht wird, gefordert werden. Dieses scheinbar selbstverständliche Prinzip muß aus zwei Gründen formuliert werden:

1. Die Diskussion um die verschiedenen Lernzielbereiche betont häufig andere Ziele stärker als die motorischen. Es wird dabei leicht vergessen, daß diese Lernziele nur über den Ansatz der Bewegung verfolgt werden dürfen, wenn es sich um Bewegungserziehung handeln soll.
2. Die methodische Literatur für die Praxis des Sportunterrichts rückt in starkem Maße die Erlernung motorischer Fertigkeiten in den Vordergrund und verführt so zu formalen Übungsprozessen, in denen die Kinder durch starre Organisationsformen in starkem Maße an der Bewegung gehindert werden und die Bewegungserziehung somit zu einer weiteren Einengung des Bewegungsbedürfnisses der Kinder beiträgt und diesem keineswegs gerecht wird.

Im Lernprozeß der Kinder ist das Nachahmen und Nachvollziehen ein wesentliches Element. Das in jeder Hinsicht gute Vorbild spielt eine entscheidende Rolle für die Qualität und den Erfolg des Unterrichts. Eigeninitiative und Aktionslust der Kinder müssen im Training aufgegriffen und einbezogen werden, damit die Kinder diese weiter entwickeln können. Freie Organisationsformen können die Kinder zur Selbstorganisation ihres Handelns veranlassen. Der Phantasie und Kreativität der Kinder soll Raum gegeben werden. Das ist nötig, um die Selbständigkeit und Aktivität der Kinder zu fördern.

Es ist selbstverständlich ein legitimes Interesse der Vereine in der jeweiligen Sportart Leistungsentwicklung und Talentförderung ihrer Kinder anzustreben. Die relative Leistung ist als ein immanenter Bestandteil jeder Bewegungshandlung in den Trainingsprozeß mit einzubeziehen. Die Kinder sollen eine persönliche Leistungssteigerung anstreben, ohne daß der ständige Vergleich mit den anderen Gruppenmitgliedern herausgefordert wird. Ein differenzierter Unterricht kann jedem Kind Erfolgserlebnisse vermitteln. Die absolute Leistung darf nicht zum Maßstab für Anerkennung innerhalb der Gruppe und durch den Trainer werden. Dies verschiebt die Gütemaßstäbe der Kinder und führt zu einem falschen Anspruchsniveau. Durch die Anerkennung der relativen Leistungssteigerung kann zu einem verbesserten Selbstverständnis der Kinder beigetragen werden.

Zur derzeitigen Situation des Kindertrainings im Verein

Für die Trainingsarbeit in den Kinderabteilungen der Vereine stehen in den seltensten Fällen qualifizierte Übungsleiter zur Verfügung. In den meisten Fällen übernehmen Idealisten, die oft keine ausreichenden fachlichen und pädagogischen Kenntnisse besitzen, diese Arbeit in den Kindergruppen.

Es gibt keine Trainingskonzeptionen oder -pläne, die dem Laien eine sinnvolle Hilfe bei der Bewältigung seiner Aufgabe, mit den Kindern Sport zu treiben, sein könnten.

So ist mehr oder weniger die Qualität des Trainings dem Zufall überlassen. Ob der einzelne Verein eine sinnvolle Bewegungserziehung für Kinder anbieten kann, hängt wesentlich von der Möglichkeit ab, einen qualifizierten Trainer mit pädagogischen Kenntnissen und Erfahrungen einzusetzen. Die Qualifikation ist hierbei nicht als eine formale zu verstehen, sondern als eine inhaltliche. Es gibt zweifelsohne eine Reihe von Trainern im Kinderbereich, die keine Ausbildung haben und trotzdem hervorragende Arbeit in der Bewegungserziehung leisten.

Häufig zeigt der Trainingsbetrieb der Kindergruppen aber eine große Zahl von Mängeln. So steht in vielen Abteilungen der absolute Leistungsgedanke im Vordergrund. Die in vielen Sportarten bereits für Kinder angebotenen Wettkämpfe führen zu einer frühen Spezialisierung ohne entsprechendes Grundlagentraining mit den bereits geschilderten negativen Folgen für die Gesamtentwicklung. Auf lange Sicht gräbt der Verein sich selber das Wasser ab, weil er den Nachwuchs für seine Breitensportabteilungen vertreibt und auch vorhandene Talente nicht optimal fördert. Zusätzlich verlieren die Kinder oft den Spaß am Sport, weil auf ihren Entwicklungsstand keine Rücksicht genommen wird.

Ein weiterer entscheidender Fehler, der in der Vereinsarbeit mit den Kindern gemacht wird, ist deren totale Unterbelastung. Viele Übungsstunden von Kindern verlaufen, ohne daß diese einen einzigen Tropfen Schweiß vergossen haben. Die Ursachen für diese motorische Unterforderung sind bereits oben dargestellt worden, sie seien hier nur an zwei beobachteten Beispielen verdeutlicht: 15 8- bis 10jährige Mädchen einer Leichtathletikgruppe trainieren nach einer Aufwärmphase, die sich von der Einlaufarbeit Erwachsener nur durch ein geringeres Maß unterscheidet, 50 Minuten den Tiefstart, wobei jedes Kind dreimal drankommt. 30 Jungen einer Knaben-Minihandballgruppe üben mit einem Ball auf ein Tor 7-m-Würfe, obwohl weitere Bälle für andere Beschäftigungen zur Verfügung stehen.

Durch ein derartiges Training, das bedingt ist durch die oben zitierte Trainermisere, wird alles verhindert, was an Bewegungserziehung durch den Verein geleistet werden könnte. Keines der angestrebten Lernziele kann dadurch erreicht werden. Darüber hinaus vertreibt es die Kinder aus den Vereinen.

Ausblick

Der Sportverein übernimmt mit der Bewegungserziehung eine wichtige bildungspolitische Funktion als Ergänzung zu den anderen Bildungsinstitutionen. Da er zum gegenwärtigen Zeitpunkt dazu kaum in der Lage ist, müssen Möglichkeiten gesucht werden, wie der Verein eine optimale Bewegungserziehung für Kinder gewährleisten kann.

Vorrangig bedarf es einer Zusammenarbeit aller an der Erziehung der Kinder Beteiligten, der Elternhäuser, Schulen, Hochschulen, Vereine und des Staates. In dieser Zusammenarbeit müssen allgemeine Konzeptionen für die Bewegungserziehung entwickelt werden, von denen dann der Verein bestimmte Anteile übernimmt.

Der Kern der derzeitigen Schwierigkeiten liegt in dem Mangel an qualifizierten Kräften für die Bewegungserziehung im Verein. Dies ist zum einen bedingt durch das Fehlen von Übungsleitern mit den notwendigen fachlichen und pädagogischen Kenntnissen, zum anderen aber auch durch Geldmangel. So erwächst daraus die Forderung nach Ausbildung von Übungsleitern speziell für den Kinderbereich. Für diese Ausbildung müssen Curricula entwickelt werden. Es müssen aber auch die notwendigen Mittel bereitgestellt werden, um qualifizierten Kräften einen Anreiz für die wichtige Arbeit zu geben. Darüber hinaus sollten Modelle entwickelt werden, wie die Hochschulen ihre Sportstudentenausbildung z. B. mit Hilfe der Arbeit in den Kindergruppen der Vereine praxisnäher gestalten könnten. Auch eine engere Zusammenarbeit zwischen Schule und Verein sollte angestrebt werden. Als problematisch erweist sich in diesem Zusammenhang die Tatsache, daß in den Grundschulen der Sportunterricht häufig von nicht für dieses Fach qualifizierten Lehrern erteilt wird. Dieses Prinzip der Allround-Lehrer muß problematisiert werden.

Wesentlich ist aber auch ein Umdenken der Vereine selbst. So werden z. Zt. die für den Übungsbetrieb im Verein verwendeten Gelder in überwiegendem Maße im Erwachsenenbereich ausgegeben. Die gut bezahlten Trainer stehen den Hochleistungssportlern zur Verfügung. Die Bedeutung der Kinderabteilung für die Vereine wird noch nicht ausreichend gesehen. Es muß den Vereinsfunktionären klar werden, daß jedes Engagement in diesem Bereich sich in mehrfacher Hinsicht auszahlt. So könnte sich der Breitensport z. B. weitgehend selbst organisieren, wenn seine Mitglieder die dafür notwendigen Kompetenzen in jüngeren Jahren erworben hätten. Es müßte den Verantwortlichen klar sein, daß es für den Verein wesentlich wichtiger ist, für die Bewegungserziehung der Kinder qualifizierte Übungsleiter zur Verfügung zu stellen, als einen Trainer für die 1. Männermannschaft, die sich dadurch vielleicht vom 5. auf den 3. Platz in der Kreisklasse vorarbeiten kann.

Das Bewußtsein aller für die Bewegungserziehung im Verein Verantwortlichen muß auf die Tatsache gelenkt werden, daß die Kinderabteilungen die Basis für den Breiten- und den Leistungssport sein müssen. Der Wettkampfbetrieb darf in diesen Gruppen keine zentrale, sondern nur eine ergänzende Funktion haben.

Letztlich müssen Elternhaus und Schule von der Qualität der Bewegungserziehung im Verein überzeugt werden, damit sie ihre Funktion als Werber für den Verein übernehmen können. Sie sind es, die dem Verein die Kinder zuführen müssen, wobei die Kinder selbst dann natürlich auch weiter werben. Wenn ihnen der Vereinssport Spaß macht, nehmen sie auch noch andere Kinder mit.

Unberücksichtigt sind hier alle jene Aktivitäten geblieben, die der Sportverein zusätzlich zur Bewegungserziehung anbietet, um z. B. seinen Kindern bei der Bewältigung der Freizeit zu helfen und um zusätzliche Motivation zu schaffen.

Literatur

Ausubel, D. P. / Sullivan, E. V.: Das Kindesalter. München 1974.

Gabler, H.: Bewegung, Spiel und Sport im Vorschulalter. In: Württembergischer Landessportbund (Hrsg.): Bewegung und Spiel im Vorschulalter. Stuttgart 1973, 5—18.

Hurlock, E.: Die Entwicklung des Kindes. Weinheim/Berlin/Basel 1970.

KLEBER, W.: Abriß der Entwicklungspsychologie. Weinheim/Basel 1974.
LENK, H.: Zur Soziologie des Sportvereins. In: Hamburger Turnerschaft (Hrsg.): Der Verein. Schorndorf 1967, 253—312.
MEINEL, K.: Bewegungslehre. Leipzig 1975.
PIAGET, J.: Psychologie der Intelligenz. Freiburg i. Br. 1972[5].
RÖTHIG, P. (Red.): Sportwissenschaftliches Lexikon. Schorndorf 1972.

Gerhard Hecker

Bewegungserziehung im Primarbereich – Sportunterricht aus der Sicht der Grundschule –

Einleitung

Es ist nicht möglich, das ganze Feld, das mit dem Titel angesprochen ist, zu behandeln. Die derzeitigen Defizite im Sportunterricht der Grundschule und notwendige ergänzende Maßnahmen zum Sportunterricht, wie etwa Bereitstellung von Spiel- und Bewegungsmöglichkeiten auf Spielplätzen, werden im Vortrag nicht berücksichtigt. Es geht lediglich um die Frage, was ein Lehrer mit seinen im Sportunterricht ihm anvertrauten Kindern beachten soll. Auch hier werden auswählend Akzente gesetzt.

Eine Auffassung kann bei meinen Vorrednern als übereinstimmend bezeichnet werden: Sie heißt: Kindergarten und Vorschule, Schule und Verein sollten gemeinsam und mit gleichen pädagogischen Grundkonzepten bemüht sein, den von ihnen betreuten Kindern bestmögliche Entwicklungsbedingungen zu schaffen. Ein Zweites kann hinzugefügt werden: Das pädagogische Bemühen muß immer auf *das ganze Kind* gerichtet sein.

Nach diesen allgemeinen Feststellungen muß die Frage behandelt werden, mit welchem gemeinsamen pädagogischen Grundkonzept kann über den Bereich, den wir zu vertreten haben, dem Kind in seiner Ganzheit bestmögliche Entwicklungshilfe geboten werden.

Exkurs Terminologie

Ehe ich diese Frage behandle, gestatten Sie mir eine terminologische Zwischenbemerkung. Offensichtlich haben wir Schwierigkeiten, das Gebiet, das wir zu betreuen haben, beim Namen zu nennen. Leibeserziehung, Leibesübungen, Körpererziehung, Körperkultur, Sport, Turnen, Gymnastik und schließlich auch Bewegungserziehung heißen die deutschsprachigen Begriffe, die zur Wahl anstehen. Nimmt man die Forderung nach der Ganzheit ernst, dann scheiden die Begriffe Leibeserziehung, Leibesübungen, Körpererziehung, Körperkultur und auch Bewegungserziehung aus, weil mit diesen Begriffen nur Teilbereiche des Menschen angesprochen sind. Die Begriffe Sport, Turnen und Gymnastik signalisieren zwar auch nur Teilbereiche des gesamten Lebens, aber für diese Teilbereiche kann der Mensch nur als „ein untrennbares Ganzes" angesehen werden. Sie sind deshalb den anderen abstrakten Begriffen vorzuziehen.

Wenn man dann noch an die internationalen Sprachgepflogenheiten denkt, dann wird man dem Begriff Sport den Vorzug vor Turnen und Gymnastik geben müssen. Dabei ist es durchaus möglich, die pädagogische Absicht durch Hinzufügung der Begriffe Pädagogik oder Erziehung deutlich zu machen. Sportpädagogik oder Sporterziehung sollten also den Bereich bezeichnen, für den wir alle uns verantwortlich fühlen.

Dabei sollte etwa der Deutsche Turner-Bund unter *der* Bedingung diese Sprachregelung annehmen, daß wertvolles pädagogisches Gedankengut, das in der deutschen Turnbewegung entwickelt wurde, Beachtung findet. Denn pädagogische Bemühungen sollten immer auch kritische Bemühungen sein, wobei Wertvolles und Mißstände erkannt und daraus konstruktive Vorschläge für die zukünftigen Bemühungen abgeleitet werden. Als ersten Hinweis schlage ich in diesem Sinne vor, daß *Sport sich als Bewegen im Spannungsfeld von Leistung und Spiel* gedacht wird.

Nach diesem kurzen Exkurs wende ich mich wieder der vorher gestellten Frage nach einem allgemeinen sportpädagogischen Grundkonzept zu. Die erste Feststellung heißt: Dieses Grundkonzept kann weder von dem Wissenschaftler noch von dem Praktiker jeweils alleine erstellt werden, es muß vielmehr aus der Zusammenarbeit von Wissenschaft und Praxis entwickelt werden. Dafür gibt es eine einfache Begründung. Die Sportwissenschaft ist noch weit davon entfernt, alle komplexen Bezüge und damit verbundenen Probleme mit ihren Methoden in den Griff zu bekommen. Sie kann aber sehr wohl für einzelne Fragen Antworten bereitstellen. Der Praktiker ist zwar mit den angesprochenen komplexen Bezügen konfrontiert. Sie bereiten ihm aber bei seinen Entscheidungen oft Probleme, die er aufgrund seiner eigenen Erfahrung nicht lösen kann.

Bei der Entwicklung des pädagogischen Grundkonzeptes könnte so verfahren werden, daß im Anschluß an eine Absprache über allgemeine Zielperspektiven gefragt wird, welche Schwierigkeiten in der Praxis bei den Bemühungen um die Verwirklichung der Ziele auftreten. Daraus kann sich eine Diskussion zwischen Wissenschaftlern und Praktikern ergeben, wobei zunächst gefragt wird, für welche Probleme die Wissenschaft schon Lösungsvorschläge machen kann und welche Probleme in neuen Forschungsprojekten behandelt werden können. Dabei können die Erfahrungen der Praktiker sicher wertvolle Hinweise für die Forschungsplanung liefern. Für die Bewilligung der verbleibenden Schwierigkeiten sollten Erfahrungen der Praktiker die Grundlage bieten und der Wissenschaftler kann vielleicht aus seinen Forschungserfahrungen mit verwandten Problemen Hinweise geben, die für die praktischen Entscheidungen wertvolle Hilfen sein können.

Nun weiß ich *auch*, daß ein solches Konzept leichter entwickelt ist, als man es praktizieren kann. Bei der geforderten Zusammenarbeit wird es eine Vielzahl von Schwierigkeiten geben, die zu überwinden sind. Die Grundvoraussetzung wird sein müssen, daß der Wissenschaftler Zugang zur Praxis gefunden hat, und daß der Praktiker bereit ist, praktische Probleme theoretisch zu behandeln. Unterschiedliche Sprachgewohnheiten, unterschiedlicher Informationsstand, vielleicht auch unterschiedliche Weltanschauungen führen sicher in vielen Fällen zu erheblichen Schwierigkeiten.

Hauptbereiche des Sportlernens

Ich möchte nun ein Konzept vorstellen, das einerseits aus meinen Erfahrungen als Grundschullehrer und Gesprächen mit Kollegen aus der Schulpraxis und andererseits aus Forschungserfahrungen resultiert, die ich bei Forschungsprojekten zum Sportunterricht in der Grundschule gesammelt habe. Hinzu kommt natürlich der Umgang mit einschlägiger Literatur. Das Konzept ist als Hilfe für das vorher vorgeschlagene Vorgehen gedacht.

Die allgemeine Zielvorgabe, die ich im Sinne des vorher Gesagten voranstellen muß und für die ich auch relativ breite Zustimmung erwarten kann, heißt: Sportpädagogische Bemühungen sind darauf gerichtet, daß möglichst viele Kinder und spätere Erwachsene in *der* Weise Zugang zum Sport finden können, daß sie den Wunsch haben Sport, praktisch auszuüben und diesen Wunsch auch realisieren. Dabei soll die Sportpraxis bei den Kindern eine Bereicherung ihres Lebens sein, indem sie unmittelbare Bedürfnisse befriedigt und wertvolle Entwicklungshilfen bietet. Die Sportpraxis soll sich also für die Ganzheit des Kindes jetzt und in Zukunft positiv auswirken.

Wenn man Sport als ein sich Bewegen im Spannungsfeld von Leistung und Spiel versteht (vgl. HECKER/TREBELS 1970; HECKER 1971), dann kann man eine Reihe von Bereichen nennen, die immer gleichzeitig von Bedeutung sind. Sportliche Bewegungen im angesprochenen Sinne sind immer abhängig von:

1. Konstitution
2. Kondition
3. Fertigkeiten
4. Individualverhalten
5. Sozialverhalten
6. Kenntnissen

Mit diesen Begriffen ist nicht an eine Vollständigkeit aller Einflußgrößen gedacht. Sie beschränken sich bewußt auf die Person des Kindes und können jederzeit durch Begriffe ergänzt werden, die wichtige Bereiche kennzeichnen. Die genannten Begriffe bezeichnen aber Bereiche, die bei Unterrichtsplanung und Unterrichtsdurchführung bedacht werden müssen.

Zu 1:

Die *Konstitution* des einzelnen Kindes kann bestimmte sportliche Bewegungen begünstigen, erschweren oder gar unmöglich machen. Das letztere gilt z. B. für geschädigte Kinder.

Zu 2:

Das gleiche gilt für die *Kondition,* wobei man in diesem Bereich viel eher die Möglichkeit hat, über gezielte Maßnahmen einen Ausgleich von Defiziten zu schaffen.

Zu 3:

Sporttreiben ist nur möglich, wenn bestimmte *Fertigkeiten* gelernt werden. Tennisspielen ist nicht möglich, wenn man nicht lernt, den Ball mit dem Schläger zu treffen und ihm eine gezielte Richtung zu geben. Jeder weiß, daß das Fertigkeitsniveau sehr unterschiedlich entwickelt sein kann, was in der Unterrichtspraxis von großer Bedeutung ist.

Zu 4:

Das *Individualverhalten* des einzelnen Kindes hat großen Einfluß auf seine sportlichen Aktivitäten. Ob das Kind mutig oder ängstlich, besonnen oder impulsiv ist, Erfolgshoffnung oder Mißerfolgsangst hat, Durchsetzungswille oder Anpassungsfähigkeit dominant sind, Frustrationstoleranz vorhanden ist oder nicht, Bedürfnisaufschub ertragen werden kann, ein realistisches Anspruchsniveau vorhanden ist, hat Auswirkungen auf die Sportpraxis und was sehr wichtig ist: Die Sportpraxis hat einen Einfluß auf die Entwicklung in diesen Bereichen, die auch im übrigen Leben von Bedeutung sind.

Zu 5:

Das gleiche gilt für das *Sozialverhalten,* weil Sport fast immer in bestimmten sozialen Bezügen stattfindet. Ob ein Kind Konflikte aushalten und lösen kann, ob es sich an gemeinsame Absprachen halten kann und Regeln beachten gelernt hat, ob es Anderssein und Andersdenken respektieren kann, ob es Bedürfnisse anderer anerkennt und auf andere Rücksicht nimmt, ob es hilfsbereit sein kann, ob es bereit sein kann, mit anderen gemeinsam zu handeln, ob es einfühlsam ist oder nicht, hat einen Einfluß auf die sportlichen Aktivitäten des Kindes. Und man darf auch hier annehmen, daß sportliche Aktivitäten einen Einfluß auf die allgemeine Entwicklung des Sozialverhaltens des Kindes haben.

Zu 6:

Schließlich kann die vorgegebene Zielsetzung nur unter der Bedingung erreicht werden, daß eine Reihe von Kenntnissen für den Bereich des Sports erworben werden. Denn für alle angesprochenen Teilbereiche sind *Kenntnisse* wichtige Hilfen für Entwicklungsverläufe. So können Kenntnisse mit dazu beitragen, daß vernünftige Formen der Belastung zur Entwicklung der Kondition gewählt werden, Kenntnisse können auch Lernprozesse im Bereich der Fertigkeiten unterstützen. Individual- und Sozialverhalten können über entsprechende Kenntnisse, wenn nicht gesteuert, so doch beeinflußt werden. Wenn dem Kind die Bedeutung von Frustrationstoleranz z. B. bekannt ist, wird es ihm leichterfallen, ein vernünftiges Maß dieser Toleranz zu entwickeln, als wenn es die entsprechenden Kenntnisse nicht hat. Natürlich muß die Vermittlung solcher Kenntnisse in kindgemäßer Form vonstatten gehen. Und natürlich ist mit der Vermittlung dieser Kenntnisse auch nicht schon das Entwicklungsziel erreicht. Es bedarf in allen Fällen einer intensiven Praxis, in der sich die eigentlichen Lernprozesse ereignen. Aber Kenntnisse können diese Lernprozesse unterstützen.

Darüber hinaus sind Regelkenntnisse und auch bestimmte Kenntnisse von sportspezifischen Methoden notwendiges Rüstzeug zu selbständigem aktiven Sporttreiben.

Für alle angesprochenen Bereiche gilt, daß bei verschiedenen Einzelpersonen, in unserem Falle sind Kinder angesprochen, unterschiedliche Entwicklungsverläufe und besonders unterschiedliche Entwicklungsstände anzunehmen sind. Unterrichtliche Maßnahmen sind also, wenn sie pädagogisch wertvoll sein sollen, differenziert vorzunehmen. Differenzierung ist eines der Zauberworte der allgemeinen, aber auch der Sportdidaktik geworden.

Entwicklung der Leistungsmotivation im Sportunterricht der Grundschule

Ich möchte nun an einem Beispiel zeigen, wie Bemühungen in einem Teilbereich des hier angesprochenen Feldes sehr komplexe Bezüge zu und weitreichende Einflüsse auf das gesamte Feld aufweisen.

Bei unseren Bemühungen um ein Konzept für den Sportunterricht in der Grundschule konzentrierten wir uns von Anfang an auf vier der angesprochenen Bereiche. Wir wollten günstige Entwicklungsbedingungen für Kondition und Fertigkeiten, Motivation und Sozialverhalten schaffen. Im Fortgang der Arbeit konzentrierten wir uns zunehmend mehr bei der Forschungsarbeit auf den Bereich der Leistungsmotivation, ohne dabei in der Unterrichtspraxis die anderen Bereiche zu vernachlässigen. Die Konzentration im Bereich der Leistungsmotivation wurde durch eine relativ gut entwickelte Theorie mit entsprechenden Meßverfahren und besonders durch auffällige Unterrichtserfolge verstärkt.

Die Bemühungen führten uns zu einem Aufgabentyp, der immer schon im Sportunterricht praktiziert wurde, der aber nun besonderes Gewicht bekam. Es sind Aufgaben, bei denen nach der Aufgabenstellung durch den Lehrer alle Schüler aktiv werden und ihrem Entwicklungsstand entsprechende Schwierigkeitsgrade wählen können. Das Musterbeispiel ist der alte „Dessauer Graben“ der konisch verläuft und bei dem man beim Überspringen die dem eigenen Können entsprechende Weite wählen kann. Im Sportunterricht gibt es eine Vielzahl von Möglichkeiten, dieses Prinzip zu praktizieren.

Wichtig ist bei den Aufgaben, daß die niedrigste Schwierigkeit von jedem Kind und größte Schwierigkeit von keinem erreicht werden kann.

Wenn man Grundschülern eine solche Aufgabe stellt, dann kann man beobachten, daß eine Vielzahl von Kindern bestrebt ist, Schwierigkeiten im Grenzbereich ihres Könnens zu wählen. Es gibt aber auch Kinder, die immer wieder dazu neigen, Schwierigkeiten zu wählen, die weit unter ihrem Können liegen. Sie unterfordern sich. Andere Kinder haben dagegen die Tendenz, sich ständig zu überfordern.

Die Motivationspsychologie bietet nun eine Theorie an, mit deren Hilfe das Beobachtete erklärt werden kann. Bei Schülern, die sich Schwierigkeiten im Grenzbereich ihres Könnens wählen und deshalb ständig ein gewisses dosiertes Risiko eingehen, die Aufgabe zu bewältigen oder nicht zu bewältigen, sind in den meisten Fällen hoch leistungsmotiviert bei einer Tendenz, *Hoffnung auf Erfolg* zu haben. Bei ihnen herrscht die Vorstellung vor: Wenn ich mich lange genug bemühe und anstrenge, dann schaffe ich das schon.

Bei Schülern, die sich ständig überfordern, kann man anmerken, daß sie ebenfalls hoch leistungsmotiviert sind, daß bei ihnen aber im Gegensatz zu den vorher beschriebenen, die Tendenz *Furcht vor Mißerfolg* vorherrscht. Sie wollen entweder mit der Wahl überhöhter Schwierigkeiten aus dem Feld gehen — das kann sowieso keiner schaffen — oder aber sie hoffen, mit einem Schlag der Größte zu sein, was aber ganz und gar unrealistisch ist.

Bei Schülern, die immer wieder zu Unterforderungen neigen, kann eine niedrige Leistungsmotivation angenommen werden, wobei sowohl die Tendenz „Hoffnung auf Erfolg" als auch die Tendenz „Furcht vor Mißerfolg" dominant sein kann.

Da die Ausprägung der Leistungsmotivation Verbindungen zu einer Reihe weiterer Verhaltensweisen des Individuums aufweist und vermutlich auch an bestimmte Sozialverhaltensweisen gebunden ist, wird sie, bezogen auf die Gesamtentwicklung der Kinder, besonders interessant.

Kinder mit einer relativ hohen Leistungsmotivation, bei denen gleichzeitig die Tendenz Hoffnung auf Erfolg vorherrscht, zeigen meist folgende Verhaltensweisen:

1. Sie können *sich realistisch einschätzen* und haben ein realistisches Anspruchsniveau. Das führt dazu, daß sie sich realistische Ziele setzen, die sie bei Anstrengung auch erreichen können. Sie erleben dadurch immer wieder nach Anstrengung Erfolge und werden in der Tendenz Hoffnung auf Erfolg verstärkt.
2. Sie weisen ein relativ hohes Maß an *Frustrationstoleranz auf.* Weil sie sich immer wieder im Grenzbereich ihres Könnens fordern, erleben sie öfter auch Mißerfolge, die aber nicht so geartet sind, daß die Erreichung des angestrebten Zieles unmöglich erscheint. Durch Üben und wiederholte Anstrengung wird dann das Ziel erreicht. Das führt dazu, daß die gelegentlichen Mißerfolge, die als Frustration erlebt werden, toleriert werden.
3. Aus dem Gesagten läßt sich ableiten, daß eine hohe *psychische Ausdauer* wahrscheinlich ist. Ein von Hoffnung auf Erfolg geprägter Schüler gibt nicht so schnell auf. Er versucht immer wieder, das gesteckte Ziel zu erreichen, wenn es erreichbar ist.
4. Dadurch wird es ihm auch gleichzeitig möglich, *Bedürfnisaufschub* zu ertragen. Er muß nicht immer nur seine momentan vorhandenen Bedürfnisse befriedigen. Er ist vielmehr in der Lage, jetzt etwas zu tun, was für die Befriedigung von späteren Bedürfnissen geeignet ist.
5. Ein *dosierter Mut zum Risiko* hilft ihm immer wieder, das für ihn Bestmögliche zu erreichen. Er schöpft seine Möglichkeiten aus.
6. Dieses Verhalten wird noch dadurch verstärkt, daß der von Hoffnung auf Erfolg geprägte Schüler eher dazu neigt, *reflexiv* zu reagieren und weniger impulsiv ist.
7. Der von Hoffnung auf Erfolg geprägte Mensch versucht immer, zunächst selbst mit seinen Problemen fertig zu werden. Da er seine Lage realistisch einschätzen kann, findet er meist auch selbst Möglichkeiten, sich zu helfen. *Ursachen* für Gelingen und Nichtgelingen *sucht er zunächst bei sich selbst.*

Das Selbstvertrauen, das in den angesprochenen Verhaltensweisen erkennbar wird, führt dazu, daß von Hoffnung auf Erfolg geprägte Personen zunehmend mehr in der Lage sein werden, über der Sache zu stehen und dadurch auch eher offen sind für Belange der anderen Menschen. Damit ist aber eine gute Voraussetzung für anzustrebendes Sozialverhalten gegeben.

Besonders für den Sport ist es wichtig, daß Einflußstreben, das bei allen Menschen mehr oder weniger stark in Erscheinung tritt, sozial vermittelt und auch sozial relativiert ist. Dort, wo dies nicht der Fall ist, haben wir oft jenes rücksichtslose Sich-durchsetzen-wollen, das menschliches Zusammenleben erschwert.

Die hier angesprochenen Zusammenhänge sind wissenschaftlich noch nicht belegt. Ein theoretisches Konzept hat mein Mitarbeiter ERDMANN bereits vorgelegt (ERDMANN 1976), wobei er sich auf Vorarbeiten stützen konnte, die in den USA veröffentlicht wurden (COSTA 1971). Die Arbeit an der empirischen Überprüfung ist im Gange.

Aufgrund der theoretischen Vorgaben und der Zusammenhänge im Individualverhalten und der wahrscheinlichen Auswirkungen auf das Sozialverhalten versuchten wir im Sportunterricht in der Grundschule, bei Versuchsschülern die Tendenz Hoffnung auf Erfolg zu verstärken. Wir führten mit Unterstützung des Bundesinstitutes für Sportwissenschaft und des Hessischen Kultusministeriums einen Unterrichtsversuch durch, bei dem wir folgende Maßnahmen ergriffen:

1. Wir entwickelten ein Unterrichtsprogramm, bei dem besonders häufig Aufgaben vorkamen, bei denen die Kinder den Schwierigkeitsgrad selbst bestimmen konnten. Die Art der Aufgaben wurde oben bereits beschrieben.
2. Über Lehrgänge führten wir die Lehrer der Versuchsklassen in die theoretischen Zusammenhänge ein und erreichten auch, daß sich die Versuchsklassenlehrer das vorgenommene Ziel zu eigen machten. Sie standen voll hinter den Zielen des Unterrichtsversuches und bemühten sich, ihr Verhalten im Unterricht auf die gemeinsame Zielsetzung auszurichten. Entsprechendes Lehrerverhalten wurde in den Lehrgängen demonstriert und auch geübt.
3. In sporadischen Kontakten versuchten wir auch die Klassenlehrer und Eltern der Schüler zur Unterstützung des Unterrichtsversuches zu gewinnen. Hier wurden lediglich Gespräche geführt, wobei Lehrer und Wissenschaftler zusammenarbeiteten.

Der Versuchsunterricht lief über die gesamte Grundschulzeit, also über vier Jahre. Mehrere Überprüfungen während des Versuches und besonders am Ende zeigten, daß bei den Versuchsschülern signifikant deutlicher die Tendenz Hoffnung auf Erfolg ausgeprägt war, als dies bei den Kontrollschülern der Fall war.

Zwei Jahre nach Abschluß des Versuchsunterrichtes waren zwar die Unterschiede nicht mehr so deutlich festzustellen. Es zeigte sich aber, daß die Gruppe der Versuchsschüler, die bei der ersten Überprüfung deutliche Tendenzen zu Furcht vor Mißerfolg aufwiesen, bei denen also Furcht vor Mißerfolg dominant war, auch zwei Jahre nach Abschluß des Versuchsunterrichtes der entsprechenden Gruppe der Kontrollschüler im Sinne der Zielsetzung noch deutlich überlegen war. Die Schüler, die der entsprechenden Betreuung also besonders bedurften, sind durch den Versuchsunterricht in besonderer Weise gefördert worden, wobei sich der angestrebte und erreichte Effekt als stabil erwies.

Einige Überprüfungen in den Bereichen Kondition und Fertigkeiten zeigten, daß der Versuchsunterricht in diesen Bereichen auch eher fördernd als hemmend wirkte. Das gleiche gilt für das Sozialverhalten. Diese Aussagen werden so zurückhaltend gemacht, weil unsere gewonnenen Daten eine präzise Aussage nicht zulassen. Die benutzten Meßverfahren hatten keine entsprechend hohe Qualität. Die Versuchsklassenlehrer, die über viele Jahre an Unterrichtserfahrung verfügen, bestätigen aber die von uns erkannte Tendenz. Wir können also annehmen, daß durch den Versuchsunterricht die Kinder in allen hier angesprochenen Bereichen gute Lernergebnisse aufwiesen, und daß sie insgesamt besser gefördert waren, als es bei Kindern im bisher üblichen Sportunterricht der Fall ist.

Unsere Vorstellung, daß Kinder während der Grundschulzeit in besonderer Weise über den Sportunterricht in ihrer Gesamtheit gefördert werden können, wurde durch die Ergebnisse des Unterrichtsversuches gestützt. Die Begründung dafür ist in der Tatsache zu sehen, daß Kinder in dieser Zeit hohes Interesse an sportlichen Aktivitäten zeigen. Vermutlich liegt das einerseits an dem immer wieder erkennbaren Bewegungsdrang, es liegt aber wohl auch daran, daß die Kinder bei sportlichen Aktivitäten immer selbst sofort feststellen können, ob ihre Handlungen gelingen oder ob sie nicht gelingen. Das ist in vielen anderen Bereichen nicht in gleichem Maße der Fall. Sportliche Aktivitäten sind in diesem Sinne besonders kindgemäß. Das Kind ist bei sportlichen Aktivitäten in seiner Ganzheit beteiligt. Und man darf annehmen, daß deshalb Wirkungen auf die Ganzheit ausgehen.

Die oft zutage tretende und teilweise auch berechtigte Skepsis, die man Transferwirkungen gegenüber hat, ist für den hier angesprochenen Bereich weniger angebracht. Vielleicht kann sogar aus den gemachten Erfahrungen die Regel abgeleitet werden, daß überall dort, wo sich Menschen mit vollem Engagement in ihrer Ganzheit um etwas bemühen, angenommen werden kann, daß diese Bemühungen auch auf ihre Ganzheit Auswirkungen haben.

Im Sportunterricht der Grundschule haben wir also dafür zu sorgen, daß dieses in dieser Zeit leicht erreichbare Engagement bei den Kindern gefördert wird, und daß die Kinder einen gewissen Spielraum für eigene Entscheidungen haben, damit sie Auswirkungen ihrer Entscheidungen erleben können. Sicher ist dieses nicht nur im Zusammenhang mit der Wahl des Schwierigkeitsgrades möglich. Auch die Wahl bestimmter Inhalte kann z. B. im Unterricht praktiziert werden. Wichtig ist aber, daß das zur Wahl Anstehende von den Kindern überschaut und beurteilt werden kann. Das gilt ganz sicher für eine Vielzahl von Aufgaben hinsichtlich der Schwierigkeitsgrade.

Kinder, die bei den Entscheidungen Schwierigkeiten haben, brauchen individuelle Hilfen, die der Lehrer dann geben kann, wenn seine Kinder gelernt haben, relativ selbständig zu üben, was nach unseren Erfahrungen schon im 1. Schuljahr erreicht werden kann. In diesem Falle kann sich der Lehrer auch immer wieder einmal dem einzelnen Schüler zuwenden und ihm Hilfen geben, die er benötigt. Die anderen üben oder spielen ja in dieser Zeit weiter.

Was hier über den Sportunterricht in der Grundschule gesagt wurde, gilt sicher auch für Übungszeiten im Verein und mit geringen Abwandlungen auch für Kindergarten und Vorschule.

Über weite Strecken meines Vortrages konnte sicher der Eindruck entstehen, daß etwas sehr Spezielles behandelt wurde, und daß ich die anfangs gestellte Forderung nach der Beachtung der Ganzheit des Menschen selbst nicht erfülle. Ich hoffe aber, Verbindungen zwischen in der Theorie unterscheidbaren Bereichen im Sinne komplexer Bezüge deutlich gemacht zu haben. In der Sportpraxis ist immer der ganze Mensch beteiligt. Über diese Feststellung hinausgehend kann noch auf weitere Bezüge hingewiesen werden.

Die Themen Leistungsproblematik, Konkurrenzdenken, Chancengleichheit aber auch Kreativität und Selbständigkeit haben einen unmittelbaren Bezug zu dem Gesagten. Das pädagogische Konzept verträgt sich mit Sätzen wie: Kooperation ist wichtiger als Konkurrenz, oder Leisten können und wollen, ohne etwas bestimmtes leisten zu müssen, soll das Handeln bestimmen. Ein wichtiges Teilziel heißt: Jeder bemüht sich, das, was er tut, nach seinem Können möglichst gut zu tun.

Wenn zunehmend mehr Menschen zu dieser Einstellung finden, dann kann der Sport von einer ganzen Reihe von negativen Begleiterscheinungen wie Gesundheitsschäden durch

Überbeanspruchung, Brutalitäten bei Wettkämpfen, unlauterem Wettbewerb durch bewußte Schaffung von Chancenungleichheit zunehmend mehr befreit werden.

Wenn ich es richtig sehe, dann wäre damit auch ein Beispiel dafür gegeben, daß Ideale der deutschen Turnbewegung sich gegenüber manchen traditionellen Sportidealen durchsetzen. Nicht citius-altius-fortius oder gar der Beste sein wollen, allen anderen ein Vorbild heißt dann der Leitsatz, sondern — im Sinne des JAHN-Satzes „Man hat ein göttliches Gefühl in der Brust, wenn man weiß, daß man kann, wenn man nur will" — gilt es, das gemeinsame Spiel durch gemeinsames Bemühen möglichst gut zum Gelingen zu bringen.

Die Entwicklung zu diesen Denkweisen und zu dieser Sportpraxis beginnt im Kindesalter, und wir haben Möglichkeiten sie zu fördern, aber auch zu hemmen. Es liegt viel an uns allen, wie diese Entwicklung verläuft.

Literatur

COSTA, P.: The Costa-Measure of Ego Development: A brief Introduction. Ego or Self-Development. Unpublished Paper: Harvard-University 1971.

ERDMANN, R.: Einige theoretische Überlegungen zur Motivgenese und weiterführende unterrichtspraktische Gedanken. In: BIERHOFF-ALFERMANN, D. (Hrsg.): Soziale Einflüsse im Sport. Darmstadt 1976.

HECKER, G.: Leistungsentwicklung im Sportunterricht. Weinheim 1971.

HECKER, G. / TREBELS, A. H.: Sportdidaktik. Wuppertal 1970.

Klaus Schleicher

Bewegungserziehung im Elementar- und Primarbereich — aus der Sicht der Eltern und mit Blick auf die Eltern —

1. Zur aktuellen Diskussion über Einstellungen von Eltern zur Bewegungserziehung

Weder die sportpädagogische Forschung, noch die Bewegungserziehung und der Schulsport haben bisher genauer beachtet, welche Bedeutung die häuslichen Lebensverhältnisse und die Einstellung von Eltern wie Geschwistern für die Entwicklung der kindlichen Bewegungsfreude und für die Wirksamkeit der Bewegungserziehung haben. Vielmehr richtet sich ihre Aufmerksamkeit — sei es bewegungsspezifisch, entwicklungsorientiert oder wissenschaftsdifferenziert — auf eine Förderung der Funktionsfähigkeit des menschlichen Organismus, auf sportdidaktische Probleme (wie z. B. Bewegungsabläufe) oder auf institutionelle Aspekte der Bewegungserziehung (1). Aufgrund dieser Orientierung wird die Bedeutung der Eltern für die Bewegungserziehung häufig nur negativ — d. h. als eine Einschränkung der kindlichen Bewegungsbedürfnisse — betrachtet. Dieses Vorverständnis dokumentiert sich sowohl in den Publikationen des Deutschen Sportbundes wie des Deutschen Bildungsrates, wenn betont wird:

> Das ursprüngliche Bewegungs- und Aktivitätsbedürfnis von Kindern wird durch „mangelndes elterliches Verständnis für die Bewegungsansprüche der Kinder" eingeengt (Gabler/Grupe 1975, 200). „Da die Eltern angesichts der für freies Kinderspiel ungünstigen Wohnverhältnisse zumeist nicht in der Lage sind, die Spiele nach Abschluß der Kindergartenzeit nach Hause zu übernehmen" (Krappmann 1975, 70), muß die Schule dem Spiel und der Bewegungserziehung besondere Aufmerksamkeit schenken (vgl. Deutsche Sportjugend Nr. 1, 6; Deutscher Sportbund [1974], 127 ff.).

Bisher dominiert in sportpädagogischen Überlegungen mithin eine — sonst weithin aufgegebene — kompensatorische Einstellung. Weil Kompensationsbemühungen gegen das Elternhaus jedoch nachweislich nicht erfolgreich sind (Schleicher 1975, 237 f.), und weil neue Wege für eine engere Zusammenarbeit mit dem Elternhaus kaum erprobt sind, bleiben wesentliche Voraussetzungen für eine erfolgreiche Bewegungserziehung unbeachtet. Es wird zu wenig überlegt, wie sich Impulse der Bewegungserziehung in den kindlichen Alltag übertragen lassen.

Eine veränderte Einstellung zur Bedeutung der Eltern für die Bewegungserziehung bahnt sich jedoch an, indem Eltern in die Überlegungen dieses Kongresses („Kind und Bewegung") einbezogen werden.

1.1 Versucht man — wie im Kongreßplan vorgesehen ist —, die *„Einstellungen der Eltern zur Bewegungserziehung im Elementar- und Primarbereich"* zu analysieren, so zeigt sich zweierlei:

1.1.1 *Wissenschaftlich haltbare Aussagen* über die „elterlichen Einstellungen zur Bewegungserziehung im Elementar- und Primarbereich" liegen nicht vor.

1.1.2 Dennoch ergeben sich im Zusammenhang mit der allgemeinen Diskussion über die Elternmitwirkung *einige Anhaltspunkte,* die auch für die elterlichen Einstellungen zur Bewegungserziehung bedeutsam sind wie z. B.:

— Eltern können die Bedeutung der institutionellen Bewegungserziehung nicht beurteilen, da sie nur *sehr begrenzten Einblick in die Schulwirklichkeit haben* (Hospitationen sind selten üblich), und da sie die Curriculumdiskussion nicht verstehen;
— *Eltern wurde* in den vergangenen Jahren *eingeredet, daß die kognitive Frühförderung* für die kindliche Entwicklung *allentscheidend* sei, daher begegnen sie neuen Akzentuierungen der Erziehungswissenschaft und Curriculumdiskussion mit Recht skeptisch, denn offensichtlich neigen Wissenschaft und Bildungspolitik zu modisch einseitigen Akzentuierungen;
— *Eltern reagieren* auf vorschulische und schulische Bildungsangebote meist *aufgrund der Rückmeldungen ihrer Kinder* und beachten zu wenig, daß sowohl die kindlichen Reaktionen wie Dispositionen (d. h. das kindliche Sportinteresse und seine körperliche Gesundheit) von ihnen als Eltern mit vorgeprägt werden;
— *und schließlich* stehen Eltern *bei den kindlichen Folgeerscheinungen* einer Bewegungsarmut und/oder bei ihrer Hypermotorik *eher mit Ärzten als mit Bildungsinstitutionen* und Lehrern *im Dialog*.

Wenn also einerseits keine wissenschaftlichen Untersuchungen über die elterlichen Einstellungen zur Bewegungserziehung vorliegen und Eltern andererseits die Bemühungen der Bewegungserziehung im Elementar- und Primarbereich kaum kennen und verstehen, so folgt daraus: Die sportpädagogische Forschung muß sich in größerem Maße mit den Eltern befassen, damit die Bewegungserziehung erfolgreich geplant werden kann. *Und zwar müssen die familialen Bedingungen für die kindliche Bewegungsbereitschaft und -fähigkeit — und nicht nur die Einstellung der Eltern zur Bewegungserziehung — analysiert werden.* Ferner bedarf es anderer Formen einer kontinuierlichen Elternarbeit als bisher, damit Eltern die Bewegungserziehung im Elementar- und Primarbereich besser kennen und verstehen lernen.

1.2 *Die Notwendigkeit einer engen Kooperation der Bewegungserziehung im Elementar- und Primarbereich mit dem Elternhaus ergibt sich aus folgenden Hintergrundbedingungen:*
— Nach Art. 6, Abs. 2 des *Grundgesetzes* sind die „Pflege und Erziehung der Kinder ... das natürliche Recht der Eltern und die zuvörderst ihnen obliegende Pflicht";
— zum *Elementarbereich* gehören „alle *Einrichtungen familienergänzender Bildung* und Erziehung für Kinder vom dritten vollendeten Lebensjahr ab ..." — wie in den Publikationen der Deutschen Sportjugend betont wird (Deutsche Sportjugend Nr. 1, 3);
— *da Bewegungsdispositionen der Kinder im Elternhaus vorgeprägt werden,* müssen die familialen Lebens- und Erziehungsbedingungen vom Elementar- und Primarbereich berücksichtigt werden.

Die Bewegungserziehung im Elementar- und Primarbereich ist mithin aus rechtlichen Gründen, angesichts der institutionellen Aufgabenstellung, sowie aufgrund der vorangegangenen Sozialisation auf eine enge Zusammenarbeit mit den Eltern angewiesen.

Denn wenn „die vorangegangene — vor allem familiale — Lernerfahrung eine wesentliche Grundlage des weiterführenden Lernens ist" (vgl. Deutsche Sportjugend 1, 5 f.), wenn zudem die Berücksichtigung „elementarer Bewegungs- und Spielbedürfnisse" als notwendig gilt und eine „emotionale Ausgeglichenheit" angestrebt werden soll (vgl. Deutscher Sportbund [1972], 3—6), dann folgt für die Bewegungserziehung daraus:
— *Damit Eltern* in diesem Prozeß *sowohl zu Erfahrungsvermittlern für Fachpädagogen als auch für Ihre Kinder werden,* „müssen sie in die Curricula einbezogen werden",

wie in Publikationen des Deutschen Bildungsrates und des Deutschen Sportbundes betont wird (2);

— *damit die Bewegungserziehung ferner nicht nur kompensatorische Aufgaben übernimmt,* die in ihrer Wirkung umstritten sind (3), muß sie frühzeitig und familienbezogen versuchen, der Entstehung von Schwächen am Knochen- und Muskelsystem (derzeit bei 60% der Schulanfänger) und von Organleistungsschwächen (derzeit bei 10% der Schulanfänger) zu begegnen;

— damit schließlich eine gewisse *Chancengleichheit hinsichtlich* der Nutzung von sportlichen Angeboten erreicht wird und nicht nur Kinder von sportlich interessierten Eltern (bzw. im Bevölkerungsdurchschnitt nicht nur 4% aller 3- bis 6jährigen Kinder) die Möglichkeit wahrnehmen, einen *Sportverein* zu besuchen (vgl. Deutsche Sportjugend Nr. 2, 2), müssen die familialen Bewegungsbedingungen und Einstellungen anders als bisher beachtet, Kontakte frühzeitig begonnen und kontinuierlich fortgesetzt werden.

Insgesamt folgt aus der Langzeitwirkung der familialen Sozialisation und aus dem familienergänzenden bzw. familienersetzenden Erziehungsauftrag der Bildungsinstitutionen, daß im Kindergarten und in der Primarschule nicht nur die unterschiedlichen Erziehungsintentionen und -stile von Elternhaus und Bildungseinrichtungen, sondern daß auch die Voraussetzungen beachtet werden müssen, unter denen sich die kindliche Bewegungsbereitschaft und -fähigkeit entwickelt (bzw. wie sie gefördert werden kann). Wichtig ist dafür u. a., daß sowohl die psychophysische und geistige Entwicklung von Kindern im Zusammenhang gesehen als auch die Bewegungsbereitschaft der Eltern beachtet wird, und daß vor allem einmal die unterschiedlichen Einzelbemühungen um eine Elternabteilung in der Bewegungserziehung wissenschaftlich zusammengetragen, d. h. verfügbar gemacht werden.

2. Schwierigkeiten einer kind- und elternorientierten Bewegungserziehung

Sollen nicht nur die kindlichen Bewegungsdispositionen, sondern sollen auch das elterliche Verständnis für die Bewegungserziehung und die Möglichkeiten für eine kooperative Zusammenarbeit im Bewegungsbereich richtig eingeschätzt werden, so ist zu klären:

— Welche *„Wechselbeziehungen“* bestehen *zwischen geistigen, psychischen und körperlichen Entwicklung bei Kindern;* — denn eine „elementare Selbstbewegung des Menschen“ ist mehr als nur eine „Leibesübung“.

— Wie groß ist der *elterliche Einfluß auf die kindliche Bewegungsdisposition und Motivation,* wenn sie mit ihren Kindern von Geburt an in einem täglichen Intensivkontakt stehen und mit ihnen nicht nur mehr, sondern auch zusammenhängendere Lebenserfahrungen teilen als irgend jemand sonst (vgl. Schaefer 1972, bes. 229)?

— *Welches Verhältnis haben Eltern ihrerseits überhaupt zur Bewegung und zum Sport,* denn sportlich aktive Eltern motivieren ihre Kinder zweifellos stärker als es einzelne Turnstunden oder eine ärztlich verordnete Gymnastik können (vgl. Hahn 1971, 149)?

2.1 *Bei vielen Eltern besteht ein recht ambivalentes Verhältnis zur Bewegung,* das sich nicht zuletzt aus ihrem gesellschaftlichen Kontext herleitet, und das sich sowohl in ihren eigenen Bewegungsbedürfnissen wie auch in ihrer Beurteilung des kindlichen Aktivitätsdranges spiegelt.

Und zwar ist die Bewegungsfreude und -bereitschaft der Erwachsenen zum Teil durch die bewegungsfeindliche Umwelt am Arbeitsplatz, in den Verkehrsmitteln, in den Wohnungen aber zum Teil auch durch den Fernsehkonsum erheblich eingeschränkt (in den USA spricht man bereits von „Television-Legs") (4).

Ferner werden viele Eltern durch die weitverbreitete Zuschauermentalität und Anstrengungsmüdigkeit oft derart beeinflußt, daß sie den Bewegungsbedarf ihrer Kinder nur noch verstandesmäßig wahrnehmen oder aufgrund ungünstiger Folgeerscheinungen beachten (vgl. einerseits die elterliche Sorge angesichts von körperlichen Schäden und andererseits ihre Mitverantwortung für diese Beeinträchtigungen) (Paschen 1969, 7). Schließlich ist das elterliche wie kindliche Bewegungsinteresse oft zum körperlichen Funktionstraining — sei es in Gymnastikkursen, auf Trimmpfaden oder an Fitnessgeräten — denaturiert (5).

Daraus folgt:

— Da das kindliche Aktivitäts- und Bewegungsbedürfnis oft verkannt wird, leidet ein erheblicher Prozentsatz von Kindern bereits im frühen Alter an Fuß- und Haltungsschäden (Egger 1973, 71 f.) und ist der Anteil von Kindern mit Fettsucht in den letzten Jahren auf über 4% gestiegen (Gesundheitsbehörde Hamburg 1976);

— da die Bewegungserziehung von Eltern vielfach nicht als Beitrag zur personal-sozialen Entwicklung von Kindern betrachtet wird, beschränkt sich ihre Sorge auf eine körperliche Gesundheitserziehung (obwohl die Weltgesundheitsbehörde schon Mitte der 50er Jahre betonte, daß Gesundheit gleichermaßen ein körperlich-seelisch-geistiges Wohlbefinden bedeutet) (vgl. Bowlby 1972, 201 ff.);

— und da Eltern den Widerspruch zwischen ihrer zum Teil verstandesmäßig hohen Bewertung des kindlichen Bewegungsbedürfnisses und einem entgegengesetzten Lebensstil wie Erziehungsverhalten oft nicht erkennen und bewältigen, hat die institutionelle Bewegungserziehung auch Aufgaben der Elternbildung zu übernehmen (Hahn 1971, 142, 149).

2.2 Das ambivalente Verhältnis der Eltern zur eigenen wie zur kindlichen Bewegung beeinflußt die *kindlichen Bewegungsdispositionen vor und während der Vor- wie Grundschulzeit* außerordentlich. Obwohl die kindlichen Dispositionen bereits während der Schwangerschaft — sei es durch elterliche Einstellung oder Verhaltensweisen — erheblich beeinflußt werden (vgl. z. B. die Gefährdung durch Thalidomide) — erweisen sich auch die familialen Beziehungen und Lebensverhältnisse in den ersten Lebensjahren des Kindes noch als überaus bedeutsam (6).

Denn *in Auseinandersetzung mit den familialen Angeboten entwickelt sich sowohl das persönlich-aktive Gleichgewicht der Kinder* (Piaget 1977, 153 ff., 229—273) *als auch ihre Bewegungskoordinierung* (7). Da familiale Spiel- und Bewegungsanreize in der frühen Kindheit, also gleichzeitig die körperliche Entwicklung, eine emotionale Entspannung und rhythmische Koordinierung sowie die soziale Kontaktfähigkeit des Kindes beeinflussen, dürfen sich Lernangebote nicht isoliert mit der körperlichen Entwicklung befassen. Vielmehr muß vor allem die Bewegungsfreude des Kindes erhalten, müssen seine Bewegungserlebnisse angeregt und seine Beziehungen zu anderen Menschen stabilisiert werden (8).

Denn Kinder entwickeln auf der Grundlage ihrer elementar-vitalen Bedürfnisse in einem dialektischen Assimilations- und Akkommodationsprozeß ihre Bewegungsbereitschaft und -fähigkeit, wenn ihnen ein angemessener und herausfordernder Bewegungsraum zur Verfügung gestellt, wenn ihre Initiative unterstützt und ihre Unabhängigkeitsversuche toleriert werden (9).

Vor diesem Hintergrund wird leicht verständlich, weshalb eine Bewegungserziehung weder von institutionellen Organisationsformen noch von bestimmten Bewegungsfähigkeiten und Bewegungsabläufen aus konzipiert werden kann.

Vielmehr müssen die familial wie gesellschaftlich beeinflußten Bewegungsdispositionen den Ausgangspunkt für eine Bewegungserziehung bilden.

Denn „der Lebensstil der Eltern, ihre Einstellungen, Überzeugungen und Haltungen und die Formen der Auseinandersetzung mit der Umwelt werden vom Kinde im Entwicklungsprozeß mit erlernt und letztlich zur eigenen Wertung der Dinge" (10).

Erst wenn also die häusliche und außerschulische Beeinflussung von Kindern angemessen berücksichtigt werden,

— daß z. B. etliche Kinder nicht im eigenen Bett schlafen;
— daß sie in ihrem Bewegungsdrang durch die Kinderzimmergröße des sozialen Wohnungsbaus eingeengt sind;
— und daß sie durch einen zum Teil recht ausgedehnten Fernsehkonsum in ihrer Bewegungswilligkeit behindert werden;

erst dann wird deutlich, daß die Bewegungserziehung nur in Verbindung mit dem Elternhaus und einer Elternbildung erfolgreich sein kann. Durch eine Verständigung und Kooperation mit dem Elternhaus ist am ehesten zu erreichen,

— daß die institutionelle Bewegungserziehung *auf Organ- und Rhythmusdispositionen der Kinder abgestimmt* wird;
— daß *Impulse* der Bewegungserziehung *in die außerschulische Umwelt* der Kinder *übertragen* bzw. dort fortgesetzt werden;
— und daß mehr Menschen (sei es unter Berücksichtigung ihrer „personalen Eigenheiten" oder ihrer Sozialisation) *Zugang zu einer Art „life-time-sport" gewinnen.*

2.3 Mithin *muß im Elementar- und Primarbereich ein ganzheitlicheres Verständnis* für die kindliche Bewegung *entwickelt* werden und dürfen nicht Teilaspekte additiv aneinandergereiht werden. Gerade die traditionell-dualistische Trennung von Leib und Seele (vorausgesetzt, daß es diese isolierten Phänomene überhaupt gibt) verkennt die *Interdependenz zwischen Ich-, Natur- und Umwelt.* Dadurch aber wird die Einsicht verstellt, daß Bewegung für Kinder etwas anderes als für Erwachsene ist. Und zwar gelangen Kinder in ihren spielerischen und unspezialisierten Bewegungen zu komplexeren Ich- und Welterfahrungen als sie durch zielstrebig vermittelte Bewegungsabläufe zu erreichen sind, die sich primär auf die Leiblichkeit richten.

(Beiläufig sei erwähnt, daß sich der Sport durch eine dualistische Trennung von Geist und Körper gegenüber anderen Bildungsbereichen auch freiwillig selbst abwertet) (Grupe 1973, 191—193, 198 f.).

Den ganzheitlichen, physisch-psychischen und geistigen Anregungen kommt aber nicht nur für die Entwicklung der Kinder große Bedeutung zu (vgl. Piaget 1977, 155), sondern sie sind auch deshalb sehr bedeutsam, weil der Zusammenhang für Erwachsene nicht mehr in gleichem Maße erfahrbar und im Leistungssport — wenn er medial als vermarktete Ware zur Schau gestellt wird — überhaupt nicht mehr sichtbar wird. Je seltener die Bewegungserziehung aber von den Eltern als Moment einer ganzheitlichen Kleinkinderziehung aufgefaßt wird — und je weniger sie von der sportlich interessierten Öffentlichkeit im Sinne Coubertins als Selbst- und Sozialerziehung verstanden wird (11), desto entschiedener muß sie sich ihrerseits um eine Integration anthropologischer, pädagogisch-psychischer, sozialer und medizinischer Aspekte bemühen.

Insgesamt kann die institutionelle Bewegungserziehung für die personale und soziale Entwicklung von Kindern mithin *nur dann voll wirksam werden,*

— wenn einerseits das ambivalente Verhältnis der Eltern zur Bewegung und der Einfluß der Familie auf die kindliche Bewegungsdisposition erkannt und konkret berücksichtigt wird;
— und wenn andererseits der Zusammenhang von psycho-physischer wie geistiger Entwicklung berücksichtigt und Eltern diese Interdependenz veranschaulicht wird.

Solange die Sportdidaktik aber nur die sogenannten gesellschaftlichen Bedingungen des Sports reflektiert, ohne die familial vermittelten Bewegungsdispositionen in ihre konkrete Arbeit einzubeziehen und entsprechende Elternarbeit zu leisten (vgl. z. B. MICHAELIS/ TREESS 1975, 118 f.), verbleibt sie trotz des politischen Engagements in einem „Freiraum-Denken". Auch kann dann nicht erwartet werden, daß Eltern großes Verständnis für die Bewegungserziehung im Elementar- und Primarbereich aufbringen.

3. Beispiele für eine elternorientierte, ganzheitliche Bewegungserziehung im Kleinkind-, Vorschul- und Schulalter

Für die Bewegungserziehung ist von besonderer Bedeutung,
— daß die kindliche Bewegungsfreude und -elastizität ebenso erhalten wird wie ihre Anstrengungswilligkeit;
— daß Eltern die Bewegungserziehung als kontinuierlichen Prozeß vom Kleinkind- bis zum Erwachsenenalter verstehen;
— und daß nicht von einem eingeengt kompensatorischen Bewegungskonzept ausgegangen wird (12).

Entsprechende Möglichkeiten einer kind- und elternorientierten Bewegungserziehung werden an einigen Beispielen skizziert, damit sichtbar wird, wie ganzheitliche Angebote realisiert und Eltern in die Entwicklung wie Organisation von Bewegungsangeboten einbezogen werden können (vgl. HABERKORN/HAGEMANN/ WALTHER 1973, 321 f.).

3.1 Bereits in der Vergangenheit wurde von der Sportjugend und dem Sportbund der *Entwicklung von angemessenen Kleinkindspielplätzen* erhebliche Aufmerksamkeit gewidmet. Nachdem bisher aber vorwiegend Ausstattungsaspekte (z. B. Platzanlage, Geräte etc.) und Aufsichtsprobleme diskutiert wurden (Deutsche Sportjugend Nr. 3, 7), wäre jetzt die Elternarbeit zu intensivieren. Zahlreiche Elterninitiativen, die sich der Spielplatzmisere und Spielplatzaufsicht („Parktanten") annahmen, zeigen (13), daß Eltern solchen Bemühungen aufgeschlossen gegenüberstehen. Und zwar sollten sie nicht nur bei der Organisation von Spielplätzen beraten, sondern in stärkerem Maße durch vorübergehende Spiel- und Bewegungsanleitungen (sei es durch Sportvereine oder Familienbildungsträger) ermutigt werden, ihre Kinder an Gruppenaktivitäten zu beteiligen und selber in entsprechender Weise initiativ zu werden. Gleichzeitig könnte die Spiel- und Bewegungsanleitung auf ergänzende Bemühungen, sei es in Eltern-Kind-Kursen oder in Vereinen hinweisen und dort fortgesetzt werden.

3.2 Sodann bietet das *Eltern-Kind-Turnen* angesichts der elterlichen Unsicherheit im erzieherischen Umgang mit Kleinkindern eine gute Möglichkeit: Bewegungshemmnisse wie -bedürfnisse der Eltern zu berücksichtigen, die kindliche Entwicklung ganzheitlich zu fördern und allmählich zur Gruppenaktivität zu öffnen, sowie Verständnis für eine integrative, rhythmisch-musikalische Bewegungserziehung anzubahnen. Besondere Bedeutung kommt jedoch den personalen Beziehungen zwischen Eltern und Kindern zu,
— weil Kinder vor dem dritten Lebensjahr auf emotionale Zuwendung angewiesen und nur begrenzt gruppenfähig sind;

— weil Eltern auf Kinder dieses Alters gefühlsmäßig stark eingehen, gleichzeitig aber eine geringe Toleranzschwelle gegenüber ihrem Aktivitätsdrang zeigen.

Eine spielerische Bewegungserziehung in Eltern-Kind-Gruppen bietet daher eine günstige Möglichkeit, Eltern so einzubeziehen, daß sie die Unterschiede zwischen ihren eigenen und den kindlichen Bedürfnissen akzeptieren lernen, daß sie die Selbst- und Umwelterkundungen von Kindern nicht mehr zu stark lenken und daß sie die individuellen Eigenheiten stärker berücksichtigen. Durch die Beteiligung der Eltern wird mithin erreicht,

— daß Kinder „Geborgenheit und Sicherheit und damit Mut erhalten, sich neuen Menschen und Dingen zuzuwenden“ (vgl. Bornemann/Hundertmarck 1977, 27 f., 134);
— daß Anregungen (wie z. B. Kniereiterspiele) in die häusliche Umwelt übernommen werden und
— daß Eltern auf die spätere Zusammenarbeit mit Kindergärten und Grundschulen vorbereitet sind (vgl. Schmidt 1977, 98—108).

3.3 Da bei Kindern mit zunehmendem Alter und wachsender personaler Koordination eine Differenzierung ihrer Bewegungen und Bewegungsabläufe einhergeht, wird didaktisch zum Teil gefolgert, daß eine systematische Bewegungserziehung mit curricularisierten Bewegungsabläufen vom „Gehen“ über das „Laufen, Springen, Hüpfen“ usw. notwendig sei (14). Wie bei derart systematisierten und partiellen Lernzielvorgaben zur sogenannten Sicherung von „Basisqualifikationen“ die kindlichen Erlebnis- und Ausdruckfähigkeiten, aber auch ihre Bewegungswilligkeit fremdbestimmten Bewegungsübungen untergeordnet werden, zeigt der punktuelle Einbau kindlicher Vorstellungen in Laufanforderungen wie z. B.: „Springt so hoch, als *wolltet* ihr nach einem Apfel greifen“, ... „Galoppiert *wie* wilde Pferde“, ... „Trippelt umher“ usw. (vgl. Kölln-Atencio/Stange 1977, 104).

Statt Kinder für partielle Bewegungsübungen emotional fremdzubestimmen, sollten ihre Erlebnisse in den Vordergrund gestellt werden, weil es nur dann zu einem mimisch-gestisch-körperlichen, aber auch personal integrierten Bewegungsausdruck kommt (vgl. Zöller 1972, 31). Denn im Sinne einer *konzentrativen Bewegungserziehung*, die nach innen statt nach außen lenkt, kommt es darauf an, die „jedem Menschen innewohnenden Kräfte schöpferischer Kommunikation“ zu entwickeln (vgl. Zöller 1972, 11, vgl. 9).

In diesem Sinne bemüht sich z. B. die *Kindereurhythmie* um eine gleichgewichtige Förderung verschiedener Erfahrungs- wie Erlebnisbereiche. Sie versucht gleichzeitig: Kinder in ihrer Phantasie- und Erlebniswelt anzusprechen, sie zum gestaltenden Ausdruck ihrer Eindrücke anzuregen, ihre Personalität rhythmisch zu stabilisieren und die sozialen wie geistigen Entwicklungskräfte zu ordnen. Denn, so wird betont: Wer seine Erlebnisse in Bewegungsabläufen geordnet versinnbildlicht, und wer „einen Rhythmus nicht nur hört, sondern ihn auch läuft und eine Tonfolge mit Händen oder Armen darstellt, der gewinnt ein aktives körperlich-psychisches und geistiges Verhältnis zu dem, was er sonst nur fragmentarisch aufnimmt“ (Lindenberg 1975, 103).

Welche psychische Bedeutung einer derartig ganzheitlichen Bewegungserziehung zukommen kann, zeigt sich u. a. an den Erfolgen der Heileurhythmie bei gehbehinderten wie spastischen Kindern.

3.4 *Auch im Primarbereich läßt sich eine ganzheitlichere Bewegungserziehung realisieren und eine intensive Beteiligung der Eltern erreichen.*

Wie sich im Hamburger Eingangsstufenversuch bei der Beteiligung von Eltern an Lese- und Rechenübungen gezeigt hat, sind Eltern nicht nur kooperationsbereit, sondern (wie fast alle Schulen bestätigt haben) auch zu einer aktiven Unterstützung des „Unterrichts“

in der Lage (SCHLEICHER 1977, 76—78). Einer Beteiligung der Eltern an der Bewegungserziehung stehen dabei keine größeren Schwierigkeiten als ihrer Mitwirkung beim Rechenunterricht entgegen. Wie eine ganzheitliche Erfahrung der Kinder und eine Einbeziehung der Eltern in Bewegungsangebote des Primarbereichs möglich ist, zeigt das folgende *Trampolin-Beispiel:*

Bei kindlichen Sprungübungen auf dem Trampolin bieten Eltern zunächst ergänzende Hilfestellung. Während sie die kindliche Aktivität beobachten, ahnen sie kaum, wie groß die kindlichen Zentrierungsschwierigkeiten, aber wie groß auch ihre Flexibilität und ihre körperlichen Fähigkeiten sind.

Erst indem Eltern selber entsprechende Sprungversuche unternehmen, erfahren sie ihrerseits, daß das Trampolin zu einer Koordinierung der ganzen Person zwingt. Wenn sie anschließend mit ihren Kindern gemeinsam springen, so werden sie sofort zu einem rhythmisch-koordinierten, aber auch zu einem sozial-kooperativen Verhalten genötigt; denn die gemeinsamen Sprungübungen erfordern sowohl eine wechselseitige Abstimmung des Sprungrhythmus und (angesichts des verschiedenen Körpergewichts) auch eine Zuordnung der Sprunghöhe und eine partnerbezogene Selbstzentrierung.

Dabei auftretende Koordinierungsprobleme — sei es beim eigenen Körper oder in den Partnerbeziehungen — lassen sich durch musikalisch-rhythmische Hilfen rasch verringern ... usw.

Insgesamt mag an den stark verkürzten Hinweisen auf das Eltern-Kind-Turnen, auf die Kindereurhythmie und das Trampolinspringen deutlich geworden sein, daß die *Bewegungserziehung nicht nur elternbezogen, sondern auch ganzheitlich durchgeführt werden kann.* Eine derartige Bewegungserziehung erfordert jedoch, daß man nicht sportliche Bewegungsabläufe oder Leistungen, sondern eine ganzheitlich ausgeglichene Selbsterziehung in den Vordergrund rückt, wie es COUBERTIN versuchte (15). Eine entsprechend ganzheitliche kind- und elternorientierte Bewegungserziehung läßt sich im Elementar- und Primarbereich jedoch nur entwickeln,

— wenn das Eigenverhältnis der Eltern zur Bewegung ebenso beachtet wird wie ihr Einfluß auf die kindlichen Bewegungsdispositionen; und
— wenn die Bewegungserziehung gleichzeitig an der kindlichen Bewegungsfreude orientiert und auf den Zugang zu einem „life-time-sport" gerichtet ist.

Eine elternorientierte ganzheitliche Bewegungserziehung muß demnach als kontinuierlicher Prozeß vom Kleinstkind- bis zum Erwachsenenalter verstanden werden, sie sollte nicht nur Angebotscharakter haben, sondern Eltern und Kinder möglichst bei konkreten Bewegungserfahrungen, wie das Spielplatzbeispiel zeigt, „abholen" und außerdem sollte eine derartige Bewegungserziehung *über Familienbildungsmaßnahmen ergänzt werden.*

Eine entsprechende Bewegungserziehung setzt jedoch voraus, daß *in der sportpädagogischen Ausbildung* nicht nur ein enger Kontakt zur Vereinsarbeit *angelegt,* sondern daß auch die Aufgaben der Elternarbeit vorgestellt und entsprechende Realisierungsmöglichkeiten aufgezeigt *werden.*

Anmerkungen

1 Vgl. z. B. das Aktionsprogramm für den Schulsport von 1972: Deutscher Sportbund (1972), 3—6.
2 Vgl. STÜBING in: Deutscher Sportbund (1974), 128 f.; vgl. Deutscher Bildungsrat 1973, 24, 29, A 63, 65 f.
3 Vgl. SCHMIDT 1975, 222 f.; WUTZ 1977, 1; STÜBING in: Deutscher Sportbund (1974), 99.

4 Vgl. Firnkes 1972, Anhang S. 23, 26 ff., 34, 37, 53.
5 Vgl. Müller-Blattau 1975, 1, 11, 14, 26, 44 f.
6 Vgl. zur Forschungslage: Schleicher 1975, 236—246; vgl. zur Bewegungserziehung: Hurlock 1972, 120 ff.; Meinel 1971, 262 ff.
7 Vgl. u. a. Spitz 1960, 40 ff.; Bowlby 1976, 379 f., 420 f.
8 Vgl. Schrader 1975, 115 ff.; vgl. die Bedeutung der „Bewegungsfreude" bei „sportlich Aktiven" bei Hahmann 1971, 324.
9 Vgl. Blumenthal 1973, 10 ff., 17; Hetzer/Flakowski 1973, 33 ff; Hellbrügge 1967, 325 ff.
10 Vgl. Hahn 1971, 142, 144; vgl. Forschungshinweis: Schleicher 1972, 85—87, 229—231.
11 Vgl. Lenk 1964, 10—16, 30 f., 197—206; Speck 1936.
12 Vgl. demgegenüber Retter, in: Deutscher Sportbund (1974), 39.
13 Vgl. Stübing in: Deutscher Sportbund (1974), 131 f.
14 Autorengruppe ... Osdorfer Born 1974, 150—155, vgl. deren Arbeitskartei.
15 Diem 1960, 1132—1134; vgl. demgegenüber z. B. Schult, 1974/75, 4 ff.

Literatur

Autorengruppe des Vorschulprojektes Osdorfer Born: Das Vorschulbuch. Anregungen und Materialien für Vorschulerzieher. Braunschweig 1974.

Bay. Staatsministerium f. Unterricht u. Kultus (Hrsg.): Krank auf die Schulbank? In: Schule und Wir berät Eltern in Bayern. (1977) H. 3/4, 3—5.

Blumenthal, E.: Bewegungsspiele für Vorschulkinder. Schorndorf 1973.

Bornemann, M. / Hundertmarck, G.: Treffpunkt Spielgruppe. Ein Angebot für Kleinstkinder und ihre Eltern. München 1977.

Bowlby, J.: Child care and the growth of love. Harmondsworth 1972².

Bowlby, J.: Trennung. Psychische Schäden als Folge der Trennung von Mutter und Kind. München 1976.

Deutscher Bildungsrat (Hrsg.): Empfehlungen der Bildungskommission: Zur Einrichtung eines Modellprogramms für Curriculum-Entwicklung im Elementarbereich. Stuttgart 1973.

Deutscher Sportbund (Hrsg.): Aktionsprogramm für den Schulsport. O. O., o. J. (1972).

Deutscher Sportbund (Hrsg.): Bewegung, Spiel und Sport im Elementarbereich. O. O., o. J. (1974).

Deutsche Sportjugend (Hrsg.): Sporterziehung im Elementarbereich. Nr. 1, 2, 3, 4. Frankfurt/M., o. J. (1973/74).

Diem, C.: Weltgeschichte des Sports und der Leibeserziehung. Stuttgart 1960.

Egger, T.: Turnen mit Kleinkindern. In: Tschinkel, I.: Basale Begabungsförderung im Kindergarten. Wien 1973.

Firnkes, M. / Keilhacker, M. / Vogg, G.: Das Fernsehen im Vorschulalter. Empirische Studie über Funktion und Wirkung des Fernsehens bei Kindern im Vorschulalter. München 1972.

Gabler, H. / Grupe, O.: Bewegung, Bewegungsspiel und Sport (Begründungen und Vorschläge). In: Deutscher Bildungsrat (Hrsg.): Gutachten und Studien der Bildungskommission: Die Eingangsstufe des Primarbereichs. Bd. 2/1. Stuttgart 1975, 197—210.

Gesundheitsbehörde Freie und Hansestadt Hamburg: Schulärztlicher Jahresbericht der Freien und Hansestadt Hamburg für das Jahr 1975 und 1976.

Grupe, O.: Philosophisch-anthropologische Grundlagen des Sports. In: Lenk, H. / Moser, S. / Bayer, E.: (Hrsg.): Philosophie des Sports. Schorndorf 1973.

Haberkorn, R. / Hagemann, U. / Walther, H.: Elternarbeit im Curriculum und Strategien der Gemeinwesenarbeit. In: Zimmer, J (Hrsg.): Curriculumentwicklung im Vorschulbereich. Bd. 1. München 1973, 319—356.

Hahmann, H.: Die Auswirkung von Dauer und Intensität sportlicher Aktivität in Kindheit und Jugend auf die Motivation im Sport bei Studierenden. In: ADL (Hrsg.): Motivation im Sport (Kongreß für Leibeserziehung 7.—10. 10. 1970). Schorndorf 1971, 322—326.

Hahn, E.: Motivation der Leibesübungen im vorschulischen Alter. In: ADL (Hrsg.): Motivation im Sport (Kongreß für Leibeserziehung 7.—10. 10. 1970). Schorndorf 1971, 140—153.

Hellbrügge, T.: Bewegung und Spiel als Grundelemente der kindlichen Entwicklung. In: Plessner, H. / Bock, H.-E. / Grupe, O.: Sport und Leibeserziehung. München 1967.

Hetzer, H. / Flakowski, H.: Spiel im Familienleben. Zürich 1973.

Hurlock, E. B.: Die Entwicklung des Kindes. Weinheim 1972³.

Kölln-Atencio, H. / Stange, E.: Basisqualifikationen der Interaktion: Spiele und Übungen. In: Stange, W. / Tiemann, D. (Hrsg.): Materialien zur sozialen Erziehung im Kindesalter. Bd. 2. Heidelberg 1977.

Krappmann, L.: Kommunikation und Interaktion im Spiel. In: Deutscher Bildungsrat (Hrsg.): Gutachten und Studien der Bildungskommission: Die Eingangsstufe des Primarbereichs. Bd. 2/1. Stuttgart 1975, 45—75.

Lenk, H.: Werte, Ziele, Wirklichkeit der modernen Olympischen Spiele. Stuttgart 1964.

Lindenberg, Chr.: Waldorf-Schulen: Angstfrei lernen, selbstbewußt handeln. Reinbek 1975.

Meinel, K.: Bewegungslehre. Berlin 1971.

Michaelis, H. / Treess, U.: Lernbereich Bewegungsspiel und Sport. In: Belser, H. u. a. (Hrsg.): Curriculum-Materialien II für Vorschule und Eingangsstufe. Weinheim/Basel 1975, 113—229.

Müller-Blattau, M.: Gymnastik und Sport im Volkshochschulangebot. Analyse der VHS-Arbeitspläne 1975. Frankfurt/M. 1975.

Paschen, K.: Die Schulsport-Misere. Braunschweig 1969.

Paschen, K.: Didaktik der Leibeserziehung in Schule und Verein. Frankfurt/M. 1972.

Piaget, J.: Theorien und Methoden der modernen Erziehung. Frankfurt/M. 1977².

Schaefer, E.: Parents as educators: Evidence from cross-sectional, longitudinal and intervention research. In: Young Children 27 (1972) H. 4.

Schleicher, K.: Elternhaus und Schule in England. — Elternhaus und Schule in den Vereinigten Staaten. In: Schleicher, K. (Hrsg.): Elternhaus und Schule, Kooperation ohne Erfolg? Düsseldorf 1972, 80—110, 193—241.

Schleicher, K.: Elternmitwirkung in der Eingangsstufe des Primarbereichs. In: Deutscher Bildungsrat (Hrsg.): Gutachten und Studien der Bildungskommission: Die Eingangsstufe des Primarbereichs. Bd. 3. Stuttgart 1975, 231—290.

Schleicher, K.: Familienbildung. Düsseldorf 1977.

Schmidt, H. J.: Anweisungen und Vorschläge der Schulverwaltungen. In: Deutscher Bildungsrat, Gutachten und Studien der Bildungskommission: Die Eingangsstufe des Primarbereichs. Ansätze und Entwicklungen. Bd. 1. Stuttgart 1975, 191—257.

Schmidt, H. J.: Spielen und Lernen mit Kleinkindern. Materialien zur Elternbildung. Hrsg. vom Comenius-Institut. H. 2. Münster 1977.

Schrader, H.: Planung von Erziehungsprozessen im Kindergarten. In: Projektgruppe Vorschulische Erziehung im Ausland: Elemente vorschulischer Erziehung. Hrsg. vom Institut für Film und Bild in Wissenschaft und Unterricht. München 1975, 109—142.

Schult, I. / Kamarowski-Eichholz, J.: Musik, Malerei, Rhythmik. Ein pädagogisches Programm? Frankfurt/M. 1974/75.

Speck, J.: Der Sinn der Olympischen Spiele. Ein Beitrag zu ihrer Entwicklungsgeschichte und zur Würdigung ihres Begründers Pierre de Coubertin. Langensalza 1936.

Spitz, R. A.: Die Entstehung der ersten Objektbeziehungen. Stuttgart 1960.

Terman, L. M. u. a.: Genetic studies of genius. Mental and physical traits of a thousand gifted children. Stanford 1925, 1959.

Wutz, E.: Neue Akzente im Sportunterricht. In: Schulreport (1977), H. 2, 1—3, 9.

Zöller, G.: Musik und Bewegung im Elementarbereich — Ein Beitrag zur Kommunikations- und Kreativitätserziehung. München 1972.

Hans Peter Bleuel

„Bewegung gehört halt zur Erziehung . . ."

Die „Sicht der Öffentlichkeit" ist eine ziemlich diffuse Angelegenheit. Wenn ich meine Rolle hier recht verstehe, so erwarten Sie wohl, daß ich als Publizist aus einiger Vertrautheit mit dem Thema „Kinder" beschreibe, wie sich dieser besondere Gesichtspunkt „Bewegungserziehung im Elementar- und Primarbereich" im Bewußtsein der Öffentlichkeit spiegelt. Was halten die Leute davon? Beschäftigen sie sich mit der Frage? Wie sieht das in der alltäglichen Erziehungspraxis, im Leben der Familie aus?

Die erste Antwort fällt ziemlich drastisch aus. Das ist ein sicher ganz interessantes Thema — werden die Leute sagen — aber ich habe leider keine Zeit, mich damit zu beschäftigen. Ein Thema für Experten also; eine Fachfrage für professionelle Erzieher, Lehrer; eine Aufgabe für den Kindergarten und die Schule sicher. An Turn- und Sportvereine werden schon nur wenige mehr denken, was nicht verwunderlich ist: Bin ich recht informiert, so gehören nur vier Prozent der Kinder zwischen 3 und 6 Jahren einem solchen Verein an.

Das Entscheidende an dieser Antwort: Mit der Deklaration einer Fachfrage und der Überweisung der Zuständigkeit an Experten und Institutionen hat man sich selbst aus dem Problem gestohlen. Die Erklärung mangelnder Kompetenz ist ja häufig nur Alibi der Bequemlichkeit oder gar Gleichgültigkeit.

Nun kann man natürlich Eltern — und ich rede hier nicht allein von der relativ kleinen Gruppe aufgeschlossener Mittelschichteltern, die sich mit wechselnder Intensität mit Erziehungsproblemen befassen — immer ein wenig am Portepee packen; muß dann allerdings die Frage anders stellen: Glauben Sie nicht, daß man der körperlichen Entwicklung unserer Kinder mehr Aufmerksamkeit schenken, ihnen Gelegenheit geben sollte, den Umgang mit ihrem Körper zu erfahren und zu lernen und zu verbessern — denn das gehört doch auch zu ihren wichtigen Entfaltungsmöglichkeiten?

Die Antwort hierauf wird ein schlichtes *„Selbstverständlich"* sein — das tue man auch, das geschehe, natürlich müßten Kinder lernen, sich zu bewegen: „Bewegung gehört halt zur Erziehung . . ."

Mit diesem Satz ist das Thema zum zweiten Mal gestorben: Denn *natürlich* stehen hinter diesem Zugeständnis keine Konsequenzen. Warum?

These 1:

Unser Verhältnis zum Kind ist so fragwürdig wie unsere Beziehung zu unserem Körper. Das Kind ist Objekt der Erziehung, der Körper Mittel zu Konsum und Leistung.

Ich sagte *unser* und meine das so. Bevor wir uns gemut über solche Alltagsansichten erheben und unsere bessere Einsicht beanspruchen, sollten wir erst einmal zur Kenntnis nehmen, daß wir in der Tat „Experten" sind, und das heißt auch: Daß *wir* von der Beschäftigung mit solchen Fragen leben.

Andere Leute bestreiten ihre Existenz am Fließband oder der Schreibmaschine, durch Verwaltungsdienste oder andere bürokratische Vorentscheidungszulieferungen, mit anstrengender und oft stupider Arbeit, die wenig Raum und Interesse läßt für das, was *wir* die eigentlichen Probleme nennen. Unser Privileg ist, aus diesen eigentlichen Problemen, den Fragen der Erziehung und der Gestaltung von Gesellschaft, einen Beruf machen zu können. Sie verstehen mich recht, wenn Sie vermuten, daß ich damit unseren Urteilen und Forderungen eine Bedenklichkeitsbescheinigung ausstellen will.

Wir reden über Sachen, Situationen und Beziehungen, von denen wir einiges verstehen. Doch wir stehen ständig in der Gefahr, die Umstände und Bedingungen zu übergehen und gering zu schätzen, aus denen sich die kritisierte Sachlage ergibt.

Unser Verhältnis zum Kind ist fragwürdig, wir behandeln es als Objekt der Erziehung. Mit diesem Satz will ich zweierlei beschreiben. Einmal werden Kinder als natürliche Fortsetzung der Lebenslinie, als Vehikel der Beständigkeit und Richtigkeit unserer Ansichten und Verhaltensweisen begriffen. Wir setzen den Duktus fort, und der bewegt sich zwischen Sprüchen: „Was du ererbst von deinen Vätern" oder „Strenge hat auch uns nicht geschadet" ... Das heißt: Wir übertragen auf unsere Kinder Maximen, denen wir selbst ausgesetzt waren — ohne umzusetzen, daß sie und wir inzwischen in einer anderen gesellschaftlichen Wirklichkeit leben — und ohne zu realisieren, daß zu unserem Fortschreiten über das traditionale Verhalten hinaus auch die Anerkennung zählt, jeder Mensch habe seine eigene Würde und Persönlichkeit, seine zu achtenden Rechte und Bedürfnisse. So steht es im Grundgesetz, in den Menschenrechtsartikeln. Es ist schwer zu begreifen, daß dies auch für die eigenen Kinder gilt — aber es geht genau um diese Anstrengung des Begriffes. Erst wenn wir auch für unsere Kinder dieses Recht auf Widerspruch und Unabhängigkeit anerkannt haben und zu praktizieren vermögen, werden wir aufhören, für unsere Unterlassungen oder Nöte Sündenböcke und Minderheiten zu suchen und verantwortlich zu machen. Bisher allerdings benutzen wir Kinder. Sie dienen uns dazu, uns unserer eigenen Identität durch ihre Zuneigung zu versichern, uns Geborgenheit und Statur zu verleihen. Gewiß lieben wir sie. Doch in unserer Liebe steckt ein Maß von Eigennutz, das Anerkennung erst mit dem Alter gewährt. Und das heiße ich ein fragwürdiges Verhältnis.

Mit der Entrechtung des Kindes ist zum zweiten seine Verdinglichung verquickt. Das ist die Nutzanwendung des Verhältnisses und eine sehr konkrete Sache. Daß Kind muß, bei aller Liebe, funktionieren. Es soll die Harmonie der Erwachsenen stabilisieren, den Familienkontext gewähren — der von den Eltern und der Umwelt stets bedroht wird —, das familiale Ansehen sichern und der Ausweis prächtigem Sozialverhaltens sein. Und zugleich soll das Kind in seinem „eigenen wohlverstandenen Interesse" funktionieren, sich bewähren, festigen, ein tüchtiger Mensch werden. Und das bedeutet, daß wir ihm die Regeln und Normen beibringen, unter denen es das erreichen kann. Weil wir gründliche Eltern sind, tun wir auch das nach bestem Wissen: Wir übertragen auf unsere Kinder die Verhaltensweisen und Leistungsvorstellungen, die uns selbst Erfolg oder doch Beständigkeit beschert haben. Wir unterwerfen sie damit dem Resultat unserer Anpassungsleistung. Sie werden „Gegenstand" unserer Bemühungen und zu einer Matrix hingeformt, gebildet, erzogen, in die wir selbst eingepreßt wurden. Dies alles geschieht mit bester Absicht, doch es ist mehr als fragwürdig: Es ist verhängnisvoll, weil wir mit ihren eigenen unerprobten Entwicklungsmöglichkeiten unsere humanen Chancen verlieren und bereits die Welt von morgen, die Welt unserer Kinder verformen.

Den zweiten Teil meiner These brauche ich kaum auszuführen. Wir benutzen unseren Körper, indem wir Schindluder mit ihm treiben. Schauen Sie sich das Übergewicht und die Bewegungsarmut und den Speisezettel der Erwachsenen an, die unter dem beschönigenden Titel Babyspeck grassierende Fettleibigkeit von Kindern und Jugendlichen und die Reduzierung ihrer körperlichen Tätigkeiten auf Fußballspielen (ich übertreibe bewußt), dann ist der Einwand klar.

Es bleibt wirklich nur der lahme, nichtsnutzige Satz: „Bewegung gehört halt zur Erziehung . . .“

Nun schiene es mir unfair und unsinnig, einfach nur mit Prügeln zu schmeißen. Für Versäumnisse gibt es Erklärungen.

These 2.1:

Den Eltern fehlt es an Sinn, Erfahrung und Zeit für Bewegungserziehung.

Weshalb es an Sinn fehlt, ist klar. Wer mit seinem eigenen Körper nichts anzufangen weiß, wird auch in der Erziehung seiner Kinder über die Kategorien von Hygiene und Ernährung hinaus kaum auf umfassende körperliche Aktivitäten und gezielte Übungen achten. Das hört auf, sobald der aufrechte Gang erreicht ist und die Fingerfertigkeit für Messer und Gabel reicht. Ich habe da eine Zahl aus der Repräsentativerhebung „Familie und Sozialisation“ 1973. Danach treiben 48% der Eltern unter der Woche und 34% an Wochenenden Sport — was immer sie darunter verstehen, ich sehe sie jedenfalls nicht. Dann kommt man wohl der Wahrheit näher, wenn man nach der gemeinsamen sportlichen Betätigung in der Familie fragt. Und da bleiben stolze 16 bzw. 10%!

Die Eltern haben keine Selbsterfahrung in körperlicher Bewegung — geschweige denn in Bewegungserziehung. Woher auch. Der einzige Ort für alles verbindliche Lernen, die Schule, hat ja nicht einmal in Ansätzen so etwas wie „Erziehungskunde“ zu bieten. Noch einmal: Ich unterstelle keinen bösen Willen, nicht einmal Fahrlässigkeit — denn dann müßte man es ja besser wissen. Doch wir und sie — sie wissen es ja nicht anders. Haben Sie einmal beobachtet, mit welcher Angst oder Gleichgültigkeit Mütter ihre Drei- oder Vierjährigen auf Mäuerchen oder Baumstämmen balancieren sehen? Es ist eines so erschrekkend wie das andere, Symptom einer tiefsitzenden Beziehungslosigkeit und Erfahrungsarmut zu Reiz, Wagemut und Erlebnisfreude körperlicher Übung.

Fehlt dieses Verständnis, so bringt man begreiflicherweise auch nur wenige Anteile der karg bemessenen Freizeit jenseits von Beruf und Haushalt für Bewegungserziehung auf. Wir lassen uns ja ohnedies kaum Zeit, offen, geduldig und abwartend auf das Verhalten, die Fragen, die schwer zu artikulierenden Bedürfnisse unserer Kinder einzugehen — und was anders könnte oder sollte Erziehung denn sein!

Ich will hier nicht nur Schuldscheine verteilen — kann es schon deshalb nicht, weil ich mir da als Vater auch an den eigenen Kopf klopfen muß. Und es gibt weitergehende Erklärungen unserer Fehleinstellungen und kindlicher Fehlentwicklungen.

These 2.2:

Das Gemeinwesen bietet der Bewegungsfreiheit zu wenig Raum und Stimulationen.

Das ist mit Stichworten zu umreißen.

Wohnungsprobleme haben 2 von 3 Familien: Wegen der Enge. Ein eigenes Zimmer haben 72% der Einzelkinder; nur noch 33% der Kinder aus Familien mit 2 Kindern; 16%, wenn 3 Kinder da sind. Fast die Hälfte der Familien (44%) mit 2 Kindern lebt in Wohnungen von weniger als 70 Quadratmetern. Ein Kommentar ist da wohl überflüssig, ein Zitat angebracht, das typisch ist für die Wohnsituation, selbst in öffentlich geförderten Demonstrativ-Bauvorhaben mit ihren Kinderzimmern nach der DIN-Norm 10,2 qm.

Da erklärte eine 14jährige den Interviewern des Deutschen Jugendinstituts, die mit dem Bruder zusammen in diesem überdies hellhörigen Käfig lebt: „Wir haben da jetzt Klappsessel rein; mit einer neuen Einrichtung kann man schon einiges anfangen . . .“

Zuvor konnte sie 14 Jahre lang nicht einmal *dies* anfangen ... Die Enge der Wohnungen, die Lärmempfindsamkeit der scheltenden Nachbarn, die Hausordnungen und Hausmeister, der geschützte Rasen, die betonierten Kleinkinderspielplätze, die Spielgestänge auf viel zu wenigen Spielanlagen, die schöne Monotonie der Palisaden-Konstruktionen, der Mangel an Bolzplätzen; die Spielplatzgrößen pro Bewohner, deren Ansatz in den letzten 20 Jahren von 5 auf 1,5 qm reduziert und dennoch nicht erreicht wurde, die Misere der Kindergärten (Zahl, Gruppengröße, Freiraum); der asphaltierte Schulhof mit den rennenden Kindern und der Pausenaufsicht — Sie kennen diese Litanei.

Sprach hier jemand von Bewegungserziehung?

Die Umwelt, die wir da eingerichtet haben und weiter bauen, stellt uns ein ziemlich unwürdiges Zeugnis aus. Wissen Sie dafür ein anderes Wort als Unterdrückung?

Ich habe in diesem Kontext eine weitere Attacke formuliert:

These 2.3:

Professionelle Erzieher sind auf ihr Fachverständnis orientiert: Dann ist Bewegungserziehung entweder eine beiläufige Sache oder eine spezielle Leistungsaufgabe.

Ich möchte das nicht weiter ausführen, sondern als Stachel in Ihre Arbeitskreise geben — denn das ist nicht zuletzt *Ihr* Problem, sobald Sie den Schritt tun aus der Ausbildung oder der Wissenschaft in die Praxis. Auch die beiden nächsten Thesen, die Sie in Ihrem Kongreßheft finden, verfolgen diese Absicht.

These 3:

Die Einrichtungen öffentlicher Bildung sind unverändert an der Vermittlung kognitiven Wissens ausgerichtet. Bewegungserziehung wird dort auf ein Nebenfach Sport/Turnen reduziert und als Ventil zur Entladung eines selbstgeschaffenen Bewegungsstaus mißverstanden und auf die Einübung bestimmter körperlicher Fertigkeiten konzentriert.

These 4:

Das Vereinswesen ist im öffentlichen Bewußtsein weder als Einrichtung des „Breitensports" noch gar als Stätte allgemeiner spielerischer Bewegungserziehung existent. Nach seinem eigenen Verständnis wohl ebensowenig: Zu rasch schlägt da die „Basisarbeit" in Talentförderung und Leistungssteigerung um.

Es schiene mir etwas mager und suffisant, mich mit solcher Weitergabe des „Schwarzen Peters" zu verabschieden. Sie erwarteten von mir „öffentliche Aspekte" zum Thema „Kind und Bewegung" (eine Formulierung, die ich mir als Publizist noch herausfordernder, aufstörender wünschte).

Ich will — unser Einverständnis in Sache und Ziel cum grano salis voraussetzend — sagen, was mich dabei bewegt, motiviert.

Sie, Sie selbst müssen den öffentlichen Aspekt der Sache aufnehmen und verbreiten. Nicht, indem Sie die gefällige Aufnahme der öffentlichen Medien erbitten und dann — verzeihen Sie meine schlichte Definition — die Ansätze, Ziele und Methoden und überhaupt die Notwendigkeit Ihrer Arbeit und Ihres Bemühens verkaufen. Das ist unbestritten und geschieht im Rahmen dieser institutionalisierten Öffentlichkeit Funk, Fernsehen, Presse ohnedies. Redakteure, Lektoren und Journalisten bringen da eh unter, was sie irgend anbringen können. Sie können nur nicht so viel, wie sie möchten, weil dafür angeblich das „öffentliche Interesse" fehlt — und da sind wir am Punkt. Die Einschätzung des „öffentlichen Interesses" ist eine politische Behauptung — und bei der Themenwahl der Medien spielt die politische Dominanz ja eine ziemliche Rolle. Weltpolitik ist wichtiger als Innenpolitik, der Arbeitsmarkt wichtiger als Erziehungsprobleme — und im unbequemen Fall kann man mit „Innerer Sicherheit“ alles totschlagen ... Was aber, wenn die weltwirtschaftliche Entwicklung auf den Binnenmarkt zurückschlägt und dieser Zusammenhang benutzt wird, die Probleme struktureller Arbeitslosigkeit, der Jugendarbeitslosigkeit, der schulischen Abschlüsse mit ihren De-Qualifikations-Folgen ins wohltätige Abseits der Sozial- oder Bildungspolitik zu drängen?

Berührt uns das nicht, wenn der Deutsche Turner-Bund in Berlin einen Kongreß zum Thema „Kind und Bewegung“ veranstaltet?

Leben wir mit dieser scheinbar fachpädagogischen Fragestellung etwa unter einer allgemein-politischen Isolations-Glocke dahin — oder sind wir nicht auch in diesem sozialen Arbeitsfeld politisch bewußte und geforderte Bürger, die das Ziel demokratischer Mündigkeit und Verantwortung vor Augen haben und durch diese Arbeit voranzubringen suchen? Pädagogik oder Sportpädagogik — verzeihen Sie mir die Verkürzung — ohne kritisches, politisches Bewußtsein denaturiert schnell zum herrschaftlichen Ertüchtigungsinstrument. Von Sinn und Notwendigkeit der Bewegungserziehung und dem Recht des Kindes auf freie, auch körperliche Entfaltung, brauchen wir niemanden mehr zu überzeugen. Das Prinzip ist ja anerkannt — jetzt müssen wir es praktizieren, durchsetzen gegen dieses tötliche Lippenbekenntnis der Anerkennung.

Wie das aussieht in der Praxis des Erziehers, Lehrers, Trainers oder „Ehrenamtlichen“ im Verein, Elternbeirat etc.? Beanspruchen Sie in Ihrer Schule, in Ihrer Komune das politische Recht auf Mitsprache und Anhörung: schalten Sie sich in kommunale Planungen ein, als Vertreter des Vereins, einer Initiative, eines gewählten Gremiums. Machen Sie die Ohren und den Mund auf, wenn von Bauvorhaben, Entwicklungsplänen oder Gesetzesinitiativen die Andeutung ist. Gehen Sie auf den mühsamen Weg der Bürgerbeteiligung und beanspruchen Ihre Kompetenz, in der mehr Macht und Überzeugungskraft steckt, als Sie bisher erfahren. Ein Sportverein mit seinen ortsbekannten Honorationen kann in der Gemeinde oder dem Bezirk schließlich mehr erreichen als ein Trainingsgelände“ und eine engagierte Erzieherin mit Unterstützung der Eltern auch anderes als eine Anstellungsverlängerung.

Doch auch ist dies ein öffentliches Thema.

Stellen Sie Öffentlichkeit her. Und machen Sie sich deutlich, daß Sie damit ein eminent politisches Unterfangen eingehen, das auch von Ihnen „ganzheitliche“ Überlegungen verlangt. Ihre Legitimation könnte besser nicht sein: Für Rechte, Ansprüche und Bedürfnisse der Kinder einzutreten.

Jakob Muth

Stellenwert der Bewegung in der Gesamterziehung des Kindes

Ich habe über den „Stellenwert der Bewegung in der Gesamterziehung des Kindes" zu sprechen. In diesem Thema ist „Erziehung" eigentlich der zentrale Begriff. Deshalb möchte ich in einem einleitenden Teil diesen Begriff zu bestimmen versuchen, weil es notwendig ist, daß wir wissen, was wir meinen, wenn wir von Erziehung sprechen. In einem zweiten Teil gehe ich auf das aktuelle Verständnis des Sports und der Bewegung ein und versuche, das Verhältnis von Sport und Bewegung zu bestimmen. Dem dritten Teil ist es dann vorbehalten, den Sport im Kontext der anderen Fächer der Schule, oder, wie es im Thema formuliert ist, im Rahmen der Gesamterziehung zu sehen.

Zum Begriff der Erziehung

Kinder müssen erzogen werden. Das ist unstrittig. Ihre Erziehung ist von Erziehungszielen bestimmt, die häufig ungeschrieben überliefert sind. In unserer Zeit werden Erziehungsziele aber auch in Verfassungen formuliert. Deshalb ist ihnen eine weitreichende Verbindlichkeit eigen. Unstrittig ist für uns aber auch, daß einem Menschen noch im Erwachsenenalter anzumerken ist, ob er eine gute Erziehung genossen hat oder nicht. Was aber ist das eigentlich: Erziehung? Diese Frage zu stellen rechtfertigt sich in einem Zusammenhang, in dem es um den „Stellenwert der Bewegung in der Gesamterziehung des Kindes" geht.

Die Frage, was Erziehung ist, wurde im Laufe der Geschichte der Philosophie und der Pädagogik immer wieder gestellt. In den zwanziger Jahren z. B., also in der Zeit der Schulreformbewegung, war E. Grisebach, einer der großen Philosophen der ersten Hälfte unseres Jahrhunderts, ein solcher radikaler Frager. In seinem Buch „Die Grenzen des Erziehers und seine Verantwortung" sagt er: „Wir behaupten ja alle, Erziehung irgendwelcher Art genossen zu haben. Denn wer möchte gerne als unerzogen gelten? Wir erinnern uns daran, wie viele Menschen sich um unsere Erziehung bemüht haben, und wir sollen jetzt entscheiden, wer uns tatsächlich erzogen hat." Das ist die Frage, die sich eigentlich jeder, der den Begriff Erziehung braucht, einmal gestellt haben sollte: Wer hat mich erzogen? Wer hat mich zu dem gemacht, der ich bin? Die Antwort auf diese Frage fällt für jeden von uns sicher spärlich und unbefriedigend aus. Das sollte uns bedenklich stimmen. Grisebach gibt für sich die Antwort: „... wir zögern, den einen oder den anderen als den eigentlichen Erzieher anzusprechen ... Wir haben es trotz aller Erziehungsversuche an uns nur zu dem gebracht, was wir jetzt sind" (Grisebach 1924, 12 f.). Damit ist er einer der großen Zweifler an der Möglichkeit der Erziehung.

Gemeinhin gelten Lehrer als Fachkräfte für Erziehung. Unsere Sprache braucht den Begriff „Lehrer" häufig in einer Verbindung mit „Erzieher". „Lehrer und Erzieher", diese Formulierung gilt als geschlossene Berufsbezeichnung. Dabei ist für den Lehrer doch schwierig zu sagen, was unter Erziehung eigentlich verstanden werden kann. Und wenn ein Lehrer eine Formulierung brächte, vielleicht ähnlich der, die kürzlich in einem Wörterbuch der Pädagogik von K. Schaller publiziert wurde, daß nämlich Erziehung heute „als Produktion von humaner Handlungsorientierung" verstanden werden kann (Schaller

1977, 251), so müßte man dennoch fragen, wie diese Produktion geleistet wird. Wie also macht es ein Lehrer, ein Kind zu erziehen? Wie wird sein Verständnis von Erziehung praktisch?

Nach meiner Auffassung sind Lehrer Fachkräfte für den Unterricht, nicht aber zugleich auch spezielle Fachkräfte für Erziehung. Es mag Ihnen witzig oder lächerlich erscheinen, dennoch möchte ich die Aussage wagen: Wären die Lehrer spezielle Fachkräfte für Erziehung, so müßten sich ihre eigenen Kinder durch eine hervoragende Erziehung auszeichnen. Das aber ist nicht der Fall, wie jeder von uns aus seinem Erfahrungsbereich weiß. Daraus folgt, daß die Lehrer nicht mehr und nicht weniger Fachkräfte für Erziehung sind, wie es für jeden Vater und für jede Mutter gilt und überhaupt für jeden Erwachsenen, der Umgang mit jungen Menschen hat. Damit ist zugleich ein wesentliches Bestimmungsmoment dessen angesprochen, was unter Erziehung verstanden werden kann.

In einer begrifflichen Bestimmung der Erziehung spielt nämlich der Umgang eine Rolle, den junge Menschen miteinander und Erwachsene mit jungen Menschen gemeinsam haben. Dieser Umgang kann durch eine Atmosphäre charakterisiert sein, die pädagogisch wirkt. Vor allem kann sich im Umgang jene Beziehung einstellen, die seit den Arbeiten von Herman Nohl als „pädagogischer Bezug" bezeichnet wird. Ein pädagogischer Bezug ist dann gegeben, wenn ein Kind einen Erwachsenen als Erzieher akzeptiert und wenn der Erwachsene sich seiner pädagogischen Verantwortung dem Kinde gegenüber bewußt ist. Gemeinhin geschieht die Erziehung, die sich im Umgang einstellt, unabsichtlich. Sie ist einfach da, sie ist ohne Zutun wirksam. Früher wurde diese Form der Erziehung im Unterschied zur intentionalen, absichtlich geschehenden Erziehung, als funktionale Erziehung bezeichnet. Neuerdings ist dieser Zusammenhang wenigstens teilweise durch den Begriff Sozialisation bestimmt, der die unabsichtlich geschehende Übernahme von Normen und Erwartungsvorstellungen der Gesellschaft durch den jungen Menschen meint.

Man darf aber nicht in den Fehler verfallen, daß man die im Umgang unabsichtlich geschehende Erziehung verfremdet, indem man sie absichtlich vollziehen möchte. Sie kann in das Gegenteil dessen umschlagen, was beabsichtigt ist. So kommt z. B. die Mehrzahl der Mitglieder der Terroristenszene in der Bundesrepublik aus Familien, die bürgerlich anspruchsvolle Erziehungsziele mit ihren Kindern verfolgten, und große Atheisten des 18. und 19. Jahrhunderts stammen aus evangelischen Pfarrhäusern. Terroristen und Atheisten, als Beispiele hier gebraucht, haben sich als Kinder, bewußt oder unbewußt, dem erzieherischen Einfluß ihres Milieus entzogen. Man könnte von Kontrafinalität sprechen, wenn ein beabsichtigter erzieherischer Zweck sich in sein Gegenteil verkehrt.

Es wäre ebenso falsch, die Bedeutung der unabsichtlich geschehenden Erziehung, die ausschließlich im Umgang, in personalen Bezügen, begründet ist, zu überschätzen. Das ausschließlich personale Verhältnis zwischen einem Kind und einem Erzieher ist einer Hotel-Ehe vergleichbar, einer Ehe ohne Hausrat, ohne Kinder, eben einer Ehe ohne Aufgabe. So wie man nach der zeitlichen Konstanz einer solchen Ehe fragen kann, ist auch die Frage berechtigt, ob sich ausschließlich personale Beziehungen in der Erziehung überhaupt durchhalten lassen. Sie dürften zum Scheitern verurteilt sein.

Eine begriffliche Bestimmung der Erziehung kann nicht beim Umgang und den ausschließlich personalen Beziehungen stehenbleiben; sie kann auch nicht in einer Anpassung gesehen werden, weil Anpassung verhindert, daß individuelle Möglichkeiten gefunden werden. Erziehung kommt ohne den Hinweis auf Aufgaben nicht aus, denen schon Kinder zugeführt werden müssen, denen sie sich stellen sollten. In der rechten Erfüllung von Aufgaben liegt die entscheidende erzieherische Kraft. Deshalb ist es sinnvoll, daß ein Lehrer auf die Frage, wie er Kinder erzieht, antwortet, daß er sie anhält, ihre Aufgaben zu erfüllen, also einen Text sauber zu schreiben, die Mathematikaufgabe richtig zu lösen, den fremdsprachlichen Text angemessen zu übersetzen, die Regeln eines Spiels einzuhalten und auf die Mitspieler einzugehen usf. Die Bedeutung der Aufgabe für die Erziehung von Kindern gilt im Erwachsenenalter für das Gewinnen der Menschlichkeit ebenso. Ein Mensch, der keine Aufgaben hat, weicht in Fehlformen des Menschseins aus. Er ist also z. B. Playboy oder Terrorist und steht deshalb außerhalb der menschlichen Möglichkeiten. Die Aufgaben, denen ein Kind um seiner Erziehung willen planvoll zugeführt werden soll, kommen, soweit es sich um Schule handelt, im Unterricht vor. Deshalb können wir mit J. F. Herbart, einem der bedeutenden Pädagogen des 19. Jahrhunderts feststellen, daß kein Unterricht vorstellbar ist, der nicht zugleich auch erzieht.

Dieses Verständnis von „erziehendem Unterricht" war am Beginn unseres Jahrhunderts durch die Schulreformbewegung verschüttet worden. Sie trennte Erziehung und Unterricht. Ihrer naturalistischen Auffassung gemäß sollte der Unterricht immer zweitrangig sein, die absichtslos geschehende Erziehung aber den Vorrang haben. Das war einer der großen Irrwege der Schulreformbewegung. An dieses Verständnis knüpfte die Pädagogik nach dem Zweiten Weltkrieg wieder an, und erst in den sechziger Jahren setzte sich allmählich eine Auffassung durch, die den Aufgaben für die Erziehung der heranwachsenden Generation den ihnen gebührenden Rang zuerkannte. Gesamterziehung im Sinne unseres Themas meint deshalb die Gesamtheit der Aufgaben, denen Kinder um ihrer Erziehung willen zugeführt, mit denen sie konfrontiert werden. Das sind, an Beispielen verdeutlicht, in der Mathematik etwa Aufgaben aus dem Zusammenhang von Zahl und Raum, im Deutschunterricht Aufgaben, in deren Mitte die Sprache steht, und im Sport sind es Aufgaben, die in der Bewegung zentrieren, wie es dieser Kongreß verdeutlicht hat.

Das gleiche Verständnis von Erziehung gilt auch außerhalb der Schule. Gewissermaßen auf dem Rücken von Aufgaben, die das Kind hat und erfüllt, vollzieht sich seine Erziehung. Das können einfache Aufgaben sein: daß es um die finanziellen Belastungen seiner Eltern weiß und seinen Lebensvollzug danach richtet, daß es im Verein oder in der Jugendgruppe sich in das Beziehungsgefüge aller einordnet, daß es für die Ordnung in seinem Zimmer zuständig ist usf. Die Zuständigkeit und Verantwortung in seinem kindlichen Lebensbereich wirkt erzieherisch. Ohne Zuständigkeit, ohne daß also ein Mensch und auch schon ein Kind für etwas zuständig ist, gibt es in und außerhalb der Schule keine Verantwortung. Wir wollen uns hier in unseren Überlegungen aber vornehmlich auf den Bereich der Schule beschränken.

Die aktuelle Stellung des Sports und sein Verhältnis zur Bewegung

Noch bis in die sechziger Jahre hinein gab es im ersten und zweiten Schuljahr der Grundschule nur einen ungefächerten Gesamtunterricht, der etwas abschätzig „pädagogischer Eintopf" genannt wurde. Dieser Gesamtunterricht umfaßte Inhalte aus allen möglichen Fächern, die allerdings ihre Eigenständigkeit verloren hatten und, wie es in der Definition für Gesamtunterricht zum Ausdruck kam, integrierende Bestandteile eines Ganzen sein sollten. Sport also z. B. kam als selbständiger Begriff und als Bereich in diesem Gesamtunterricht ebensowenig vor wie alle anderen Fächer, die in der Schule auftreten. In der Entwicklung neuer Richtlinien und Lehrpläne in den sechziger Jahren wurde der Gesamtunterricht aufgegeben. An seine Stelle traten Lehrgänge schon vom ersten Schuljahr an, weil besonders in Lehrgängen die Eigengesetzlichkeit der Sachverhalte gewahrt werden kann. Darin, daß nun die Eigenart und Eigengesetzlichkeit der Sachverhalte des Unterrichts Berücksichtigung fand, kann die neue Sachlichkeit gesehen werden, auf die es in der Schule und in der Gesamterziehung ankommt. Sie markiert einen Umbruch im Verständnis der Schule und des Unterrichts. Auch der Sport ist heutzutage lehrgangsartig in den Richtlinien fixiert. Das bedeutet nicht, daß er frontalunterrichtlich erteilt werden muß. Frontalunterricht mißachtet die Individualität der Kinder.

Es war im Rahmen der Erarbeitung von Richtlinien und Lehrplänen für die Grundschule und schon im Vorschulraum nicht einfach, Lehrgänge zu konzipieren, die eine Kontinuität des Fortschreitens in den Lernprozessen sichern können. Schwierigkeiten traten besonders bei den Fächern auf, die in der Schulreformbewegung dem unverbindlichen Ideal musischer Bildung untergeordnet worden waren, und dazu gehörte auch der Sport. Welche Wandlung sich hier vollzogen hat, zeigt die jüngste Publikation der Bund-Länder-Kommission für Bildungsplanung. Es handelt sich um einen Ergänzungsplan zum Bildungsgesamtplan über „Musisch-kulturelle Bildung“. Bekanntlich fixiert der Bildungsgesamtplan die Entwicklung des Bildungswesens bis 1985. Mit ihm ist die Kulturhoheit der Länder zumindest partiell durchbrochen. In dem Ergänzungsplan nimmt die Musik einen breiten Raum ein, dazu die Visuelle Kunst, das darstellende Spiel und die Literatur. Der Sport aber fehlt. Er ist also nicht mehr der musischen Bildung zugeordnet. Nur einmal wird er am Rande erwähnt, und zwar im Zusammenhang des Tanzes. Man könnte darin ein Problem sehen. Tatsächlich aber ist diese Entwicklung positiv zu beurteilen. Sie ist eine Äußerungsform dafür, daß die einzelnen Fächer und die Disziplinen ihre Eigenständigkeit gewinnen und daß speziell der Sport in seiner Lehrgangsstruktur ein neues Selbstverständnis gewonnen hat, was ihn absetzt von anderen Fächern. Das kann nicht bedeuten, daß der Sport bis in alle Teilbereiche hinein operationalisierbar geworden ist. Wäre er durchweg operationalisiert, müßten wir das bedauern, denn er hätte in diesem Falle Einbußen an seiner Ursprünglichkeit erlitten.

Zur Eigenständigkeit und Eigengesetzlichkeit des Sports gehört es, wenn ich vorläufig einmal negativ abgrenze, daß er nicht als Ausgleich für geistige Anstrengung und sitzende Beschäftigung verstanden werden sollte, denn mit dem Begriff Sport kann nicht Kompensation gemeint sein; er darf aber auch nicht als Fach gesehen werden, dessen Ziel es ist, Muskeln zu stählen und Abhärtung des Körpers zu erreichen, denn Sport ist nicht gleich body-building; würde man im Sport die Therapie körperlicher Unzulänglichkeiten vor allem verfolgen, so setzte man ihn mit Sonderturnen, Heilgymnastik oder orthopädischer Behandlung gleich; Sport hat auch nicht den Leib zu erziehen, wie es der Begriff Leibeserziehung vorgibt. Die Aufzählung ließe sich fortsetzen. Das Mißverständnis des Sports und das falsche Selbstverständnis, das ihn lange Zeit bestimmt hat, dürften jedoch schon deutlich geworden sein. Dabei läßt sich freilich nicht leugnen, daß Sport eine kompensatorische Funktion haben kann, daß er Muskeln stählt, Grundlage für Heilgymnastik bietet usf. Ich unterschätze auch das Sonderturnen nicht. Es ist eine wichtige Hilfe für Kinder mit Haltungsschäden. Aber Sport ist nicht wesentlich, von seinem Wesen her Sonderturnen. Er bot sich lange Zeit als Hilfsfunktion für anderes an, prostituierte sich gewissermaßen und konnte deshalb nicht das sein, was er bei dem breiten Spektrum seiner Disziplinen ist, die unter anderem das Geräteturnen und das Skifahren, das Schwimmen und die Spiele, die Leichtathletik und auch den Tanz umfassen. Dieses breite und differente Spektrum bildet neben den Fächern der Schule gewissermaßen noch einmal einen eigenständigen Fächerkanon.

Mir scheint, daß der Sportunterricht ein neues Selbstverständnis gewinnen kann, wenn sich die Auffassung durchsetzt, daß die Bewegung das dem Sport Zugrundeliegende ist und zugleich das didaktisch Einfache, von dem her sich dem Kind die Vielfalt sportlicher Möglichkeiten und Aktivitäten erschließt. Th. Ballauff hat das Verhältnis von Bewegung und Sport in diesem Sinne bestimmt, wenn er schreibt: „Die Besinnung auf das Ursprüngliche im Sport führt zur Einsicht, in der Freigabe der Bewegung das Wesentliche zu sehen." Freigabe der Bewegung kann etwa in leichtathletischen Übungen ebenso gesehen werden wie in der Beherrschung ästhetischer Bewegungsformen in der Gymnastik, im Spiel und allen anderen sportlichen Disziplinen ebenso wie z. B. im Überspringen eines Baches. Neuerdings hat in der Sportdidaktik L. DIEM diese Auffassung in ihrem Medienpaket für den Kindergarten umgesetzt, wenn sie drei Lernbereiche für das Kind annimmt: daß es sein Bewegungssystem und dessen Wirkungsweisen kennenlernt, daß es Bewegungstechniken systematisch erlernt und daß es schließlich die erlernten Bewegungstechniken in verschiedenen Zusammenhängen ausübt (DIEM 1976, 5).

Hier wird deutlich, daß ich dazu neige, das Verhältnis von Bewegung und Sport so zu bestimmen, daß Bewegung und Sport keine getrennten Bereiche sind, sondern daß der Sport seine Existenz von der Bewegung in ihrer Vielgestaltigkeit erst gewinnt. Sport impliziert Bewegung. Deshalb ist für mich der Sport die Größe, um deren Stellenwert es in der Gesamterziehung geht, wie sie das Thema meint. Mir ist klar, daß sich in der Sportwissenschaft und auch auf diesem Kongreß diese Auffassung noch nicht voll durchgesetzt hat. Das aber ist nicht zu bedauern. Wissenschaftliche Diskussion lebt von Kontroversen.

Die an sich positive Entwicklung von Richtlinien und Lehrplänen für den Bereich der Grundschule und selbst für Kindergärten und Vorklassen und die damit verbundene Ausprägung der Eigenständigkeit jedes Faches kann nicht darüber hinwegtäuschen, daß es eine Fülle von Problemen im Zusammenspiel der Fächer untereinander gab und noch gibt. Da ist vor allem die spezifisch deutsche Eigenheit, daß der einzelne Fachvertreter vorrangig sein Fach sieht und in den Vordergrund bringt, daß für ihn sein Fach der Angelpunkt seines Weltverständnisses ist, was die anderen Fächer in Mißkredit bringt. Darin hat es seinen Grund, daß der Lehrer sich als Fachvertreter sieht und nicht als Pädagoge. Wird er nach seinem Beruf gefragt, so neigt er dazu, sich z. B. als Biologe oder als Mathematiker oder als Germanist zu bezeichnen, nicht aber als Lehrer oder als Pädagoge. Freilich gibt eine solche Antwort auch einen Hinweis darauf, daß er als Wissenschaftler angesehen werden möchte. Ein Pädagoge wird nicht ohne weiteres als Wissenschaftler akzeptiert. Hier teilt die Pädagogik im übrigen weitgehend ihr Los mit dem Sport.

Was hier allgemein für die Fächer der Schule zum Ausdruck gebracht werden soll, gilt speziell auch für den Sport. Wieder kommt ihm im Fächerkanon eine herausragende Stellung zu, noch ist ihm eine mindere Stellung im Rangstreit der Fächer eigen. Dennoch läßt sich nicht einfach behaupten, Sport sei ein Fach wie jedes andere auch. Eine solche Aussage würde der jeweiligen Eigengesetzlichkeit des Sports und der anderen Fächer nicht gerecht. Freilich muß man sehen, daß die hier vertretene Auffassung, eine Rangordnung der Fächer, wie sie sich z. B. schon in der Existenz von Haupt- und Nebenfächern konkretisiert, sei nicht akzeptabel, nicht allgemeine Auffassung in Schule und Öffentlichkeit der Bundesrepublik ist. Eine Rangordnung der Fächer, wenn man das einmal philosophisch auszudrücken versucht, ist ontologisch nicht vertretbar.

Die Fächer und der Sport in ihrem Kontext

Es ist erst wenige Jahre her, daß H. LINDE auf einer Tagung von Oberstudiendirektoren ein, wie er selbst schreibt, „homerisches Gelächter" auslöste, als er bemerkte, „daß gute Sportleistungen häufiger in Verbindung mit guten als mit schlechten Leistungen in anderen Unterrichtsfächern auftreten". Das Gelächter war Ausdruck eines verbreiteten Vorurteils, demzufolge sportliche und intellektuelle Tüchtigkeit sich weithin ausschließen. Wer ein guter Sportler ist, so die Auffassung dieses Vorurteils, kann eigentlich geistig nicht auf der Höhe sein. LINDE hat in einer empirischen Untersuchung anhand der Noten von rund 10 000 Gymnasiasten dieses Vorurteil korrigiert und damit einen wesentlichen Beitrag zur Stellung des Sports im Rahmen der Fächer der Schule geleistet. Ich habe seinerzeit, nachdem er die Ergebnisse seiner Untersuchung der besagten Oberstudiendirektoren vorgetragen hatte, eine erste Interpretation versucht und dabei erfahren, wie schwierig es ist, verhärteten Vorurteilen zu begegnen.

Ebenso ungerechtfertigt ist es aber auch, wenn der Sport für sich Sonderrechte in Anspruch zu nehmen versucht. So halte ich es schon für bedenklich, wenn die Wochenstundenzahl für den Sportunterricht von der Kultusministerkonferenz für die Schulen aller Bundesländer empfohlen wird, weil es solche Empfehlungen für die anderen Fächer nicht gibt. Im Rahmen der Schule nimmt der Sport keine andere Stellung ein als alle anderen Fächer. Natürlich gehört es zur Eigenart des Sports, daß er wie kaum ein anderes Fach über die Schule hinausreicht und auch in der außerschulischen Welt eine Rolle spielt, in der Familie, in Vereinen, in Jugendgruppen und in freien Aktivitäten der Kinder. Das läßt sich, anstatt von der Schule, auch von der außerschulischen Welt her formulieren: Mit dem Sport greift ein Lebensbereich der außerschulischen Welt in die Schule über. Man sollte allerdings von diesem Bereich nicht erwarten, daß er, einem aktuellen Trend entsprechend, zur „Entschulung der Schule" beiträgt. Es ist überhaupt die Frage, ob die Vorstellungen z. B. von IVAN ILLICH zur Entschulung der Schule realistisch oder utopisch sind.

Im Gegenzug zur Entschulung der Schule läßt sich einer neuen Verschulung das Wort reden, weil die Schule eine Institution ist, der es zukommt, die jungen Menschen in die Menschlichkeit zu führen. Hier also kommt es auf die anthropologische Fragestellung an, der neuerdings in der Sportwissenschaft eine wichtige Bedeutung beigemessen wird. Die Legitimation des einzelnen Faches im Kanon der Fächer der Schule wird von dem Beitrag abhängig sein, den es für das Erreichen der Menschlichkeit leistet. Man darf nicht annehmen, daß die Menschlichkeit einem Menschenkind schon in die Wiege gelegt ist. Es erreicht sie gewissermaßen wie eine zweite Geburt.

Wir können, was diese Menschlichkeit ist, an einem Beispiel erläutern, das von M. WERTHEIMER, dem in die USA emigrierten deutschen Psychologen, stammt und in unseren Zusammenhang gehört. WERTHEIMER berichtet: „Zwei Jungen spielten im Garten Federball. Von meinem Fenster aus konnte ich sie hören und sehen, ohne daß sie mich sahen. Der eine Junge war zwölf, der andere zehn Jahre alt. Sie spielten mehrere Spiele. Der jüngere war weit schwächer, er wurde in jedem Spiel geschlagen."

„Ich hörte einiges von ihrem Gespräch. Der Verlierer — wir wollen ihn B nennen — wurde immer mißmutiger. Er hatte keinerlei Aussicht. A gab oft so scharf an, daß es ihm schon unmöglich war, den ersten Ball zurückzugeben. Die Lage verschärfte sich. Schließlich warf B seinen Schläger ins Gras, setzte sich auf einen Baumstamm und sagte: ‚Ich mag nicht mehr'. A versuchte ihn zum Weiterspielen zu überreden. Keine Antwort von B. A setzte sich neben ihn. Beide sahen recht niedergeschlagen aus." Das Zitat läuft noch einen Augenblick lang weiter. WERTHEIMER schreibt dann:

„Ich unterbreche hier die Geschichte, um dem Leser eine Frage zu stellen: ‚Was schlagen Sie vor? Was würden Sie tun, wenn Sie der ältere Junge wären? Haben Sie einen produktiven Vorschlag?'"

WERTHEIMER diskutiert verschiedene Lösungsmöglichkeiten, bevor er die bringt, zu der die Jungen gefunden haben. Der ältere Junge sagt: „Ich habe einen Gedanken — wir wollen mal so spielen: Wir wollen mal sehen, wie lange wir den Ball zwischen uns hin- und hergehen lassen können, und zählen, wie oft er hin- und hergeht, ohne zu fallen. Auf wieviele Punkte wir es bringen?" (WERTHEIMER 1964, 148—153).

Was läßt sich von diesem Beispiel her als Menschlichkeit bestimmen? Sie zeigt sich in der Fähigkeit, gemeinsam zu agieren, miteinander zu spielen. Sie verschafft sich darin Ausdruck, daß der eine nicht sich selbst in den Vordergrund bringt. Er spielt seine Stärke nicht aus und gibt deshalb auch nicht seinem Egoismus nach. Seine Wünsche bleiben im Hintergrund. Ihm kommt es überhaupt nicht auf sich an. Er sieht von sich ab und ist selbstlos dem anderen und dem Spiel hingegeben, von sich weggegeben. Dadurch kommt der andere überhaupt erst ins Spiel, und das Spiel selbst kommt dadurch erst zustande. Das eben ist Menschlichkeit. Sie realisiert sich im Absehen von sich selbst, in der Selbstlosigkeit. Sie läßt den anderen zu sich selbst kommen. Ihr geht es um den anderen Menschen mehr als um das eigene Ich.

Hier zeigt sich im übrigen, daß das Spiel Menschlichkeit hervorbringt, wenn es nicht in eine Zweck-Mittel-Relation eingebunden wird. Das Spiel sollte nicht das Mittel sein, mit dem der Zweck der Erziehung oder der Bildung oder der Menschlichkeit zu erreichen versucht wird. In dem Augenblick, in dem es in eine solche Zwecksetzung gebracht wird, ist es nicht mehr Spiel im ursprünglichen Sinne. Mit anderen Worten heißt das auch, daß das Spiel nicht das Mittel für Lernprozesse sein kann. Darum ist der Begriff Lernspiel eigentlich sprachlich unmöglich, weil er zwei Phänomene miteinander verbindet, die sachlich nichts miteinander zu tun haben.

So wie sich Menschlichkeit hier in mitmenschlichen Bezügen äußert, verwirklicht sie sich auch in sachlichen Zusammenhängen, also in der Erfüllung von Aufgaben. Hier steht allein die Aufgabe im Vordergrund, nicht etwa die Belohnung des einzelnen. Belohnung durch Noten oder andere Anreize würde die Selbstlosigkeit wieder zerstören. Das Handeln in Selbstlosigkeit ist nur in der Hingabe an die Aufgabe möglich. Diese Menschlichkeit ist nicht einem Zustand vergleichbar, den ein Mensch ein für allemal erreicht. Vielmehr muß Menschlichkeit immer wieder neu gewonnen werden. Dem Sport und anderen Schulfächern kommt es zu, die jungen Menschen für die Menschlichkeit bereitzumachen.

In dem Maße, in dem es gelingt, schon die Kinder in die Selbstlosigkeit zu führen, die immer an Aufgaben gebunden ist, wie wir es einleitend sagten, werden sie in der Schule glücklich sein. Wo Zensuren, Prüfungen und der Vergleich der Schüler untereinander die Schularbeit bestimmen, da herrschen Streß und Egoismus. An dieser Stelle wird deutlich, daß es keine Sozialromantik war, als in den nordrhein-westfälischen Grundschulrichtlinien verbindlich ausgesagt wurde, „daß die Grundschule eine Stätte sein soll, in der sich das Lernen für die Kinder in einer freien und befreienden Atmosphäre vollziehen kann und in der sich Kinder glücklich fühlen“. Dieses Glücklichsein des Kindes kommt, wie auch beim Erwachsenen, neben der beschriebenen Sachlichkeit und Mitmenschlichkeit, auch dann auf, wenn das Kind sich seiner Kräfte, seiner Leistungsfähigkeit bewußt wird, und wenn es Leistungen vollbringt, ohne sie egozentrisch auszukosten. Von der Möglichkeit, schon für das Kind Menschlichkeit zu sichern und es in der Grundschule glücklich sein zu lassen, bestimmt sich der Stellenwert jedes einzelnen Faches und besonders auch der Stellenwert des Sports in der Gesamterziehung des Kindes.

Literatur

Diem, L.: Sport im Kindergarten. Didaktisches Material zu einem Multimedienpaket. Schorndorf 1976.

Grisebach, E.: Die Grenzen des Erziehers und seine Verantwortung. Halle/Saale 1924.

Linde, H. / Heinemann, K.: Leistungsengagement und Sportinteresse. Schorndorf 1968

Schaller, K.: Erziehung. In: Wörterbuch der Pädagogik, Bd. 1. Freiburg 1977

Wertheimer, M.: Produktives Denken. Aus dem Englischen übersetzt von Wolfgang Metzger. Frankfurt 1964.

TEIL III

ARBEITSKREISE

ARBEITSKREIS 1

Motorische Entwicklung des Kindes

Arbeitskreis-Leiter: HERBERT HOPF
Referenten: KLAUS WILLIMCZIK und ROBERT DECKER

KLAUS WILLIMCZIK

Die motorische Entwicklung des Kindes

Die Bedeutung der motorischen Entwicklung — wie der Entwicklung allgemein — für den Sport und die Sportpädagogik ist offensichtlich und bedarf eigentlich keiner weiteren Begründung. Sie bildet die Basis gleichermaßen für das Training, als der planmäßigen Einwirkung auf die sportliche Leistungsentwicklung im Kindes- und Jugendalter, wie für die stärker didaktisch orientierte Methodik des Schulsports und — vor allem — für die didaktischen Entscheidungen selbst, also die Bestimmung der Bildungsziele und die entsprechende Auswahl der Bildungsinhalte oder — um den gleichen Sachverhalt moderner auszudrücken — für die curricularen Entscheidungen, also die Bestimmung der Lernziele und die Auswahl der Curriculumelemente.

HEIN RETTER (1969, 4) hat die Bedeutung der Entwicklungspsychologie für die Theorie der Leibeserziehung folgendermaßen zusammengefaßt:

„Das Prinzip der Kindgemäßheit (Alters-, Entwicklungsgemäßheit) gehört zu den unbestrittensten Prinzipien der Leibeserziehung. Jede Bewegungsform, jede Übung, die vom jungen Mneschen im Rahmen der Leibeserziehung gefordert wird, setzt voraus, daß er sie von seinem körperlichen und seelisch-geistigen Entwicklungsstand her überhaupt zu leisten in der Lage ist. Aber nicht nur die Frage nach den entwicklungsspezifischen Mindestvoraussetzungen ist wesentlich; geht es doch, pädagogisch gesehen, immer darum, die *optimalen* Alters- und Enwicklungsbedingungen (etwa des Leistungsvermögens, der Motivation, der Übungsfähigkeit usw.), die zum Leistungserfolg führen, näher zu bestimmen."

RETTER leitete mit dem gegebenen Zitat einen Aufsatz ein, der als Wendepunkt in der Betrachtung entwicklungspsychologischer Probleme angesehen werden kann. Bis zu diesem Zeitpunkt, das ist 1969, hatte die Lehre von den Entwicklungsphasen bzw. Entwicklungsstufen für die Theorie der Leibeserziehung uneingeschränkte Gültigkeit und bildete die „gesicherte" Grundlage für alle didaktischen und methodischen Erörterungen, sowie für Begründung und Strukturierung aller Bildungspläne. Als Krönung dieser Epoche kann in sportwissenschaftlicher Hinsicht die Untersuchung und Publikation von OTTO NEUMANN „Die leib-seelische Entwicklung im Jugendalter" angesehen werden, in der er versucht hat und glaubt geleistet zu haben, die „Verifizierung der Phasentheorie anhand der Persönlichkeitsdiagnostik in sportlichen Situationen“ (1964, 164).

Die Zeit nach 1969/70 ist durch eine starke Relativierung entwicklungspsychologischer Erkenntnisse allgemein und der Theorie von den Entwicklungsphasen im Besonderen gekennzeichnet. Diese Relativierung hat in dem — nicht seltenen — Extremfall dazu geführt, daß entwicklungspsychologische Theorien bzw. Erkenntnisse zu pseudo-empirischen Leerformeln mit Alibifunktion reduziert worden sind. So etwa, wenn für Lehrpläne die Berücksichtigung entwicklungspsychologischer Gesichtspunkte gefordert wird, ohne daß irgendwelche Angaben darüber gemacht werden, welche diese sind und in welcher Weise sie zu berücksichtigen sind. Ebenfalls als Konsequenz der Abkehr von den Entwicklungsphasen ist anzusehen, wenn in den neuen Lehrplänen an Stelle der Entwicklungsphasen nur noch entsprechende Klassenstufen genannt werden.

Sucht man nach Gründen für diese Kehrtwendung in bezug auf die Bewertung der Entwicklungspsychologie, so scheinen vor allem zwei Faktoren — zumindest — mitverantwortlich zu sein:

1. Die Abkehr von der Theorie der Entwicklungsphasen fällt — und das ist sicher kein Zufall — mit dem Niedergang der bildungstheoretischen Didaktik und dem — wenn auch noch etwas zaghaften — Aufkommen der Curriculum-Theorie zusammen. Die Entwicklung in beiden Bereichen hat gemeinsam die Abkehr von der philosophischen Anthropologie, die sowohl für die bildungstheoretische Didaktik wie für die Lehre von den Entwicklungsphasen konstitutiv ist, und als Gegenrichtung den Glauben an Rationalisierung und Objektivierung.
2. Die Lehre von den Entwicklungsphasen paßte nicht in das Bild jener stark an Einfluß gewinnenden Pädagogik am Ende der 60er Jahre und zu Beginn der 70er Jahre, nach der — etwas pointiert ausgedrückt — individuelle Voraussetzungen — und damit natürlich auch individuelle Entwicklungen — keinerlei Bedeutung und die sogenannten sozialen Umweltbedingungen allein entscheidend sind.

Das Ergebnis der fundamentalen Erschütterung der Entwicklungspsychologie ist, daß sich sowohl die sportwissenschaftliche *Forschung* als auch die sportpädagogische *Praxis* in einem ausgesprochenen Dilema befinden. Einerseits sind ihnen die bisher gültigen Theorien ohne die Bereitstellung brauchbarer Alternativen genommen worden, andererseits benötigen sie unbedingt Theorien der Entwicklung als Grundlage für empirische Forschung auf diesem Gebiet und zur Lösung der oben angeführten methodischen und didaktischen Probleme. Man kann schließlich nicht einfach auf die Erstellung eines Lehrplanes verzichten, nur weil es für bestimmte Bereiche, z. B. die motorische Entwicklung, hinreichende Kenntnisse nicht gibt. Wie unbefriedigend diese Situation ist, wird deutlich, wenn man bedenkt, daß im Bereich der Sportwissenschaft theorielose Forschung zur positivistischen bzw. empiristischen Analyse von Einzelmerkmalen führt — und dies für den Bereich der motorischen Entwicklung auch getan hat.

Zur Kritik an der Lehre von den Entwicklungsphasen

Retters Kritik an der Phasenlehre setzt an vier Postulaten dieser Lehre an. Es sind dies:

1. das Postulat der Leib-Seele-Ganzheit;
2. das Postulat des strukturellen Zusammenhanges aller psychischen Gegebenheiten einer bestimmten Entwicklungsphase;

3. das Postulat des schubweisen Entwicklungsverlaufs;
4. das Postulat der endogenen Entwicklungssteuerung.

Von den genannten Postulaten möchte und kann ich auf das dritte und vierte später ausführlicher eingehen, so daß hier nur kurz etwas zu den Postulaten 1 und 2 zu sagen ist. Zum Postulat der Leib-Seele-Ganzheit bemerkt RETTER (1969, 5) in Anlehnung an SEYBOLD, daß es weniger entwicklungspsychologisch als anthropologisch begründet ist. Es ist jenes Postulat der philosophischen Anthropologie, das besonders für die Theorie der Leibeserziehung der 50er und 60er Jahre als Begründung für die pädagogische Sonderstellung unseres Faches verwendet und benötigt wurde, und das wohl am kürzesten mit dem Satz „das Ganze ist mehr als die Summe seiner Teile“ charakterisiert werden kann. Wie vorsichtig man mit dem Postulat der Ganzheit sein muß, wird deutlich, wenn man es an empirischen Untersuchungsergebnissen mißt. Die von RETTER angeführten Korrelationswerte für den Zusammenhang von somatischen und psychischen Variablen liegen zwischen 0.2 und 0.3. Das bedeutet aber, daß für Bereiche eine Ganzheit beansprucht wird, für die die gemeinsame Varianz nur zwischen 5 und 10% liegt!

In enger Beziehung zum Postulat der Ganzheit steht das des strukturellen Zusammenhanges. Es besagt, daß jede Phase relativ abgeschlossen und selbständig ist und daß sie durch sie bestimmende Entwicklungscharakteristika geprägt ist (RETTER 1969, 6).

Eine logische Konsequenz aus den Postulaten der Leib-Seele-Ganzheit und des strukturellen Zusammenhanges war die negative Beurteilung der Entwicklung von Kindern, die aus den Normen für die jeweilige Phase herausfallen, sei es, daß sie akzeleriert, d. h. ihrer Entwicklungsphase voraus waren, oder daß sie retardiert, d. h. gegenüber ihrer Entwicklungsstufe hinterherhinkten. Als besonders negativ wurde eine asynchrone Akzeleration bzw. Retardation angesehen. In diesem Fall liegen z. T. erhebliche Unterschiede in bezug auf die Entwicklung verschiedener Persönlichkeitsbereiche vor.

Zum Postulat des schubweisen Entwicklungsverlaufs

Nach dem Postulat des schubweisen Entwicklungsverlaufs ist Entwicklung „kein kontinuierlicher Vorgang, sondern verläuft in Reifungsschüben, in ‚Stufen‘, die das natürliche Gliederungsprinzip des Entwicklungsverlaufs anzeigen. So betont BUSEMANN den Wechsel von ‚Erregungsphasen‘ und ‚Beruhiggungsphasen‘, KROH setzt die Reifungsschübe als Übergänge von einer Entwicklungsstufe zur anderen an, ZELLER spricht vom ersten und zweiten Gestaltwandel. NEUMANN weist auf den ‚Wechsel von allmählichem Wachstum und sprunghaften Schüben‘ hin.“ (RETTER 1969, 5).

Die Kritik an diesem Postulat läßt sich in zwei Punkten zusammenfassen:

1. Die Annahme von Phasen bzw. Schüben der Entwicklung sei das Ergebnis methodischer Unzulänglichkeiten; die Annahme von Phasen ist darauf zurückzuführen, daß an Stelle von echten sogenannte unechte Längsschnittuntersuchungen, das sind Querschnittsuntersuchungen, verwendet worden sind.
2. Die Annahme von Reifungsschüben gehe auf eine Verwechslung von Ursache und Wirkung zurück. OERTER (1974, 61) schreibt dazu: „Nicht weil das Kind nun leistungsmäßig und sozial so weit entwickelt ist, können wir es in die Schule aufnehmen, sondern weil es in die Schule kommt und dort stark veränderten Einflüssen unterworfen ist, wird es zum typischen Schulkind mit seiner Arbeitshaltung und Leistungsmotiviertheit.“

Beide Gesichtspunkte sind auch für die Beurteilung der motorischen Entwicklung von Bedeutung, so daß hier kurz auf sie eingegangen werden muß.

Zur Untersuchung der Probleme von Entwicklung stehen drei verschiedene Untersuchungspläne zur Verfügung. Es sind dies die Querschnitts-, die Längsschnitt- und die gemischte Längsschnittuntersuchung.

Abb. 1 gibt einen Eindruck von den wesentlichen Unterschieden dieser drei Untersuchungspläne. Beim echten Längsschnitt wird ein- und dieselbe Stichprobe immer wieder untersucht. In dem der Abbildung 1a zugrundeliegenden Untersuchungsplan sind die Kinder dieser Stichprobe 1970 drei Jahre alt, 1971 vier Jahr alt, usw. Der Untersuchungszeitraum ergibt sich allein durch die Altersspannen, für die Aussagen gemacht werden sollen. Die Querschnittsuntersuchung *(Abb. 1b)* findet nur zu einem Zeitpunkt statt, an dem Stichproben mit Kindern unterschiedlichen Alters untersucht werden. Mit dem Plan einer gemischten Längsschnittuntersuchung *(Abb. 1c)* sollen die beiden Hauptnachteile des Längs- bzw. Querschnitts überwunden werden. Es sind dies der lange Untersungszeitraum bzw. die Unmöglichkeit der Entscheidung, ob beobachtete Unterschiede auf Entwicklung oder aber auf Unterschiede der Stichproben zurückzuführen sind. Erreicht wird dies dadurch, daß die unterschiedlichen Stichproben über einen so großen Zeitraum untersucht werden, daß es zu Überlappungen kommt. Unterschiede verschiedener Stichproben gleichen Alters lassen sich dann eindeutig den Unterschieden in bezug auf die Stichproben zuordnen (1).

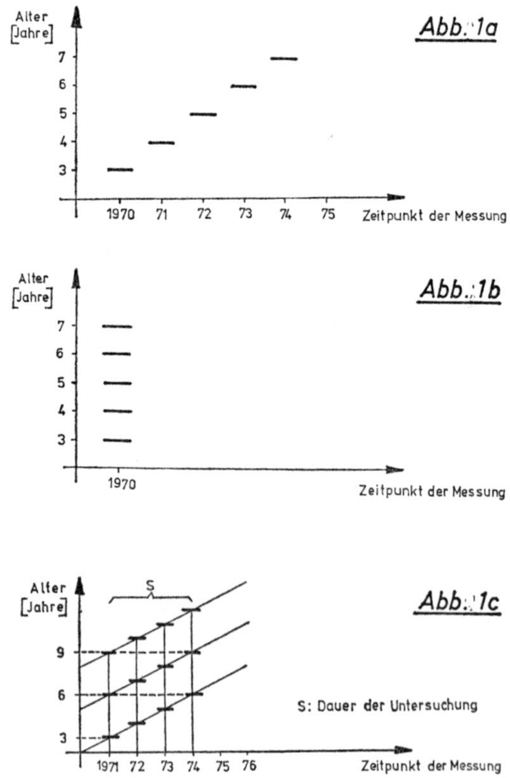

Abb. 1 Grafische Darstellung von Untersuchungsplänen.
Längsschnittuntersuchung (a) Querschnittsuntersuchung (b) gemischte Längsschnittuntersuchung (c).

Gegen die Verwendung der Querschnittsuntersuchung für Entwicklungsstudien — und dies war in der Vergangenheit der Normalfall — wird nun vorgebracht, daß sie notwendigerweise, und zwar durch das Modell bedingt, zu einer Stufenbildung führe, da es nicht möglich sei, Werte kontinuierlich aufzutragen, sondern nur bestimmten Klassen, nämlich hier den Phasen, zuzuordnen. Die geäußerte Kritik bzw. die Aufforderung zur Vorsicht ist sicher nicht unberechtigt, wenn die von NEUMANN gefundenen Verlaufskurven, gegen die sich die Kritik speziell richtet (RETTER 1969, 6), dadurch sicher auch nur zum Teil relativiert werden können.

Ein weiterer Nachteil der Querschnittsuntersuchungen ist, daß sie zu einer ausgesprochenen Nivellierung des Entwicklungsverlaufes führen können. Es ist dies eine Tatsache, die von Vertretern der Phasentheorie als Argument *für* ihre Annahmen verwendet werden könnte. Die *Abb. 2* verdeutlicht diesen Sachverhalt. Sie zeigt die jährliche Zunahme der Körperlänge,

a) bei Zugrundelegung von Mittelwerten und
b) bei der von Einzelkurven.

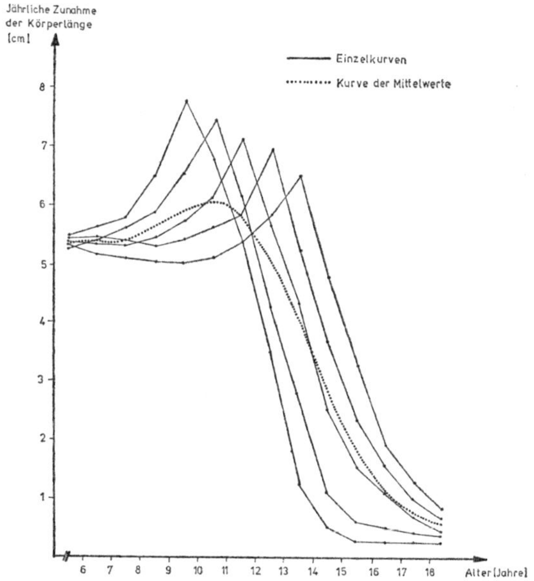

Abb. 2 Der puberale Wachstumsschub einzelner Kinder (durchgezogene Striche) und als Durchschnittswerte (gestrichelte Kurve) (aus HECKHAUSEN *1970 nach* TANNER *1962).*

Da Querschnittsuntersuchungen aber prinzipiell nicht individuelle Wachstumskurven zugrundelegen können, sondern nur Mittelwerte, ergibt sich im allgemeinen für diese Untersuchungspläne eine Nivellierung von Entwicklungsverläufen.

Der zweite Einwand gegen die Lehre von den Entwicklungsphasen, daß sie nämlich nicht die Grundlage für pädagogische Entscheidungen biete, sondern als Folge dieser anzusehen sei, hat — zumindest bedingt — auch für die Entwicklung der Motorik Gültigkeit. Exemplarisch sei in diesem Zusammenhang auf die Diskussion des optimalen Alters für das Schwimmenlernen und den Beginn des Ausdauertrainings hingewiesen.

Allerdings erscheint auch hier eine nicht unerhebliche Relativierung notwendig, denn sowohl bei der Festlegung des Einschulalters wie auch bei der Bestimmung des optimalen

Alters für den Beginn von primär koordinativ bestimmten Bewegungen ist man davon ausgegangen, daß die Entwicklung des Nervensystems zumindest weitgehend abgeschlossen sein sollte. Und dies kann für das 6- bis 7jährige Kind angenommen werden (vgl. u. a. Eiben 1977).

Das körperliche Wachstum

Bei der Betrachtung der motorischen Entwicklung kann davon ausgegangen werden, daß die Entwicklung einzelner motorischer Persönlichkeitsmerkmale — wenn auch unterschiedlich stark — von biologischen Voraussetzungen und damit dem Wachstum abhängig ist. Aus diesem Grunde erscheint es sinnvoll, zunächst auf das Wachstum einzugehen.

Die *Abb. 3 und 4* zeigen die Wachstumskurven für die Größe und das Gewicht. Es ist deutlich zu sehen, daß bei dem Längenwachstum etwa zwischen dem 3. und dem 11. Lebensjahr eine Verlangsamung auftritt, und daß zwischen dem 12. und dem 15. Lebensjahr eine ausgesprochen große Entwicklungsgeschwindigkeit vorliegt. Wie ein Vergleich der Wachstumskurve für die Körpergröße mit der für das Gewicht zeigt, bestehen hier nicht unerhebliche Unterschiede. Das gilt besonders für die Phase der Zwei- bis Vierjährigen: Da das Gewicht im Vergleich zum starken Längenwachstum nur gering zunimmt, muß es hier zu einer relativen Schlankheit kommen. In Abbildung 5 ist die jährliche Zunahme der Körperlänge eingezeichnet. Aus der Zeichnung geht der enorme Wachstumsschub zwischen dem 11. und dem 13. Lebensjahr für Mädchen und zwischen dem 12. und dem 14. Lebensjahr für Jungen noch deutlicher hervor.

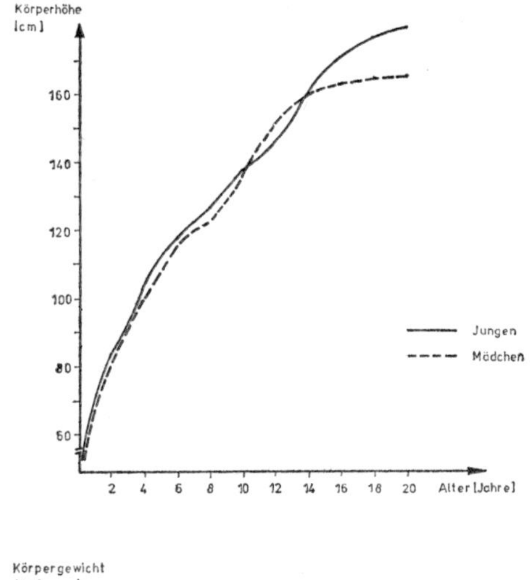

Abb. 3 Körpergrößenwachstumskurve nach Hansman *1970 (nach* Eiben *1977).*

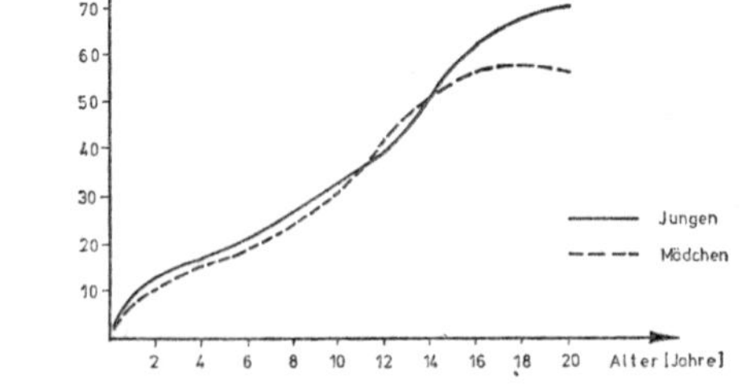

Abb. 4 Körpergewichtswachstumskurve nach Hansman *1970 (nach* Eiben *1977).*

Daß die Gestaltsänderung nicht nur auf eine Diskrepanz zwischen Körpergrößen- und Gewichtszunahme zurückzuführen ist, sondern auf große Unterschiede bezüglich des Längen- und Breitenwachstums (1), kann mit den Abbildungen 6 und 7 belegt werden. Es handelt sich hierbei um die Länge der unteren Extremitäten und um den Brustumfang. Beide Merkmale sind auf einen nach Ross und Wilson standardisierten Einheitsmenschen bezogen. Im einzelnen zeigen die Abbildungen, daß beim dreijährigen Kind die unteren Extremitäten relativ kurz sind und der Brustumfang relativ groß ist, so daß das Kleinkind eine ausgesprochen untersetzte Körpergestalt hat. In der Folgezeit ergeben sich für

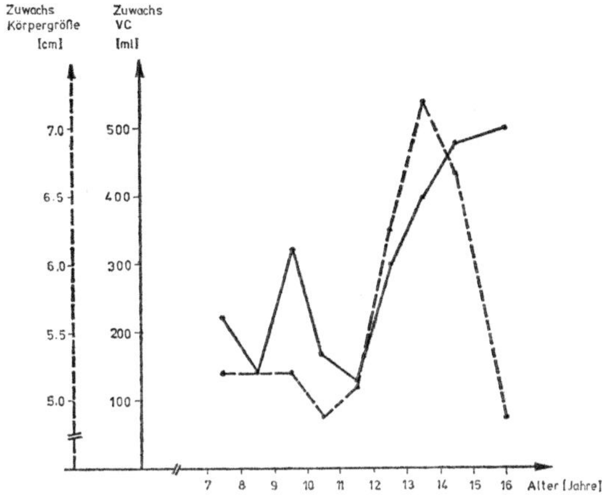

Abb. 5 Kurven der Wachstumsgeschwindigkeit (gestrichelt) und des Zuwachses an Vitalkapazität (durchgezogen) (nach Bailey *u. a. 1977).*

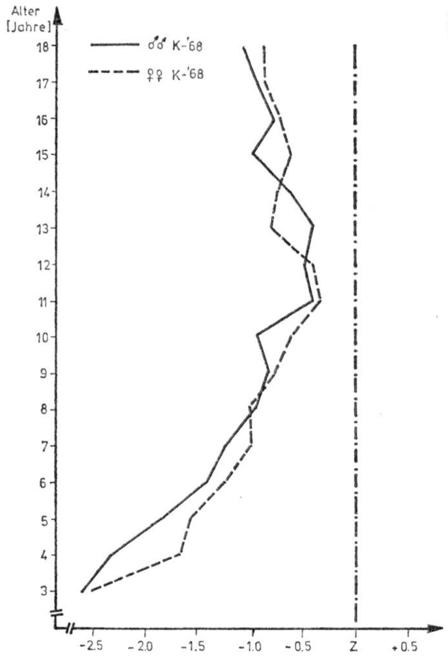

Abb. 6 z-Werte der Länge der unteren Extremitäten aufgrund von Untersuchungen von Körmend *(*Eiben *1977).*

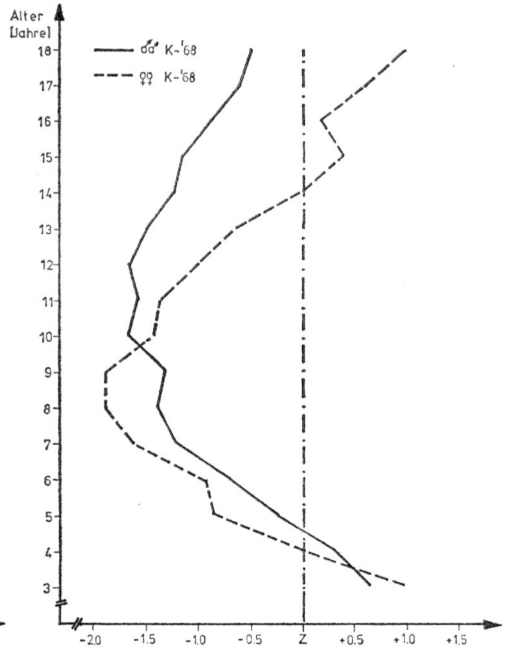

Abb. 7 z-Werte des Brustkorbumfanges aufgrund von Untersuchungen von Körmend *(*Eiben *1977).*

die beiden genannten Merkmale gegenläufige Tendenzen, die etwa bis zum neunten bzw. zehnten Lebensjahr zu einer immer größeren Schlankheit führen. Da die unteren Extremitäten — und gleiches gilt für die oberen Extremitäten — vom zwölften Lebensjahr an etwa proportional zur Gesamtgröße zunehmen und der Brustumfang — wie alle anderen Breitenmerkmale — stärker zunehmen, kann die Phase von 12 bis 18 Jahren als diejenige bezeichnet werden, in der die Jugendlichen ihre (endgültige) Erwachsenengestalt erhalten.

Die Entwicklung motorischer Fähigkeiten

„Die menschliche Motorik umfaßt die Gesamtheit aller *Steuerungs-* und *Funktionsprozesse,* die einer in Raum und Zeit beobachtbaren Bewegung zugrundeliegen" (vgl. ROTH 1977, 96). Diese Gesamtheit setzt sich zusammen aus den sportmotorischen Fähigkeiten, die nach unterschiedlichen Kriterien systematisiert werden können. Im allgemeinen unterscheidet man zwischen konditionell (Kraft, Schnelligkeit, Ausdauer) und koordinativ determinierten Fähigkeiten.

Dem Bereich der *Motorik,* d. h. dem Gesamt der Steuerungs- und Funktionsprozesse, die nicht direkt beobachtbar sind, sondern nur über Indikatoren erschlossen werden können, steht die *Bewegung* als in Raum und Zeit beobachtbar gegenüber. Im einzelnen gelten die folgenden Definitionen als anerkannt: Der *Bewegungsablauf* ist ein objektiv bestimmbarer raum-zeitlicher Verlauf einer zeitlich geschlossenen Bewegung (FETZ 1972, 63). „*Bewegungsfertigkeiten* nennt man die Bewegungsabläufe, die durch entsprechende Übung zum festen und gesicherten Bestand" des Menschen gerechnet werden können (FETZ 1969, 77). *Bewegungseigenschaften* bzw. *Bewegungsqualitäten* sind „äußerlich wahrnehmbare Merkmale von Bewegungsabläufen", wie Bewegungsdynamik, Bewegungsgenauigkeit, Bewegungsfluß, Bewegungsrhythmus usw. (FETZ 1969, 67). Als *Bewegungsquantität* schließlich wird jenes Merkmal eines Bewegungsablaufes angesehen, „das in objektiven Meßskalen gestuft angegeben werden kann" (FETZ 1969, 67), das sind letztlich biomechanisch erfaßbare Bewegungsqualitäten.

Spricht man von motorischeer Entwicklung, so schließt man allgemein die der Bewegung mit ein (vgl. u. a. MEINEL 1976). Wenn im folgenden trotzdem nur exemplarisch (2) auf die Entwicklung einiger motorischer Fähigkeiten eingegangen wird und nicht auf die der Bewegungsfertigkeiten, so weil — zumindest im Kindesalter — der Steuerungsfähigkeit von Bewegungen die Priorität gegenüber dem „festen und gesicherten Bestand" an Bewegungsfertigkeiten eingeräumt wird.

Geht man davon aus, daß die Entwicklung der Motorik zumindest nicht unabhängig vom Wachstum ist, so müßten sich für die motorischen Fähigkeiten die folgenden Tendenzen nachweisen lassen:

Die relative Kraft (das ist die auf das Körpergewicht bezogene Kraft) ist vor allem beim dreijährigen Kind relativ groß, sie nimmt dann bis zum 10. bis 12. Lebensjahr langsam und mit Beginn des Wachstumsschubs stärker ab. Dagegen verläuft die Entwicklung der absoluten Kraft etwa parallel zum Wachstum, so wie dies auch für eine wesentliche Voraussetzung der Ausdauer, die Vitalkapazität der Fall ist (vgl. Abb. 5).

Für die koordinativen Fähigkeiten wäre anzunehmen, daß ihre Entwicklung zum einen durch die des Nervensystems bestimmt wird und zum anderen durch den allgemeinen Wachstumsschub um das 10. bzw. 12. Lebensjahr. Dabei wirkt sich die Entwicklung des Nervensystemes positiv auf die der Koordination aus und führt der starke Wachstumsschub zu einer Beeinträchtigung der koordinativen Entwicklung, da hier allgemein ungünstige Hebelvoraussetzungen anzunehmen sind.

Wie ein Vergleich dieser Überlegungen mit empirischen Befunden zeigt, werden die motorischen Fähigkeiten offensichtlich nicht nur durch biologische Voraussetzungen, sondern durch weitere Faktoren bestimmt. Die Abb. 8—11 stammen aus MEINEL (1976). Aus ihnen ist zu entnehmen, daß sich die Muskelkraft, besonders bei den Jungen vom 12.

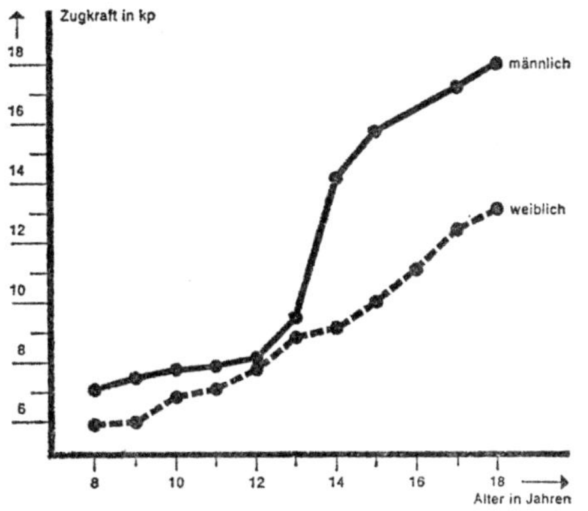

Abb. 8 Entwickeln der Maximalkraft; Maximale Zugkraft des Bizeps (nach FARFEL' *aus* MEINEL *1976).*

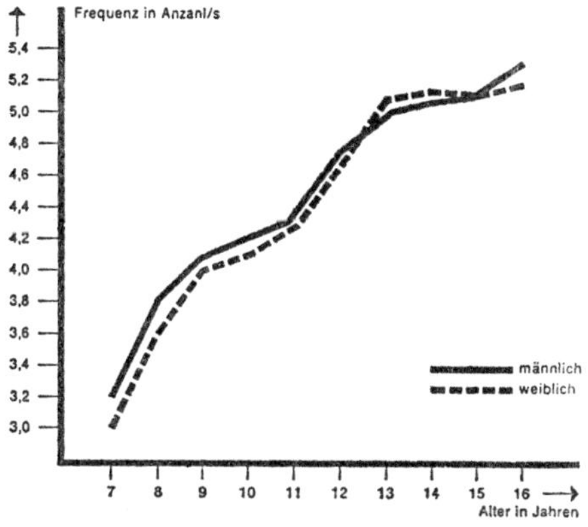

Abb. 9 Entwicklung von Schnelligkeitsfähigkeiten; Maximalfrequenzen verschiedener Bewegungen mit kleiner Amplitude (nach FARFEL' *aus* MEINEL *1976).*

Lebensjahr an stark erhöht (vgl. Abb. 8), daß die Schnelligkeit sich offensichtlich relativ kontinuierlich entwickelt (vgl. Abb. 9), wobei anzunehmen ist, daß die in der Schnelligkeit enthaltene Komponente der Koordination sich vom 10. bzw. 12. Lebensjahr an nur noch gering entwickelt, während der Kraftanteil relativ stark steigt, so daß hier gegenläufige Tendenzen zu einer gewissen Kompensation und damit zu einem kontinuierlichen Entwicklungsverlauf führen.

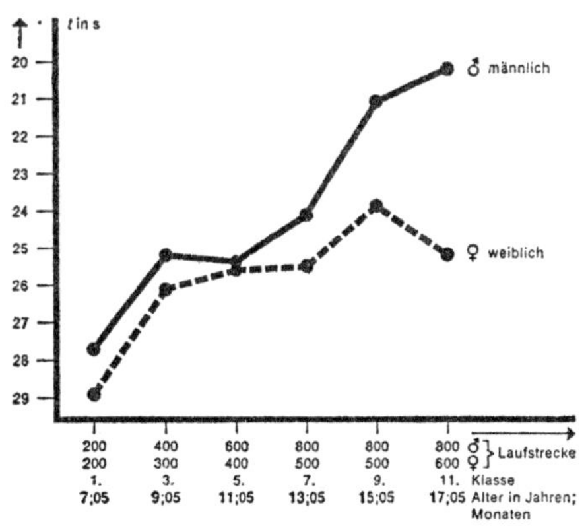

Abb. 10 Entwicklung der Laufausdauer; Laufleistungen über unterschiedlich lange Strecken — umgerechnet auf 100-m-Zeiten (nach STEMMLER *aus* MEINEL *1976).*

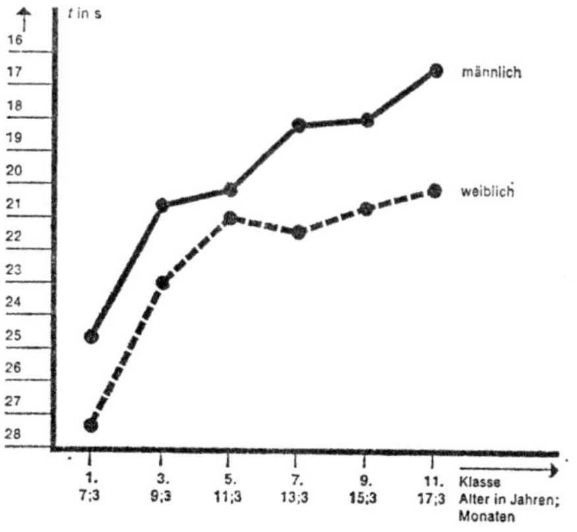

Abb. 11 Mittelwerte von sogenannten Gewandtheitsläufen; Kasten-Bumerang-Lauf (nach WINTER *aus* MEINEL *1976).*

In bezug auf die Ausdauer (vgl. Abb. 10) tritt der steile Anstieg nur bei den Jungen auf, bei den Mädchen stellt sich bereits relativ schnell ein Abfall ein, der allerdings nicht auf biologisches, sondern wahrscheinlich auf rollenspezifisches Verhalten der Mädchen in diesem Alter, nämlich ein geringeres „Training“, zurückzuführen ist. Die Abflachung der Entwicklungskurve für die Gewandtheit (vgl. Abb. 11) deckt sich mit den oben angegebenen Überlegungen zur Entwicklung der Koordination allgemein.

Weder für die Entwicklung allgemein noch für die der Motorik kann davon ausgegangen werden, daß es sich um die Entwicklung eines eindimensionalen Bereiches handelt. Wie sich bereits aus den unterschiedlichen Entwicklungsverläufen für einzelne motorische Fähigkeiten ergibt, ist vielmehr davon auszugehen, daß die Entwicklungsverläufe sehr unterschiedlich sein können. Thesenartig läßt sich sagen:

1. Während beim drei- bis vierjährigen Kind noch von einem hohen Zusammenhang zwischen den verschiedenen Persönlichkeitsbereichen des Kindes (dem affektiven, kognitiven, sozialen, motorischen) ausgegangen werden kann, besteht beim normal entwickelten Kind bereits zur Zeit der Einschulung eine weitgehende Unabhängigkeit der genannten Persönlichkeitsbereiche (vgl. EGGERT/SCHUCK 1975; WILLIMCZIK u. a. 1975).
2. Bei entwicklungsgestörten Kindern liegen noch zu Beginn der Schulzeit relativ hohe Zusammenhänge zwischen den genannten Persönlichkeitsbereichen vor. Dies ist möglicherweise auf Drittabhängigkeiten zurückzuführen, d. h., daß diese Kinder entweder als frühkindlich hirngeschädigt oder als sozialisationsbenachteiligt angesehen werden können (vgl. EGGERT/SCHUCK 1975; LUTZ 1975).
3. Bereits während der Grundschulzeit findet bei den Kindern eine starke Differenzierung auch innerhalb der Motorik statt, die dazu führt, daß sogar in bezug auf die Koordination nicht mehr von einer eindimensionalen Fähigkeit ausgegangen werden kann (eigene, bisher unveröffentlichte Untersuchungen).

Zum Postulat der endogenen Entwicklungssteuerung

Nach dem Postulat der endogenen Entwicklungssteuerung ist die Entwicklung des Menschen die Realisierung eines vorgegebenen Bauplanes. Damit ist dem Menschen seine Entwicklung (weitgehend) vorgegeben; nur was als Anlage vorhanden ist, kann auch entwickelt (entwickelt im wörtlichen Sinne) werden.

Die Gültigkeit dieses Postulates wird unterschiedlich beurteilt, wenn auch betont werden muß, daß sich in der Fachliteratur Absolutsetzungen weder unter den Befürwortern noch unter den Gegnern finden lassen, d. h., daß eine endogene Entwicklungssteuerung weder als alleinverantwortlich noch als völlig unbedeutend für Entwicklung angesehen wird. Weit auseinander gehen dagegen die Meinungen darüber, welche Bedeutung der endogen Entwicklungssteuerung im einzelnen zuzugestehen ist. Zurückzuführen ist dies vor allen Dingen auf methodische Schwierigkeiten, die für die Bearbeitung dieses Problemfeldes als noch bedeutend größer anzusehen sind als für Entwicklungsuntersuchungen allgemein.

Als spezielle Methoden zur Erforschung der endogenen Entwicklungssteuerung bzw. des Einflusses von Umweltbedingungen stehen die Zwillings- und Familienforschung sowie spezielle Tierversuche zur Verfügung (vgl. WOLANSKI 1977). Von ihnen ist die Zwillingsforschung unbestritten am geeignetsten. Leider kann sie nur äußerst selten angewendet werden, da es kaum möglich ist, die notwendigen unterschiedlichen Untersuchungsbedingungen für die Zwillinge herzustellen, d. h., die Umweltbedingungen bzw. die Trainingsmethoden entsprechend zu variieren. Unter diesen Umständen überrascht es nicht, daß mit der Methode der Zwillingsforschung bisher nur Einzelfälle untersucht worden sind und statistisch abgesicherte Ergebnisse gar nicht vorliegen können.

Familienforschung und Tierversuche können nur als „zweitbeste" Lösungen angesehen werden. Die Nachteile der Tierversuche bestehen von allen Dingen darin, daß völlig ungeklärt ist, in welcher Weise eine Übertragung erzielter Ergebnisse auf den menschlichen Bereich gerechtfertigt ist. Die Beschränkungen in bezug auf die Möglichkeiten der Familienforschung gehen darauf zurück, daß der Anteil gleicher erbmäßiger Voraussetzungen von eineiigen Zwillingen über zweieiige Zwillinge und Geschwister hin bis zu Verwandtschaftsgraden geringer Ordnung sehr stark abnimmt (vgl. Wolanski 1977, 277 ff.).

Es muß als eine Folge der methodischen Schwierigkeiten angesehen werden, daß das Problem der endogenen Entwicklungssteuerung auch heute noch weitgehend auf theoretischer Ebene diskutiert wird und auch nur werden kann. Aus dieser Sicht kann angenommen werden, daß die motorische Entwicklung umso stärker endogenen Faktoren unterliegt, je größer die Abhängigkeit von Wachstums- bzw. Konstitutionskomponenten ist. Weiterhin kann davon ausgegangen werden, daß der Einfluß der endogenen Entwicklungssteuerung für das Erlernen von Bewegungsfertigkeiten als geringer anzusetzen ist als bei den allgemeinen motorischen Fähigkeiten.

Zusammenfassung

1. Etwa bis 1970 galt die Lehre von den Entwicklungsphasen als allgemein anerkannte Grundlage für die Theorie der Leibeserziehung.
2. Als charakteristisch für die Lehre von den Entwicklungsphasen wurden angegeben das Postulat
   - der Leib-Seele-Ganzheit;
   - des strukturellen Zusammenhanges aller physischen Gegebenheiten einer bestimmten Entwicklungsphase;
   - des schubweisen Entwicklungsverlaufs;
   - der endogenen Entwicklungssteuerung.
3. Seit etwa 1970 ist eine z. T. vollständige Ablehnung der Lehre von den Entwicklungsphasen speziell und entwicklungspsychologischer Begründungen allgemein zu beobachten.
4. Die Postulate der Leib-Seele-Ganzheit und des strukturellen Zusammenhanges sind aus der Sicht eines empirisch-analytischen Wissenschaftsverständnisses nicht haltbar.
5. Sowohl die inhaltlichen als auch die methodischen Einwände gegenüber dem Postulat des schubweisen Entwicklungsverlaufs sind nur bedingt gerechtfertigt. Besonders für das Wachstum und die vom Wachstum stark abhängigen konditionellen Fähigkeiten ist von einem schubweisen Entwicklungsverlauf auszugehen.
6. Entwicklung allgemein und damit auch motorische Entwicklung ist ein Produkt aus Anlage und Umwelt; das Postulat der endogenen Entwicklungssteuerung hat keine absolute Gültigkeit. Aussagen über den Anteil der endogenen Entwicklungssteuerung für die motorische Entwicklung sind zum jetzigen Zeitpunkt nicht möglich.

Anmerkungen

1 Zur ausführlichen Diskussion von Untersuchungsplänen siehe M. van t'Hof 1977.
2 Vgl. dagegen Retter 1969, 7 f.
3 Eine ausführliche Darstellung der Entwicklung motorischer Fähigkeiten und der von Bewegungsfertigkeiten gibt u. a. R. Winter in: Meinel 1976.

Literatur

BAILY u. a.: Techniken der Datenanalyse in einer längsschnittlichen Wachstumsuntersuchung am Beispiel der Variable Vitalkapazität. In: BAUSS, R. / ROTH, K. (Hrsg.): Motorische Entwicklung — Probleme und Ergebnisse von Längsschnittuntersuchungen. Beiträge zum 4. Internationalen Motorik-Symposium vom 22. bis 25. Mai 1977 in der TH Darmstadt. 2. Auflage. Darmstadt 1977, 394—408.

EGGERT, D. / SCHUCK, K. D.: Untersuchungen zu Zusammenhängen zwischen Intelligenz, Motorik und Sozialstatus im Vorschulalter. In: MÜLLER, H.-J. / DECKER, R. / SCHILLING, F. (Red.): Motorik im Vorschulalter. Wissenschaftliche Grundlagen und Erfassungsmethoden. Schorndorf 1975, 67—82.

EIBEN, O. G.: Die körperliche Entwicklung des Kindes. In: BAUSS/ROTH (Hrsg.): Motorische Entwicklung. a. a. O., 317—345.

FETZ, F.: Grundbegriffe der Bewegungslehre der Leibesübungen. Frankfurt 1969.

FETZ, F.: Bewegungslehre. Frankfurt 1972.

HECKHAUSEN, H.: Entwicklung, psychologisch betrachtet. In: Pädagogische Psychologie 1. Frankfurt 1975, 67—99.

HECKHAUSEN, H.: Faktoren des Entwicklungsprozesses. In: Pädagogische Psychologie 1. Frankfurt 1975, 101—132.

LUTZ, S.: Schuleignung und motorischer Entwicklungsstand bei Schulanfängern. In: Education physique des enfants avant l'epoque de la puberté. Conférence internationale scientifico-methodique. Danzig, 27. bis 31. Mai 1974. Danzig 1976, 357—364.

MEINEL, K.: Bewegungslehre. Berlin (Ost) 1976.

NEUMANN, O.: Die leibseelische Entwicklung im Jugendalter. München 1964.

OERTER, R.: Moderne Entwicklungspsychologie. Donauwörth 1974[14].

RETTER, H.: Zum gegenwärtigen Stand der Lehre von den Entwicklungsphasen in der Leibeserziehung. In: Die Leibeserziehung 18 (1969), 4—11.

RIEDER, H.: Die Entwicklung motorischer Fähigkeiten und sportmotorischer Fertigkeiten. In: BAUSS/ROTH (Hrsg.): Motorische Entwicklung. a. a. O. 346—361.

VAN T'HOF, M.: Untersuchungspläne für das Wachstum und für die Entwicklung. In: BAUSS/ROTH (Hrsg.): Motorische Entwicklung. a. a. O., 43—57.

VOGT, U.: Die Entwicklung der Motorik 3- bis 6jähriger Kinder. In: BAUSS/ROTH (Hrsg.): Motorische Entwicklung. a. a. O., 151—158.

VOGT, U.: Zusammenhänge zwischen biologischen und motorischen Entwicklungsmerkmalen 3- bis 6jähriger Kinder und sozialen Umweltfaktoren. In: BAUSS/ROTH (Hrsg.): Motorische Entwicklung. a. a. O., 159—166.

WILLIMCZIK, K.: Faktoren, Ursachen und Abbaumöglichkeiten von Verhaltensstörungen — besonders Bewegungsstörungen — im Grundschulalter. In: Education physique des enfants avant l'epoque de la puberté. a. a. O., 417—421.

WILLIMCZIK, K. u. a.: Zur Vorhersagbarkeit des Schulerfolgs eingeschulter Kinder aufgrund ausgewählter kognitiver, motorischer und sozialer Merkmale. In: MÜLLER/DECKER/SCHILLING (Red.): Motorik im Vorschulalter. a. a. O., 82—89.

WINTER, R.: Die motorische Entwicklung des Menschen von der Geburt bis ins hohe Alter (Überblick). In: MEINEL, K.: Bewegungslehre. Berlin 1976, 293—410.

WOLANSKI, N.: Biologische und gesellschaftliche Komponenten der motorischen Entwicklung und der körperlichen Tätigkeit. In: BAUSS/ROTH (Hrsg.): Motorische Entwicklung. a. a. O., 252—274.

WOLANSKI, N. / SINIARSKA, A.: Genetische Bedingungen der menschlichen motorischen Entwicklung. In: BAUSS/ROTH (Hrsg.): Motorische Entwicklung. a. a. O., 275—302.

Robert Decker

Die motorische Entwicklung des Kindes

Darstellung praktischer Arbeit, Möglichkeiten der Umsetzung, Aspekte der Integration verschiedener Institutionen

„Das Verstehen der Raumflugfahrt ist ein Kinderspiel, verglichen mit dem Verstehen des Kinderspiels." Diese Feststellung trifft auch zu auf das Verstehen der motorischen Entwicklung des Kindes.

Wir wissen zwar, daß im Vorschulalter die einzelnen Persönlichkeitsbereiche wie Motorik, Kognition und Emotionalität nicht zu trennen sind, daß das Kind sich und seine Umwelt als Einheit erlebt, daß die motorische Entwicklung nur als integrierter Teil der Gesamtentwicklung gesehen und aus dieser Integration auch im Experiment nicht gelöst werden kann (Müller/Decker/Schilling 1975, 39).

Wir wissen auch, daß die motorische Entwicklung sowohl reifungs- als auch kulturabhängig ist, daß Reifen und Lernen ineinanderverflochtene Bestandteile der motorischen Entwicklung sind, wobei die Reifung als phylogenetischer Entwicklungsfaktor den Grad bestimmt, in dem Lernen stattfinden kann, die ontogenetisch-motorische Entwicklung aber weitgehend abhängig ist von der Gelegenheit der Übung. Ist die Bewegungsentwicklung gehemmt, z. B. durch ungenügenden Bewegungsraum, durch fehlende Anreize und fehlende Anleitung, oder auch durch innere Schäden, z. B. Hirnschaden, so bleibt das resultierende Bewegungsdefizit nicht ohne Auswirkung auf die Gesamtentwicklung des Kindes (Wasmund/Progsch 1976, 304). Insgesamt wird die Bewegung immer mehr als ein sehr bedeutsames Medium und Mittel der Erkenntnisgewinnung, der Individuation und der Sozialisation anerkannt (Eggert/Kiphard 1976[3]; Decker 1974). Hahn (1975, 153) sieht die motorische Entwicklung in vier Ebenen:

— als quantitativ-qualitative Ausformung und Differenzierung einzelner Fähigkeiten durch zunehmende Koordination, Präzision und Harmonie in der Bewegung;
— als Aufbau psychischer Faktoren wie Motivation, Erlebnisfähigkeit, Risikobereitschaft, Spiel- und Leistungsfreude und als Verstärkung der Selbstsicherheit und des Selbstvertrauens (Hurlock);
— als mentale Kontrolle und intellektuelle Steuerung der Bewegungen und
— als Höherentwicklung von Handlungssystemen durch die Überwindung alter Maßstäbe und Normen (Volpert) mit Hilfe des gesteigerten Anspruchsniveaus, gezielter Informationsverarbeitung und spezifischer Reizdiskriminierung.

Cratty (zit. nach Hahn 1975) kennt in seinem Ursachenmodell vier etwa gleichwertige Modifikatoren motorischer Leistungsfähigkeit:
— strukturelle Faktoren wie Körperbau, Größe und Gewicht;
— physiologische Faktoren wie Kraft und Ausdauer;
— soziale Faktoren, wie makrokulturelle und mikrokulturelle Gegebenheiten, sozio-ökonomische Faktoren, Familienbedingungen, Gleichaltrigen-Einflüsse (Kindergarten, Spielmöglichkeiten, Geschwister), Zuschauer-Kind-Situation und Gruppen-Interaktionen;
— psychologische Faktoren wie Probleme der Motivierung primärer und sekundärer Natur, der Wahrnehmung, vor allem der sozialen Wahrnehmung und des Lernens. Dagegen wissen wir sehr wenig über die Prozesse selbst dieser Entwicklung.

Konkrete Erscheinungsformen der motorischen Entwicklung beim Kinde

Durch sorgfältige Beobachtung des Kindes in seiner eigenen Familie, im Spiel mit Eltern und Geschwistern, auf dem Spielplatz, im Kindergarten, in der Schule, im Verein, bei Bewegung, Spiel und Sport insgesamt, durch Vergleiche des Bewegungsvermögens, des Könnens- und Fertigkeitsniveaus, der Persönlichkeitsentwicklung von Kindern in verschiedenen Milieus, von Heimkindern mit geringen Bewegungs-, Spiel- und Sportmöglichkeiten einerseits und Kindern aus bewegungsfreudigen, stimulationsreichen Milieus mit vielseitigen Spiel-, Übungs- und Lernmöglichkeiten andererseits, können wir uns ein einigermaßen genaues Bild von seiner motorischen Entwicklung machen.

Winter (1976, 421) hat versucht, als Hilfe für die körperliche Erziehung und Bildung des Kindes, eine theoretisch begründete Periodisierung der motorischen Entwicklung für Kinder, die im Zusammenwirken von Kinderkrippe bzw. Kindergarten und Elternhaus aufwachsen, zu entwerfen. Diese Periodisierung der motorischen Entwicklung soll aber nicht im Sinne einer schubförmigen Entwicklung verstanden werden, sondern lediglich die vorherrschenden Tendenzen verdeutlichen.

Der erste Abschnitt der motorischen Entwicklung, von der Geburt bis etwa zum 3. Lebensmonat, bezeichnet Winter als die „Phase der ungerichteten Massenbewegungen". Danach kommt, bis etwa zum 1. Lebensjahr, die „Phase der Aneignung erster koordinierter Bewegungen". Als wichtigste Entwicklungsreihen solcher koordinierter Bewegungen nennt Winter:

1. die Entwicklung des Greifens;
2. den Vorgang des Aufrichtens;
3. die Aneignung der ersten selbständigen Fortbewegungen.

Das 2. und 3. Lebensjahr wird als die „Phase der Aneignung vielfältiger Bewegungsformen" bezeichnet. Hier, wie auch in der vorhergehenden Phase, spielen die zahllosen Kontakte, Anregungen, direkten Hilfen und auch die gezielten Einwirkungen der mitmenschlichen Umwelt, vor allem der eigenen Familie der Eltern und Geschwister, eine wesentliche Rolle. Durch Reifung und durch vielseitige Anregungen, durch konkrete, materiale Erfahrungen (Scherler 1975), durch Exploration, durch Ergreifen, Erfassen (Manipulation im eigentlichen Sinne), durch Erkundung und Bewältigung seiner direkten, materialen und personalen (Hautkontakt) Umwelt, durch und mit Hilfe der ständigen, liebevollen Zuwendung und Unterstützung entwickelt das Kleinkind einerseits alle elementaren Bewegungsfertigkeiten. Dazu gehören, außer dem Greifen, dem Aufrichten und selbständigen Fortbewegen, Krabbeln, Kriechen, Rutschen, Rollen, Stehen, Gehen, Laufen, Hopsen, Hinken, Steigen, Niederspringen, Springen, Schieben, Ziehen, Klettern, Klimmen, Aufgreifen, Heben, Tragen, Hängen, Stützen, Wegwerfen, Werfen, Fangen, einfaches Balancieren, Galoppieren, Beugen, Strecken, Prellen, usw.

Im 4. bis zum 6.—7. Lebensjahr vollzieht sich dann die „Phase der raschen Vervollkommnung vielfältiger Bewegungsformen und der Aneignung erster Bewegungskombinationen". — In anderen Texten von Winter (1977) erstreckt sich diese Phase bis zum 7./8. Lebensjahr. — Auch bei anderen Autoren, wie Hurlock (1970) (zitiert nach Vogt 1975), ist die motorische Entwicklung schon mit 5—6 Jahren weitgehend abgeschlossen. Alles weitere sei Leistungssteigerung, die sich in der Zunahme an Geschwindigkeit, Genauigkeit, und Ökonomie der Bewegung ausdrückt (Hurlock 1970, 135).

Diese rasche Weiterentwicklung der kindlichen Bewegungsformen äußert sich deutlich feststellbar in folgenden drei Richtungen:

1. In einer sehr schnellen quantitativen Leistungssteigerung bei grundlegenden Bewegungsformen;
2. in einer deutlichen Verbesserung der Qualität oder „Güte“ der kindlichen Bewegungssteuerung (Bewegungsausführung), und
3. in einer beachtlichen Zunahme der Variabilität des motorischen Könnens (WINTER 1976).

Anders ausgedrückt stehen dem Kinde zuerst nur einfache Bewegungen zur Verfügung, die ihm erlauben, konsistent bestimmte Bewegungsanforderungen zu erfüllen: Es verfügt über eine bestimmte Bewegungskonsistenz. Diese Bewegungen werden, durch Reifung und Übung weiterentwickelt, vervollkommnet. Sie können kombiniert und variabel unterschiedlichen Situationen angepaßt werden: Das Kind erkennt konstant Bewegungsanforderungen und setzt die entsprechenden Bewegungsmuster ein, es hat Konstanz in seinen Bewegungen entwickelt. (KEOGH 1975, 26). Diese Konstanz ermöglicht die Flexibilität des Organismus, seine bestmögliche Adaptation an seine Umwelt, durch Assimilation und durch Akkomodation (WALLON/PIAGET/cf. DEFONTAINE 1977, 19—46). Diese rasche Vervollkommnung der kindlichen Bewegungsformen äußert sich auch darin, daß einige Bewegungsformen nunmehr zu sukzessiven und simultanen Kombinationen verbunden werden können. Bei wenig geübten Kindern bleiben es jedoch zumeist nur solche, die mit dem Gehen und Laufen verknüpfbar sind. WINTER (1976) nennt zum Beispiel: Gehen oder Laufen verbunden mit Prellen oder Hochwerfen und Wiederfangen des Balles; Gehen und Laufen in Verbindung mit Steigen, Balancieren und Überwinden von Hindernissen; Laufen in Verbindung mit Sprüngen verschiedener Art und ähnlich. Bei gezielter sportlicher Ausbildung, schon im Vorschuljahr, seien gegen Ende dieser Lebensphase bereits mehrteilige Kombinationsleistungen möglich, wie z. B. im Gerätturnen, im Eiskunst- und im Rollschuhlauf. Zu den Bewegungskombinationen kommen die verschiedenen Komplexkoordinationen, wie Schwimmen, nach WINTER (1976) schon im 1. Lebensjahr bei täglichem Üben möglich, sodann Dreirad-, Roller-, Radfahren, Eis-, Ski-, Rollschuhlauf, Turnen an und mit Klein- und Großgeräten.

Mit dem Üben und Festigen der einzelnen Fertigkeiten werden auch die damit verbundenen motorischen Eigenschaften, wie Beweglichkeit, Geschicklichkeit, Gewandtheit, Ausdauer, Kraft, Schnelligkeit, Gleichgewicht, oder, wie FROSTIG (1973, 36) sich ausdrückt, die verschiedenen Bewegungsmerkmale entwickelt.

Die motorische Entwicklung kann und darf nicht isoliert gesehen werden. Für das Kind zählt nicht so sehr die einzelne Bewegung, wie vielmehr das sinnvolle, möglichst erfolgreiche Tun und Handeln, durch das es gleichzeitig sich selbst, seinen Körper, seine Orientierung in Raum und Zeit, seine gesamte Umwelt, seine psychomotorischen und seine psycho-sozialen Qualifikationen entwickelt (DECKER 1974, 1976). In und durch sein vielseitiges Bewegen, sein sinnvolles Tun und Handeln entwickelt das Kind gleichzeitig seine Kognition, seine affektiv-emotionale Persönlichkeit. Könnens-, Erfolgs- und Mißerfolgserlebnisse sind für die Gesamtentwicklung des Kindes von wesentlicher Bedeutung. „Der Erwerb von Bewegungen oder die Entdeckung von Bewegungsmöglichkeiten etwa von Niedersprüngen an Stufen, Zielen mit Bällen, Sich-verstecken bei eingezwängter Körperstellung usw., bedeutet für das kleinere Kind eine Erfahrung und Erkenntnis, die sofort den erwachsenen Personen mitgeteilt werden muß, so wertvoll ist sie ... Für die kleinen Personen sind diese Anstrengungen sowohl Lernen durch „trial and error“, also Ausprobieren, als auch Handlungen, die mit Kreativität, Problemlöseverhalten und sensomotorischer Intelligenz bezeichnet werden können. Was Kinder produzieren, Sprünge, Läufe, Klettereien, Balgereien, Umgang mit Spielgeräten und Geräten überhaupt ... zielt auf den Erwerb der Bewegungsmöglichkeiten des Körpers, alles auszuprobieren, was der Körper hergibt. Die sich dabei äußernde Funktionslust ermöglicht ein Stück Umwelteroberung. Kunststücke verstärken das Selbstgefühl des Kindes und die Ich-Entwicklung, sie verleihen einen Status innerhalb der engeren Umgebung" (RIEDER 1976, 13—27). Die reinen Reifungsprozesse sind zwar umweltunabhängig. Doch kann das zunächst undifferenzierte Gefühl der Freude und Lust, das ein Baby bei seinen Bewegungen empfindet, durch die liebevolle Zuwendung der Eltern verstärkt werden. Die Zuwendung schafft eine wesentliche Voraussetzung für die spätere Anstrengungsbereitschaft. Diese wiederum hängt ab von der Erfolgszuversicht. Ein erfolgszuversichtliches Kind sucht sich vielseitige Betätigungsmöglichkeiten. Es ist dankbar für alle Anregungen und zielgerichteten Anleitungen, die in ihren Anforderungen seinen Möglichkeiten entsprechen (VOGT 1975, 10).

Förderungsmöglichkeiten der motorischen Entwicklung

Wo und wie kann die motorische Entwicklung am besten gefördert werden? Bis zum 3. Lebensjahr meines Erachtens am besten in und mit der Familie, den Eltern und Geschwistern. Wie aus einer Pressenotiz ersichtlich ist, haben auch DDR-Wissenschaftler die Krippenerziehung in Frage gestellt (Luxemburger Wort vom 12. 9. 1977) und auf die Notwendigkeit einer Familienbindung besonders für Kinder bis zum Alter von drei Jahren hingewiesen. Durch Untersuchungen bei 6000 Krippenkindern habe sich eindeutig herausgestellt, daß sich eine „Kollektiverziehung" erst in Verbindung mit der Familienerziehung positiv auf die Entwicklung des Sprechens, des Selbständigwerdens und der gesamten Persönlichkeit auswirke (cf. SCHMIDT-KOLMER 1977). Demnach kann auch im Bereich der Bewegungsentwicklung nicht von einer „Befreiung von der familiaren Sozialisation" (RUTZMOSER 1976, 15) in diesem Alter die Rede sein, sondern von Ergänzung, Veränderung bzw. Verbesserung. Vor allem heißt das, die Eltern über die Notwendigkeit einer beständigen liebevollen Betreuung ihrer Kinder aufzuklären, ihnen zu sagen, wie wertvoll und unersetzbar das vielseitige Spielen, Üben, Tummeln und Turnen (sensu JAHN) für die Gesamtentwicklung ihrer Kinder ist. Hierbei können die Massenmedien einen wesentlichen Beitrag liefern, der durch Veranstaltungen der Erwachsenenbildung, der Familienbildung, der Volkshochschulen, aber auch der Sportvereine ergänzt, erweitert werden kann. In diesem Zusammenhang sind Angebote, wie Eltern-Kinder-Turnen, Mutter-Kind-Turnen usw. der freien Bildungsträger, wie der Sport- und Turnvereine, eine wesentliche Bereicherung.

Auch noch im 3. und 4. Lebensjahr stellt eine plötzliche Trennung der Kinder von ihrer dauernden Bezugsperson, besonders ganztags, noch vor mancherlei Probleme. Durch Kontakte und Spielen mit den Kindern der Nachbarschaft, zuerst im eigenen Heim, danach auf dem Spielplatz, in der Spielgruppe, im Verein, durch stundenweisen Besuch eines Kindergartens, einer Spielgemeinschaft, kann diese progressive Trennung sinnvoll vorbereitet werden. Auf diese Weise wird nicht nur die Bewegungsentwicklung, sondern auch die Gesamtentwicklung und die Sozialisation des Kindes stark gefördert. — Früher gab es in der Großfamilie, vor allem in Landgegenden, kaum Probleme. Die größeren, 5- bis 6jährigen Geschwister kümmerten sich, unter der direkten Obhut der Mutter oder der Großmutter, um die 2- bis 4jährigen und nahmen sie mit zum Spielen auf die Straße, in den Schuppen, die Scheune, den Hof, aufs Feld und in den Wald. In Ermangelung dieser „natürlichen" Möglichkeiten brauchen die Kinder unserer Zeit, die Großstadtkinder aus den Wohn-„Silos", aber auch die Kinder der Kleinfamilie der kleineren Ortschaften andere, vielseitige, gezielte Förder- und Entwicklungsmaßnahmen. Dabei hat sonder-zweifel der Kindergarten, die vorschulische Erziehung (éducation préscolaire), wie wir in Luxemburg sagen, eine Hauptrolle zu spielen.

Da ich aus einem Lande komme, in dem schon seit Jahren und Jahrzehnten der Kindergarten, die „Spielschule", eine Realität für die meisten Kinder ist — 1975—1976 z. B. besuchten 89% der 4- bis 5jährigen und 95% der 5- bis 6jährigen eine gemeindeeigene „Spielschule" mit im Schnitt 20,8 Kindern pro Lehrerin der vorschulischen Erziehung; seit 1977 ist für die 5- bis 6jährigen der Besuch einer Vorschulklasse durch Gesetz obligatorisch! — darf ich etwas ausführlicher über unsere Vorstellungen die Bewegungs-, Spiel- und Sporterziehung in der „Spielschule" betreffend berichten. Dabei wird auch die Bewegung, das Spiel und der Sport — letzterer im Sinne der Deutschen Sportjugend (cf. STÜBING 1976, 266) als Oberbegriff für Bewegung, Spiel und Sport, als Grundphänomen menschlichen Seins, der die verschiedenen Formen der Bewegung, z. B. Feinmotorik, Grobmotorik, freie Bewegungsaufgaben, alle Formen des Spiels usw. beinhaltet, verstanden — als theoretisch-praktischer Lernbereich in der Vorschullehrerausbildung in Luxemburg angesprochen (DECKER 1977). Diese Ausbildung erfolgt im übrigen am Pädagogischen Institut, in zum Teil, besonders im ersten Ausbildungsjahr, gemeinsamen Veranstaltungen für Grund- und Vorschullehrer, die auch in allen Hinsichten, was Studienzulassung, Studiendauer, Berufs- und Gehaltseinstufung betrifft, gleichgestellt sind.

Die Bewegungserziehung der 4- bis 6jährigen: Inhalte, Ziele, methodische Maßnahmen

Bewegung, Spiel und Sport sind ein wesentlicher Bestandteil unserer Vorschulerziehung. Tägliches freies Spiel im Schulsaal, auf dem Pausenhof und dem Kinderspielplatz, womöglich tägliche Bewegungszeit in Form von Grundtätigkeiten, einfachen Bewegungskombinationen, einfachen Spielhandlungen, Sing- und Tanzspielen, freiem Umgang, Spielen und Üben mit Ball, Reifen, Sandsäckchen, Stab, Seilchen, Zauberschnur, Rundtau u. ä. Geräten: Experimentieren, Erproben, Variieren, Gestalten, Kombinationen von Kleingeräten, Vertrautwerden mit den vorhandenen Großgeräten, wie Hang- und Klettergeräte, Hindernis- und Sprunggeräte, vielseitige Bewegungserfahrungen an den Geräten, Gerätekombinationen und einfache Gerätebahnen, einfache Lauf-, Ball-, Hasch- und Fang-, Sprung-, Kraft- und Gewandtheitsspiele, Versteckspiele, Jagdspiele, sportliche Grundtätigkeiten und Grundfertigkeiten in z. T. vereinfachten Formen, frei erfundene Darstellungsspiele, wobei das Nachspielen und Nacherleben von Fernsehsendungen einen immer größeren Platz einnimmt, sodann Wassergewöhnung und erste Schwimmaufgaben in Spielform — falls Lehrschwimmbecken vorhanden — vielseitige Umwelterfahrungen auf dem Sportplatz, aber auch im Dorf, in der Ortschaft, im Wohnviertel, in Feld und Wald, mit Wasser, Schnee und Eis ... Außer der täglichen Bewegungszeit wird auch versucht, je nach Raummöglichkeiten, ein oder zwei gezielte Sport-„Stunden" pro Woche einzubauen. Auch in diesen Unterrichtseinheiten gilt es, zum einen den Bewegungshunger, das Bewegungsbedürfnis zu stillen und zum anderen über situatives, sachbezogenes, freudbetontes Lernen ohne Drill und Zwang die Bewegungsentwicklung und die Leistungssteigerung zu fördern, wobei Lernen durch Handeln, probierendes, einsichtiges und auch wetteiferndes Handeln als normale Stufen im Lernprozeß angesehen werden, so wie es Autoren, wie BACH 1973, 1975, 1976; BLUMENTHAL 1974², 1976²; DIEM 1967⁹, 1971, 1973; DSB o. J.; LAUTWEIN 1971 u. v. a. m. schildern. Insgesamt gesehen soll die Vorschule eine „Lebensschule" sein, in der alle Tätigkeiten und Lernbereiche auf sinnvolles, konkretes Tun und Spielen ausgerichtet sein sollen, ganz gleich ob es sich um Malen und Flechten,

Basteln, oder das leider oft noch übertriebene „Picken", bis hin zum Backen und Kochen und vielen anderen Tätigkeiten des täglichen Lebens handelt. Dies verhindert keinesfalls eine gleichzeitige Ausrichtung der „Spielschule" auf die Förderung der Aufmerksamkeit, der Konzentration, der Kognition, des sozialen Verhaltens und auf die durch die sogenannten „vorschulischen Techniken" zu entwickelnden Fähigkeiten. Dabei muß es immer eine „Spielschule" bleiben, in der die Kinder gefördert und nicht gefordert, verplant werden (Ohrenschall 1977).

Als Grundlage einer solcherarts konzipierten Bewegungsspiel- und Sporterziehung der 4- bis 6jährigen und auch noch der 6- bis 8jährigen sind die Materialien zu einem Modell der vorschulischen Bewegungspiel- und Sporterziehung von Uwe Treess sehr wertvoll (Treess 1976). Auch unsere eigene Erfahrung zeigt, daß die Leibes- und Sporterziehung der 4- bis 8jährigen, der Spielschule und auch des Untergrads der Grundschule, nicht vorwiegend mit detaillierten Fertigkeiten, mit der Vermittlung und Verfeinerung von technischen Bewegungsabläufen zu tun hat, sondern mit der Lernfähigkeit insgesamt, und daher als unabdingbarer Bestandteil jedes elementaren Lerncurriculums angesehen werden muß (cf. auch Bannmüller 1974). Eben deshalb muß sie auch mehr eine psychomotorische Erziehung sein, eine Grundlage jeder Vorschulerziehung (Lapierre 1975, 42; Decker 1976, 139) und zwar sowohl in der Vor- und Grundschule, als auch im Sport der freien Bildungsträger, der Turn- und Sportvereine, wo das übertriebene Fertigkeits- und Leistungsstreben schon in diesem Alter nur von wenigen verkraftet wird.

Jedenfalls sollen die angestrebten Lernziele folgende wesentlichen Aspekte berücksichtigen, wobei vermerkt werden muß, daß diese Aspekte aus analytischen Gründen der Taxonomierung zwar getrennt und auch hierarchisch gegliedert werden können, in der Praxis aber immer eng miteinander verbunden sind. 1. Psycho-physische Dispositionen, begreifend Funktionslust, Bewegungsfreude, Mobilität, körperliches Wohlbefinden, Funktionstüchtigkeit, Neugier ... 2. Sensumotorische Kompetenz, begreifend: Bewegungsdynamik, Bewegungselastizität, Raumorientierung, Steuerung, Gleichgewicht, Geschicklichkeit, Koordination, Bewegungskombination.

Bei diesen von Uwe Treess aufgezählten Aspekten handelt es sich um Lernziele, die progressiv, im Laufe der Sporterziehung der 4- bis 8jährigen angestrebt werden, keinesfalls aber schon bei 4- bis 6jährigen als vorhanden angesehen werden können und sehr stark zusammenhängen mit der Frequenz des Übens und dem fachlichen Können der Lehrer und Übungsleiter. Gleiches trifft auch zu für die Realisierung der anderen Lernzielebenen, d. h. für die strategisch-kognitive Kompetenz, die kommunikative Kompetenz und die diskursive Kompetenz, auf die hier nicht weiter eingegangen werden kann, die aber in allen Fällen weitgehend auch eine Frage der Methodik, des Wie sind.

Als wünschenswerte materielle und organisatorische Bedingungen für eine optimale motorische Entwicklung sind zu nennen; genügend Raum, Freiflächen und Geräte, möglichst eine speziell dem Vor- und Grundschulalter entsprechende Bewegungsspielfläche, wie Turnspielgarten, Spielplatz, o. ä.

Die Geräte und Materialien sollen dauerhaft sein, intensiver Beansprungung entsprechen, vielseitig verwendbar, möglichst veränderbar sein und Spielraum zur freien Gestaltung anbieten, weiter altersgemäß und zu Interaktion und Kooperation anregen. Beim Anschaffen von Material und Geräten sollen die verschiedenen Benützergruppen sich zusammentun, ihre jeweiligen Ansprüche, Bedürfnisse anmelden und auch aufeinander abstimmen. — Allzu oft werden nur Geräte für den genormten Leistungssport angeschafft! — Dies gilt vor allem für die Sporthallen, die auch den Vorschulklassen zugänglich sein müssen und neben der Standard-Ausrüstung auch über genügend leicht transportable und variable Geräte verfügen sollen, respektiv eine Spezialausrüstung für Vor- und Grundschulkinder besitzen sollen.

Wichtiger noch als Inhalte, großgesteckte Lernziele und auch organisatorische Maßnahmen sind die eigentlichen methodischen Maßnahmen, die Lehr- und Lernverfahren, das Engagement, die zugleich sekurisierende, helfende, unterstützende, beruhigende, ermunternde Haltung und Einstellung des Pädagogen den Kindern gegenüber. Die induktive, entwickelnde, sokratische oder maieutische Lehrweise ist hier viel besser am Platz als der in Sportkreisen noch allzu oft vorherrschende einseitige Führungsstil. Dazu kommen die Methoden der nicht-direktiven Spieltherapie (z. B. cf. GOETZE/JAEDE 1974) der Verhaltenstherapie, der psychomotorischen Erziehung (DECKER 1976[3], 81; DECKER 1976a, 143—144; MERTENS 1977), der psychomotorischen Übungsbehandlung (HUNNEKENS/KIPHARD 1977[6]; KIPHARD/HUPPERTZ 1977[4]), der psychomotorischen Elementarerziehung (KIPHARD/LEGER 1975). Der Vor- und Grundschullehrer, die Kindergärtnerin und auch der Vereinsübungsleiter der Kindergruppe muß die individuellen kindlichen Entwicklungsstände unter Berücksichtigung von möglichen Entwicklungsdefiziten, physischen und psychischen Auffälligkeiten und Störungen beobachten können. Er soll die Bewegungsmöglichkeiten von Kindern im allgemeinen und jedes einzelnen Kindes im besonderen kennen und entsprechend die jeweiligen Lernsituationen ausnützen. Dabei soll er eine warme, freundliche Beziehung zum Kinde aufnehmen, die so bald wie möglich zu einem guten Kontakt führt. Er muß das Kind ganz so nehmen, wie es ist, und das einzelne Kind in den Mittelpunkt seiner Interessen stellen. Seine Beziehung zum Kinde gründet eher auf einer Atmosphäre des Gewährenlassens. Das Kind soll eine neue Art des Zusammenlebens und der menschlichen Beziehungen erleben, wobei der Pädagoge sich nicht als Machtträger aufspielt, sondern sich bemüht, durch Unterstützung und Organisationsvorschläge zu helfen. Dies gilt in besonderem Maße für die Schwächeren, denen er bei der Durchsetzung ihrer Interessen behilflich ist (cf. auch TREESS 1976[2], 30).

Für diese so plastische Altersstufe brauchen wir in besonderem Maße den gut ausgebildeten Pädagogen, ganz gleich ob es sich um öffentliche Vor- und Grundschulen, um Kindergärten oder um Organisationen der freien Bildungsträger der Verbände und Vereine handelt, die diese Erziehung übernehmen. Das kleine Kind braucht ebenso wenig den „kleinen“ Lehrer, wie es einen „kleinen“, weniger gut ausgebildeten Arzt braucht!

Im speziellen Bereich der Motorik und der motorischen Entwicklung braucht der Kinderpädagoge ein solides Wissen über deren Bedeutung im Rahmen der Gesamtentwicklung, über das Bewegungsverhalten der Kinder, über mögliche Bewegungs- und Koordinationsauffälligkeiten, -schwächen und -störungen, deren Ursachen, Erscheinungsformen und Therapiemöglichkeiten. Weiter muß er die verschiedenen Formen und Prinzipien des motorischen Lernens und Lehrens, die Ziele, Inhalte und Verfahren der Bewegungs- und Spieltherapie bei behinderten Kindern kennen und auch gezielt anwenden können.

Da in diesem Alter sehr oft die zur Verfügung stehenden diagnostischen Erfassungsverfahren noch nicht oder nur sehr schwer anwendbar sind und voreilige Schlüsse schwerwiegende Folgen haben können, ist in diesem Bereich ein besonders gründliches Wissen und Können, sowie große Vorsicht und Zurückhaltung erforderlich.

Weiter muß der Kinderpädagoge die Inhalte, Ziele und Verfahren der Bewegungs-, Spiel- und Sporterziehung im Vor- und Grundschulalter bestens kennen und gezielt anwenden können.

Hierfür braucht er eine gründliche Ausbildung im Bereich der Erziehungswissenschaften, wobei auf allen Stufen der Ausbildung der ständige Theorie-Praxis-Bezug gewährt sein muß. In der Praxis wird das Theoretische angewandt und bestätigt. Der Student erkennt die Bedeutung der Theorie und erhält neue Motivationen für sein Studium. Weiter läßt die Praxis eine Vielzahl von Problemen erkennen, die die Theorie kaum erahnen läßt. In der Praxis sieht der Student das Ineinandergreifen der motorischen, kognitiven, affektiv-emotionalen und sozialen Aspekte der Entwicklung, er sieht, daß das Kind als Persönlichkeit gesehen und in seiner Gesamtentwicklung erfaßt und gefördert werden muß. Nur das Zusammentreffen mit dem Kind selbst ermöglicht es ihm, vieles zu erfassen, seine Kenntnisse aus Psychologie, Pädagogik, Bewegungserziehung, usw. in Aktion umzusetzen.

Diese solide Ausbildung soll dem Kinderpädagogen, dem Vor- und Grundschullehrer, dem Kindergärtner und auch dem Erzieher im Heim und dem Verantwortlichen der Kinderspiel- und Sporterziehung der freien Bildungsträger ermöglichen, nicht nur im Erziehungsalltag bewußt und gezielt zu handeln, sondern auch bei der Elternberatung, bei der Planung und Durchführung von Erziehungsprogrammen, von Kinderspiel- und Tummelplätzen, von Kinderspiel- und Sportanlagen überhaupt, aber auch von Wohn- und Lebensbedingungen, bei der Gestaltung der Lebensbedingungen der Kinder insgesamt, beratend und verantwortlich mitzuarbeiten.

Zur Förderung und Intensivierung der Bewegungs- und Sporterziehung der Kinder im Grundschulalter hat sich in den letzten Jahren neben der Schule selbst einerseits und den Turn- und Sportvereinen, die für diese Aufgaben leicht überfordert sind, andererseits, in Luxemburg der Grundschulschülersportverband bestens bewährt. Hier bieten Lehrer auf freiwilliger Basis den Kindern von etwa 7 bis 12 Jahren an den schulfreien Nachmittagen Spiel und Sport in Altersgruppen an. 1976/77 war ungefähr $^1/_6$ aller Grundschulkinder regelmäßig einmal pro Woche in solchen Schülersportvereinigungen erfaßt, die von weniger als 10% der Grund- und Vorschullehrer betreut wurden. Eine Verallgemeinerung dieser zusätzlichen Sporterziehung, mit Hilfe der Gemeinden als Schulträger im Vor- und Grundschulbereich, wäre eine wesentliche Bereicherung für alle.

Abschließend darf festgehalten werden, daß die Bewegungsförderung des Kindes nicht nur stück- oder stundenweise geschehen kann. So wie die Bewegung beim Kind allgegenwärtig ist, so muß auch ihre bestmögliche Förderung ein Anliegen aller an der Entwicklung und Förderung des Kindes beteiligten Partner sein. An erster Stelle haben die Eltern als erste und wichtigste Erziehungsträger dafür zu sorgen, daß ihre Kinder sich täglich genügend bewegen und „ausspielen“ können. An den verantwortlichen kommunalen und staatlichen Instanzen ist es, dafür zu sorgen, daß Wohnungs-, Lebens- und Umweltbedingungen kinder-, spiel- und bewegungsfreundlich sind, daß alle Kinder in der näheren Umgebung des Wohnorts, des Wohnviertels, über genügend Bewegungs- und Spielmöglichkeiten verfügen. Im Kindergarten, im Kinderheim, in der Vor- und Grundschule, aber auch in seiner Freizeit, im Sportverein, überall hat das Kind Recht auf Bewegung. Zur vollen, optimalen Entwicklung und Entfaltung seiner Gesamtpersönlichkeit braucht das Kind die Bewegung, das Spiel und den Sport ebenso notwendig, wie es Luft, Ernährung, Schlaf und liebevolle Zuwendung braucht.

Literatur

Bach. F.: Gymnastik, Turnen, Sport und Spiel. Ausgewählte Übungen und methodisch-didaktische Hinweise für den modernen Schulsport mit 6- bis 10jährigen. München 1973.

Bach, F. / Haupt, U.: Lernbereich Sport. Bewegungserziehung der 4- bis 6jährigen. München 1975.

Bach, F. / Haupt, U.: Sport für Vorschulkinder. München 1976.

Bannmüller, E.: Rhythmik unter dem Aspekt einer leiblichen Erziehung. In: DSB (Hrsg.): Bewegung, Spiel und Sport im Elementarbereich. Frankfurt 1974, 167—175.

Blumenthal, E.: Vorschulturnen an Geräten. Schorndorf 1974².

BLUMENTHAL, E.: Bewegungsspiele für Vorschulkinder. Ein Beitrag zur Entwicklungsförderung der 3- bis 5jährigen. Schorndorf 1976[2].

DECKER, R.: Praxis und Theorie der psychomotorischen Erziehung bei behinderten und normalen Kindern in Frankreich. In: EGGERT, D. / KIPHARD, E. J. (Hrsg.): Die Bedeutung der Motorik für die Entwicklung normaler und behinderter Kinder. Schorndorf 1976[3].

DECKER, R.: Der Sport als Schrittmacher psycho-physischer Entwicklung. Beitrag zum Symposium „Sport als spezifisch menschliche Betätigung". 29. Kongreß der Deutschen Gesellschaft für Psychologie. Salzburg, 26. 9. 1974.

DECKER, R.: Die psychomotorische Erziehung im Kindes- und Jugendalter. In: HAHN, E. / PREISING , W. (Red.): Die menschliche Bewegung, Schorndorf 1976 a, 139—157.

DECKER, R.: Spiel und Sport als wichtige Sozialisationsfaktoren. In: DIECKERT, J. / LEIST, K.-H. (Hrsg.): Auf der Suche nach Theorie-Praxis-Modellen im Sport. Schorndorf 1976b, 75—80.

DECKER, R.: La formation des enseignants du préscolaire en éducation physique et psychomotrice au Grand-Duché de Luxembourg. Congrès international d'éducation physique. Liège, 3.—8. 4. 1977 (Kongreßbericht, Lüttich 1978).

DEFONTAINE, J. (Hrsg.): Thérapie et rééducation psychomotrice, du développement psychomoteur à l'approche thérapeutique. Maloine/Paris 1977.

DSB (Hrsg.): Die tägliche Bewegungszeit. Frankfurt o. J.

DIEM, L.: Juchhei — Die Kleinsten turnen. Frankfurt 1967[9].

DIEM, L. (Hrsg.): Kinder-Sport-Fibel. Frankfurt 1971.

DIEM, L. / GERHARDUS, H.: Sport im 4. bis 6. Lebensjahr. München 1973.

DIEM, L.: Sport im Vorschulalter. In: STÜBING/TREESS (Hrsg.): Sporterziehung im Vorschulalter. München 1975, 132—152.

FROSTIG, M.: Bewegungserziehung. Neue Wege der Heilpädagogik. München 1973.

GOETZE, H. / JAEDE, W.: Die nicht-direktive Spieltherapie. München 1974[2].

HAHN, E.: Bewegungsentwicklung und Bewegungsbarrieren. In: STÜBING/TREESS (Hrsg.): Sporterziehung im Vorschulalter. Theoretische Grundlagen und Anregungen zur Praxis. München 1975, 153—175.

HURLOCH, E. B.: Die Entwicklung des Kindes. Weinheim 1970.

HUNNEKENS, H. / KIPHARD, E. J.: Bewegung heilt. Gütersloh 1977[6].

KEOGH, J. F.: Konsistenz und Konstanz in der vorschulischen Bewegungsentwicklung. In: MÜLLER/DECKER/SCHILLING (Red.): Motorik im Vorschulalter. Schorndorf 1975, 26—30.

KIPHARD, E. J. / HUPPERTZ, H.: Erziehung durch Bewegung. Bonn-Bad Godesberg 1977.

KIPHARD, E. / LEGER, A.: Psychomotorische Elementarerziehung. Ein Bildbericht. Gütersloh 1975.

LAUTWEIN, T.: Der Sportunterricht im 1. Schuljahr. Schorndorf 1971.

LAPIERRE, A.: Die psychomotorische Erziehung, Grundlage jeder Vorschulerziehung. In: MÜLLER/DECKER/SCHILLING (Red.): Motorik im Vorschulalter. Schorndorf 1975, 42—46.

MERTENS, C.: Die psychomotorische Erziehung im Kindes- und Jugendalter. Rheinstetten 1977.

MÜLLER, H.-J. / DECKER, R. / SCHILLING, F. (Red.): Motorik im Vorschulalter. Wissenschaftliche Grundlagen und Erfassungsmethoden. Schorndorf 1975.

OHRENSCHALL, A.: Die verplante Kindheit. Werden die Kleinen gefördert oder überfordert? In: „Die Zeit", Nr. 45, 28. 10. 1977, 64.

RIEDER, H.: Die Bewegungsgeschicklichkeit — Überlegungen zu den Versuchen ihrer begrifflichen und empirischen Klärung. In: RIEDER, H. / HAHN, E. (Hrsg.): Psychomotorik und sportliche Leistung. Schorndorf 1976, 13—27.

RUTZMOSER, W.: Tendenzen und Ziele vorschulischer Erziehung in der Bundesrepublik Deutschland. In: DSB (Hrsg.): Sporterziehung im Elementarbereich — Praxis mit Klein- und Vorschulkindern. Frankfurt 1976, 3—12.

SCHERLER, K.: Sensomotorische Entwicklung und materiale Erfahrung. Schorndorf 1975.

SCHMIDT-KOLMER, E. (Hrsg.): Zum Einfluß von Familie und Krippe auf die Entwicklung von Kindern in der frühen Kindheit. Berlin 1977.

TREESS, U.: Materialien zu einem Modell der vorschulischen Bewegungsspiel- und Sporterziehung. In: DSB (Hrsg.): Sporterziehung im Elementarbereich — Praxis mit Klein- und Vorschulkinder. Frankfurt 1976[2].

VOGT, W.: Bewegungsförderung. Anregungssituationen und Beispiele zu einem neuen Verständnis der Bewegungserziehung. Hannover 1975.

Wasmund, U. / Proksch, A.: Zur Motorik sechsjähriger Kinder. Eine vergleichende Untersuchung zwischen Kindern aus einer Vorklasse und einem ersten Schuljahr. In: Sportunterricht, 25 (1976), 304—307.

Mlodzikowski, C. u. a. (Red.): Education physique des enfants avant la puberté. Conférence scientifico-méthodique. Danzig, 27.—31. 5. 1974. Danzig 1976, 421—425.

Winter, R.: Die Ontogenese der Motorik des Menschen als Lehr- und Forschungsbereich unter dem Aspekt der sportwissenschaftlichen Fragestellung und Zweckbestimmung. In: Rieder, H.: Bewegungslehre des Sports. Schorndorf 1977.

Diskussion des Arbeitskreises 1

Beide Referenten vertraten den Standpunkt, daß eine allgemein anerkannte Theorie der motorischen Entwicklung, die als Grundlage für didaktisch-methodische Planung und Entscheidungen dienen könne, nicht zur Verfügung stünde.

Referent und Korreferent dokumentierten durch die unterschiedlichen Ansätze in der Bearbeitung des Themas die derzeitigen Möglichkeiten, zumindest zu vorläufigen Aussagen und eventuellen Folgerungen für praktisches Handeln — dem vorwiegenden Interesse der Arbeitskreisteilnehmer — zu gelangen.

Am Ansatz von Willimczik entzündete sich die Diskussion zunächst an der Problematik der Übertragbarkeit von empirisch-analytisch erarbeitetem Datenmaterial und dessen Interpretation auf didaktisch-methodische Entscheidungen. Wenn die so vorgetragene Empirie allein berücksichtigt würde, könne man dann über den Faktor Persönlichkeit noch etwas sagen? Die vom Referenten bewußt provozierend vorgetragene Formel „Anthropologie als Ballast" wurde von ihm selbst dahingehend entschärft, als er eine anthropologische Konstante im Bereich einer bildungstheoretisch begründeten Didaktik als notwendig betrachtete, allerdings diese Konstante innerhalb des pädagogischen Prozesses nur als Prämisse gelten könne. Er habe seine Aufgabe nicht darin gesehen, die wissenschaftliche Analyse sogleich in praktische Handreichungen umzumünzen, sondern sie als *eine* unverzichtbare Voraussetzung dargestellt, wobei die empirischen Erhebungen als Ausgangspunkt für eine Modifikation der Theorieaussagen der Entwicklungspsychologie betrachtet werden sollten.

Besondere Aufmerksamkeit wurde innerhalb der Methodendiskussion der Frage gewidmet, ob die empirisch-analytischen Forschungsergebnisse den praktischen Erfahrungen entsprächen, da sie ja vorwiegend mit Mittelwerten operieren würden. Für den Praktiker seien aber nicht nur die Norm (die nicht immer den wünschenswerten Durchschnitt signalisieren könne), sondern oft die Abweichungen von besonderem Interesse, da erst der Streubereich das gesamte Spektrum für pädagogische Maßnahmen verdeutlichte.

Die von Decker gebotene Übersicht zur motorischen Entwicklung des Kindes auf der Basis von Beobachtung und Erfahrung wurde in der Diskussion als unersetzbare Orientierung für Eltern, Erzieher und Lehrer gewertet. Man gelangte zu der Überzeugung, daß bei einer Berücksichtigung der Gesamtpersönlichkeit des Kindes (wobei man sich der Forschungsdefizite bewußt war) das Schwergewicht der Fördermaßnahmen im Vorschulbereich zu liegen habe, da die motorische Entwicklung beim Schulanfänger bereits weitgehend abgeschlossen sei.

In diesem Zusammenhang wurde der dem Kind zur Verfügung stehende Bewegungsraum und die Ausbildung der Erzieher als gewichtige Bedingungsfaktoren besonders hervorgehoben. Die Diskrepanz zwischen den Forderungen (z. B. 2,5 m² Bewegungsraum pro Kind, 1 pädagogische Fachkraft für 10—12 Kinder), den entsprechenden Festschreibungen in Richtlinien (1,5 m² in Hessen) und den tatsächlichen Gegebenheiten konnten mehrere Diskussionsredner bestätigen. Decker berichtete schließlich, daß in Luxemburg die Gleichstellung von Vorschul- und Grundschullehrern (seit 1969), institutionalisierte Fortbildung, praxisbezogene Ausbildungsgänge, ausführliche Elterninformation, insgesamt Kontinuität und Koordination der erzieherischen Anstrengungen bezüglich der motorischen Entwicklung sich als positiv erwiesen haben. Hier wären bildungspolitische Initiativen angebracht!

Probleme, wie das der Urbanisierung (die Willimczik bezüglich der Entwicklung der Motorik als fördernd bezeichnete und zugleich auf unbedachte Aussagen einer dadurch verursachten, angeblichen Degenerierung von Motorik hinwies) oder der „motorischen Lerndichte" in bestimmtem Alter konnten nicht umfangreich genug bearbeitet werden, da wenig oder gar kein Datenmaterial zur Verfügung war.

Der Zusammenhang mit den Grundsatzreferaten des Vortages konnte im Referat von Decker gesehen werden, da auch er die Ganzheitlichkeit von motorischer Entwicklung als Bewegungserziehung betonte, die z. Z. nur deskriptiv dargestellt werden kann. Willimczik mußte sich — entsprechend der empirisch-analytischen Methoden und Absichten — auf Teilaspekte beschränken, auf Aussagen, die wissenschaftlich belegbar sind. Hier das Vorantreiben einer Theorie, dort die praktischen Hinweise verdeutlichen die notwendige Symbiose zwischen beiden Vorgehensweisen, aber auch die noch ausstehende komplexe und komplementäre Bearbeitung des Forschungsgegenstandes durch verschiedene Wissenschaftsdisziplinen.

Unter Mitarbeit von Ulrich Baumann und Ulrike Verhoeven.

ARBEITSKREIS 2

Bewegungserziehung für Behinderte

Arbeitskreis-Leiter: FRIEDHELM SCHILLING
Referenten: PAUL VAN DER SCHOOT und FRIEDHELM SCHILLING

PAUL VAN DER SCHOOT

Bewegungserziehung mit behinderten Kindern, dargestellt am Beispiel der Hyperaktivität im Kindesalter

Eltern und Erzieher klagen in zunehmendem Maße über ein Verhaltensphänomen im Kindesalter, das durchgängig wie folgt beschrieben wird:

„Ich weiß nicht mehr, was ich mit Thomas machen soll. Thomas stört dauernd. Er bleibt keinen Augenblick ruhig. Immer ist er in Bewegung, bleibt nicht still sitzen, läuft herum, spielt dauernd und mit allen greifbaren Gegenständen.

Thomas ist einfach unkontrolliert. Er läßt sich leicht ablenken, ist sehr neugierig und unachtsam. Er läuft ohne nach rechts und links zu schauen auf etwas zu, oder ergreift etwas. Er ist impulsiv, leicht reizbar und reagiert übermäßig, wenn etwas nicht so geschieht, wie er es möchte.

Darüber hinaus leistet Thomas kaum etwas. Er kann keine Aufgabe mit Bedacht und Überlegung angehen. Er beginnt zwar alles mit großem Eifer, führt aber nichts zu Ende. Er ist mit seinen Gedanken oft ganz woanders, ist unaufmerksam und unkonzentriert. Schreiben, Sprechen und Lesen bereiten ihm häufig große Schwierigkeiten. Thomas kann sich aber auch nicht anpassen. Er möchte überall mitmachen. Wenn ihm aber etwas nicht paßt, wird er sofort trotzig oder wütend, aggressiv oder weinerlich."

Die Summe dieser Verhaltensweisen im Kindesalter wird heute mit Begriffen belegt wie: „Hyperaktivität", „Hyperkinetisches Syndrom", „leichte Hirnfunktionsstörung", „leichte cerebrale Dysfunktion", „Hirnreifungsverzögerung", „Developmental Hyperactivity", „Minimal Brain Dysfunction", bzw. im Rahmen der kinderpsychiatrischen Rahmendiagnose erfaßt unter dem „Hirnorganischen Psychosyndrom" und „Infantilen Psychoorganischen Syndrom" (vgl. BUSEMANN 1955; BURKS 1960; BIRCH 1964; CORBOZ 1966, 1971; DOPCHIE 1968; WERRY 1968a, 1969, 1970; LEMPP 1973; STÄDELI 1972; SCHMIDT 1973; WENDER 1973; WITTROCK 1973; CHAPEL 1973; RENSHAW 1974; HARBAUER 1974; HARBAUER et al. 1974; MILLICHAP 1975; CANTWELL 1975a/b; BACHMANN 1976; SAFER/ALLEN 1976; u. a.).

Damit ist ausgewiesen, daß der begrifflich-theoretische Hintergrund uneinheitlich ist, daß unterschiedliche Bezeichnungen für identische, sich entsprechende Verhaltenssymptome oder Symptomkomplexe verwandt werden. Dies beruht auf der Tatsache, daß das Verhaltenssyndrom „Hyperaktivität" sich in einer Vielzahl somatischer, psychischer und sozio-kultureller Bedingungsfaktoren ursächlich begründen kann und von daher auch seine medizinische, psychologische, pädagogische und soziologische Interpretation erfährt.

Trotzdem ist eine gewisse Einheitlichkeit gegeben, denn bei der Beschreibung hyperaktiver Verhaltensweisen orientiert man sich in der Regel an symptomatischen Bedingungsfaktoren und bestimmt diese über das jeweilige quantitative und/oder qualitative Ausmaß der Aktivierungs- und Aktivitätsprozesse bzw. mittels spezifischer neuro-physiologischer, psychologischer und sozialer Verhaltenscharakteristika. Die wesentlichen Bestimmungskriterien für die „Hyperaktivität im Kindesalter" sind dabei:

1. Hyperaktive Kinder zeichnen sich aus durch ein hohes bzw. überhöhtes Aktivierungs- und Aktivitätsniveau.
   Hierbei kennzeichnet sich das zu hohe Aktivierungsniveau durch Störungen der zentralnervösen Steuerung, Regulation, Optimierung, und Adaptation, Erregung und Hemmung. In diesem Zusammenhang kommt es zu einer Desynchronisation und Dissoziation der Aktivierungssysteme, zu undifferenzierter und unspezifischer Ausbreitung von Energie im Organismus, zur Akkumulation von Erregung und zu Inhibitionsdefiziten. Diese Prozesse unterliegen in Abhängigkeit zu den situationsspezifischen Gegebenheiten mehr oder minder stark ausgeprägten Schwankungen.
   Das hohe Aktivitätsniveau ist insbesondere durch eine negativ veränderte Bewegungsqualität und Bewegungsquantität gekennzeichnet, wobei alle Aktivitäten wesentlich schneller ausgeführt werden, dabei aber unkontrolliert und undifferenziert sind. Das Kind ist besonders motorisch unruhig, wenn (motorische) Anforderungen gestellt werden, d. h. das Kind kann sein Aktivitätsniveau schlecht modifizieren, schlecht den augenblicklichen Gegebenheiten anpassen (vgl. SINGER/MELTZOFF/GOLDMAN 1952; BUSEMANN 1955; INGRAM 1956; BURKS 1960; TIZARD 1968a/b; HEAL/JOHNSON 1970; ALABISO 1972; SAFER/ALLEN 1973; CRATTY 1975; MILLICHAP 1975; VAN DER SCHOOT 1976; u. a.).
2. Das Lern- und Leistungsverhalten des Kindes ist gestört, da Hyperaktivität in der Regel verbunden ist mit einer verminderten Aufmerksamkeit, insbesondere einer verkürzten Aufmerksamkeitsspanne, einer erhöhten visuellen und auditiven Ablenkbarkeit, Konzentrationsschwäche, Defiziten im Kurzzeitgedächtnis und Schwierigkeiten beim Lesen, Schreiben und Rechnen. Die Lernschwierigkeiten des Kindes resultieren im wesentlichen aus einer gestörten Informationsaufnahme, Informationsverarbeitung und Informationsabgabe (vgl. BURKS 1957; NEWMAN 1959; FOURACRE 1968; GATES 1969; OETTINGER 1971; KEOGH 1971a/b; MILLICHAP/JOHNSON 1974; u. a.).
3. Hyperaktive Kinder sind kaum dazu in der Lage, ihr Verhalten adäquat im Sinne einer Selbstregulation und Selbstkontrolle zu steuern und zu modifizieren. Sie sind emotional labil und haben eine geringe Frustrationstoleranz. Dies verstärkt die situative und soziale Unangepaßtheit und führt zu überdauernden Konflikten mit der Umwelt (vgl. FREED/PFEIFER 1956; BRADLEY 1957; LAUFER/DENHOFF/SOLOMONS 1957; VON STOCKERT 1963; BAKWIN/BAKWIN 1966; DAVID 1968; KROP 1971; MORDOCK 1971; CHESS 1972; SIMPSON/NELSON 1972; u. a.).

Die Ätiologie der Hyperaktivität im Kindesalter ist vielschichtig und erst teilweise erforscht. Als mögliche Ursachen kommen in Frage:

— eine funktionelle, neurophysiologische Dysfunktion als Folge genetisch-biologischer Abweichungen,

— eine strukturelle, prä-, peri- oder postnatal erworbene frühkindliche Hirnschädigung,
— eine überdauernde Über- oder Unterforderung des Kindes unter entsprechenden soziokulturellen Gegebenheiten,
— in der Persönlichkeitsstruktur begründete psychopathologische Tendenzen (vgl. RETT 1965; DOUGLAS/WERRY/WEISS 1965; WERRY 1968; WEITHORN 1973; BACHMANN 1976; u. a.).

Auslöser für eine Hyperaktivität bei nicht behinderten Kindern sind in der Regel die funktionelle Störung und/oder die Fehlbeanspruchung des Kindes. Ursache kann aber auch die sogenannte minimale Hirnschädigung sein, die äußerst schwer zu diagnostizieren ist und darum häufig übersehen oder verkannt wird.

Bei behinderten Kindern besteht relative Eindeutigkeit bezüglich Hirnschädigung, Unklarheit bezüglich möglicher psychopathologischer Tendenzen, Möglichkeit bezüglich funktioneller Störung und Fehlbeanspruchung. Letzteres wird häufig im Sinne von „Sekundärstörung" wirksam.

Die Problematik einer einwandfreien Diagnose und Bestimmung der Ursache erweist sich zum Beispiel schon dort, wo im Zweifelsfalle zwischen funktionell bedingter und minimal strukturell bedingter Hyperaktivität unterschieden werden soll. Dies ist in vielen Fällen kaum möglich, da die beiden Konditionen häufig miteinander verbunden sind (CLEMENTS 1966; WERRY 1967, 1968). Darüber hinaus ist eine Erschwerung auch dadurch gegeben, daß nicht alle hyperaktiven Kinder hirngeschädigt sein müssen oder alle hirngeschädigten Kinder zwangsläufig hyperaktiv sind. (BIRCH 1964; BIRCH/THOMAS/CHESS 1964; SCHRAGER et al. 1966; SAFER/ALLEN 1976). Hyperaktivität und hirnorganische Schädigung bzw. cerebrale Dysfunktion sind somit weder Synonyme noch schließen sie sich gegenseitig aus (EISENBERG 1957; WERRY 1968a/b; FREIBERG/DOUGLAS 1969; KEOGH 1971).

Letztlich muß vermerkt werden, daß ein Ursachenfaktor zwangsläufig andere zur Folge haben kann, was wiederum sowohl die Diagnose als auch die Therapie erheblich erschwert.

Die statistische Auftretenswahrscheinlichkeit der Hyperaktivität im Kindesalter ist aufgrund der Definitions- und Diagnoseschwierigkeiten nicht einwandfrei zu bestimmen. Untersuchungen in den Vereinigten Staaten weisen aus, daß 5—10% der Grundschulkinder hyperaktiv sind (SAFER/ALLEN 1976), wobei das Verhältnis Jungen zu Mädchen etwa vier zu eins beträgt, d. h. 8—9% der Jungen und 2—3% der Mädchen im Grundschulalter sind hyperaktiv (SHEPARD/OPPENHEIM/MITCHELL 1971; MILLER/PALKES/STEWART 1973). Lehrer, die ganz allgemein das Verhalten ihrer Schüler beurteilen, stellen fest, daß 30—40% der Kinder unruhig oder unaufmerksam sind (RUTTER et al. 1974). Innerhalb von schulpsychologischen Diensten und Kinderkliniken sind nachgewiesenermaßen 30—40% der Kinder ebenfalls hyperaktiv (MARINE/COHEN 1975).

In der Bundesrepublik Deutschland dürften die Werte etwa gleich hoch sein.

Behinderte Kinder weisen sich häufig durch Hyperaktivität aus. Beim infantilen psychoorganischen Syndrom bzw. hirnorganischen Psychosyndrom kann sie unter anderem typisch für die Symptomatik sein. Eindeutige statistische Angaben liegen hier allerdings kaum vor.

Eine Diskussion über den Stellenwert einer Bewegungserziehung bzw. des Sports mit hyperaktiven Kindern verlangt zunächst einmal aufzuzeigen, welche Zusammenhänge zwischen (Hyper)Aktivität und funktionell oder strukturell gestörten zentralnervösen Prozessen, also gestörter Aktivierung bestehen, da diese ja Ursache und/oder Bedingung für Hyperaktivität im Kindesalter sind.

Die derzeitigen Aktivierungstheorien gehen davon aus, daß Aktivierung Dimension und Grundlage jeden Verhaltens ist, da nachweislich zwischen zentralnervösen Vorgängen und Verhaltensphänomenen unmittelbare wechselseitige Beziehungen bestehen bzw. alle Prozesse des inneren und äußeren Verhaltens „ein Wechselspiel zwischen Aktivierungszustand, Informationsverarbeitung und Verhaltensstabilität" sind (Klix 1971, 508).

Verhalten als dynamisches Geschehen wird zum einen von einem generellen energetischen Grundniveau getragen (vgl. Schönpflug 1967, 1969), zum anderen unterliegt es den Prozessen der (Selbst)Regulation und (Selbst)Optimierung. Aktivierung beruht demnach auf der Tatsache, daß der lebende Organismus ein energetisches System darstellt, und daß dieses System mit seinen Regulations- und Steuerungsmechanismen unmittelbar Veränderungen in den psychophysischen Funktionsbereichen bewirkt.

In diesem Sinne wird Aktivierung von den einzelnen Vertretern der Aktivierungstheorie (Lindsley 1956, 1957, 1961; Duffy 1951, 1957, 1962, 1972; Fahrenberg 1967; Haider 1967, 1969; Schönpflug 1964a/b, 1967, 1969) entweder gesehen unter dem Aspekt:

1. der Energiemobilisierung und des Energietransportes, der Übermittlung und des Austausches von Energie;
2. der zentralnervösen Erregung und Hemmung, der systeminternen Regulation und Optimierung;
3. der Informationsaufnahme, Informationsverarbeitung und Informationsabgabe.

Unabhängig von der jeweils spezifischen Betrachtungsweise gehen alle Aktivierungskonzepte von der Grundauffassung aus, daß der Organismus sich in seiner Gesamtheit und in seinen Teilbereichen in einem ständigen Spannungswechsel befindet, wobei der jeweilige Aktivierungszustand von der Desaktivierung bis zur Hyperaktivierung reichen kann und der Aktivierungsgrad durch eine niedrige, mittlere oder hohe Intensität gekennzeichnet ist.

Entstehung, Ort, Art und Weise sowie Funktion der Aktivierung lassen unterscheiden in periphere und zentrale Aktivierung, muskuläre und nervöse Aktivierung oder physische und psychische Aktivierung.

Darüber hinaus wird zwischen allgemeinen und spezifischen Aktivierungsmechanismen unterschieden, d. h. der Organismus verfügt ständig über einen allgemeinen Aktivierungszustand bzw. ein allgemeines Aktivierungsniveau, das unabhängig ist von den jeweiligen reiz- und reaktionsspezifischen Aktivierungsmustern, also von einem speziellen Aktivierungsniveau. Veränderungen im Aktivierungskontinuum erfolgen dabei in Abhängigkeit von exterozeptiven, interozeptiven und cerebralen Reizen. In gleicher Weise vollziehen sich Veränderungen in Abhängigkeit zu den jeweiligen situativen Bedingtheiten. Generell läßt sich also sagen, daß Aktivierungsvorgänge sich als Folge individueller, situativer und stimulativer Gegebenheiten ergeben.

Die bisherigen Forschungen zu dem hier diskutierten Problemkreis haben sich primär mit den grundlegenden Zusammenhängen und wechselseitigen Beziehungen zwischen Aktivierung und Motorik, Leistung, Lernen und Motivation beschäftigt.

Die funktionelle Abhängigkeit zwischen Aktivierung und Motorik besteht darin, daß Aktivierungsvorgänge auf die Motorik in dem Ausmaß regulierend, steuernd und verstärkend wirken, wie die motorischen Prozesse für die Erstellung und Aufrechterhaltung einer Gesamtaktivierung und spezifischen Aktivierung bzw. eines bestimmten Aktivierungsniveaus notwendige Voraussetzung sind. So wie eine bestimmte Quantität und Qualität motorischer Tätigkeiten für die Erhaltung einer normalen motorischen Leistungsfähigkeit erforderlich sind, stellt die Betätigung des motorischen Apparates einen der Bedingungsfaktoren für die Aufrechterhaltung eines bestimmten Aktivierungsgrades dar (NESSWETHA 1966; SAGE 1971; HOLLMANN 1972; STOBOY 1972) bzw. bewirken motorische Impulse und Bewegungsreize einen Anstieg des Aktivierungsniveaus (SCHMALE/VUKOVICH 1961; SCHÖNPFLUG 1964a/b; NESSWETHA 1966). Aktivierung kann somit durch motorische Stimulation variiert und modifiziert werden, sie selbst wiederum beeinflußt die Quantität und Qualität der Motorik.

Die aufgezeigten Zusammenhänge machen deutlich, daß eine wechselseitige Abhängigkeit zwischen Funktion und Verhalten, Funktionalität und Leistung besteht. Dies gilt auch für den Bereich der Lern- und Leistungsstörung, die das hyperaktive Kind auszeichnen können. Die grundlegenden Wirkzusammenhänge zwischen Aktivierung und Lernen scheinen insbesondere dadurch bewiesen, daß bei Inaktivität des Organismus zumeist keine Lernleistung möglich ist. Nach KLIX (1971) ist Aktivierung Anlaßmechanismus für intensive Lernprozesse. Wechselseitige Beziehungen bestehen — wie bei der Motorik — in dem Sinne, daß Aktivierungsprozesse und Lernprozesse sich gegenseitig bedingen und sich sowohl fördernd als auch hemmend beeinflussen können.

Mit diesen Aussagen mag deutlich geworden sein, daß ein Sportunterricht, in dem ja die Aktivität, die Motorik, die Bewegung das Medium des Handelns ist, einen besonderen Stellenwert in der Erziehung und Sozialisation des hyperaktiven Kindes haben kann.

In der nachfolgenden Übersicht wird versucht, die sportrelevanten Dimensionen der Hyperaktivität und die möglichen Konsequenzen für eine Bewegungserziehung bzw. für den Sportunterricht mit hyperaktiven Kindern aufzuzeigen.

Die Übersicht ist, was das mögliche Verständnis und die Aussagefähigkeit anbetrifft, mit all den Problemen behaftet, die bei jedem Versuch, komplexe und differenzierte Zusammenhänge schematisch darzustellen, von vorneherein gegeben sind. Sie sollte darum hier auch nur als eine Orientierungshilfe gewertet werden.

Übersicht über die sportrelevanten Dimensionen der Hyperaktivität im Kindesalter und die möglichen Konsequenzen für den Sportunterricht in der Sondererziehung, der Rehabilitation und dem Behindertensport

Dimensionen der Hyperaktivität	Ziele des Unterrichts	Mögliche Methoden und Techniken
Dimension — Organismus		
Funktions- bzw. Regulations- und Optimierungsstörungen, die primär die intraindividuelle bzw. intraorganische Kommunikation die senso- und psychomotorischen Leistungen, die allgemeine Befindlichkeit und (körperliche) Leistungsfähigkeit beeinträchtigen.	Regulation, Optimierung und Differenzierung organismischer Prozesse — insbesondere der Energiemobilisierung, des Energietransports, der Übermittlung und des Austausches von Energie; der zentralnervösen Erregung und Hemmung; der Informationsaufnahme, -verarbeitung und -abgabe; zwecks individualspezifischer Normalisierung des Aktivierungs- und Aktivitätsniveaus als Bedingung für ungestörtes inneres und äußeres Verhalten und Leistung.	Primär physiologische bzw. psycho-physiologische Methoden und Techniken der Verhaltensmodifikation wie: Extensive Intervallmethode, Dauerleistungsmethoden, Senso- und psychomotorisches Training, Suggestives und entspannendes Training. ↑ In Verbindung mit: ↓

Dimension — Persönlichkeit Störungen des Antriebs, der Kognition, des Erlebens die primär ein Fehlverhalten in der extraindividuellen Kommunikation bzw. zwischen Individuum und Umgebung, und in der Handlungs- und Lernfähigkeit bewirken.	Regulation, Optimierung und Differenzierung psychischer Prozesse — insbesondere der Motivation als energetisches und steuerndes Verhaltensregulativ; der Kognition als Orientierungsgrundlage für Verhalten; der Kommunikation als psychologische Bedingung der Informationsaufnahme, -verarbeitung und -abgabe; der sozialen Interaktion als Bedingung für interpersonelle Verhaltensorientierung; der Psychomotorik als Ausführungs- und Bedingungsregulativ für Kommunikations- und Interaktionsprozesse.	Primär psychologische Methoden und Techniken der Verhaltensmodifikation wie: Operante Konditionierung, insbesondere positive und negative soziale Verstärkung; negative Übung; Modellernen; Selbstsicherheitstraining Prompting (Hilfestellung); Fading (Ausblenden der Hilfe); Shaping (schrittweise Annäherung); Chaining (Verhaltensverkettung); Time-out (soziale Isolation); ↑ In Verbindung mit: ↓
Dimension — Umwelt Störungen der interindividuellen Kommunikation bzw. der Kommunikation zwischen zwei oder mehreren Personen und/oder Systemen, die die Interaktionen innerhalb und zwischen sozialen Partnern, Gruppen und Institutionen bzw. zwischen Behinderten und Nichtbehinderten beeinflussen.	Hinführung zur Identifikation durch Erleben von Funktion und Handlung; zur Verselbständigung durch Auseinandersetzung mit dem Objektbereich bzw. Beherrschung von Person-Objektbezügen und Schaffung von Person-Personbezügen; Zur Sozialisation und Individuation durch Differenzierung von Person-Person- und Person-Objektbezügen und Herstellung von Gruppenidentität.	Primär psychologische bzw. sozialpsychologische Methoden und Techniken der Verhaltensmodifikation wie: Spieltherapeutische, gruppentherapeutische und gestalttherapeutische Methoden. ↑ In Verbindung mit: ↓
Dimension — Sportmotorik Störungen der motorischen Leistungs- und Handlungsfähigkeit die das Erlernen sportmotorischer Fertigkeiten beeinträchtigen die extra- und interindividuelle sportmotorische Kommunikation zwischen (Hyperaktiven) Behinderten und Nichtbehinderten gegebenenfalls einschränken.	Prägung und gegebenenfalls Korrektur von Grundmustern motorischen Verhaltens und Mustern sportmotorischen Handelns, insbesondere über die motorischen Funktionen: Ausdauer, Kraft, Schnelligkeit, Spannung und Entspannung, Tempo, Mitbewegung, Einstellungsgeschwindigkeit, automatische und automatische Bewegung, Bewegungsformel, Rhythmus, räumlich-zeitliche Abgemessenheit, Gleichzeitigkeit und Koordination, als qualitative und quantitative Bedingung für motorische bzw. sportmotorische Leistungen und Kommunikation.	Primär sportdidaktische Methoden und Techniken wie: Intervallmethoden, Dauerleistungsmethoden, Kraftmethoden (begrenzt); Gewandtheits- und Geschicklichkeitstraining; Fertigkeitstraining (Grobkoordination, Feinkoordination, Automatisierung).

Die Übersicht soll verdeutlichen, daß die funktionellen und sozialen Beeinträchtigungen des hyperaktiven Kindes eine gezielte psychophysische Verhaltensmodifikation verlangen, und zwar:

1. mittels gezielter und konsequenter internaler und externaler Reizkontrolle, operanter Kontrolle und symbolischer Kontrolle (BANDURA 1969; BANDURA/WALTERS 1963);
2. mittels ausgewählter und spezifischer Übungsinhalte und Übungs- und Trainingsprogramme.

Grundsätzlich sollte dabei beachtet werden, daß eine ungestörte Befindlichkeit des Kindes Voraussetzung für eine ungestörte Handlungsfähigkeit ist und diese wiederum Bedingung für ungestörte Lernprozesse. Erst die Summe dieser Gegebenheiten ermöglicht dann optimale Kommunikations- und Interaktionsprozesse wie sie für eine ungestörte Sozialisation des Kindes notwendig sind.

Diese Zusammenhänge sollten als eine grundsätzliche didaktische Bedingung angesehen werden, die sowohl für die jeweilige Unterrichtsstunde, den Unterrichtsablauf gültig ist, als auch für die langfristige Unterrichtsplanung und -durchführung.

Die Übungsmaßnahmen müssen den durch die Hyperaktivität des Kindes vorgegebenen speziellen Zielsetzungen entsprechen.

Zu empfehlen sind hier: Übungen zur Verbesserung der motorischen Grundfähigkeiten und -fertigkeiten, der senso- und psychomotorischen Funktionen, der psychophysischen Regulation, der sozialen Integration und der sportmotorischen Fertigkeiten und Leistungen.

Die motorischen Grundfähigkeiten lassen sich besonders fördern durch alle Formen des Laufens, Hüpfens, Springens, Schwingens, Kletterns, Balancierens, Werfens, Fangens und ähnlichem, durch Übungen der Beweglichkeit, Geschicklichkeit, Gewandtheit und rhythmisch-dynamischer Koordination; durch Schwimmen, Radfahren, Spiele usw.

Die senso- und psychomotorischen Funktionen verlangen nach Übungsinhalten des Erlebens, Erkennens, Bewußtwerdens, Einschätzens, Beurteilens, Beherrschens des eigenen Körpers sowie räumlich-zeitlichen Gegebenheiten und Dimensionen mittels Tasten, Fühlen, Greifen, Benennen, Beschreiben, Zuordnen, Orientieren, Führen, Folgen, Anpassen, Form, Farbe, Materialien, Dimensionen, Ruhe, Haltung und Bewegung.

Besondere Bedeutung haben hier Übungsinhalte, die die perzeptiv-kognitiven Fähigkeiten ansprechen, da diese eine wesentliche Voraussetzung für ungestörte Informations- und Lernprozesse im Kindesalter sind. Perzeptiv-kognitive Fähigkeiten sind insbesondere: visuell-motorische Gedächtnisleistung; die Fähigkeit, motorische Erfahrungen zu reproduzieren; sich im Detail und in der richtigen Reihenfolge an gehörte, gesehene, empfundene Informationen zu erinnern; Orientierung nach dem Gehör; visuelle Unterscheidung von räumlichen Gegebenheiten; die Fähigkeit, mehr als eine Modalität beim Lernen zu benutzen; und ähnliches.

Zur Psychoregulation bieten sich an Übungen der passiven und aktiven suggestiven Entspannung sowie der Rhythmisierung. Der Übungsstoff entspricht, wenn auch zum Teil in modifizierter und kombinierter Form dem der Rhythmik nach SCHEIBLAUER (1945), dem der „Progressiven Relaxation" nach JACOBSON (1961), dem des „Autogenen Trainings" nach SCHULTZ (1970) und den Yogaübungen.

Bei den sozial-integrativen und kommunikativen Übungen wird konstruiert, entworfen, hergestellt, erfunden, nachvollzogen, modifiziert, assoziiert und interpretiert. Es wird mitgeteilt, ausgedrückt, entschieden und kommuniziert, besonders mittels Sprechen,

Lesen, Schreiben, Zeichnen, Illusions- und Phantasiespielen, Gestaltungsspielen, Rollenspielen bzw. Psychodrama, Tanzen und Musizieren u. ä.

Für den Bereich der sportmotorischen Fertigkeiten und Leistungen bieten sich insbesondere alle die Tätigkeitsbereiche an, die sich durch hohe Dynamik und Rhythmik auszeichnen, wie z. B. Spiele, Schwimmen, Spielturnen, Trampolinturnen, Reiten, Skilaufen, Radfahren, u. ä.

Die nachfolgenden abschließenden Hinweise für den Alltag mit dem hyperaktiven Kind sollen nicht nur Orientierungspunkte für den Erzieher sein. Sie sollen auch die Probleme deutlich machen, die das hyperaktive Kind mit seiner Umwelt hat.

Der Erzieher sollte:

— dem Kind spezifische Aktivitäten anbieten, die einen möglichst hohen psychophysischen Entlastungswert haben und keine verwirrenden oder destruktiven Momente beinhalten;
— nicht versuchen, die Aktivität des Kindes zu hemmen, sondern sie in Bahnen zu lenken, die zur Organisation des Verhaltens führen;
— die das Kind gefährdenden Aktivitäten deutlich machen, eingrenzen und, wenn notwendig, mit Verboten belegen. Gegebenenfalls muß über alternative Tätigkeiten ein Ausgleich geschaffen werden;
— ein tägliches Aktivitätsprogramm und einen möglichst geregelten Tagesablauf für das Kind erstellen, damit die destruktiven und störenden Auswirkungen der Hyperaktivität des Kindes vermieden werden;
— spezielle Unterrichts- und Aktivitätsprogramme in gleichbleibenden Zeitintervallen durchführen;
— alle Erziehungsmaßnahmen, insbesondere die Verhaltensregeln ständig und konsequent einsetzen;
— positive Verhaltensweisen des Kindes möglichst unmittelbar verstärken, beachten und reflektieren.
— dem Kind zu verstehen geben, was man an ihm schätzt und was nicht;
— das eigene Verhalten fortlaufend kontrollieren, vor allem die Emotionen, das verbale und motorische Ausdrucksverhalten und die Stimme;
— das Kind unbefangen und tolerant annehmen und damit ermöglichen, daß es seine Reaktionen zum Probieren von Verhaltensweisen nutzt und die eigenen Umwelteindrücke klärt, bewerten lernt und ordnet;
— dem Kind sinnvolle und glaubwürdige Ordnungsprinzipien möglichst mittels Handlung, weniger nur verbal darbieten und einsichtig machen.

Literatur

Alabiso, F.: Inhibitory Functions of Attention in Reducing Hyperactive Behavior. In: Amer. J. ment. Defic. 77 (1972), 259—282.

Bachmann, P.: Das hyperkinetische Syndrom im Kindesalter. Bern/Stuttgart 1976.

Bakwin, H. / Bakwin, R. M.: Clinical Management of Behavior Disorders in Children. Philadelphia 1966.

Bandura, A.: Principles of Behavior Modification. New York 1969.

Bandura, A. / Walters, R.: Social Learning and Personality Development. New York 1963.

Birch, H. G.: Brain Damage in Children: The Biological and Social Aspects. Baltimore 1964.

Birch, H. G. / Thomas, A. / Chess, S.: Behavioral Development in Brain-Damaged Children. In: Arch. Gen. Psychiatry 11 (1964), 596—603.

Bradley, C.: Characteristics and Management of Children with Behavior Problems Associated with Organic Brain Damage. In: Pediatr. Clin. North Amer. 4 (1957), 1049—1060.

BURKS, H. F.: The Affect of Brain Pathology on Learning. In: Except. Child. 24 (1957), 167—172.
BURKS, H. F.: The Hyperkinetic Child. In: Except. Child 27 (1960), 18—26.
BUSEMANN, A.: Motorische Überaktivität. In: Schule und Psychologie. 2 (1955), 42—45.
CANTWELL, D. P.: Genetics of Hyperactivity. In: J. Child Psychol. Psychiatry. 16 (1975), 181—197 (a).
CANTWELL, D. P.: The Hyperactive Child: Diagnosis, Management and Current Research. New York 1975 (b).
CHAPEL, J.: The Hyperactive Child. In: Missouri Med. 70 (1973), 768—774.
CHESS, S.: Diagnosis and Treatment of the Hyperactive Child. In: New York State Journal of Medicine. 60 (1960), 2379—2385.
CHESS, S.: Neurological Dysfunction and Childhood Behavioral Pathology. In: Autism. Child. Schizophr. 2 (1972), 299—311.
CLEMENTS, S.: Minimal Brain Dysfunction in Children. NINDB Monograph No. 3, Washington, D. C.: United States Public Health Service, 1966.
CORBOZ, R. J.: Les Syndromes psycho-organiques de l'Enfant et de l'Adolescent. In: Psychiat. Enf. 9 (1966), 1.
CORBOZ, R. J.: Psycho-Organische Störungen beim Kleinkind. Ber. 147. Vers. Schweiz. Ges. Psychiat., Zürich 1971.
CRATTY, B. J.: Hyperactivity: Evaluation and Remediation. In: CRATTY, B. J., Remedial Motor Activity for Children. Philadelphia 1975, 253—283.
DAVID, W.: GSR Study of Frustration in Retarded and Average Boys. In: Amer. J. ment. Defic. 73 (1968), 379—383.
DOPCHIE, N.: Le Syndrome Hyperkinétique. In: Psychiat. Enf. 11 (1968), 589—619.
DOUGLAS, V. / WERRY, J. / WEISS, G.: Hyperactive Behavior in Children: Some Findings Regarding Etiology and Treatment. In: Can. Psychol. 6 (1965), 219.
DUFFY, E.: The Concept of Energy Mobilization. In: Psychol. Rev. 58 (1951), 30—40.
DUFFY, E.: The Psychological Significance of the Concept of 'Arousal' or 'Activation'. In: Psychol. Rev. 64 (1957), 265—275.
DUFFY, E.: Activation and Behavior. New York/London 1962.
DUFFY, E.: Activation. In: GREENFIELD, N. S. & STERNBACH, R. A., Handbook of Psychophysiology. New York 1972, 577—622.
EISENBERG, L.: Psychiatric Implications of Brain Damage in Children. In: Psych. Quart. 31 (1957), 72—92.
FAHRENBERG, J.: Psychophysiologische Persönlichkeitsforschung. Göttingen 1967.
FOURACRE, M. H.: Learning Characteristics of Brain-Injured Children. In: Except. Child. 24 (1968), 210—212, 223.
FREED, H. / PFEIFER, C. A.: Treatment of Hyperkinetic Emotionally Disturbed Children with Prolonged Administration of Chlorpromazine. In: Amer. J. Psychiatry. 13 (1956), 22—26.
FREIBERGS, V. / DOUGLAS, V. I.: Concept Learning in Hyperactive and Normal Children. J. abnorm. Psychol. 74 (1969), 388—395.
GATES, M. F.: A Comparison of the Learning Characteristics of Hyperactive and Hypoactive Children with Related Central Nervous System Dysfunction. In: Diss. Abstr. 30 (1969), 166—167.
HAIDER, M.: Aktivierung, Aufmerksamkeit und Leistung. In: Ber. 25. Kongr. Dt. Ges. f. Psychol. Münster 1966. Göttingen 1967, 160—162.
HAIDER, M.: Elektrophysiologische Indikatoren der Aktivierung. In: SCHÖNPFLUG, W. (Hrsg.), Methoden der Aktivierungsforschung. Bern/Stuttgart/Wien 1969, 125—156.
HARBAUER, H.: Diagnose und Behandlung der leichten frühkindlichen Hirnschädigung. In: Dtsch. Ärztebl. 71 (1974), 157.
HARBAUER, H. / LEMPP, R. / NISSEN, G. / STRUNK, P.: Lehrbuch der speziellen Kinder- und Jugendpsychiatrie. Berlin/Heidelberg/New York 1971.
HEAL, L. W. / JOHNSON, J. T.: Inhibition Deficits in Retardate Learning and Attention. In: ELLIS, N. R. (ed.): Int. Rev. Ment. Retard., Vol. 4 (1970), 107—149.
HOLLMANN, W.: Sport und körperliches Training als Mittel der Präventivmedizin. In: HOLLMANN, W. (Hrsg.), Zentrale Themen der Sportmedizin. Berlin 1972, 1—16.
INGRAM, T. P.: A Characteristic Form of Overactive Behavior in Brain Damaged Children. In: J. ment. Sci. 102 (1956), 550—558.
JACOBSON, E.: Progressive Relaxation. Chicago 1961[9].

KEOGH, B.: Hyperactivity and Learning Problems: Implications for Teachers. In: Acad. Ther. 7 (1971), 47—50 (a).
KEOGH, B.: Hyperactivity and Learning Disorders: Review and Speculation. In: Except. Child. 38 (1971), 101—109 (b).
KLIX, F.: Information und Verhalten. Berlin 1971.
KROP, H.: Modification of Hyperactive Behavior of a Brain-Damaged, Emotionally Disturbed Child. In: Train. Sch. Bull. 68 (1971), 49—54.
LAUFER, M. W. / DENHOFF, E.: Hyperkinetic Behavior Syndrome in Children. In: J. Pediatrics 50 (1957), 463—474.
LAUFER, M. W. / DENHOFF, E. / SOLOMONS, G.: Hyperkinetic Impulse Disorder in Children's Behavior Problems. In: Psychosom. Med. 19 (1957), 38—49.
LEMPP, R.: Das hirnorganische Psychodrom im Kindesalter. In: Dtsch. Med. W'schr. 98 (1973), 1817.
LINDSLEY, D. B.: Physiological Psychology. In: Ann. Rev. Psychol. 7 (1956), 323—348.
LINDSLEY, D. B.: Psychophysiology and Motivation. In: JONES, M. R. (ed.), Nebraska Symposium on Motivation, 1957, 44—105.
MARINE, E. / COHEN, R.: The Impact of a Community Mental Health Center Program on the Operation of a University Child Guidance Center. In: J. Amer. Acad. Child Psychiatry. 14 (1975), 49—65.
MILLER, R. / PALKES, H. / STEWART, M. A.: Hyperactive Children in Suburban Elementary Schools. In: Child Psychiatry Hum. Dev. 4 (1973), 121—127.
MILLICHAP, J. G.: The Hyperactive Child with Minimal Brain Dysfunction. Chicago 1975.
MILLICHAP, J. G. / JOHNSON, F.: Methylphenidate in Hyperkinetic Behavior: Relation of Response to Degree of Activity and Brain Damage. In: CONNERS, C. K. (ed.), Clinical Use of Stimulant Drugs in Children. Excerpta Medica. Amsterdam 1974.
MORDOCK, J. B.: Behavior Problems of the Child with Minimal Cerebral Dysfunction. In: Phys. Ther. 51 (1971), 398—404.
NESSWETHA, W.: Beanspruchung und Aktivation der Persönlichkeit — Experimentelle Untersuchung zur Frage einer neuen Arbeitstheorie. Schriftenreihe Arbeitsmedizin, Sozialmedizin, Arbeitshygiene. 1966, 30.
NEWMAN, R. G.: The Assessment of Progress in the Treatment of Hyperaggressive Children with Learning Disturbances within a School Setting. In: Amer. J. Orthopsychiatry 29 (1959), 633—643.
OETTINGER, L. jr.: Learning Disorders, Hyperkinesis and the Use of Drugs in Children. In: Rehab. Lit. 32 (1971), 162—167, 170.
RENSHAW, D. C.: The Hyperactive Child. Chicago 1974.
RETT, A.: Neue Erkenntnisse auf dem Gebiet der Ursachenforschung kindlicher Hirnschäden. In: Erziehung und Unterricht. 115 (1965), 2—4.
RUTTER, M. / YULE, W. / BERGER, M. / YULE, B. / MORTON, J. / BAGLEY, C.: Children of West Indian Immigrants. I. Rate of Behavioral Deviance and of Psychiatric Disorder. In: J. Child Psychol. Psychiatry. 15 (1974), 241—262.
SAFER, D. J. / ALLEN, R. P.: Hyperactive Children: Diagnosis and Management. Baltimore 1976.
SAGE, G. H.: Introduction to Motor-Behavior: A Neuropsychological Approach. London 1971.
SCHEIBLAUER, M.: Die musikalisch-rhythmische Erziehung im Dienste der Heilpädagogik. Festschrift zum 60. Geburtstag von H. Hanselmann. Zürich 1945.
SCHMALE, H. / VUKOVICH, A.: Skalometrische Untersuchungen über die Anstrengung bei dynamischer Muskelarbeit. In: Psychol. Beitr. 6 (1961/62), 3—25.
SCHMIDT, M. H.: Das hyperkinetische Syndrom im Kindesalter. In: Z. Kinder- u. Jugendpsychiatrie. 1 (1973), 250.
SCHÖNPFLUG, W.: Reizung — Aktivierung — Leistung, Psychologische Fragen der Lärmforschung. Deutsche Forschungsgemeinschaft. Frankfurt 1964, 23—41 (a).
SCHÖNPFLUG, W.: Retention und Aktivation bei zusätzlicher Beanspruchung durch körperliche Tätigkeiten. In: Z. exp. angew. Psychol. 11 (1964), 130—154 (b).
SCHÖNPFLUG, W.: Aktivierung, Leistung und zielgerichtetes Verhalten. In: Ber. 25. Kongr. Dtsch. Ges. f. Psychol. Münster 1966. Göttingen 1967, 133—159.
SCHÖNPFLUG, W.: Vorgänge psychophysiologischer Aktivierung und drei Ansätze zu ihrer Untersuchung. In: SCHÖNPFLUG, W. (Hrsg.), Methoden der Aktivierungsforschung. Bern/Stuttgart/Wien 1969, 11—25.

SCHRAGER, J. / LINDY, J. / HARRISON, S. / MCDERMOTT, J. / KILLINS, E.: The Hyperkinetic Child: Some Consensually Validated Behavioral Correlates. In: Except. Child. 32 (1966), 635—637 (a).

SCHRAGER, J. / LINDY, J. / HARRISON, S. / MCDERMOTT, J. / WILSON, P.: The Hyperkinetic Child. In: J. Amer. Acad. Child Psychiatry. 5 (1966), 526—533 (b).

SCHULTZ, I. H.: Das Autogene Training. Stuttgart 1970[13].

SHEPARD, M. / OPPENHEIM, M. / MITCHELL, S.: Childhood Behavior and Mental Health. New York 1971.

SIMPSON, D. D. / NILSON, A. E.: Breathing Control and Attention Training: A Preliminary Study of a Psychophysiological Approach to Self Control of Hyperactive Behavior in Children. In: Res. Educ. 7 (1972), 31—32.

SINGER, J. L. / MELTZOFF, J. / GOLDMAN, G. D.: Rorschach Movement Responses Following Motor Inhibition and Hyperactivity. In: J. consult. Psychol. 16 (1952), 359—364.

STÄDELI, H.: Die leichte frühkindliche Hirnschädigung. Bern 1972.

STOBOY, H.: Neuromuskuläre Funktion und körperliche Leistung. In: HOLLMANN, W. (Hrsg.), Zentrale Themen der Sportmedizin. Berlin 1972, 16—42.

TIZARD, B. E.: Observation of Over-Active Imbecile Children in Controlled and Uncontrolled Environments: I. Classroom Studies. In: Amer. J. ment. Defic. 72 (1968), 540—547 (a).

TIZARD, B. E.: Observation of Over-Active Imbecile Children in Controlled and Uncontrolled Environments: II. Experimental Studies. In: Amer. J. ment. Defic. 72 (1968), 548—553 (b).

VAN DER SCHOOT, P.: Aktivierungstheoretische Perspektiven als wissenschaftliche Grundlegung für den Sportunterricht mit geistig behinderten Kindern. Schorndorf 1976.

VON STOCKERT, F. G.: Verhaltensstörungen hirngeschädigter Kinder und Jugendlicher. In: Therapiewoche. 13 (1963), 1049—1052.

WEITHORN, C. J.: Hyperactivity and the CNS: An Etiological and Diagnostic Dilemma. In: J. Learn. Disabil. 6 (1973), 46—49.

WENDER, P. H.: Das hyperaktive Kind. Ravensburg 1973.

WERRY, J. S.: The Diagnostic, Etiology and Treatment of Hyperactive Children. In: HELLMUTH, J. (ed.): Learning Disorders. Seattle 1967[3].

WERRY, J. S.: Developmental Hyperactivity In: Pediat. Clin. North Amer. 15 (1968), 581—599 (a).

WERRY, J. S.: Studies on the Hyperactive Child IV. An Empirical Analysis of the Minimal Brain Dysfunction Syndrome. In: Arch. Gen. Psychiatry 19 (1968), 9—16 (b).

WERRY, J. S.: Developmental Hyperactivity. In: CHESS, S. / THOMAS, A. B. (ed.): Annual Progress in Child Psychiatry and Child Development. New York 1969.

WERRY, J. S.: Hyperactivity. In: COSTELLO, C. G. (ed.): Symptoms of Psychopathology. New York 1970, 397—417.

WITTROCK, J.: Minimal Cerebral Dysfunction. In: Fortschritte Medizin. 91 (1973). 997—998.

Friedhelm Schilling

Psychomotorische Erziehung für Behinderte

In den letzten Jahren ist zunehmend Kritik geübt worden an den Inhalten des Sportunterrichtes im Elementar- und Primarbereich. Versuche, wie z. B. von Diem und Mitarbeitern (1976) neue Inhalte aus Erfahrung und Praxis zusammenzustellen und zu erproben, führten jedoch nicht zu einem systematisierten Konzept. Einzelne Aspekte wie Motivation, Kreativität, Spielverhalten werden herausgelöst und oft in Kontroverse zueinander methodisch bearbeitet. Dabei werden u. E. wesentliche Voraussetzungen der sportmotorischen Entwicklung vernachlässigt. Die klassische Bewegungslehre befaßt sich heute noch zu sehr mit sportartspezifischen Fertigkeiten und nur am Rande mit der kindlichen Entwicklung.

Die Genese der motorischen Verhaltensweisen ist jedoch Grundvoraussetzung für das Verständnis motorischer Behinderungen und nur über die Pathogenese ist ein fundiertes Konzept der Bewegungserziehung für Behinderte denkbar.

Die Beschäftigung mit bewegungsbehinderten Kindern, mit den Folgezuständen leichter frühkindlicher Hirnschäden, haben zu Einsichten geführt, die die Wahrnehmungs- und Bewegungsentwicklung in den Vordergrund der Persönlichkeitsentwicklung stellen.

Bewegungserziehung hat das Ziel, daß das Kind lernt, sich selbst und die Umwelt optimal zu beherrschen. Der Erwerb der notwendigen Wahrnehmungs- und Bewegungsmuster geschieht in erster Linie durch Lernprozesse, die als fortschreitende Adaptationsprozesse zu charakterisieren sind. Durch Umweltreize in wechselseitiger Abhängigkeit mit der individuellen Bedürfnisstruktur werden dynamische Lernprozesse eingeleitet, die über die Hierarchisierung von Wahrnehmungs- und Bewegungsmustern schließlich zu Verhaltensstrategien führen.

Aus diesen Entwicklungsprozessen läßt sich die These ableiten, daß die Einflußmöglichkeit von Bewegungserziehung und Sport auf Persönlichkeitsmodifikationen außerordentlich groß ist. Sie wurde allgemein in der Sportwissenschaft bisher weit unterschätzt.

Noch deutlicher kann auf die Persönlichkeitsentwicklung *Behinderter* Einfluß durch Bewegung, über Bewegung genommen werden.

Um diese These theoretisch zu fundieren, ist es notwendig, näher auf die Genese motorischer Verhaltensweisen und motorischer Behinderungen einzugehen.

Entwicklung der Motorik

Nach Piaget (1975) existieren bereits auf der Ebene der Reflextätigkeit Interaktionsprozesse zwischen Umwelt und Organismus, die eine aktive Differenzierung der Reflexe und eine entsprechende Bildung von Steuerungsformen des Organismus mit sich bringen. Diese Prozesse sind nicht als passive Reaktionen auf Einwirkungen der Umwelt zu sehen, sondern als aktive wechselseitige Auseinandersetzung mit der Umwelt.

Bevor der Säugling relativ komplexe Aktivitäten aus eigenem Antrieb ausführen kann, muß eine Entwicklung seiner angeborenen Reflexe stattfinden. Diese sind zunächst entweder zu generell oder zu speziell, um ihm ein adaptatives Verhalten zu ermöglichen. Isoliert ablaufende Reflexe werden durch wiederholte Reiz-Reaktions-Abläufe zeitlich organisiert, räumlich ausgedehnt und auf diese Weise in Reflexsysteme integriert.

Parallel zur Differenzierung und Koordinierung des Reflexverhaltens werden die Sinnesleistungen weiter ausgebaut. Anfangs globale Eindrücke werden durch Auslese und Zuordnung zu Identitätsstrukturen zunehmend differenziert. Allmählich entsteht so durch kortikale Informationsverarbeitung eine Ausweitung des Reflexverhaltens zu willkürlichen Bewegungen.

Die Erfordernisse der Umwelt und die eigene Bedürfnisstruktur prägen in hohem Maße die Bewegungsentwicklung im Gegensatz zu der älteren Auffassung, daß die frühe motorische Entwicklung sich vorwiegend nach Anlage, Wachstum und Reifung richte.

Da die Säuglingsmotorik noch vorwiegend durch angepaßtes Reflexverhalten bestimmt wird, könnte das Bewegungsverhalten des Säuglings als *Neuromotorik* bezeichnet werden.

Zunehmend werden Wahrnehmungs- und Bewegungsmuster aufgebaut, die sich in immer stärkerem Maß wechselwirkend beeinflussen. Grundlegende Lernerfahrungen mit den physikalischen Bedingungen der Umwelt beschleunigen den Aufbau und Ausbau von Wahrnehmungs- und Bewegungsmustern.

Dieser Abschnitt der Bewegungsentwicklung wird daher mit dem Begriff Sensomotorik belegt.

Insgesamt wird der sensomotorischen Entwicklungsphase eine hohe Bedeutung im Hinblick auf den Aufbau von Verhaltensstrategien und der kognitiven Entwicklung beigemessen (Piaget 1975).

Bewußtsein und Erleben werden durch sensomotorische Lernerfahrungen zunehmend differenziert und strukturiert. Betätigung schafft ein Abbild der Welt; sie ist eine motorisch-taktile Erforschung der Wirklichkeit. Informationsaustausch ist dem Individuum nur über Sensomotorik möglich. Das Subjektive des Erlebens ist vornehmlich darin zu sehen, daß die sensorische Information mit bisherigen Erfahrungen verglichen wird, dadurch eine affektive Färbung erfährt und schließlich in den bereits vorhandenen Erfahrungsschatz eingeordnet wird. Einzelne, situations-, und materialspezifische Muster werden zu Bereichen hierarchisch geordnet und schließlich zu einem System von Verhaltensstrategien ausgebaut. Diese Lernprozesse sind durch Adaptation an die innere Bedürfnisstruktur und die Bedingungen der Umwelt gekennzeichnet. Da das Erleben, die Affektivität erst durch sensomotorisches Handeln strukturiert wird, könnte man von einem psycho-sensomotorischen Regelkreis sprechen. Die Affektivität wird über die Handlungen und die darauf folgenden Reaktionen der personalen Umwelt zurückempfunden. Wahrnehmungs- und Bewegungsmuster stehen damit in wechselseitiger Abhängigkeit vom Erleben *(Abb. 1)*.

Im Vorschulalter steht der Ausbau von psychomotorischen Mustern im Vordergrund der motorischen Entwicklung. Die Entwicklung des Kindes ist in diesem Altersabschnitt wesentlich abhängig von der emotionalen Bindung an Eltern und Pflegepersonen, deren affektive Rückmeldung Vorbild und Leitfaden ist. Neuere Untersuchungen zeigen, daß es sich hiebei wiederum um wechselseitige Beeinflussungen handelt. Bereits das Lächeln oder Weinen des Säuglings verändert wesentlich das Verhalten der Mutter. Schon in den ersten Anfängen bestimmt das Subjekt somit in hohem Maße durch die Rückkopplung mit der Mutter die eigene Entwicklung. Es handelt sich hierbei wiederum um ein Zusammenspiel von Assimilations- und Akkomodationsmechanismen. Aus diesen Überlegungen heraus könnte man im Vorschulalter verstärkt von einer *psychomotorischen Entwicklungsphase* sprechen. Der Individuationsprozeß wird damit wesentlich durch die Bewegungsentwicklung geprägt. Verhaltensmuster werden als Abbild der dinglichen und personalen Umwelt, aber auch als Abbild der eigenen, erlebten Bedürfnisse in einem wechselwirkenden Anpassungsprozeß aufgebaut.

Eine weitere Einflußgröße stellt die Gruppe dar. Unterschiedliche Bedürfnisse der Gruppenmitglieder müssen aufeinander abgestimmt werden. Mit fortschreitendem Alter sieht sich das Kind zunehmend den Erfordernissen der sozialen Umwelt ausgesetzt. Die Forderungen der gesellschaftlichen Strukturen an das Individuum nehmen von den Eltern über die Geschwister, über Spiel- und Kindergartengruppen bis hin zu Jugend- und Erwachsenengruppen ständig zu.

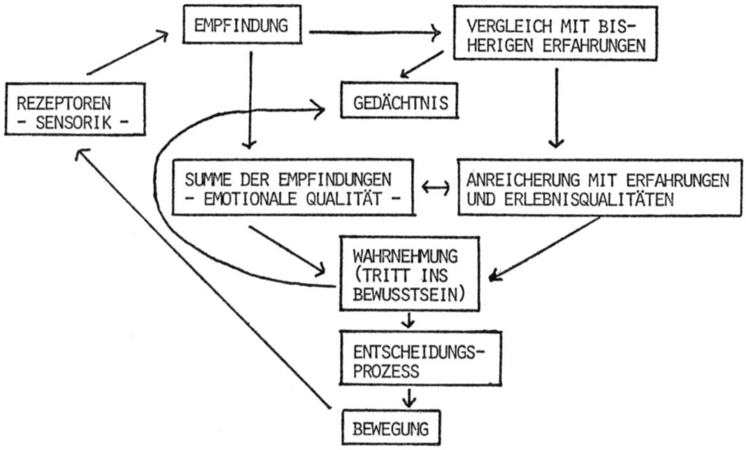

Abb. 1: Blockschema der affektiven Steuerungskomponente.

Aufbau und Integration von Wahrnehmungs- und Bewegungsmustern stehen damit in Adaptationsprozessen zwischen eigenen und sozialen Bedürfnisstrukturen. Diese wechselseitigen Anpassungen vollziehen sich sowohl auf der Ebene der Wahrnehmung und der Bewegung wie auf der Erlebnisebene. Individuationsprozeß und Sozialisationsprozeß führen somit durch wechselseitige Anpassung zu einer weiteren Modifizierung der Verhaltensstrategien. Um diese Prozesse zu verdeutlichen, haben wir den Begriff der *soziomotorischen Entwicklung* eingeführt.

Sportmotorik umfaßt weniger den adaptiven Aufbau von Bewegungsmustern, sondern im wesentlichen den Ausbau vorhandener Muster zu spezifischen Fertigkeiten, die an bestimmte Geräte und Techniken gebunden sind. So gesehen liegt der Schwerpunkt der *sportmotorischen* Entwicklung im Jugendalter, nachdem die allgemeine motorische Entwicklung zu einem gewissen Abschluß gekommen ist.

Insgesamt werden die Begriffe Neuromotorik, Sensomotorik, Psychomotorik und Soziomotorik nicht zur Kennzeichnung bestimmter Entwicklungsstufen verwendet. In dynamischen Lernprozessen unterliegen die erworbenen Wahrnehmungs- und Bewegungsmuster immer wieder neuen Veränderungen, um den Organismus an die jeweiligen inneren und äußeren Bedingungen besser anzupassen. Die Begriffe betonen daher eher bestimmte Aspekte am Gesamtbewegungsgeschehen.

Bewegungsbehinderungen

Innerhalb dieser Prozesse kann es durch sehr verschiedene Störvariablen zu Retardierungen und Auffälligkeiten im motorischen Bereich kommen. Bewegungsstörungen können sowohl Ursache als auch Folge vielfältiger Behinderungen im Kindesalter sein.

So muß praktisch bei jeder Behinderung im frühen Kindesalter mit dem Risiko einer Bewegungsbehinderung gerechnet werden. Der menschliche Organismus hat durch seine Adaptationsfähigkeit die Möglichkeit zu kompensieren, auszugleichen, Funktionen zu verlagern oder Bedürfnisse einzuschränken. In Fällen einer leichten motorischen Behinderung ist es daher schwierig, eine Grenze zur Individualmotorik zu ziehen. Für die Diagnostik ergeben sich damit Schwierigkeiten, sich allein auf die statistischen Normen zu stützen. Vielmehr ist es notwendig, das motorische Verhalten auch ipsativ, in Relation zu dem Gesamtverhalten des Kindes zu betrachten. Genetische Aspekte wie Faktoren des Wachstums und des Körperbaus sind bei leichten Störungen ebenfalls bedeutsam. Durch Testuntersuchungen ließen sich folgende Prozentzahlen motorischer Behinderung finden:

Geistig Behinderte 98%	Sprachbehinderte 52%
Lernbehinderte 70%	Blinde 100%
Verhaltensgestörte 47%	frühkindl. Hirngeschädigte 91%

Daraus ergibt sich in der BRD für das Schulalter die Zahl von mindestens 580 000 behandlungsbedürftigen motorisch behinderten Kindern (SCHILLING 1976).

Bei Kindern mit zerebraler Dysfunktion ist im Hinblick auf Ätiologie, Lokalisation der Schädigung sowie im Hinblick auf Schwere der neurologischen Auffälligkeiten nur ein mäßiger Zusammenhang zu motorischen Behinderungen zu beobachten. Im Laufe der motorischen Entwicklung kommt es durch die Vielzahl von Bedingungsfaktoren zu erheblichen Modifikationen von primären motorischen Störungen.

Zu vermuten ist, daß diese Kinder in der Regel Bewegungsmuster in der Erwerbsphase ungenügend variieren und nur so weit erlernen, daß sie sie anwenden können. Werden jedoch die Situationsbedingungen der auszuführenden motorischen Handlungen geändert, so versagen diese Kinder. KEOGH (1975) spricht beim Erlernen von Bewegungsmustern von verschiedenen Lernstadien. Das Muster hat *Konsistenz* erreicht, wenn das Bewegungsziel in adäquater Weise erreicht wird. Die Lösungswege können dabei verschieden gestaltet sein. Mit zunehmender Übung kann das Bewegungsziel auch unter veränderten Bedingungen erreicht werden. Das Bewegungsmuster wird variierbar. KEOGH spricht dann von *Konstanz*, wenn das Kind gelernt hat, ähnliche oder gleichbleibende Situationen und Reaktionen zu erkennen und anzuwenden. Dadurch wird Flexibilität in der Organisation von Wahrnehmungen und Bewegungsreaktionen erreicht.

Durch den Ausfall einzelner Funktionen entsteht für den gesamten Organismus eine völlig veränderte Situation; er muß die Kommunikation mit der Umwelt neu gestalten. Gleiche Ausfälle können daher bei verschiedenen Individuen zu unterschiedlichen Lernprozessen und damit zu völlig verschiedenem Bewegungsverhalten führen. In Fällen leichter motorischer Behinderung ist es daher sehr schwer, eine Grenze zur Individualmotorik zu ziehen. Die mannigfachen Lösungswege zur Erreichung eines Bewegungszieles lassen eine erhebliche Variationsbreite beim Aufbau bestimmter Bewegungsmuster zu.

Die bei Bewegungsbehinderungen wirksam gewordenen Störfaktoren sind im wesentlichen folgenden Bereichen zugeordnet:

Bereich der Umweltbedingungen

Sind die zur normalen motorischen Entwicklung notwendigen Wahrnehmungs- und Bewegungsreize eingeschränkt wie z. B. bei längerem Heim- oder Krankenhausaufenthalt, bei eingeschränktem Bewegungsraum bei überbehütendem oder vernachlässigendem Erziehungsstil, so kommt es zu Retardierungen in der Bewegungsentwicklung. Insgesamt sind durch hemmende Umwelteinflüsse in der Regel Retardierungen und weniger häufig spezielle Ausfälle im motorischen Bereich zu beobachten.

Bereich der psychisch-emotionalen Steuerung

Psychisch-emotionale Störungen und motorische Auffälligkeiten schaukeln sich wechselseitig auf. Das affektiv gestörte Kind traut sich nur wenig zu, es fehlen ihm dadurch zunehmend Bewegungserfahrungen, die wiederum die affektiven Störungen verstärken. Erlebnisse der Unzulänglichkeit und Unterlegenheit verzögern zunehmend die Bewegungsentwicklung. Es kommt in starkem Maße zur Störung und Disharmonisierung der Gesamtperson des Kindes.

Bereich der sensomotorischen Funktionssysteme

Frühe sensorische Ausfälle und Störungen können ganz erheblich die motorische Entwicklung behindern. Bei angeborener Blindheit sind motorische Behinderungen sehr viel häufiger zu beobachten als bei erworbener Blindheit; die Bewegungsbehinderung scheint entsprechend dem Ausmaß der Sehbehinderung anzusteigen. Wahrnehmungs- und Bewegungsbehinderungen stehen in engem Zusammenhang. Supramodalen Störungen wird dabei im Hinblick auf Lern- und Schulschwierigkeiten zunehmend Bedeutung beigemessen.

Bereich der kognitiven Funktionen

Je schwieriger und komplexer eine zu erlernende motorische Handlung, umso mehr werden kognitive Funktionen notwendige Voraussetzung, so daß geistig Behinderte von einem bestimmten Grad der Schwierigkeit einer motorischen Aufgabe an unfähig sind, diese zu erlernen. Selbst Lernbehinderte zeigten in 70% der Fälle erhebliche Retardierungen.

Bereich der motorischen Funktionssysteme

Diese primären Defekte verursachen vielfältige Störungen und Schwierigkeiten beim Aufbau von Wahrnehmungs- und Bewegungsmustern. Frühkindlich Hirngeschädigte zeigten motorische Störungen in 91% der Fälle (SCHILLING 1977). Häufig sind qualitativ veränderte Bewegungsmuster zu beobachten, die darauf hinweisen, daß ein von der Norm abweichender Lernprozeß zum Erwerb motorischer Muster stattgefunden haben muß.

Bereich des Bewegungsapparates

Körperbehinderungen und orthopädisch faßbare Normabweichungen wie Haltungsschäden usw. führen ebenfalls zu vielfältigen motorischen Entwicklungsstörungen.

Je früher die Behinderungen auftreten, umso intensiver werden die Entwicklungsprozesse im motorischen Bereich gestört. Überkompensation oder biologisch wenig sinnvolle Formen der Adaptation sind die Folge. Es kommt nicht nur zu einzelnen Ausfällen, sondern häufig zu Veränderungen des gesamtmotorischen Verhaltens. Insgesamt zeigen sich die Bewegungsretardierungen und Störungen in einer geringeren Leistungsfähigkeit, häufiger jedoch in einer geringen Zahl der zur Verfügung stehenden Bewegungsmuster.

Die vorhandenen Muster sind zudem verändert und erreichen nicht die Variabilität in der Anwendung wie bei normal entwickelten Kindern. Bewegungsbehinderte Kinder lernen die Muster in der Regel nur so weit, bis sie sie fehlerfrei durchführen können. Sie erreichen keine Bewegungskonstanz. Damit verfügen sie kaum über Bewegungsreserven. Unsicherheit bedeutet jedoch Angst. Bewegungsbehinderte Kinder sind leichter zu stören, zu verletzen und zu irritieren. Ihre Toleranz ist eingeschränkt. Bewegungsfehlentwicklung führt somit zu Isolation, Unsicherheit und vielfältigen Kommunikationsstörungen. Normale Bewegungsentwicklung dagegen macht frei, unabhängig, selbständig und damit sicher sich selbst und anderen gegenüber. Daher ist es vordringliche Aufgabe der psychomotorischen Erziehung, dem Kind zu umfangreichen und möglichst breit variierten Wahrnehmungs- und Bewegungsmustern zu verhelfen. Das einseitig kognitiv geförderte Kind wird emotional verarmen und damit Voraussetzungen für spätere neurotische Fehlentwicklungen mitbringen. Wahrnehmungs- und Bewegungsförderung gibt dem Kind die Möglichkeit, sich selbst und die Umwelt in wechselnden Situationen optimal zu beherrschen. Psychomotorische Erziehung wird so zur psychohygienischen Maßnahme.

Psychomotorische Erziehung

Im Elementar- und Primarbereich sollte der Sportunterricht daher mehr variiert anwendbare Bewegungsmuster vermitteln und erst allmählich zu sportartspezifischen Fertigkeiten hinführen. Insbesondere bei leistungsschwachen und bewegungsbehinderten Schülern sollte das Erlernen von grundlegenden Wahrnehmungs- und Bewegungsmustern im Vordergrund stehen. Der leistungsschwache Schüler zeigt in der Regel verdeckte Bewegungsbeeinträchtigungen, die nachweislich zu schwerwiegenden Folgen für die gesamte weitere Entwicklung führen können. Voraussetzung für eine individuelle Bewegungserziehung ist eine fundierte Bewegungsdiagnostik, die über das Beobachten in alltäglichen Bewegungssituationen hinausgehen muß.

Die Inhalte der psychomotorischen Erziehung sind weitgehend identisch mit denen der psychomotorischen Therapie. Therapie setzt allerdings eine noch differenziertere Diagnostik voraus, die neben der sensorischen und motorischen Befunderhebung Daten über Intelligenz und Bereiche der engeren Persönlichkeit enthalten sollte. Der Therapeut muß in der Lage sein, sensorische und motorische Lernprozesse optimal zu gestalten und gruppendynamische Prozesse einzuleiten. Die Übungsmaßnahmen stützen sich auf den jeweiligen Entwicklungsstand in den einzelnen Funktionsbereichen mit dem Ziel einer möglichst weitgehenden Annäherung an die Altersnorm bzw. einer optimalen Selbstverwirklichung. In der psychomotorischen Erziehung ist eine ausgleichende Förderung aller Funktionsbereiche anzustreben, um Wechselwirkungen zwischen den Funktionsbereichen verstärkt in Gang zu setzen.

Für den Aufbau von Übungsreihen und Stundenbildern sind folgende pädagogisch-methodische Grundsätze zu berücksichtigen:

— Lernprozesse setzen eine möglichst hohe Motivation der Kinder voraus, die durch wechselnde Anforderungen und Attraktivität der Bewegungsaufgaben erzielt wird.
— Die Übungen sollen so gestaltet sein, daß Gruppeninteraktionen möglich werden (z. B. Partnerübungen, Spiele usw.).
— Übungsfortschritt ist dann optimal zu erreichen, wenn der Grad der Schwierigkeit und Komplexität der Aufgaben dem individuellen Lernniveau angepaßt ist.
— Aufgaben gleichen Schwierigkeits- und Komplexitätsgrades müssen in verschiedensten Situationen mehrmals neu variiert werden.
— Die Schwierigkeit der Aufgaben soll durch Veränderung des Materials und der Situation in jeweils kleinen Schritten gesteigert werden (z. B. durch kleiner oder schwerer werdende Bälle).

— Die Komplexität der Aufgaben soll durch Erweiterung der Handlungen zunehmend erhöht werden.

Beispiel:

Balancieren über einen Balken, dann zusätzlich einen Ball hochwerfen und auffangen, dann zusätzlich bei bestimmter Musik auf dem Balken rückwärts balancieren usw.

Das Kind lernt auf diese Weise zunehmend Informationen über mehrere Sinne gleichzeitig aufzunehmen und mit verschiedenen parallel laufenden Tätigkeiten zu reagieren.

Folgende Bereiche werden in der psychomotorischen Elementarerziehung berücksichtigt:

1. Sinnesübungen im akustischen, visuellen, taktilen und kinästhetischen Bereich. Es werden vor allem differenzierte Wahrnehmungen geübt, wobei der Orientierung des Körpers in Raum und Zeit große Bedeutung beigemessen wird. Wichtig sind dabei Übungsreihen, in denen Wahrnehmungen verschiedener Sinnesgebiete kombiniert werden müssen.
2. Übungen zur Beherrschung des Gleichgewichts, zur Kontrolle der Koordination des Körpers und der Extremitäten. Das Kind lernt seine Bewegungen ökonomisch und angepaßt zu vollziehen, Wahrnehmung und Bewegung aufeinander abzustimmen z. B. dadurch, daß Bewegungen visuell geführt werden. Eine Vielzahl von Geräten, Gebrauchsgegenständen und Spielzeug werden für diese Übungen eingesetzt.
3. Kontrolle der willentlichen Hemmung, der Anspannung und Entspannung. Das Kind muß lernen, sich total entspannen zu können, Bewegungen beliebig abbrechen und plötzlich wieder in Gang setzen zu können. Atemtechniken und andere Entspannungstechniken kommen hier zur Anwendung.
4. Anpassung an Rhythmus und Musik, indem die Bewegung sich nach vorgegebenen Zeitabläufen richtet. Die Übungen haben das Ziel, daß das Kind durch Anpassung an verschiedene Zeitstrukturen zu Eigenrhythmus und innerer Ordnung findet.
5. Übungen des Erfindens und Darstellens. Die Kinder lernen Emotionen, Konflikte und Erlebnisse in Bewegung umzusetzen, sie darzustellen. Sie lernen, Bewegungen zu erfinden, um so zu einer geordneten Selbstätigkeit zu gelangen. Die Lust an der Bewegung, die Kreativität der Darstellung sollen dadurch gefördert werden.

Die wissenschaftliche Fundierung des Konzeptes „Erziehung durch Bewegung" steht erst am Anfang. Die Grundlagen-Kommission des Aktionskreises Psychomotorik hält es für notwendig, die Motologie als neues Fachgebiet zur Abdeckung dieser Problemkomplexe zu etablieren. Abb. 2 gibt den Aufbau des Fachgebietes Motologie wieder. An der Universität Marburg wird verstärkt an diesem Konzept gearbeitet, um einen neuen Studiengang zur Ausbildung von Diplom-Motologen vorzubereiten.

Dabei wird Motopädagogik als Konzept der Persönlichkeitserziehung über sensorische und motorische Lernprozesse verstanden. Bewegungserziehung für Behinderte läßt sich in einem Spezifikum dieses Ansatzes darstellen.

Die Grundlagenkommission stellt folgendes Konzept zur Diskussion:

Als Richtziel der Motopädagogik wird die Befähigung angesehen, sich sinnvoll mit sich selbst, mit seiner dinglichen und personalen Umwelt kritisch auseinandersetzen und entsprechend handeln zu können.

Damit sind folgende Kompetenzbereiche angesprochen:

1. seinen Körper erfahren, erleben, mit ihm umgehen können (Ich-Kompetenz);
2. sich an die Umweltgegebenheiten anpassen zu können und die Umwelt an sich anpassen zu können, mit ihr umgehen können, sie verändern können (Sach- und Handlungskompetenz);
3. sich an andere anpassen zu können, andere verändern, an sich anpassen zu können und damit kommunizieren zu können (Sozialkompetenz).

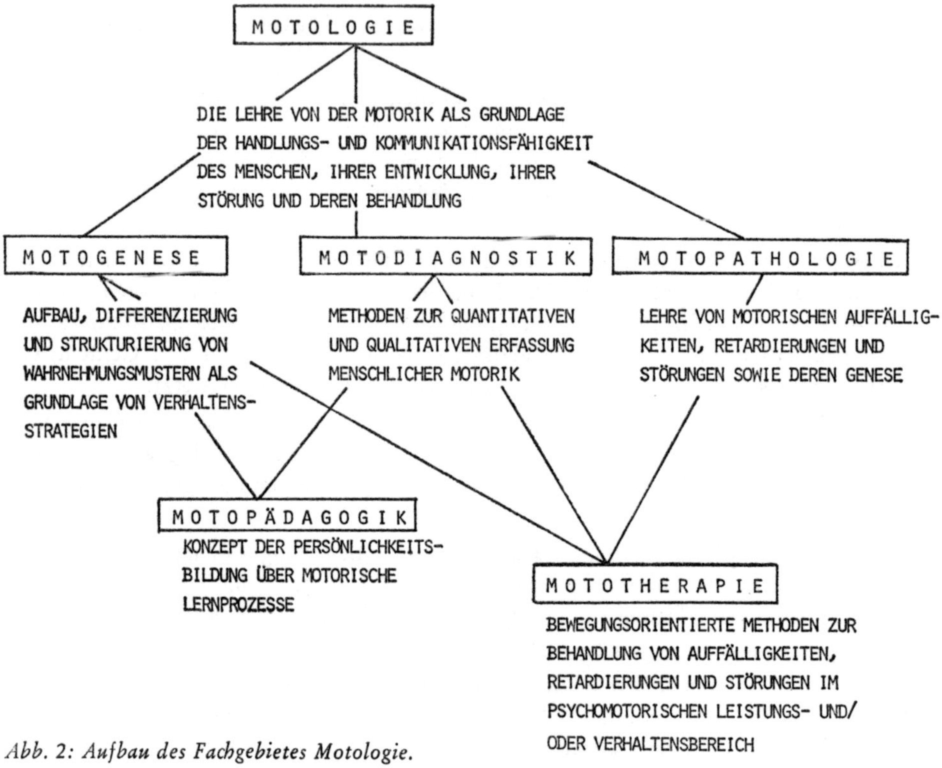

Abb. 2: Aufbau des Fachgebietes Motologie.

Diese drei Kompetenzbereiche sind in engem wechselwirkenden Zusammenhang zu sehen. So wird z. B. die Verbesserung der Sachkompetenz eine positive Rückwirkung auf die Ichkompetenz haben, dadurch, daß das „Ich" sich besser in der Umwelt zurechtfindet, sicherer wird und mehr Möglichkeiten der Auseinandersetzung mit der Umwelt hat. Der Lernprozeß beginnt mit der Wahrnehmung der Dinge in ihren verschiedenen Qualitäten und Funktionen, führt über das Erleben und der Verinnerlichung dieses Wissens (Generalisierungs- und Abstraktionsprozesse sind hier wesentlich) schließlich zur Möglichkeit des Umgehens, mit den Dingen, des Veränderns der Dinge, des Handelns.

Die einzelnen Kompetenzen können durch Ingangsetzen folgender Lern- bzw. Anpassungsprozesse aufgebaut werden. Lernziele sind hier als Prozesse dargestellt, da keine Endzustände festgelegt werden sollen, sondern das Kind individuell jeweils nach den eigenen und sozialen Bedürfnissen die Prozesse selbst gestalten soll. Das Kind soll nicht an die Welt der Erwachsenen angepaßt werden, sondern soll lernen sich anpassen und verändern zu können.

Dies geschieht durch folgende Prozesse:

I. Ichkompetenz

- — den Körper und seine Struktur in Haltung und Bewegung zunehmend besser wahrnehmen, bewußt zu erleben und zu kontrollieren (Körperschema);
- — multisensorielle Informationen zunehmend besser zu verarbeiten;
- — motorische Lernerfahrungen zunehmend besser zu speichern;
- — Bewegungsabläufe zunehmend sich besser vorzustellen und zu planen;
- — das eigene Leistungsvermögen zunehmend realistischer einschätzen;
- — Bewegungserfahrungen zunehmend besser zu generalisieren;
- — seinen Organismus durch Bewegung zunehmend leistungsfähiger zu machen bzw. leistungsfähig zu erhalten;
- — sich zunehmend besser zu konzentrieren;
- — Emotionen zunehmend besser auszudrücken bzw. zu beherrschen;
- — Konflikte zunehmend besser bewußt zu machen und zu bewältigen;
- — Bedürfnisse zunehmend besser bewußt zu erleben.

II. Sach- und Handlungskompetenz

- — die physikalischen Eigenschaften der Umwelt zunehmend besser zu erfassen und damit variabel umzugehen;
- — räumlich und zeitliche Dimensionen und Strukturen zunehmend besser zu erfassen und damit variabel umzugehen;
- — das verinnerlichte Körperschema in tätiger Auseinandersetzung mit der Umwelt zunehmend besser zu erfahren;
- — über konkrete sensomotorische Erfahrungen zunehmend zur Begriffsbildung und zur Abstraktion zu gelangen;
- — Bewegungsabläufe zunehmend besser zu verbalisieren;
- — Bewegungsvollzüge zunehmend besser zu gestalten und zu ökonomisieren;
- — zunehmend selbstätiger und gestaltend zu handeln.

III. Sozialkompetenz

- — den Sinngehalt verbaler und nonverbaler Aufgaben zunehmend besser zu verstehen;
- — Emotionen zunehmend adäquater zu äußern;
- — zunehmend seine Identität im sozialen Kontext zu erkennen und sich in einer Gemeinschaft zu erleben;
- — die Identität anderer zunehmend besser zu erkennen, nachzuerleben und anzuerkennen;
- — zunehmend sensibel zu werden für eigene und gesellschaftliche Bedürfnisse;
- — zunehmend bereit zu sein, Kontakt auf-/anzunehmen, Beziehungen zu knüpfen und aufrecht zu erhalten;
- — zunehmend bereit zu sein, zu kommunizieren und kooperieren;
- — sich auf einzelnen bzw. Gruppen zunehmend besser einzustellen und miteinander abzustimmen;
- — die Fähigkeit entwickeln, Verantwortung zu übernehmen bzw. abzugeben;
- — die Fähigkeit entwickeln, Rollen zu übernehmen, sich rollenadäquat zu verhalten und Rollenkonflikte angemessen zu bewältigen;
- — zunehmend sich konstruktiv handelnd in ein Gruppengeschehen einzubringen;
- — seine Bedürfnisse gegenüber anderen zunehmend besser zu äußern und durchzusetzen.

Inhalte der Motopädagogik

Die nachfolgenden Inhalte dienen der Realisierung von Prozessen, die regelkreisartig über Wahrnehmung, Bewegung, Erleben und Kognition ablaufen. Die affektiven und kognitiven Lernzielbereiche werden durch spezifische Variationen der Lernbedingungen angegangen und somit in den didaktisch-methodischen Ausführungen angesprochen. Das Gleiche trifft für das Ingangsetzen von Lernprozessen zur Verbesserung der drei Kompetenzbereiche zu. Über Wiederholungen, Variationen von äußeren und inneren Bedingungsfeldern werden Änderungen in den Regelkreisen provoziert, die aufgrund von Adaptationsprozessen zu höherer Differenzierung, Strukturierung und Zentralisierung der zentralnervösen Steuerungskomplexe führen. Unter Variationen von Bedingungsfelder werden z. B. im Hinblick auf Ichkompetenz Änderungen der Motivation oder Aktivität, im Hinblick auf Sach- und Handlungskompetenz Änderungen der situativen Gegebenheiten sowie im Hinblick auf Sozialkompetenz Einbeziehung von Personen in Handlungsabläufe verstanden. Die eigentlichen Inhalte bleiben dabei die gleichen. (Vgl. *Abb. 1*, Blockschema der affektiven Steuerungskomponente.)

Die Prozesse laufen vom Wahrnehmen zum Bewegen, vom Bewegen zum Wahrnehmen über die affektive Steuerung und kognitive Verarbeitung. Durch diese beliebig wiederholbaren Schleifen werden Fähigkeiten entwickelt. Durch Instruktionen bzw. situative Veränderungen lassen sich in dem Prozeß von der Bewegung zur Wahrnehmung und von der Wahrnehmung zur Bewegung sowohl Erlebnisinhalte wie auch kognitive Inhalte methodisch herausarbeiten.

— Die Erlebnisqualität kann durch Ausdrucksdarstellungen, Bewegung oder Verbalisierung herausgehoben werden.
— Kognitive Inhalte werden durch Bewußtmachung und Verbalisierung verdeutlicht.

a) *Akustischer Bereich*

Vom Hören zum Bewegen, d. h.:
— auf akustische Signale reagieren;
— Gehörtem nachfolgen;
— auf Gehörtes zeigen;
— Gehörtes wiederholen bzw. wiedergeben;
— Gehörtes benennen;
— Gehörtes darstellen;
— Gehörtes zeitlich, räumlich, dynamisch gliedern.

Vom Bewegen zum Hören, d. h.:
— durch Experimentieren (mit dem eigenen Körper/mit Gegenständen) Geräusche erzeugen;
— durch Bewegung Geräusche zeitlich, räumlich, dynamisch gliedern;
— durch bestimmte (differenzierter werdende) Bewegungen Geräusche erfahren/wahrnehmen;
— durch Bewegung Geräuschqualitäten beeinflussen.

b) *Visueller Bereich*

Vom Sehen zum Bewegen, d. h.:
— auf visuelle Signale reagieren;
— auf Gesehenes zeigen;
— Gesehenes wiederholen bzw. wiedergeben;

— Gesehenes benennen;
— Gesehenes darstellen;
— Gesehenes zeitlich, räumlich, dynamisch gliedern.

Vom Bewegen zum Sehen, d. h.:
— durch Experimentieren sich visuelle Eindrücke verschaffen;
— durch Bewegung zeitlich, räumlich sichtbare Veränderungen vornehmen und visuell wahrnehmen;
— durch bestimmte Bewegungen diese visuell wahrnehmen;
— durch Bewegung Sichtbares beeinflussen.

c) *Haptischer Bereich*

Vom Tasten zum Bewegen, d. h.:
— auf taktile Reize reagieren;
— taktil Wahrgenommenem nachfolgen;
— taktil Wahrgenommenes zeigen;
— taktil Wahrgenommenes wiederholen und wiedergeben;
— taktil Wahrgenommenes benennen;
— taktil Wahrgenommenes darstellen;
— taktil Wahrgenommenes zeitlich, räumlich gliedern.

Vom Bewegen zum Tasten, d. h.:
— durch Experimentieren (mit Gegenständen/mit dem eigenen Körper) taktile Erfahrungen sammeln;
— durch Bewegung den Raum taktil wahrnehmen und taktil räumliche Veränderungen vornehmen und diese wahrnehmen;
— durch bestimmte Bewegungen diese taktil wahrnehmen;
— durch Bewegung Tastbares beeinflussen, Tastqualitäten beeinflussen.

b) *Kinästhetischer Bereich*

Von der Bewegung zur kinästhetischen Wahrnehmung und Kontrolle der Bewegung durch kinästhetische Wahrnehmung, d. h.:
— durch Experimentieren mit dem eigenen Körper kinästhetische Erfahrungen sammeln;
— durch Bewegung den Körper in seiner räumlichen, zeitlichen Realität erfahren;
— durch Bewegung Teile des Körpers kinästhetisch wahrnehmen;
— durch Bewegung, Haltung und Lage des Körpers kinästhetisch wahrnehmen;
— durch bestimmte Bewegungen Veränderungen von Haltungen und Lagen kinästhetisch wahrnehmen;
— durch Bewegung die Schwerkraft wahrnehmen;
— durch Bewegung, Druck, Zug, Torsionen wahrnehmen;
— durch Bewegung Rotationen wahrnehmen (mit Hinweis auf den Vestibularbereich).

Das hier vorgestellte Konzept wurde von der Grundlagenkommission des Aktionskreises erarbeitet und von Frau SCHÄFER, Bielefeld, im wesentlichen formuliert. Wir stellen es zur Diskussion und sind dankbar für Kritik und weitere Hilfen: Aktionskreis Psychomotorik, Pfälzer Straße 39, 4800 Bielefeld 1.

Literatur

DIEM, L.: Auf die ersten Lebensjahre kommt es an. Stuttgart 1976.

KEOGH, J. F.: Konsistenz und Konstanz in der vorschulischen Bewegungsentwicklung. In: MÜLLER/DECKER/SCHILLING (Hrsg.): Motorik im Vorschulalter. Schorndorf 1975, 26—30.

PIAGET, J.: Gesammelte Werke. Studienausgabe. Stuttgart 1975.

SCHILLING, F.: Zum Stand des Faches Motologie und der Ausbildung von Motologen und Mototherapeuten. In: Psychomotorik 1 (1976), 4—10.

SCHILLING, F.: Diagnose und Therapie motorischer Störungen bei Kindern mit minimaler zerebraler Dysfunktion. In: Psychomotorik 2 (1977), 47—56.

Diskussion des Arbeitskreises 2

1. Kinder der verschiedensten Behinderungsarten haben ein besonderes Recht auf Bewegungserziehung, da in der Regel die vordergründige Behinderung ursächlich mit Wahrnehmungs- und Bewegungsstörungen im Zusammenhang steht. Über das Erlernen grundlegender Wahrnehmungs- und Bewegungsmuster wird diesen Kindern eine umfassende Hilfe für die Persönlichkeitsentwicklung gegeben.
2. Dem Arbeitskreis wurde der Entwurf eines Curriculums für Motopädagogik zur Diskussion vorgelegt, der von einer Grundlagenkommission des Aktionskreises Psychomotorik erstellt wurde. Die AK-Teilnehmer vertreten die Auffassung, daß dieser Diskussionsentwurf, der sich an der Gesamtentwicklung des Kindes orientiert und auf der Basis von Modellvorstellungen zur motorischen Entwicklung erstellt wurde, geeignet ist, nicht nur den bisherigen Sportunterricht im Elementar- und Primarbereich zu ergänzen und zu bereichern, sondern wesentlich das Gesamterziehungskonzept unserer Vorschul- und Schulwirklichkeit beeinflussen kann. Dies bedeutet keine Alternative zum traditionellen Sportunterricht, sondern eine Erweiterung seiner Möglichkeiten.
3. Über Variationen von didaktisch-methodischen Maßnahmen ermöglicht dieses Konzept, behinderungsorientierte Curricula der Bewegungserziehung zu entwickeln. Motopädagogik wird so zu Mototherapie.
4. Die AK-Teilnehmer sind daher der Meinung, daß dieses Konzept auf breiter Basis — und zwar interdisziplinär — sowohl in den Wissenschaftsbereichen Sportwissenschaft, Medizin, Psychologie, Pädagogik und Sonderschulpädagogik wie auch in den Praxisbereichen diskutiert werden muß. Verstärkt sollen auch die im DSB organisierten Sportverbände wie DTB und Behindertensportverband wie auch die Organisationen, die sich mit Behinderten oder dem Medium Bewegung befassen, angesprochen werden.
5. Es wurde festgestellt, daß das Konzept Erziehung durch Bewegung sich im Behindertenbereich bewährt hat, jedoch auf den Normalbereich bisher nicht übertragen wurde.
6. Nach eingehender Diskussion wurde gefordert, daß in Modellversuchen eine Umsetzung dieses Konzeptes in die Praxis erfolgt und erprobt wird. Dabei sollen die außerschulischen Bereiche wie auch die Elternarbeit mit einbezogen werden.
7. Gefordert wird die Berücksichtigung der gewonnenen Einsichten in der Aus-, Fort- und Weiterbildung der in diesen Bereichen tätigen Pädagogen, Psychologen und Ärzten sowie eine verstärkte Aufklärung der Öffentlichkeit, insbesondere der Eltern.
8. Notwendig wird letztlich eine Überprüfung der Sportstätten und ihrer Ausstattung sowie die Einführung von neuen Geräten und Unterrichtsmaterialien, die in besonderem Maße geeignet sind, Prozesse zur Ausdifferenzierung von Wahrnehmungs- und Bewegungsmustern einzuleiten, die dem Kind zu Ichkompetenz, Sachkompetenz und zur Sozialkompetenz verhelfen.
9. Bewegungserziehung für Behinderte wurde bisher weitgehend den im Behindertenbereich tätigen Lehrern und Therapeuten in Eigenverantwortung überlassen. Der Sport mit Behinderten und Leistungsschwachen sollte daher an den Hochschulen in Forschung und Lehre mehr als bisher betont und in der Ausbildung aller Studierenden behandelt werden. Für die einzelnen Behinderungsarten sind spezifische Qualifikationen in der Bewegungserziehung anzustreben. Notwendig scheint ein Bundeszentrum für Bewegungsbehinderungen, das — interdisziplinär angelegt — sowohl Grundlagenforschung betreibt wie auch Inhalte und Methoden für die Arbeit mit den verschiedenen Behinderten anbieten sollte. Eine enge Kooperation mit den Behindertenverbänden ist dabei anzustreben.
10. Die Betreuung der Behinderten im Bewegungsbereich kann nicht allein Aufgabe von Schule und Behinderteneinrichtungen sein. Unsere Vereine sind in der Regel leistungsorientiert und auf die Aufgabe Behinderte zu betreuen noch nicht vorbereitet. Eine sinnvolle Kooperation von Schule und Verein scheint hier notwendig. Die Ausbildung von Übungsleitern für den Behindertenbereich ist bis heute zu allgemein und damit unzureichend. Je stärker die Behinderung, umso schwieriger ist die pädagogische Arbeit mit diesen Behinderten, umso gründlicher und breiter angelegt muß die Ausbildung der Betreuer sein. Gesellschaftspolitisch ist diese Investion auf lange Sicht ökonomischer als die bisherigen mehr auf Privatinitiative Einzelner beruhenden Maßnahmen.

11. Das Schulsonderturnen kann die Aufgabe der Bewegungserziehung für Behinderte allein nicht übernehmen. Diagnostiziert werden ausschließlich orthopädische Schwächen, die in der Schule mit wenig kindgemäßen Übungen angegangen werden. Es fehlen sowohl Erfolgskontrollen und Nachuntersuchungen aber auch Angaben über Lernverläufe und die Effizienz bestimmter Übungsteile. Koordinationsschwächen können in der Regel von den Schulärzten nicht diagnostiziert werden; notwendig sind dafür spezifische Testverfahren, denn leichtere motorische Behinderungen bleiben der Beobachtung verborgen. Darüber hinaus stehen dem Schulsonderturnen keine spezifischen Übungsprogramme für diesen Bereich zur Verfügung. Hier wird eine enge Zusammenarbeit zwischen Vertretern des Schulsonderturnens und der Psychomotorik dringend notwendig sein.
12. Die AK-Teilnehmer bemängeln schließlich, daß über die Arbeit des Aktionskreises in der Öffentlichkeit zu wenig bekannt sei: Das vorgelegte Konzept der „Erziehung durch Bewegung“ müsse in die gesamte Pädagogik hineingetragen werden. Eine Erprobung in unterschiedlichsten Praxisfeldern sei erforderlich, damit Zusammenhänge zwischen Theorie, didaktischen Konsequenzen und Unterrichtsrealität aufgezeigt werden könnten.
    Notwendig seien als Sofortmaßnahmen praxisnahe Fortbildungsveranstaltungen, die z. B. in Verbindung mit Kongressen angeboten werden können.

Unter Mitarbeit von Elisabeth Steimann und Gaby Supe

ARBEITSKREIS 3

Sonderturnen in Schule und Verein

Arbeitskreis-Leiter: PAUL KIEFER
Referenten: HANNS SCHOBERTH und THEO LAUTWEIN

HANNS SCHOBERTH

Medizinische Aspekte beim Schulsonderturnen

Allgemeine Überlegungen

Die normale Entwicklung des Menschen vom Säugling zum Erwachsenen vollzieht sich nur, wenn sich der Körper den Reizen der Umwelt stellt. Daß er dabei bis an die Extreme belastet werden kann, liegt auf der Hand. Werden diese Grenzen überschritten, bedeutet dies Bedrohung des Lebens. Auf diesen Erkenntnissen beruhen die Forderungen moderner Hygiene. Daß aber auch eine Untersuchung der exogenen Reizsetzung zu Schädigungen, ja unter Umständen zur Aufhebung des Lebens führen kann, wurde lange Zeit nicht genügend berücksichtigt. So ist aus der Sorge um die Überforderung die Unterbeanspruchung gewachsen, die ihrerseits zum präventiv-medizinischen Problem wird.

Mit der Geburt ist die Embryonalzeit abgeschlossen. Das Neugeborene weist bestimmte Reifungszeichen auf. Es ist befähigt, in der Umwelt, im Gravitationsfeld der Erde zu leben. Dabei bedarf es zunächst der Fürsorge der Mutter für Nahrungsaufnahme und Körperpflege. Erst im Laufe der Jahre wird der Mensch so weit selbständig, daß er sich selbst behelfen kann. Diese Eigenart steht im Gegensatz zu dem Verhalten der meisten Tiere, einerlei ob Nesthocker oder Nestflüchtling. Während wir beim Nesthocker wenigstens hinsichtlich der Nahrungsaufnahme ähnliche Verhältnisse wie beim Menschen finden, ist der Nestflüchtling dadurch charakterisiert, daß er alsbald mit dem Eintritt in die irdische Realität sich selbst versorgen kann.

Jedem Lebewesen sind bestimmte motorische Verhaltensweisen angeboren. Sie bestimmen seine Fähigkeit zur Nahrungssuche, zur Paarung und zur Brutpflege. Selbsterhaltung und Arterhaltung sind dabei die übergeordneten Prinzipien.

Beim menschlichen Individuum sind bestimmte Instinktivbilder ohne Zweifel angeboren. Die Fähigkeit zum aufrechten Gang, die Art, sich fortbewegen zu können, schließlich aber auch bestimmte manuelle Fertigkeiten sind im Code programmiert. Wie Patienten mit frühkindlicher Hirnstörung aber zeigen, sind auch diese Primitivfunktionen an eine motorische Reifung gebunden. Die Kenntnis dieser Entwicklung soll Ausgangspunkt für die weitere Betrachtung sein.

Das Gehirn des neugeborenen Menschen ist in vielen seiner Teile noch unreif und nicht funktionsfähig. Die Nervenzellen und die Nervenfasern des Großgehirnes sind noch nicht ausgereift. Das Neugeborene ist mit bestimmten Reflexen ausgestattet, die über den Hirnstamm laufen. Es ist ein Hirnstammwesen. Erst im Laufe der Zeit — im Zusammenhang mit der Erhöhung des Hirngewichtes — entwickeln sich die weiteren Strukturen. Die Entwicklung ist etwa um das 8. Lebensjahr abgeschlossen.

Im Zusammenhang mit der anatomischen Reifung werden auch bestimmte frühkindliche Reflexe abgebaut, andererseits bestimmte Bewegungsbilder aufgenommen. Diese Bewegungsbilder entstanden durch ständige Übung, werden in bestimmten Zentren gespeichert, sie stehen dann für eine Verbindung zu komplexen Bewegungen zur Verfügung. Nur wenn die Reifung, nämlich der Abbau frühkindlicher Hirnreflexe und die Speicherung von motorischen Bewegungsbildern, ungestört abläuft, ist ein normales motorisches Verhalten möglich.

Das Gesagte verdeutlicht, daß die motorischen Grundeigenschaften des Menschen zwar anlagebedingt vorhanden sind, daß ihre Ausreifung aber an den systematischen Gebrauch gebunden ist. Dies macht sich in allen Qualitäten, speziell aber bei der Koordination besonders deutlich bemerkbar.

Nach neueren Erkenntnissen sind hier die ersten drei Lebensjahre von entscheidender Bedeutung. Es kommt darauf an, dem Bewegungsdrang des Kindes nachzugeben und ihm freie Entfaltung zu lassen. Die motorische Entwicklung erkennt man besonders deutlich an der Entwicklung der Fingerfertigkeit. Während im 3. Lebensmonat ein in der Hand befindlicher Gegenstand bereits zum Munde geführt werden kann, vergehen noch 3 bis 4 Jahre, bis feinere koordinative Fähigkeiten, wie Zuknöpfen von Kleidungsstücken oder Striche zeichnen, möglich werden.

Auch an der Muskulatur vollziehen sich charakteristische Veränderungen. Während die Beugemuskulatur ein deutliches Übergewicht gegenüber den Streckern beim Neugeborenen und beim Kleinkind zeigt, setzt sich allmählich mit der Inanspruchnahme der Extensoren eine Aufrichtung durch. So können schließlich die Hüftgelenke gestreckt und der Rumpf aufgerichtet werden. Diese Entwicklung ist für die Haltung deswegen von besonderer Bedeutung, weil im Zusammenhang mit dem vermehrten Einsatz der Strecker die Wirbelsäulenkrümmung sich von der infantilen zur erwachsenen Form hin entwickeln. Besonders deutlich sind die Veränderungen, die am Übergang von der Lendenwirbelsäule zum Kreuzbein sichtbar werden.

Das frühkindliche Kreuzbein zeigt, ähnlich wie das Sakrum bei anthropoiden Affen, noch eine Streckhaltung. Im Laufe des ersten Lebensjahrzehntes — abgeschlossen erst in der präpuberalen Phase — tritt dann eine Verlagerung des 1. Kreuzbeinwirbels ein. Er wandert nach unten und vorne, so daß die für den Erwachsenen charakteristische Krümmung entsteht. Weil der 5. Lendenwirbel mit dem 1. Kreuzbein ligamentär durch die Bandscheibe fest verbunden ist, muß sich diese Verlagerung auch auf die Wirbelsäulenform selbst auswirken. So entsteht gegen Ende des ersten Lebensjahrzehntes dann die charakteristische Lordose. Diese Entwicklung kann, durch vielfältige Umstände bedingt, gestört werden. Dann bleibt die gestreckte Kreuzbeinform auch im Erwachsenenalter vorhanden. Daraus ergeben sich häufig Überlastungsstörungen, die infantile Kreuzbeinform wird zu einer wichtigen Präarthrose, zu einer Vorstufe des Gelenkverschleißes am Lumbosakralübergang.

Die normale Entwicklung der Rückenform ist gebunden an die volle Aufrichtung des Rumpfes. Voraussetzung hierfür ist die Fähigkeit zur Streckung in den Hüftgelenken.

Beim Neugeborenen findet sich eine Beugehaltung in Hüft- und Kniegelenken. Man erkennt diese physiologische Kontraktur auch noch beim Kleinkind, das am Laufbeginn steht. Erst allmählich kann die Hüfte durch Einsatz der Gesäß- und Bauchmuskulatur vollkommen gestreckt werden. Nur wenn die absolute Streckung erreicht wird, kann das Becken im Stehen voll aufgerichtet werden — eine wesentliche Voraussetzung für die Ausbildung normaler Rückenformen. Die mangelnde Streckbarkeit des Hüftgelenkes ist im übrigen notwendig zur Sicherung der Kongruenz der gelenkbildenden Knochen. Bekanntlich ist das Hüftgelenk bei der Geburt nicht vollkommen ausgereift und bedarf einer gewissen Schonhaltung in Beugestellung. Wird eine zu frühe Streckung erzwungen, kann es zur Entfernung des Kopfes aus der Pfanne, zur Distraktion und damit zur Präluxation kommen.

Ähnliche Formveränderungen wie an der Wirbelsäule findet man auch an den Füßen. Das neugeborene Kind zeigt im allgemeinen ein stark ausgebildetes Fettpolster in den Fußsohlen. Die Füße stehen im oberen Sprunggelenk nicht selten in Hakenfußstellung, die Unterschenkel sind im O-Bein-Sinne gekrümmt. Im Laufe des ersten Lebensjahres kommt es zu einer zunehmenden Streckung. Das physiologische O-Bein wandelt sich um in ein X-Bein, mit einer Knickfußstellung verbunden. Knickfußstellung und ausgebildetes Fettpolster an den Fußsohlen vermitteln den Eindruck einer Fußsenkung. Der kindliche Knick-Senk-Fuß wurde früher häufig mit Einlagen versorgt. Diese Einlagenversorgung ist auch heute teilweise noch üblich, obwohl der Orthopäde Spitzy bereits 1930 darauf hingewiesen hat, daß der Knickfuß des Kindes ein normales physiologisches Durchgangsstadium sei. Auf einer Fortbildungstagung des Berufsverbandes der Orthopäden hat Prof. Immhäuser aus Köln auf diese Entwicklung besonders eindringlich hingewiesen. Mir scheint diese Feststellung deswegen von Bedeutung, weil der kindliche Knick-Senk-Fuß keinerlei Behandlung im Sinne einer Abstützung oder Einlagenversorgung bedarf. Die früher häufig gegebenen Nachtschienen sind ohnehin glücklicherweise längst verlassen. Zur Entwicklung der normalen Fußform ist allerdings die Ausbildung der Muskulatur von entscheidender Bedeutung. Die Längswölbung des Fußes, mehr aber noch das Quergewölbe hängen ab von dem ungestörten Einsatz der um die beiden Knöchel verlaufenden Muskeln. Es sind dies der Wadenbeinmuskel und der hintere Schienbeinmuskel. Beide verklammern das Quergewölbe und garantieren eine effektvolle Führung in den Fußgelenken. Vergegenwärtigt man sich die Phase des Abdrückens beim Laufen, wird erkenntlich, daß die letzte Kraft aus der Fußsohlenmuskulatur und den Zehenbeugern, vor allem dem Großzehenbeuger kommt. Diese Muskulatur muß sich im Laufe der Entwicklung besonders herausbilden. Eine normale Fußmuskulatur kann aber nur dann entstehen, wenn die notwendigen Entwicklungsreize gesetzt werden. Dies ist nur dann der Fall, wenn die Fußgelenke einschließlich der Gelenkverbindungen der Zehen genügend Spielraum haben. Das ist in einem normalweiten Säuglingsschuh möglich. Wenn man hört, daß ein hoher Prozentsatz von Kinderschuhen zu klein gekauft werden, wird man die Leistungsinsuffizienz der Gehwerkzeuge des modernen Menschen verstehen. Die optimale Entwicklung des Kinderfußes ist nur dann gewährleistet, wenn die Zehen genügend Spielraum haben. Am besten sollten die Kinder deswegen barfuß laufen oder mit leichten flexiblen Schuhen versorgt werden. Auch in Wohnungen auf Teppichböden ist ein Barfußgehen möglich.

Wie wichtig der Gebrauch der Fußmuskulatur für die Entstehung der normalen Fußform ist, haben uns Untersuchungen an Leistungssportlern gezeigt. Unter 700 untersuchten Aktiven fanden wir in etwa 50% Veränderungen an den Füßen im Sinne von Senk-Spreiz-Füßen oder Zehendeformierungen. Signifikant weniger Veränderungen hatten Leistungsturner des A-, B- und C-Kaders. Hier war ein Senkfuß überhaupt nicht, ein

Spreizfuß nur in unbedeutendem Umfange zu beobachten gewesen. Wir führen dies auf die besondere Beanspruchung mit der Fuß- und Fußsohlenmuskulatur beim Bodenturnen zurück.

Voraussetzung für jede körperliche Betätigung ist die ausreichende Versorgung des Gewebes, speziell der Muskulatur mit Sauerstoff. Dazu bedarf es einer ausgewogenen Leistungsstärke der Kreislauforgane, speziell des Herzens. Die Herz-Puls-Frequenz liegt bei der Geburt in Ruhe bei 100—120 Schlägen/Minute und sinkt bis zum Erwachsenenalter, je nach Trainingszustand, auf 50—70 Schlägen/Minute ab. Vergesellschaftet mit dieser Entwicklung ist die Ausbildung des Herzmuskels. Wie wir heute wissen, bedarf auch der Herzmuskel bestimmte Entwicklungsreize, damit er sich normal bilden kann. Ein geradezu klassisches Beispiel ist die Ausbildung des Sportlerherzens bei starker Ausdauerbeanspruchung. Inwieweit diese Veränderungen wirklich positiv zu bewerten sind, wie man heute noch anzunehmen geneigt ist, oder ob damit nicht Voraussetzungen für, wenn auch im allgemeinen harmlose Rhythmusstörungen geschaffen werden, soll in diesem Zusammenhang nicht diskutiert werden. Entscheidender als die Beantwortung dieser Frage ist jedenfalls der Umstand, daß im Zeitalter der Zivilisation das sog. Faulenzerherz im Vordergrund steht. Wir verstehen darunter ein leistungsschwaches Herz-Kreislauf-System, das körperlichen Beanspruchungen nur unzureichend gewachsen ist. Die Organschwächen, vor allem die Schwächen der Zirkulationsorgane, beschäftigen den Kinderarzt in zunehmendem Maße.

In diesem Zusammenhang kann nicht eindringlich genug an die Eltern appelliert werden, ihren Kindern genügend Auslauf zu geben. Es ist sicher nicht schädlich, wenn die Kinder mehrmals am Tag außer Puste kommen. Bedenklich ist es dagegen, wenn sie ängstlich von jeder Belastung ferngehalten werden.

Koordinationsstörungen, Haltungsstörungen und Organschwächen charakterisieren das klinische Bild des zivilisierten Menschen am Ende des 20. Jahrhunderts. Durch den Wegfall bestimmter Entwicklungsreize ergibt sich eine Gesundheitsgefährdung, die nicht unterschätzt werden darf. Zum anderen wird der moderne Mensch aber bereits im Kindesalter von einer Reizüberflutung in bisher kaum erkanntem Umfange bedroht. Die Einwirkung exogener Reize durch Lärm, optische Belastungen — und hier ist besonders das Fernsehen zu nennen — sowie durch mangelnden Ausgleich durch motorische Betätigung führt bereits im Schulalter zu typischen Streßreaktionen. Der Leistungsdruck der modernen Gesellschaft ist häufig nur ein Schlagwort, hinter dem wir allzuleicht das gesellschaftspolitische Versagen in seiner Gesamtheit verstecken. Der Streß ist eine notwendige Reaktion des Körpers auf exogene, wie endogene Reize. Dabei werden die Voraussetzungen für Aggression und Flucht geschaffen: die Muskulatur wird kontraktionsbereit, die Sinne geschärft, die Konzentration gesteigert. Ein charakteristisches Bild für diesen Zustand ist die sprungbereite Katze, die eine Beute beobachtet. Voraussetzung für die ungestörte Bewältigung des Streßzustandes ist aber die Abreaktion, am besten durch motorische Aktivität. Geht sie verloren, kommt es, auf Dauer gesehen, zu Schädigungen, die zum sog. Disstreß führen. Wir verstehen darunter vorzeitige Abnutzungserscheinungen, nicht zuletzt an den Gefäßinnenwänden, den Vorstadien der Arteriosklerose.

Fassen wir die medizinischen Aspekte, wie sie bisher aufgezeigt wurden, zusammen, so ergibt sich, daß neben den Koordinationsschwächen, den Haltungsstörungen und den Organinsuffizienzen mangelnde Verarbeitung einwirkender Stressoren den modernen Heranwachsenden bedrohen.

Gerade die Problematik des Streßabbaues zeigt aber die enge Verknüpfung zwischen Körper und Seele. Nur in der psychosomatischen Gesamtheit wird man den anfallenden

Problemen voll gerecht. Darauf wird im weiteren Verlauf dieser Tagung besonders hinzuweisen sein.

Folgerungen:

Lassen Sie mich aus den angestellten Überlegungen die medizinischen Folgerungen ziehen. Körperliche Betätigung ist, auch aus medizinischer Indikation, heute bedeutungsvoller als in früheren Zeiten. Dies liegt darin begründet, daß der moderne Mensch in den Wohnsilos unserer Satellitenstädte kaum Möglichkeiten zum normalen Auslauf hat. Wie anders die körperliche Entwicklung aussehen kann, zeigt sich heute noch in ländlichen Gebieten, z. B. in Schleswig-Holstein. Hier ist für die erforderliche körperliche Aktivität gesorgt. Wenn auch das Elternhaus von der Verantwortung für die körperliche Erziehung der Kinder nicht freigesprochen werden soll und darf, so muß der Schule doch eine gewisse Verantwortung übertragen werden. Sie hat die große Chance, die Kinder auch körperbewußt zu erziehen. Dabei spielt der Sport im weitesten Sinne eine große Rolle. Im übrigen ist zu bedenken, daß im Interesse der Chancengleichheit Kindern aus allen Schichten die Möglichkeit eines Lifetime-Sports nahegebracht wird, einer körperlichen Betätigung also, die bis zum hohen Alter reicht.

Da für viele Kinder und Jugendliche das normale Angebot an Sportunterricht nicht ausreicht, halten wir ein Sonderturnen in der Schule für angezeigt. Es sollte möglichst vielen Kindern offenstehen. Wegen der speziellen Aufgabenstellung im Sonderturnen ist diese Disziplin weitgehend zu einem eigenständigen Fachgebiet geworden.

Die Schule ist im Bestreben, körperliche Retardierungen auszugleichen, sicher überfordert. Aus diesem Grunde ist die Mitarbeit von Vereinen, die sich der allgemeinen Leibeserziehung widmen, vonnöten. Es kommt hierbei nicht auf Leistungssport oder ein spezielles Angebot an, sondern nach Möglichkeit auf eine Allroundbetätigung. Das schließt Schwimmen in gleicher Weise ein wie Laufen, Springen und Kraftübungen. Aus der Synthese aus körperlicher Erziehung in der Schule und sportlicher Betätigung im Verein erwächst das Optimum für die Entwicklung der vollen körperlichen Leistungsfähigkeit.

Sportliche Betätigung im Kindes- und Jugendalter hat aus medizinischer Sicht folgende beiden Aufgaben zu erfüllen:

1. Der körperlichen Retardierung, bedingt durch die Einflüsse moderner Zivilisation, muß durch ein zusätzliches Reizangebot begegnet werden. Dabei werden, je nach Lebensalter, die einzelnen motorischen Grundeigenschaften systematisch trainiert. Während Koordinationsschulung schon sehr frühzeitig einzusetzen hat, ist die Schulung von Kraft und Ausdauer in die präpuberale Phase zu verlegen. Daß man ein Krafttraining aber bereits ungestraft mit 8- bis 10jährigen durchführen kann, ist gerade im Bereich des Deutschen Turner-Bundes mehrfach bewiesen worden. Durch systematischen Aufbau lassen sich körperliche Schäden in allen Fällen vermeiden und ein konstanter geweblicher Aufbau erreichen. Ähnliches gilt für die Ausdauerbelastung. Im Kindesalter ist dem Intervallprinzip der Vorrang zu geben. Das unbeobachtet spielende Kind im Kindergarten und auf der Straße zeigt uns die adäquate Beanspruchungsform. Längerdauernde Ausdauerbelastung ist zu Beginn des 2. Lebensjahrzehntes dann die adäquate Fortsetzung. Wenn auch individuelle Unterschiede bestehen, so lassen sich doch durch zusätzliche Reizsetzungen Leistungssteigerungen bei nahezu allen Kindern erreichen. Wie die Erfolge der Krankengymnastik zeigen, schließt das auch in Grenzen Kranke mit ein.
2. Sind durch Entwicklungsstörungen, durch Erkrankungen oder Unfälle bereits Schäden am kindlichen Körper feststellbar, so sind Leibesübungen zur Kompensation von orga-

nischen oder funktionellen Störungen notwendig. Dies gilt nicht nur für bestimmte Organschäden, sondern in ganz besonderer Weise für das komplexe Gebiet der Haltungsstörungen. Haltungsveränderungen, vor allem der schlaffe Rundrücken oder die ossär fixierte SCHEUERMANNsche Kyphoseform werden in ihrer Wertigkeit sicher überschätzt. Wir haben wiederholt darauf hingewiesen, daß auch bei Hochleistungssportlern in einem nicht zu unterschätzenden Prozentsatz, der etwa um 40% liegt, Formabweichungen des Rückens angetroffen werden. Sie sind dann bedeutungslos, wenn die Wirbelsäule insgesamt beweglich bleibt und die Muskulatur eventuelle Schäden kompensieren kann. Damit ist aber auch dargetan, daß bei Formstörungen der Wirbelsäule ein zusätzliches Muskeltraining vonnöten ist. Die Befreiung oder — wie es besser heißen sollte — die Zurückstellung vom Sportunterricht in der Schule wegen schwacher Muskulatur ist ein Kunstfehler. Ein asthenisches Kind braucht zusätzliche Betreuung und nicht Schonung. In Zusammenarbeit zwischen Schularzt und Pädagogen liegen hier ungenutzte Chancen.

Während die Prävention von Körperschäden oder die Kompensation durchaus in den Bereich des Schulsonderturnens fallen, ist die Behandlung von akuten Störungen nicht Aufgabe der Sportpädagogen. Hierbei handelt es sich um therapeutische Maßnahmen. Die Schule ist eine Bildungsinstitution und nicht Ersatzeinrichtung für die Krankenbehandlung. Wenn wir diese Prinzipien berücksichtigen, wird das Sonderturnen zu einer wertvollen Ergänzung der körperlichen Erziehung unserer Kinder und Jugendlicher werden.

Theo Lautwein

Sonderturnen in Schule und Verein — didaktisch-methodische Orientierung —

1. Zur Entwicklung des Begriffes „Sonderturnen"

Seite Delege (Blencke 1928, 5) im Jahre 1897 den Begriff „Skolioseturnen" prägte, Echternach (Zentral-Blatt 1911, 330) vom „Orthopädischen Turnen" sprach, dieser Terminus durch „Vorbeugende und ausgleichende Leibesübungen" (Zentral-Blatt 1926, 119) ersetzt wurde, dieser „Sonderbereich" unter der Bezeichnung „Schulsonderturnen" 1947 Aufnahme in das Ausbildungsprogramm der Sporthochschule Köln fand, haben sich nicht nur dessen Ziele, sondern auch die Inhalte dieses „Sportunterrichts" gewandelt, der konditionell Schwächere und motorisch Frustrierte zu Erfolgserlebnissen führen sollte.

Der Begriff Schulsonderturnen setzte sich durch und ging in den Sprachgebrauch ein. In den letzten Jahren wurde allerdings berechtigte Kritik an dieser Bezeichnung geübt, weil einmal die Außenseiterrolle der Teilnehmer zu stark betont wurde, zum anderen der Name zu vielerlei Mißdeutungen Anlaß gab.

Im Bemühen um neue Bezeichnungen wurden bisher u. a. folgende Vorschläge gemacht:

— kompensatorischer Sportunterricht (Scholtzmethner 1976)
— Sondersport (Rösch / Lautwein 1976[4], 155)
— Spiel/Sport zum Ausgleich motorischer Defizite (Hahn 1977)

Bei allen diesen Bezeichnungen schwingt zuviel von Außenseiterrolle mit.

Vielleicht könnte der Terminus *Sondertraining* aus diesem Dilemma herausführen, weil einmal Training immer das Streben nach Leistungssteigerung, nach individueller Bestleistung beinhaltet; zum anderen, dieses „Sonder" eine positive Wirkung hat, denn nur „Leistungsstarke" unterziehen sich einem Sondertraining.

2. Didaktische Aspekte

Im Rahmen dieses *Sondertrainings* sollen unter besonderer Berücksichtigung der *anthropogenen* sowie *sozio-kulturellen Gegebenheiten* die motorischen Grundeigenschaften *Allgemeine Ausdauer, Kraft* und *Geschicklichkeit* normalisiert, *Bewegungsfreude* und *Erfolgserlebnisse* ermöglicht sowie *Sozialverhalten* stabilisiert werden.

2.1 Bedingungsfaktoren motorischer Leistungsminderung

„Die Gesundheitsämter von München und Regensburg stellten bei den Schulanfängeruntersuchungen des Schuljahres 1975/76 folgende Diagnose:

Von den 13 794 untersuchten Schulanfängern hatten:

58% (7998 Schüler) Schäden und Schwächen am Knochen- und Muskelsystem (Wirbelsäulendeformierung, Muskelschwäche, sonstige Haltungs- und Fußschwächen; 10% (1408 Schüler) Organleistungsschwächen (Beeinträchtigungen des Atmungs- und Kreislaufsystems" (Bay. Staatsmin. 1976).

Es muß gefragt werden, warum der Anteil der konditionsschwachen Kinder nicht nur in Bayern, sondern in der gesamten Bundesrepublik etwa bei $^2/_3$ liegt.

Wenn zudem den Nachweis bzw. die Aussage von MATTHIAS (1966, 7) beachtet und bedenkt, daß Haltungsschwächen/Haltungsschäden mit der Wachstumsgeschwindigkeit (Alter) sehr hoch korrelieren, so sollten unbedingt die Gründe für dieses „Haltungsdilemma" gefunden und aufgezeigt werden.

Dafür gibt es meines Erachtens zwei Ursachen:

— die anthropogenen Gegebenheiten

— die sozio-kulturellen Bedingungen

Als anthropogene Gegebenheiten der Leistungsfähigkeit sollen alle Einflußfaktoren definiert werden, die der Adressat von seiner Veranlagung sowie vom Alter her mit einbringt:

— seine motorische Konstitution, also morphologische, phyiologische und neurologische Parameter, zudem sein Bewegungsdrang sowie seine Bewegungsbegabung

— seine *altersbedingte Entwicklung* mit Abschnitten der Harmonie (spätes Kindesalter, Adoleszenz) oder mit solchen der Anfälligkeit (1 Gestaltwandel, 1 puberale Phase)

— *seine Verhaltensweisen* wie Interesse, Kooperationsfähigkeit, Leistungsmotivation, Hilfsbereitschaft, Egoismus, Einsatzfreude, Durchhaltevermögen u. a.

Diese anthropologischen Fakten werden durch die Einflüsse von Milieu und Umwelt entweder positiv oder negativ beeinflußt, also sozio-kulturell determiniert.

Zu den sog. *sozio-kulturellen Bedingungen* der Leistungsfähigkeit gehören die vorhandenen *Bewegungsmöglichkeiten,* das *Interesse/Engagement* der Eltern und *Freunde* an und für *körperliche Anstrengung*/sportlich-spielerische Betätigung sowie die *Lebensweise* (Ernährung, Kleidung, Ruhe/Hektik, Affenliebe, Ängstlichkeit der Mutter, hohe Konzentrationsquoten [Fernsehen], wenig Schlaf, Genußgifte [Cola]).

Bei ungünstigen anthropogenen Gegebenheiten sowie bei schlechten sozio-kulturellen Bedingungen sind motorische und psychische Defizite (Ungeschicklichkeit, Muskelschwäche, Angst, Hemmungen, Unlust, Egozentrik, Antriebsschwäche, Minderwertigkeitsgefühle) unabdingbare Folge. Es geht darum, diese Defizite durch *Lösung gezielter* und *ansprechender Aufgaben* zu beheben, das normale psychomotorische Leistungsniveau also zu erreichen. Es ist zu fragen, welche *Intentionen, Absichten* oder *Ziele* in diesem „Sondertraining" gesetzt werden müssen und durch welche Grundformen diese am sinnvollsten realisiert werden können.

2.2 *Ziele und Absichten eines Sondertrainings*

Motorische Mängel sind Ursachen und erhebliche Bedingungsfaktoren psychischer Defizite sowie sozialer Behinderungen. Aus dieser Feststellung ergeben sich nachstehende Intentionen dieses „Sondertrainings":

— *Anregung zu kreativem Verhalten* (Problemlösungsfähigkeit, Eigeninitiative)

— *Abbau von Angst und Unlust* (Selbstüberwindung, Durchhaltevermögen, Risikoverhalten, Anstrengungsbereitschaft)

— *Aufbau eines stabilen Selbstbewußtseins* (Selbstvertrauen, Selbstwertgefühl, Selbständigkeit, Selbsteinschätzung)

— *Stabilisierung von Sozialverhalten* (Konfliktbewältigung, Gruppenfähigkeit, Partnerschaft, Kooperation)

— *Normalisierung des konditionellen Leistungsniveaus* (Kraft, Allgemeine Ausdauer, Geschicklichkeit),
— *Ausgleich von Rumpfschwächen* (Rund-/Hohlrücken)
— *Verständnis für die Notwendigkeit eines gezielten Sondertrainings wecken* (Erfahrung der eigenen Schwächen, Möglichkeiten zur Behebung angeben, Wirkung gezielter Belastung erfahren)

Diese *Globalziele,* die natürlich erst nach längerer gezielter und systematischer Beeinflußung in Schule oder Verein (etwa nach 1 Jahr) zu verwirklichen sind, müssen für die Arbeit in kürzeren Zeitspannen (*Grobziele*) oder gar in einer Stunde (*Feinziele*) aufbereitet werden. Dies gilt gleichermaßen für Intentionen aus dem *motorischen, affektiven* sowie aus dem *kognitiven* Bereich.

Diese Aufbereitung soll an einem Beispiel folgendermaßen verdeutlicht werden:

	affektiv	*motorisch*	*kognitiv*
Globalziele (Jahresziel)	Aufbau eines stabilen Selbstbewußtseins	Normalisierung des konditionellen Leistungsniveaus anstreben	— Verständnis für die Notwendigkeit eines gezielten Sondertrainings wecken
Grobziele (Monatsziel)	Selbständigkeit provozieren (selbständiges Aufwärmen)	das motorische Kraftniveau anheben (Maximal- und Ausdauerkraft)	— Anpassungseffekte der Skelettmuskulatur angeben können
Feinziele (Stundenziel)	richtige Selbsteinschätzung praktizieren (innere Differenzierung)	Ausgleich Rundrücken (Kräftigung der Schultermuskulatur/des Darmbeinlendenmuskels)	— Möglichkeiten zum Ausgleich des Rundrückens vorschlagen

2.3 Grundformen des Sondertrainings (1)

Zur Erreichung der angegebenen Ziele eignen sich folgende Grundformen:

KRAFT

Kleine Spiele:

Reagieren auf Zuruf (Feuer, Wasser, Einreihen), Tunnelball.

Aufgaben:

Allgemeine Kräftigung

Wälzrolle, Heben, Tragen, Ziehen, Schieben, Ringen, Klettern.

Spezielle Kräftigung

Hängen, Klimmziehen, Handstand, Hockstütz, Liegestütz (Kräftigung des Schultergürtels; Aufsitzen aus der Rückenlage mit gebeugten Beinen (Kräftigung der Bauchmuskulatur); Oberkörper aus der Bauchlage heben, die Füße bleiben am Boden (Kräftigung der Rückenmuskulatur);
Hochzehenstand, Greifen, Federn, Entengang, Raupengang (Kräftigung der Fuß-, Unterschenkelmuskulatur;
Beine anhocken im Langhang oder Sitz (Kräftigung des Darmbeinlendenmuskels); Beine gestreckt aus der Bauchlage heben, die Hände bleiben am Boden, Rückwärtsgehen (Kräftigung des großen Gesäßmuskels).

Dehnung

Schwalbennest, Brücke, Spannbeuge, Rutschhalte, Armrückfedern, Hangstandlaufen, Rük-

kenschaukel mit Partner (Vorderseite);
Rumpfbeugen, „Schaukelpferd“ im Sitz (Rückseite).

ALLGEMEINE AUSDAUER

Aufgaben:
Kräftigung/Dehnung der „Atemhilfsmuskeln“ (Bauch-, Rücken-, Brustmuskulatur);
Umkehrung des Kreislaufs (Kopf-, Handstand, Kerze)
Anregung der Hautfunktion (Wechselduschen, Frottieren, Luftreize);
Dauer-, Zeit-, Intervalläufe;
Fahrtspiel;
Schwimmen;
Radfahren.

Kleine Spiele:
Nachlauf, Zeitlaufspiel, Seitenwechsel in der Gruppe/Verkehrspolizei.

GESCHICKLICHKEIT

Aufgaben:
Ball prellen, rollen, werfen und fangen;
Stab balancieren;
Sprünge am Absprungtrampolin;
Hindernisse überwinden, unterkriechen;
Balancieren auf Geräten;
Seilspringen;
Slalom-/Zickzackläufe;
Bewegungen imitieren („Schattenlauf“);
„Hampelmann“;
Niederspringen auf weiche Unterlage;
Hopserlauf.

Kleine Spiele:
Haltet den Korb voll;
Haltet die Seiten frei;
Bäumchen, wechsel dich;
Anschleichen („Ochs am Berg“);
Nummernwettlauf.

Diese Grundformen des Sondertrainings können alle — mit Ausnahme „Beine anhocken im Sitz oder Langhang/Beine gestreckt aus der Bauchlage heben“ — in ein Allgemeines Konditionstraining eingebracht werden. Darmbeinlenden — sowie Großer Gesäßmuskel sollten deshalb nicht aktiviert werden, weil dadurch eine Beckenkippung bzw. — aufrichtig sich noch verstärken würde. Diese beiden Muskelgruppen dürfen nur bei Rundrücken (Kräftigung des Darmbeinlendenmuskels durch Heben der gestreckten Beine) und bei Hohlrücken, Kräftigung des Großen Gesäßmuskels durch Heben der gestreckten Beine aus der Bauchlage) belastet werden. Ein gezielter Ausgleich von Haltungsschwächen betrifft lediglich noch diese beiden Abweichungen der Körpersenkrechten, weil sowohl die Anpassung der Skelettmuskulatur als auch die des cardio-pulmonalen Systems sowie der Nervensysteme sich kindgemäßer (dynamischer) und damit effektiver in einem Allgemeinen Konditionstraining, Sondertraining verwirklichen lassen.

Form	Symptome	Schwerpunkte des Ausgleichs
Rundrücken	Brustwirbelsäule kyphotisch übergeschossen	Kräftigung der Rückenmuskulatur
	Becken extrem aufgerichtet	Kräftigung des Darmbeinlendenmuskels
	Brustkorb eingeengt, vorhängender Schultergürtel	Dehnung der Brustmuskulatur Kräftigung der Schultermuskulatur
Hohlrücken	Lendenwirbelsäule lordotisch übergeschossen	Kräftigung der Bauchmuskulatur
	Becken gekippt	Kräftigung des großen Gesäßmuskels
	Rücken-/Lendenmuskulatur verspannt	Dehnung/Lockerung der Hüft- und Rückenmuskulatur

2.5 *Erfolgskontrollen*

Um einmal feststellen zu können, wer überhaupt ein zusätzliches Sondertraining nötig und ob sich diese „Anstrengung“ gelohnt hat, müssen von allen die gleichen Aufgaben gelöst werden. Es wird empfohlen, dies zu Beginn des Sondertrainings und in Abständen von 6 Monaten während des Trainingsprozesses zu tun, damit der Leistungsfortschritt erfahrbar wird. (Leistungsmotivation)

Folgende Möglichkeiten sollen vorgeschlagen werden:

KRAFT

Haltungsleistungstest nach Matthias (A. G. 1977, 41/42);
„Kraftaufgaben“ (Haltezeit sec);
Langhang, Beugehang, Bauchlage, Oberkörper heben, Rückenlage, Oberkörper heben (20 cm), Hochzehenstand;
Kraftaufgaben (Weite cm): Weitsprung/Stand, Medizinballstoß (1 kg);
Kraftaufgaben (Anzahl): Wälzrolle, Klimmziehen.

ALLGEMEINE AUSDAUER

In individuellemTempo ohne Gehpausen laufen (wie lange? sec, min);
eine festgelegte Strecke (300—1000 m) soll möglichst schnell durchlaufen werden (Zeit nehmen);
Ruffier-Index (Der Übungsleiter 1974)
— Pulsmessung nach 5 min Ruhe im Sitzen (P_1),
— nach 30 tiefen Kniebeugen innerhalb 30 sec (P_2),
— Pulsmessung nach 1 min im Sitzen (P_3)

Index: $$\frac{P_1 + P_2 + P_3 - 200}{10}$$

Bewertung: 0 = sehr gut
5 = gut
bis 10 = befriedigend
bis 15 = ausreichend

GESCHICKLICHKEIT

Geschicklichkeitsaufgaben: Hampelmann, Hopserlauf, Einbeinstand, Einbeinhüpfen, Ballrollen, Seilspringen, Trampolinspringen;

LINCON-OSERETZKY-Skala, Kurzform LOSKF 18 (EGGERT 1971)
Aufgaben: Nase berühren, Balancieren mit geschlossenen Augen u. a.,
Hamm-Marburger-Körperkoordinationstest für Kinder (EGGERT/KIPHARD 1973, 210 ff.).

3. Methodische Planung des Sondertrainings

Die Kenntnis und Berücksichtigung der unter „Didaktische Aspekte“ (Bedingungsfaktoren, Ziele und Absichten, Grundformen, gezielter Ausgleich von Körperschwächen) dargestellten und beschriebenen Fakten ist Voraussetzung und Basis für eine sinnvolle methodische Planung. Dabei soll für eine *hohe Anzahl intensiver Wiederholungen* gesorgt, auf den *Wechsel von statischer und dynamischer Beanspruchung* geachtet, bei der gezielten Belastung einzelner Muskelgruppen in der Reihenfolge *Vordehnen, Kräftigen, Lockern, Entspannen* vorgegangen sowie auf die Vermittlung von Erfolgserlebnissen geachtet werden.

In den *ersten sechs Monaten* ist es sinnvoll, ein *Allgemeines Konditionstraining,* Sondertraining (Kraft, Ausdauer, Geschicklichkeit) durchzuführen, in dessen Rahmen in jeder Stunde diese drei motorischen Grundeigenschaften global angesprochen werden sollen. Dies ist deshalb empfehlenswert, weil einmal das konditionelle Entwicklungs- und Leistungsniveau komplexer angehoben wird, zudem — aufgrund der Möglichkeit, vielfältigere Aufgaben zu stellen und zu lösen — das Interesse/die Motivation stärker/aktiver werden.

Ein solches *Allgemeines Konditionstraining,* Sondertraining sollte auch als sog. *„Stehendes Training“* in den ersten 5—10 min jeder Trainings-/Sportstunde deshalb durchgeführt werden, weil dann dem zunehmenden Haltungsverfall, der mangelnden Ausdauerfähigkeit sowie der motorischen Ungeschicklichkeit erfolgreicher „Paroli“ geboten würde.

Damit Kinder, Jugendliche mit erkennbaren Symptomen des Hohl- oder Rundrückens dabei nicht „geschädigt“ werden, dürfen die beckenstabilisierenden Muskeln — Darmbeinlenden — sowie Großer Gesäßmuskel — in einem Allgemeinen Konditionstraining nicht spezifisch und intensiv gekräftigt werden.

Es geht vielmehr darum, sowohl die Allgemeine Ausdauerfähigkeit als auch die Geschicklichkeit (Reaktion, Anpassung, Gleichgewicht) und die Kraft (Bauch-, Rücken-, Schulter-, Beinmuskeln) global anzusprechen.

Dabei sind nachstehende „Trainingsgrundsätze“ unbedingt zu beachten.

Der biologische Grundsatz

Es soll die biologische Wirkungsweise der ausgewählten Grundformen überlegt werden:
— Welche Muskelgruppen werden im wesentlichen aktiviert?,
— welche Muskeleigenschaften (Maximalkraft/Kraftausdauer, Schnellkraft) sind überwiegend auszuprägen?
— welche Adaptionsmechanismen werden im Bereich des Zentralnervensystems ausgelöst? (Ausbildung bedingter Reflexe und motorisch-dynamischer Stereotypen/Stabilisierung der Vorgänge von Erregung und Hemmung. Dauer und Höhe der Belastung, Wechsel Beanspruchung, Erholung).

Ziel: Optimale Anpassung des Organismus.

Der psycho-motorische Grundsatz

Es sollen die alters- und entwicklungsspezifischen Charakteristika motorischer, psychischer und sportlicher Art herausgestellt werden:
— Spielverhalten, Gruppenverhalten (Kooperationsfähigkeit, Mitarbeit);

— Leistungsmotivation, Wetteiferverhalten (Erfolgserlebnisse, Durchhaltevermögen).
Ziel: Interessenstabilisierung.

Der methodische Grundsatz

Es sollen die methodischen Erkenntnisse konsequent angewendet werden:
- Systematischer Stundenaufbau unter Beachtung der thematischen Einheit;
- Differenzierung (bezüglich Belastbarkeit/Leistungsfähigkeit);
- adäquate Aufgabenstellung (nicht zu leicht, nicht zu schwer);
- ansteigende, vielseitige Belastungsformen.

Ziel: Individuelle Leistungsverbesserung.

Der organisatorische Grundsatz

Es sollen die organisatorischen Möglichkeiten voll ausgeschöpft werden:
- Geplanter Geräteeinsatz (Bereitstellung, Aufbau, kein Umbau);
- Wechsel der Arbeitsformen (Circuit, Hindernisbahn, Stationen, Zusatzaufgaben, Einzel- und Partnerarbeit in freier Form);
- Aufteilung in Gruppen (Eigenverantwortung, Selbständigkeit);
- pünktlicher Beginn;
- keine Doppelstunden (psychische Überforderung, physische Überlastung).

Ziel: Erhöhung der Intensität, Steigerung der Effektivität.

Planung und Durchführung dieses Sondertrainings könnte in Unterrichtsserien, -reihen oder Unterrichtszyklen (2) folgendermaßen vorgenommen werden (Trainingsbereich):
als allgemeines Sondertraining (wenn sowohl Geschicklichkeit als auch Kraft und Allgemeine Ausdauer global angesprochen werden,
→ in den ersten sechs Monaten.
als spezielles Sondertraining (wenn eine dieser drei motorischen Grundeigenschaften in den Vordergrund tritt),
→ nach sechs Monaten allgemeinen Sondertrainings.
als gezieltes Sondertraining zur Wiederherstellung des normalen Verlaufs der Wirbelsäule (Ausgleich Hohl- und Rundrücken),
→ nach sechs Monaten allgemeinen Sondertrainings für diejenigen mit auffallenden Symptomen des Hohl- bzw. Rundrückens.

Die methodische Durchführbarkeit soll nachstehend in den einzelnen „Trainingsbereichen" anhand von Unterrichtszyklen bzw. Stundenbildern dargestellt und veranschaulicht werden:

3.1 Allgemeines Sondertraining

Es geht um die globale/gleichzeitige Normalisierung/Verbesserung der drei motorischen Grundeigenschaften Geschicklichkeit, Kraft und Allgemeine Ausdauer (3) in einer Unterrichtsstunde. Als Beispiel für den möglichen Ablauf sei folgende Einzelstunde in ihrem vorgesehenen Ablauf skizziert.

Unterrichtsserie

Trainingsserie: Allgemeines Sondertraining
Stundenschwerpunkt: Allgemeines Konditionstraining ohne Gerät

Ziele: — Normalisierung/Verbesserung der Allgemeinen Kondition (Kraft/Ausdauer/Geschicklichkeit)
— zur gegenseitigen Rücksichtnahme anregen

Literatur: T. LAUTWEIN: Leibesübungen. Stuttgart 1969

Geplanter Stundenverlauf:

ZEIT	ORGANISATION	INHALTE	ZIELE	ANMERKUNGEN
15 min	I. *Hinführung* freie Aufstellung in der Halle/auf dem Platz	*Spiel:* Reagieren auf Zuruf Alle „bewegen" sich frei im Spielfeld, ohne andere zu berühren: laufen vorwärts/rückwärts/zu Paaren Hopserlauf/Seitgalopp Skipping/Lifting Bauchlage: Oberkörper heben Rückenlage: Aufsitzen/Kerze/Knie neben die Ohren „Handstand" Hochzehenstand	Rücksichtnahme	Aufwärmen/Motivieren
	2 Gruppen	*Abwandlungsmöglichkeiten* auf Bewegungsvorbild reagieren Einreihen		Lehrer/Schüler
25 min	II. *Schwerpunkt* 2 Gruppen	*Spiel:* Einreihen Alle bewegen sich frei im Spielfeld und reagieren auf Zuruf/Bewegungsvorbild (1 min) Welche Gruppe steht zuerst hintereinander auf ihrem Platz? (1 Punkt)	Rücksichtnahme Reaktion	Schüler/Lehrer Ordnungsrahmen
		Variationsmöglichkeiten Feuer: Bauchlage Wasser: Hochzehenstand	Reaktion	
		Aufgaben 1. Bauchlage — Oberkörper heben (Füße bleiben am Boden) *Variationen* — Arme in Hochhalte — Hände im Nacken — rhythmisches Üben	Kräftigung der Rückenmuskulatur	
		Spiel: Einreihen (1 min) 2. Bauchlage — Aufsitzen (Fersen bleiben am Boden) *Variationen* — Hände im Nacken — Arme in Hochhalte — rhythmisches Üben — bis 5 zählen (5 sec)	Rücksichtnahme Ausdauer/Reaktion Kräftigung der Bauchmuskulatur	

Geplanter Stundenverlauf:

ZEIT	*ORGANISATION*	*INHALTE*	*ZIELE*	*ANMERKUNGEN*
		Spiel: Einreihen (1 min) 3. Hochzehenstand (aufrechte Körperhaltung) *Variationen* — Arme in Hochhalte — bis 5 zählen (5 sec) — federn	Rücksichtnahme Ausdauer/Reaktion — Kräftigung der Bein-/Fußmuskulatur — Gleichgewichtsvermögen	
		Spiel: Einreihen (1 min) (Schwerpunkt: laufen zu Paaren) 4. „Handstand" (leise landen/ auf die Hände schauen) *Variationen* — aus der Startstellung — aus der Schrittstellung — mit einem Partner	Ausdauer/Reaktion Anpassung Kräftigung der Schultermuskulatur	
		Spiel: Einreihen (1 min) 5. Wälzrolle (aus der Bauch- in die Rückenlage kommen) *Variationen* — Arme/Beine gestreckt — rhythmisches Üben — Kombination: Oberkörper heben/Knie neben die Ohren	Rücksichtnahme Ausdauer/Reaktion Allgemeine Kräftigung (Körperzusammenschluß)	
		Spiel: Einreihen (Schwerpunkt: laufen zu Paaren)	Rücksichtnahme Ausdauer/Reaktion Anpassung	
5 min	III. *Zusammenfassung* 2 Gruppen 4 Durchgänge	*Gruppenwettkampf* Welche Gruppe steht zuerst wieder hintereinander auf der anderen Seite? (20 m)	Reaktion (Startzeichen: Beine vom Boden)	
		Aufgabe: Gehen/Laufen im Hochzehenstand (5 m) — rückwärts laufen	Gleichgewicht	

3.2 Spezielles Sondertraining

Es geht um die Normalisierung/Verbesserung *überwiegend* einer der motorischen Grundeigenschaften Geschicklichkeit, Kraft und Allgemeine Ausdauerfähigkeit. Zur Veranschaulichung der methodischen Planung sei eine „machbare" Unterrichtsserie zur Normalisierung/Verbesserung der Geschicklichkeit angegeben:

Unterrichtsreihe GESCHICKLICHKEIT

1. Stunde:

Ziele:

Gleichgewichtsvermögen, Anpassungsfähigkeit; Hemmungen, Angst abbauen.

Inhalte:

Balancieren auf Geräten; Niedersprünge auf weiche Unterlagen; Sprünge am Absprungtrampolin; Tunnelball.

2. Stunde:

Ziele:

Reaktionsvermögen; Mitverantwortung für eine Gruppe übernehmen.

Inhalte:

Einreihen; Slalomläufe; Zick-Zackläufe.

3. Stunde:

Ziele:

Anpassungsfähigkeit; zur gegenseitigen Rücksichtnahme anregen; Kreativität fördern.

Inhalte:

Ball prellen, rollen, werfen und fangen; Haltet den Korb voll; Haltet die Seiten frei; Unterkriechen niedriger Hindernisse.

4. Stunde:

Ziele:

Reaktionsvermögen; Konzentrationsfähigkeit.

Inhalte:

Feuer und Wasser; Nummernwettlauf; Anschleichen (Ochs am Berg); Bäumchen wechsel dich.

5. Stunde:

Ziele:

Anpassungsfähigkeit; Konzentrationsfähigkeit erhöhen.

Inhalte:

Hindernisse überwinden; Balancieren des Stabes; Seilspringen; Ball prellen.

3.3 Gezieltes Sondertraining

Es geht um die Wiederherstellung des normalen Verlaufs der Körpersenkrechten, es geht um die Normalisierung der Beckenstellung, es geht um den Ausgleich des Hohl- und Rundrückens bei solchen Kindern, die im Rahmen eines sechsmonatigen Allgemeinen Sondertrainings noch deutliche Merkmale und Kennzeichen der Beckenaufrichtung oder -kippung aufweisen. Die methodische Planung und Durchführung soll am Unterrichtszyklus „Ausgleich der Rumpfschwächen" sowie am Beispiel einer Stunde aus dieser Unterrichtsreihe dargestellt werden.

Unterrichtszyklus „Ausgleich von Rumpfschwächen"

1. Stunde: Ausgleich/HOHLRÜCKEN

Lernziele: Kräftigung der Bauchmuskulatur; Dehnung der Rückenmuskulatur; Praktizierung richtiger Selbsteinschätzung.

2. Stunde: Ausgleich/RUNDRÜCKEN

Lernziele: Kräftigung der Rückenmuskulatur; Dehnung der Brustmuskulatur; sich über die Anpassung der Skelettmuskulatur informieren.

3. Stunde: Ausgleich/HOHLRÜCKEN

Lernziele: Kräftigung des Großen Gesäßmuskels sowie der Bauchmuskulatur; sich über die Anpassung der Skelettmuskulatur informieren.

4. Stunde: Ausgleich RUNDRÜCKEN

Lernziele: Kräftigung der Schultermuskulatur und des Darmbeinlendenmuskels; Praktizierung richtiger Selbsteinschätzung.

5. Stunde: Ausgleich HOHLRÜCKEN

Lernziele: Kräftigung der Bauchmuskulatur und des Großen Gesäßmuskels; Dehnung der Rückenmuskulatur; Kraftprogramme selbständig durchführen.

Wie ein gezieltes Sondertraining zum Ausgleich einer spezifischen Rumpfschwäche verlaufen könnte, soll exemplarisch an der 4. Stunde dieser Trainingsreihe verdeutlicht werden:

4. Stunde

Stundenthema: Ausgleich RUNDRÜCKEN

Lernziele: — Kräftigung der Schultermuskulatur/des Darmbeinlendenmuskels
— Praktizierung richtiger Selbsteinschätzung

Literatur: — A. G.: Lehr- und Arbeitsbuch des Sonderturnens, Bonn 1977[5]
— RÖSCH, H. E. / LAUTWEIN, T.: Praxis des Sportunterrichts.

Geplanter Stundenverlauf:

ZEIT	ORGANISATION	AUFGABEN	LERNZIELE	ANMERKUNGEN
10 min	I. *Hinführung* 5 Gruppen (je 3—4 Kinder) Lehrer nur im 1. Spiel, Kinder danach Schiedsrichter/ Spielleiter!	*Spiel:* Einreihen Alle Kinder bewegen sich im Spielfeld, ohne sich zu berühren. Folgende Aufgaben sollen ausgeführt werden: Hockstütz / Hockschwebesitz / Zappelhandstand (Reagieren auf Zuruf/Bewegungsvorbild) Auf Zuruf „In die Mitte" laufen alle schnell in ihre Gruppe. Welche steht zuerst? (1 Punkt)		Aufwärmen Motivieren
25 min	II. *Erarbeitung* Aufstellung an der Grundlinie nebeneinander	*Aufgaben* 1. Hockstütz bis zur Mitte Hinweis: leise landen	Kräftigung der Schultermuskulatur	Bewegungsvorbild
		Abwandlungsmöglichkeiten Hockstütze zählen mit einer bestimmten Anzahl die Mitte erreichen (10, 12)	Praktizierung richtiger Selbsteinschätzung	
	5 Gruppen an der Grundlinie	2. Gruppenwettkampf Welche Gruppe hockt zuerst an der Mittellinie? (Fortbewegung Hockstütz)	Kräftigung der Schultermuskulatur	
		3. Spiel: Einreihen (wie Hinführung)		Erhöhung der Belastung
	freie Aufstellung	4. Hockschwebesitz *Variationen* Karussell aus dem Streck- in den Hockschwebesitz (in 20 sec)	Kräftigung des Darmbeinlendenmuskels	Bewegungsvorbild Korrektur
		5. Zappelhandstand *Hinweise:* leise landen/mit dem starken Bein abdrücken	Kräftigung des Schultergürtels	
		6. Spiel: Einreihen (wie Hinführung)		Erhöhung der Belastung
10 min	III. *Zusammenfassung* Einzelvorbilder freie Aufstellung	*Aufgaben* mit 10 Hockstütz genau auf die Mittellinie 5 x Strecksitz-Hockschwebesitz (Zeit stoppen)	richtige Selbsteinschätzung Kräftigung des Darmbeinlendenmuskels	Bewertung der Ausführung durch Kinder (7 P — 10 P)

Da die Auswahl der konditionsschwachen und motorisch gestörten Kinder noch zu allgemein unter dem Aspekt „Haltungsschwächen“ und nicht spezifisch nach einzelnen Schwächen und Störungen vorgenommen wird, müssen im Rahmen eines Allgemeinen und speziellen Sondertrainings gezielt noch evtl. erkennbare Rumpfschwächen durch Maßnahmen der inneren Differenzierung behoben werden.

Kinder, Jugendliche mit Hohl- bzw. Rundrücken lösen während des Hauptteils in Gruppen Aufgaben zur Kräftigung der beckenstabilisierenden Muskeln für jeweils 5 Minuten (am Anfang und am Ende).

Ansonsten werden von allen die gleichen Aufgaben im Rahmen dieses Allgemeinen Sondertrainings gelöst.

1. Gruppe:

Kräftigung des Großen Gesäßmuskels (Ausgleich Hohlrücken).

Aufgabe:

Heben der gestreckten Beine aus der Bauchlage.

Abwandlungsmöglichkeiten:

Halten (5 sec.); kreuzen, spreizen, grätschen; gegen Partnerwiderstand.

2. Gruppe:

Kräftigung des Darmbeinlendenmuskels (Ausgleich Hohlrücken).

Aufgabe:

Heben der gestreckten Beine aus der Rückenlage, aus dem Sitz, im Langhang.

Variationsmöglichkeiten:

Halten (5 sec.); radfahren, kreuzen, scheren, grätschen, anhocken; gegen Partnerwiderstand.

3. und 4. Gruppe (Allgemeines Sondertraining):

Kräftigung der Schulter-, Rücken-, Bauchmuskulatur.

Dieses Sondertaining zum Ausgleich motorischer Defizite ist sowohl im Bereich der staatlichen Institutionen *Schule* als auch im *außerschulischen Raum* (Verein, Volkshochschule, Mütterschule u. a.) *organisatorisch* zu realisieren. Ob die entscheidende pädagogische und biologische Wirksamkeit dabei erreicht wird, hängt von der Qualifikation, vom Engagement und der Einstellung des Lehrers oder Trainers/Übungsleiters ab.

Einzig und allein der motorisch Benachteiligte, der biologisch Schwache, der psychisch Frustrierte und der sozial Benachteiligte dürfen und müssen bei den umfassenden Bemühhungen im Rahmen dieses Sondertrainings im Mittelpunkt stehen, nicht Institutionen, Gruppeninteressen oder gar Profilierungsabsichten.

Anmerkungen

1 Beschreibungen, Erklärungen und Hinweise in: Diem, L. / Scholtzmethner, R.: Schulsonderturnen. Frankfurt 1974. Lautwein, T.: Leibesübungen. Stuttgart 1969. Rösch, H. E. / Lautwein, T.: Praxis des Sportunterrichts. Freiburg 1976[4].

2 Unter Unterrichtsserien, -reihen oder Unterrichtszyklen soll ein Block von Konditionsstunden mit gleicher übergeordneter Thematik, aber mit spezifischen Schwerpunkten verstanden werden.

3 Schnelligkeit wurde wegen ihres komplexen Charakters mit ihren zu hohen Ansprüchen bewußt ausgeklammert, Beweglichkeit wird beim Lockern und Dehnen angesprochen.

Literatur

A. G.: Lehr- und Arbeitsbuch des Sonderturnens. Bonn 1977[5].

Bayrisches Staatsministerium für Unterricht und Kultus: „Sport an Schule und Hochschule", 12/1976.

Blencke, A.: Die Verhandlungen der Tagung zur Klärung der Fragen des sog. orthopädischen Schulturnens in Magdeburg. Stuttgart 1928.

Der Übungsleiter. Frankfurt 1974/12.

Diem, L. / Scholtzmethner, R.: Schulsonderturnen. Frankfurt 1974.

Eggert, D. (Hrsg.): LOSKF 18. Weinheim 1971.

Eggert, D. / Kiphard, E. J.: Die Bedeutung der Motorik für die Entwicklung normaler und behinderter Kinder. Schorndorf 1973.

Hahn, E.: Streßbarrieren in der frühen Kindheit und ihre psychomotorische Behandlung. Referat IV. Int. Kongreß für Sportpsychologie, Prag 1977.

Hinnerks/Puschert: Leitfaden für das orthopädische Schulturnen. Leipzig 1925.

Kiphard, E. J.: Bewegungs- und Koordinationsschwächen im Grundschulalter. Schorndorf 1970.

Lautwein, T.: Leibesübungen. Stuttgart 1969.

Matthias, H. H.: Reifungen, Wachstum und Wachstumsbedingungen des Haltungs- und Bewegungsapparates im Jugendalter. Basel/Freiburg 1966.

Rösch, H. E. / Lautwein, T.: Praxis des Sportunterrichts. Freiburg 1976[4].

Scholtzmethner, R.: Die körperliche Leistungsschwäche im Kindesalter und ihr Ausgleich durch kompensatorischen Sport. Dissertation Köln 1976.

Zentralblatt für die gesamte Unterrichtsverwaltung in Preußen. Berlin 1911 und 1926.

Diskussion des Arbeitskreises 3

1. Das *Schulsonderturnen*, als zusätzlich zum normalen Sportunterricht ausgewiesene Förderungsmaßnahme für Kinder mit Mängeln und Schwächen, wird zwar in etlichen Schulen in vorbildlicher Weise durchgeführt, im ganzen gesehen ist weder quantitativ noch qualitativ ein befriedigender Zustand erreicht.
   Diesen Zustand erheblich zu verbessern, wird die Schule allein auf Jahre hinaus nicht in der Lage sein. In ihrem Bestreben, körperliche Retardierungen auszugleichen, ist die Mitarbeit der Vereine notwendig, „denn nur aus der Synthese von körperlicher und sportlicher Betätigung in Schule und Verein erwächst ein Optimum für die Entwicklung der normalen Leistungsfähigkeit“ (Schoberth).
2. Die Zusammenarbeit der Lehrer und Übungsleiter für das Sonderturnen mit den Ärzten bedarf dringend der Verbesserung. Die Ärzte sollten nicht nur die Auswahluntersuchungen vornehmen, sie sollten gleichermaßen bei der Erarbeitung der Ausbildungs- und Prüfungsrichtlinien, beim Gespräch mit den Eltern, den kommunalen Stellen und den Massenmedien mitwirken.
3. Dem Lehrer und Übungsleiter für das Schulsonderturnen, der eine vertiefte Ausbildung im biologisch/medizinisch und im päd./psycholog. Bereich nachweisen muß, ist Gelegenheit zu geben, sich in diesem schwierigen Aufgabenfeld fort- und weiterzubilden. Außerdem ist anzustreben, die im Sonderturnen der Schule erteilten Unterrichtsstunden auf das Deputat des Lehrers anzurechnen.
4. An das Bundesinstitut für Sportwissenschaft ergeht die Bitte, bei der Vergabe von Forschungsaufträgen das Sonderturnen angemessen zu berücksichtigen und die Forschungsergebnisse in geeigneter Form allen Lehrern und Übungsleitern zugänglich zu machen. Auch die Bereitstellung audio-visueller Mittler für die Aus- und Fortbildung erscheint dringend erforderlich.
5. Die Kommission „Sport“ der Ständigen Konferenz der Kultusminister der Länder und der Deutsche Turner-Bund werden gebeten, ihre Ausbildungs- und Prüfungsrichtlinien für das Sonderturnen aufeinander abzustimmen und einen gemeinsamen Lehrplan für den Unterricht in Schule und Verein zu erarbeiten. Die Gesundheitsabteilungen der jeweiligen Ministerien/Senate sind zu dieser Arbeit zuzuziehen.
6. Überregionale oder gar internationale Veranstaltungen im Sinne des Kongresses „Kind und Bewegung“ sollten in regelmäßiger Folge stattfinden und Lehrern, Übungsleitern, Ärzten, Vertretern der Ausbildungsstätten sowie der Sportverwaltung Gelegenheit geben, Erfahrungen auszutauschen, Modellversuche kennenzulernen, die einschlägigen Ergebnisse der Sportwissenschaft zu erörtern und Anstöße für die weitere Arbeit zu erhalten.

Unter Mitarbeit von Jutta Wengerowski und Marianne Zoss

ARBEITSKREIS 4

Spiel und Kreativität

Arbeitskreis-Leiter: Friedhelm Kreiss
Referenten: Erwin Hahn und Hansjochen Brüggemann

Erwin Hahn

Erziehung zu Spiel und Kreativität

1. Vom Unbehagen bei den Begriffen „Spiel" und „Kreativität"

Im Bereich selbstinitiierten Lernens und Handelns, im Bereich von Spiel und Kreativität sind sehr unterschiedliche, oft divergierende Theorien entwickelt worden, auf die hier nur ganz verkürzt eingegangen werden kann. Sie lassen allerdings auch das Spektrum und die Unsicherheit erkennen, mit der man von verschiedenen Seiten an dieses Phänomen herangeht.

Trotz der Betonung der Wichtigkeit für die Entwicklung der Kinder führen diese Phänomene in der Literatur ein recht zwiespältiges Dasein. Es wird ihr Wert zwar ständig betont, aber nur aus psychologischer Sicht erscheinen sie hinreichend gesichert und akzeptiert.

Wenn auch ihr pädagogischer Wert anerkannt wird, und als eine didaktische Dimension beschrieben werden kann, so geschieht eine Umsetzung in die pädagogische Praxis nur sporadisch und punktuell. Auch nach vielen reformpädagogischen Bestrebungen und Bemühungen blieb der Anteil von Spiel und Kreativität in Schulungseinrichtungen gering. Meist ist es der persönlichen Überzeugung und des pädagogischen Engagements zu verdanken, wenn ein Lehrer sich dieser didaktischen Kategorien annimmt und sie im Unterricht verwirklicht.

Dort wo die pädagogische Einwirkung durch Institutionen beginnt, wird Spiel durch „Arbeit am Gegenstand" und Kreativität durch das „logische Verknüpfen von Bewußtseinsinhalten" ersetzt.

Dies ist sicher dadurch zu erklären, daß in der Lernzieldefinition von Schule, Vorschule, aber auch in der von Training, die Lernziele der abprüfbaren Leistungen im Vordergrund stehen. Diese abprüfbaren Lernziele müssen vorher vor allem inhaltlich und den Fähigkeiten des Kindes entsprechend definiert sein.

Auch die emotionalen und verhaltensmäßigen Anteile dieser Lernziele haben sich den zu erreichenden Leistungen unterzuordnen.

Nur so wird es erklärbar, daß die Verhaltensdimensionen Spiel und Kreativität des Kindes so sträflich vernachlässigt werden, weil man glaubt, durch das zielgerichtete, auf den definierten Gegenstand abgestimmte und somit durch das logisch deduzierende Hinarbeiten, ein Maximum an Leistung und Fortschritt erzielen zu können. Auch Schwachbegabten und Lerntempo-Schwachen glaubt man dadurch noch soviel Fertigkeiten vermitteln zu können, daß ihr sichtbar werdender Abstand noch kalkulierbar bleibt.

Lernen ist somit auf die Vermehrung des Leistungspotentials (basierend auf den Fähigkeiten) gerichtet und wird als das Verhältnis von input und output gesehen.

Völlig unberücksichtigt bleibt hier das leistungslimitierende Feld der Leistungsbereitschaft, in das auch die Dimensionen des Spiels und der Kreativität gehören. Auch im Sport und Sportunterricht von Kindern steht häufig, Leistung über Spiel, sportmotorische Fertigkeit und Nachvollzug von Bewegungen über Kreativität.

Mit den unterschiedlichsten Argumenten, die hier nicht wiederholt werden können, versucht man die breite und freie Bewegungsentfaltung zu früh und zu unqualifiziert zu stoppen zugunsten einer „frühzeitigen“ Spezialisierung definierter Bewegungen.

Neueste Ergebnisse zeigen auch gerade hier, daß diese These nicht haltbar ist (FEIGE 1975 und 1978). Nur auf einer breiten, spielerisch erworbenen motorischen Ausgangsbasis lassen sich hohe Leistungen realisieren und stabilisieren.

Wenn auf höchster Fertigkeitsstufe Spiel und Kreativität wieder nötig werden, um die Entwicklungen vorantreiben zu können, so wird dort der Dualismus wieder aufgehoben, der in den Lernprozessen die führende Rolle spielte. Spiel und Kreativität werden in der pädagogischen Praxis als wesensunterschiedliche Verhaltenskategorie der Leistung gegenübergestellt.

Mit Leistungsentwicklung wird oft die Optimierung definierter Bewegungsmuster umschrieben. Wesentliche Elemente dieser Leistungsformung sind Bewegungsanweisung und -kontrollle.

Bei der Erziehung zu Spiel und Kreativität hingegen wird die Entfaltung verschiedenartiger Bewegungsformen zum Mittelpunkt erhoben. Herausragende Probleme sind die Sensibilisierung der gestalterischen Kräfte und die Expression in der Bewegung. Problemsichtigkeit wird wichtiger als Kontrolle und Strukturierung.

Um das pädagogische Unbehagen an Spiel und Kreativität auch verstehbar zu machen, muß hier aber auch angeführt werden, daß Spiel und Kreativität im Unterricht nicht ein auf der bloßen Spontaneität der Kinder aufgebauter Unterricht sein darf, der richtungs- und intentionslos abläuft. In einem „freien“ — d. h. nicht durch den Lehrer gesteuerten — Bewegungsraum im Sportunterricht wird nämlich nicht gespielt oder Kreativität entwickelt, sondern Rivalitäten aufgebaut, Machtmotivationen sichtbar, Rangordnungskämpfe werden ausgetragen und Frustrationen und Aggressionen entwickelt. Dieser „freie Unterricht“ wird vielfach als kreativ verstanden, aber auch — was wesentlich kritischer ist — durchgeführt.

Bewegungserziehung hat zwei Ausgangspunkte. Die Bedürfnisse der Kinder zielen auf Selbstentfaltung und Selbstverwirklichung, die pädagogischen Ziele auf die Erreichung normierter Ziele. Sie können sowohl Defizite ausgleichen (Haltungsschwächen), Entwicklungsreize setzen als auch Motivationen entwickeln *(Abb. 1)*.

Traditioneller Sportunterricht wird eher zielorientiert sein, sich auf konkrete Sachaufgaben stützen und Leistungen entwickeln wollen. Ein kreativer Unterricht orientiert sich weitgehend an der Entwicklung von Handlungsstrategien und zielt auf die Erweiterung des Verhaltensrepertoires.

Beide Formen schließen sich nicht aus, sondern ergänzen sich sinnvoll.

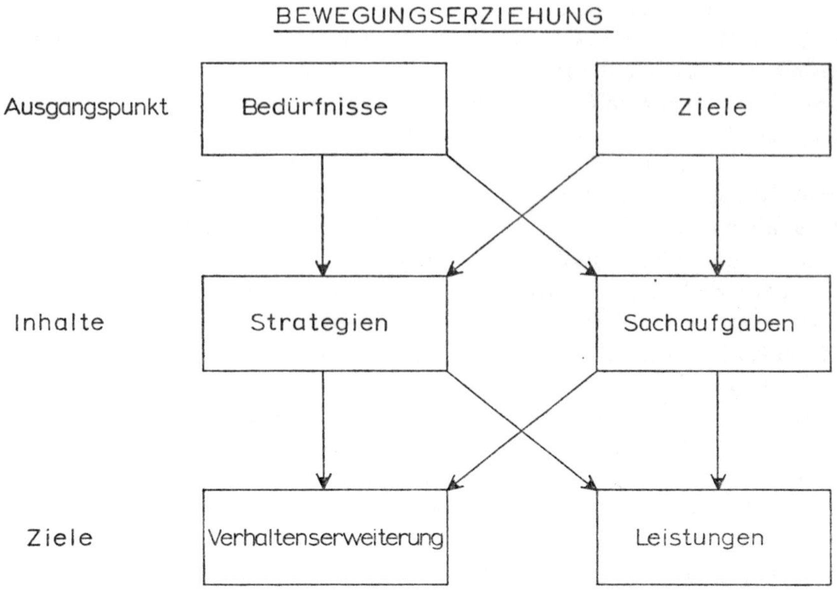

Abb. 1

2. Das Spiel

Ohne in eine tiefgreifende Diskussion über Theorien des Spiels einzutreten (BERLYNE 1960, BUYTENDIJK 1933, ELLIS 1973, ERIKSON 1940, FEITELSON 1972, FREUD 1946, GROOS 1922, HALL 1902, HECKHAUSEN 1973, HUIZINGA 1938, JOHNSON 1928, LAZARUS 1883, PIAGET 1947, RÜSSEL 1953, SCHILLER 1793, STERN 1921, SUTTON-SMITH 1971), soll Spiel als „organisierter Handlungszusammenhang unter einem bestimmten Leitziel" definiert werden, in dem retrospektive (Spieltrieb, Funktionslust, Rekapitulation, schöpferische Kraft, Triebbefriedigung, Atavismus, Neugierverhalten, Kulturtradition), aktuelle (Katharsis, Adaptation, Spannungsentladung und -suche, Erholung, Phantasiebefriedigung) und prospektive (Vorübung, Lernen und Anpassung, Ich-Ausdehnung, soziale Rollenerwartung, Kulturbewältigung) Tendenzen sichtbar werden.

Dabei weist das Spiel sehr starke intrinsische Motivationen und pathische Züge auf. Spiel wird nur dort sichtbar, wo der Spielende sich selbst als handelnder Mittelpunkt begreift, der selbst handelnd Richtung und Verlauf bestimmt oder mitbestimmt.

Spiel wie Kreativität setzt kognitive, emotionale wie verhaltensmäßige Beziehungen voraus, ohne die das Verhalten ziellos, Bewegung reine Beschäftigung wird. HECKHAUSEN beschreibt das Spiel als „handelnde Auseinandersetzung mit einem Stück real begegnender Welt" (1973). Die kognitiven Elemente sind durch die Problemstellungen und Impulse gegeben, die in konkrete Stimulierungen und Informationen umgeformt, die wahrnehmungsgemäße Basis des Spiels bilden. Diese kognitive Ebene wird beim Kleinkind sensomotorisch (PIAGET) bewältigt, später nach innen auf die gedankliche Ebene gehoben.

Im emotionalen Bereich werden psychische Spannungen aufgesucht, die zu einem Affektstau führen. Sie wiederum streben zur Affektabfuhr, zu einem intrinsisch gesteuerten Prozeß, in dem Mittel und Wege gesucht werden, die Befreiung vom Stau einzuleiten und zur Befriedigung zu führen.

Dieses pathische, aber lustvolle Erleben von Spannungsaufbau und aktiver Reduzierung reizt den Menschen immer wieder neu, so daß Heckhausen zu Recht von einem „Aktivierungszirkel" spricht, der „im Sinne einer Kippschwingung mit langsamem Anstieg und schnellem Abfall oder auch mit schnellem Anstieg und langsamem Abfall" arbeitet (1973, 136).

In diesem Spannungsaufbau werden für die immanenten Probleme und Impulse Mittel und Wege gesucht, zu einer Lösung voranzuschreiten. Es sind vor allem mentale Elemente, die hierfür eingesetzt werden. Sind bereits Vorerfahrungen gespeichert, werden logische (intellektuelle) Abläufe erkennbar, sind keine adäquaten Bewältigungsmuster vorhanden, werden a-logische (divergente oder kreative) Strategien zur Lösung bemüht. *(Abb. 2).*

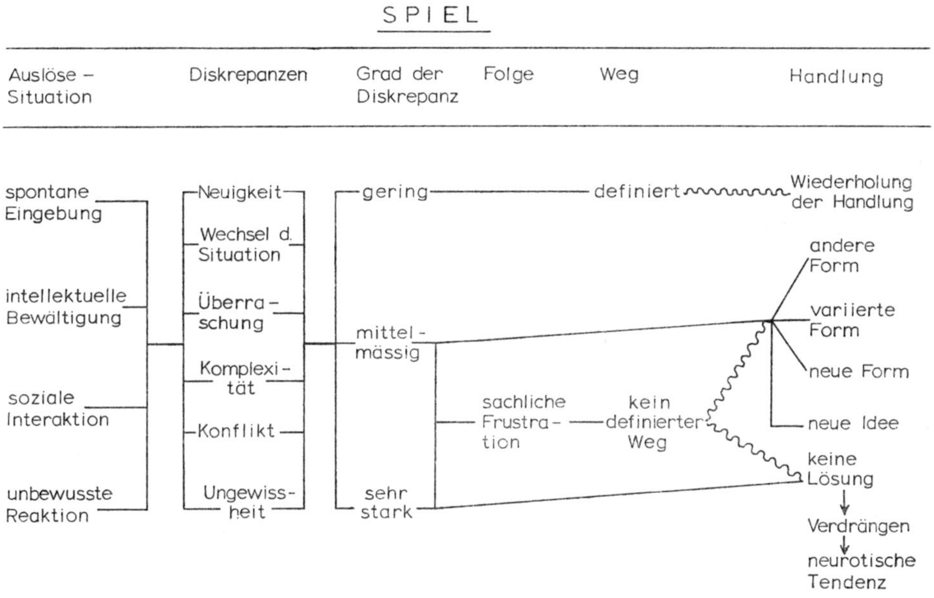

Abb. 2

Wie im Lernen ist auch im Spiel eine mittlere Aktionsbasis (von Mitteln, Zeit, Raum und Zielen) die beste Ausgangsbasis. Bei einer zu geringen Diskrepanz kommt es nicht zum Spiel, da man bekannte Reaktionsmuster bemüht, bei zu hohen Diskrepanzen kommt es zu einer Problemunterbrechung, da man keine kognitiven, emotionalen und/oder verhaltensmäßigen Mittel einsetzen kann. Bei ständigen hohen Diskrepanzen oder äußeren Zwängen kann es sogar zu neurotoiden Verdrängungen kommen (Kubie). Merkmale eines Spiels sind nach Heckhausen seine Zweckfreiheit, der Wechsel von Spannung und Lösung, die handelnde Auseinandersetzung mit einem Problem, eine undifferenzierte Zielstruktur, die unmittelbare Zeitperspektive und die sog. Quasi-Realität. Dies zeigt, daß Spiel im Grunde nur unter der persönlichen Freiheit des Handelns stattfinden kann. Auch die soziale Über-, Neben- und Unterordnung im Spiel darf dabei nicht zum Zwang ausarten, eine von außen definierte Rolle spielen zu müssen. Fehlt die eigene Identifikation mit dieser Rolle wird aus dem Spiel qualvoller Zwang, der unter permanentem Streß zu fehlerhafter Anpassung führen kann.

Im klassischen Sinne ist somit Schule und Training kein Spiel sondern Arbeit, weil Normen und „Spiel"-regeln von außen gesetzte Qualitäten sind, an denen Leistungen gemessen werden.

Spielerische Gestaltung im Sportunterricht wird dort ihre Grenzen finden, wo die Eigenrealisation verlassen und durch Vor- und Nachahmen zum Ziele einer von außen definierten Leistungssteigerung ersetzt wird.

Um aber das für die Persönlichkeitsentwicklung so wichtige Spiel in Schule und Training Eingang finden zu lassen, muß wohl eine neue Zieldiskussion einsetzen, um curricular wirksame Veränderungen vorzubereiten. Diese Diskussion müßte sowohl psychologische Bedürfnisanalyse, Methodenkritik als auch eine Inhaltsproblematisierung beinhalten. Aber hier ist nicht der Ort, dies voranzutreiben.

Ausgehend von spontanen, intellektuellen, sozialen und innerpsychischen Auslösern für Spiel, sind es erlebte Diskrepanzen zwischen Individuum und der Welt, die zum Spiel drängen. Hier wird versucht, solche Diskrepanzen zu beseitigen, indem man einen Ausgleich sucht. In Prozessen der Assimilation und der Akkomodation wird spielerisch eine Entscheidung vorbereitet oder gar realisiert.

Solche Diskrepanzen sind:
— Neuigkeit, bzw. Wechsel einer Situation,
— Überraschungsgehalt,
— Komplexität eines Sachverhaltes,
— Konflikte, bzw. Ungewißheit (nach HECKHAUSEN).

Diese Diskrepanzen führen zu einer plötzlichen Frustration, zu einer Barriere, die eine logische Abfolge verhindert, zu einer Blockung und zu einem Affektstau.

Da kein bisher begangener Weg zu einer Lösung des Problems führt, kommt es nun zu der spielerischen Auseinandersetzung mit dem Frustrationsgegenstand, in der mental (intellektuell und kreativ), emotional (motivational und persönlichkeitszentriert) und verhaltensmäßig (steuernd und optimierend) eine Analyse der Eventualitäten vorbereitet wird, die eine mögliche Lösung beinhaltet. Dies wird an anderer Stelle noch zu diskutieren sein. Spiel hat somit kathartischen Charakter, da es das Kind aus der Spannung löst, es aber gleichzeitig in neue Spannungen setzt. Somit ist Spiel ständige Belastung im Sinne von lebensnotwendigem Stress, der erst geistige und körperliche Entwicklung ermöglicht (SCHÖLER).

Die spielerische Auseinandersetzung mit der Umwelt ist im Grunde genommen ein trial-error-Verhalten mit ungewissem Ende. Der Anfang ist ein Problem, ein Impuls, eine Information oder ein Reiz, der so attraktiv ist, daß er die pathische Aufmerksamkeit des Individuums auf sich zieht. Ziel ist die Assimilation oder die Akkomodation, die Anpassung der Umwelt an den Spielenden zur Integration des Problems in das eigene Erfahrungsrepertoire, zu einer Neuorientierung in der Welt und zu einem veränderten Problembewußtsein. Wie viele Spieltheoretiker früher annahmen, ist Spiel und Spieltrieb aber keine genetisch fixierte und somit relativ unabänderbare Größe, sondern wird von der sozialen Umwelt mitbestimmt.

Ein Kind spielt aufgrund seiner mentalen, emotionalen und motorischen Fähigkeitsstruktur, aber auch vermittels der Erfahrungen, die es aus Anleitungen der Umwelt erhalten hat. So muß eine wichtige pädagogische Konsequenz daraus abzuleiten sein. Es muß eine Spielerziehung beginnen, die eine Vermehrung der spielerischen Möglichkeiten (adaptive potentation: SUTTON-SMITH) zum Ziele hat. Das Kind muß lernen sich mit Gegenständen der Umwelt aktiv auseinanderzusetzen.

3. Die Kreativität

Der Intelligenzentwicklung ähnlich scheint sich die Kreativität zu entfalten. Ausgehend von einer relativ genetischen Limitierung der Kreativität (Thurstone, Guilford) scheint sie ähnlichen Sozialisationsbedingungen zu unterliegen wie andere kognitive Fähigkeiten.

Die generelle Verminderung kreativer Entscheidungsprozesse während der Schulzeit könnte hierfür ein Anzeichen sein. Die einengende Hemmung kreativer Prozesse (Oerter) ist sicher zum Aufbau konformer, kommunikativer und sozialer Verhaltensweisen (Sozialisation als soziale Anpassung) ebenso nötig wie Akkomodationsprozesse, um Rollenerwartung, Selbstbestätigung, Leistungserwartung und soziales Prestige beim Individuum in Einklang zu bringen (Sozialisation als Differenzierung).

Eine einheitliche Theorie der Kreativität wird es wohl kaum geben, da anzunehmen ist, daß viele Erklärungsmodelle für vielfältige und unterschiedliche Kreationsprozesse notwendig sind. So viele kreative Äußerungen möglich sind, so viele Erklärungshypothesen müßte man bereithalten. Auch hier muß verzichtet werden, die Theorien der Kreativität näherungsweise zu beschreiben (Anderson 1959, Arnheim 1954, Barron 1953, Dewey 1951, Duncker 1935, Fromm 1959, Guilford 1964, Krause 1972, Kubie 1966, Lowenfeld 1962, Maslow 1959, Mednik/Jung 1964, Parnes/Harding 1962, Poincaré 1913, Stein 1953, Taylor 1963, Thordike 1949, Thurstone 1950, Torrance 1960, Ulmann 1970, Wallach/Kogan 1965, Woodworth 1934). Neben prozeßorientierten Theorien, auf die hier etwas näher eingegangen werden soll, gibt es die persönlichkeitsorientierten, die sozialorientierten und auch die psychoanalytisch ausgerichteten Modelle.

Kreative Prozesse werden nur dort einsetzen, wo noch keine vorgeformten logischen Bewältigungsstrategien eine eindeutige Behandlung zulassen oder dort wo diese gebahnten Strategien nicht zu dem gewünschten Erfolg führen. Es kommt zum Problem, das, da nicht lösbar, eine Realisationsbarriere aufbaut *(Abb. 3).*

In dieser Inkubationsphase (Dewey/Poincaré) wird das Problem gestellt, gesehen oder als Problem definiert. Hier spielen Neuigkeit, Wechsel, Überraschung, Komplexität

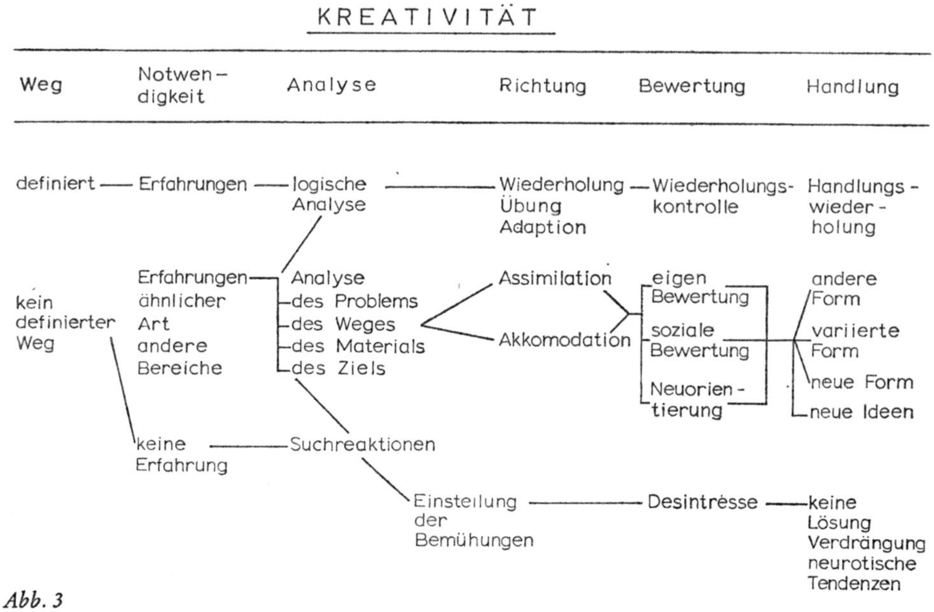

Abb. 3

oder der Konflikt eine ähnlich tragende Rolle wie beim Spiel. Diese Inkubation bedeutet gleichzeitig eine Blockung des Bewußtseins und einen Zustand der Verwirrung (Frustrationserlebnis), da keine definierten Wege der Antwort zur Verfügung stehen.

Das Problem wird von allen Seiten her betrachtet, ob nicht immanente Möglichkeiten der Bewältigung erkennbar werden. Strategien anderer kognitiver Bereiche werden zur Verfügung gestellt und daraufhin überprüft, ob sie nicht zur Lösung des Problems beitragen können.

Im Bereich motorischer Fragestellungen umschreibt LAWTHER dies als „zweckdienliche Zusammenstellung von Bewegungen, die bereits zum Repertoire gehören, in ein neues, geordnetes Modell". Kognitiv gesehen wird eine neue, kreative Strategie geschaffen, um zu einer Lösung zu kommen.

Je stärker die intrinsische Motivation besteht, eine Lösung zu finden, umso mehr Versuche werden unternommen, divergierende Erfahrungen und Strategien für den Problemfall heranzuziehen, sie zu prüfen und wenn möglich zu adaptieren. ZEIGARNIK hat mit seinen Versuchen gezeigt, wie stark die unbewältigten Aufgaben im Bewußtsein bleiben und zu einer Lösung drängen. Daher kann es nicht überraschen, wenn in plötzlichen „Aha-Erlebnissen" Lösungen sichtbar werden. Dies ist umso eher möglich, je mehr Verhaltens- und Handlungsstrategien im Gedächtnis gespeichert und variabel verfügbar sind.

Nach FROMM ist eine „kreative Einstellung" einer Persönlichkeit zu Problemen eine Grundvoraussetzung für eine ständige Bereitschaft Probleme anzugeben und zu lösen. Wie alle Motivationen ist diese Einstellung sozialisationsbedingt und hängt auch von der Interessenlage eines Individuums ab. Die Bereitschaft motorische Probleme kreativ lösen zu wollen, bedeutet noch keine generelle kreative Einstellung, noch weniger Problemsichtigkeit in ganz andersartigen (z. B. mathematischen) Leistungsbereichen. Kreativität ist somit persönlichkeitsgebunden, jedoch nicht vom Grad der Intelligenz abhängig. Probleme zu sehen und zu definieren, hängt auch von der situativen Bedeutsamkeit und vom Aktivationsgrad des Problems auf das Individuum ab. Auf einer mittleren Aktionsbasis ist die Möglichkeit einer kreativen Entscheidung am ehesten gegeben, am qualitativsten jedoch bei einer hohen Problemlage und starken Motivationstendenzen.

Im Normalfall führen überhohe Problemlagen zu überstarken Frustrationen und damit zur Problemevasion, bei chronisch verdrängten Problemen zu neurotoidem Verhalten.

Für die Verifikation suchen die Analysen einen tragbaren Kompromiß zu finden.

- In der „Analyse des Problems" wird versucht, das Problem neu oder anders zu definieren, um aus der veränderten Problemstellung Realisationsmöglichkeiten zu entdecken.
- Ähnliche Veränderungen werden auch in der „Analyse des Materials" denkbar. Hier wird versucht, andere Mittel (Geräte usw.) einzusetzen, um eine Lösung zu erreichen.
- Die „Analyse des Prozesses" versucht die Ablaufbedingungen zu verändern, um das Problem der Lösung zuzuführen. Die Wege zum Ziel werden neu überdacht, um ein Ergebnis zu erhalten.
- Schließlich wäre auch „die Analyse des Ziels" ein möglicher Ansatz, zu einer kreativen Lösung zu finden.

Sicher spielt in kreativen Entscheidungsprozessen nicht nur eine Komponente eine Rolle, sondern die Verknüpfung mehrerer Möglichkeiten. Diese Analysen sind die Grundlage einer wirklich kreativen Lösung. Sie verlaufen nicht immer voll bewußt und auch nicht immer in einer kalkulierbaren Zeitspanne.

So erscheinen Lösungen auch für den Kreativen oft überraschend und pathisch, man ist von der Lösung selbst so überwältigt, daß man sie zunächst nicht als „eigene“ Entscheidung erkennt.

Diese Verifikation, so spontan sie auch erscheinen mag, ist das Ergebnis eines Umstrukturierungsprozesse, das eine neue Handlungsstrategie entwickelt hat.

Sie wird aber erst dann zu einer anwendbaren und wiederholbaren Strategie, wenn in der Bewertungsphase das Ergebnis einer personalen und sozialen Prüfung unterzogen wurde. Verläuft sie positiv, kann man von einer „kreativen Leistung“, einer Kreation sprechen, die in das bisherige Verhaltensrepertoire integrierbar ist.

Sichtbar werden kann:
— eine völlig neue Form,
— eine in der Struktur andere Form oder
— eine variierte Form.

Die Form trägt einerseits zu einer Vereindeutigung und Differenzierung des Verhaltens bei. Beim feedback wird sie scharf von schon bestehenden Formen abgegrenzt. Sie trägt aber auch zu einer Vermehrung der Verhaltensmöglichkeiten und zu einer variableren Anwendung der Strategien bei.

Schließlich wird eine Veränderung der Einstellung zum Verhalten sichtbar. Die positive Rückmeldung einer kreativen Lösung verstärkt die „kreative Einstellung“ bei zukünftigen Problemstellungen häufiger divergente Lösungen zu erproben.

Ähnlich wie beim Spiel wird durch kreative Erfolgserlebnisse eine kathartische Wirkung erzielt, in der Spannungen positiv gelöst werden und der Organismus in neue Spannungen versetzt wird.

Kreativer Unterricht ist Schule und Training nicht entgegengesetzt, da er ja auch durch Problemfindung und -lösung zur Leistung führen möchte.

Probleme bereiten vor allem die wesentlich unterschiedlicheren individuellen Ausgangsphasen der Kreativität und die Unmöglichkeit, kreative Prozesse abzubrechen und sie a-kreativ (logisch) weiterzuführen. Außerdem bereitet die Kalkulation der Zeit für kreativen Unterricht enorme Schwierigkeiten.

Eine Negativbewertung erfuhr und erfährt Kreativitätsunterricht auch durch unqualifizierte Versuche hier nur Sensibilisierungsprozesse anzustoßen, sie aber nicht kritisch zu bewerten.

Auch „Spontan-Unterricht“ ist noch keinerlei kreative Erziehung, da diese Spontaneität erst durch bewußte, mentale Prozesse in Kreativität überführt werden müßte.

Ein weiteres Gegenargument ist die Phase der Problemfindung für den Kreativitätsunterricht. Kreative Lösungen sind nur in „echten“ Problemen zu erwarten. Werden allgemeine, gruppenspezifische oder gar (was noch weitaus schlimmere Folgen hat) erwachsenenspezifische Problematiken in den Mittelpunkt gestellt, werden nicht kreative (und somit emanzipatorische) sondern bloße adaptive (Anpassung durch Regression oder Aggression) Prozesse wirksam. In der Problemfindung ist auf den situativen Charakter (Zeitperspektive), auf altersadäquate (Entwicklungsgemäßheit) und auf persönlich relevante (Interessenausprägung) Merkmale zu achten.

Spiel und Kreativität

Vergleicht man die Prozesse von Spiel und Kreativität miteinander, so zeigen sie eine Reihe gemeinsamer Züge, obwohl beide von ihrer Auffassung her wesensunterschiedlich sind.

Spiel und Kreativität haben gemeinsame Ausgangspunkte. Zwischen der auslösenden Situation und den personalen Möglichkeiten werden Diskrepanzen deutlich, die zur Bewältigung drängen.

Im spielerischen Handeln werden Wege gesucht, die zur Lösung führen und die Handlung ermöglichen.

Der kreative Prozeß beinhaltet vor allem die Analyse des Problems, die gedankliche Beschäftigung (Inkubation und Hypothesenbildung: BRÜGGEMANN) und die Bewertung des produktiven Denkvorganges.

Daraus wird deutlich, daß am ehesten aus dem spielerischen Tun kreatives Denken erwachsen und kreatives Problemlösen in einen spielerischen Umgang mit Möglichkeiten übergehen kann.

Da bei Kindern spielerische Elemente auch in der Bewegungsentwicklung vorherrschen, ist hier die entscheidende Möglichkeit gegeben, durch die Vermehrung von Spielstrategien auch kreatives Verhalten zu entwickeln.

4. Lehren für Spiel und Kreativität

Überprüft man kritisch die bisher gemachten Ausführungen auf eine tragfähige Praxis für Sport und Sportunterricht, so scheint an erster Stelle das Problem der Lehrkompetenz zu stehen.

Untersuchungen im Bereich der motorischen Kreativität (HAHN 1975) bei Vorschulkindern zeigten deutlich einen relativ hohen Anteil an spontanen Äußerungen bei definierten Aufgaben bei gleichzeitigem Freiraum der Bewegung. Durch positive (kreative) Verstärkung und durch Intellektualisierung (verbale Wiederholung der erbrachten Spontanleistung durch das Kind mit der Hilfe der Erzieherin) war auch die Zahl der Veränderungen bei einer Wiederholung der Aufgabe deutlich. Aus den spontanen unaufgeforderten Verbaläußerungen der Kinder ließ sich deutlich ablesen, daß sie auf dem Wege kreativer Lösungen waren.

In ähnlicher Weise kann man die Bereitschaft des Kindes zum Spiel charakterisieren. Es spielt schon vor dem Aufstehen im Bett, verspielt das Waschen, spielt im Krankenbett und findet Möglichkeiten zum Spiel, auch wenn es von Erwachsenen verboten wurde.

Bereitschaft und Fähigkeiten sind vorhanden, werden aber zu wenig genutzt.

Die sichtbaren Unterschiede in den kreativen Fähigkeiten und den Möglichkeiten des Spielens sind durch kreative und spielerische Erfahrungen im Elternhaus und in der sozialen Umgebung mitgeprägt.

Im Sinne des Modell-Lernens (BANDURA) werden die kreative Einstellung der Eltern, ihre fördernde und fordernde Haltung und ihre Interessen und Problemstellungen miterlernt. Die Kriterien, die ein kreatives Lernklima schaffen können, hat HALLMAN in einem Katalog für den kreativen Lehrer zusammengestellt, der auch für die Entwicklung von Spielverhalten von Bedeutung ist:

— Der Lehrer muß bei den Schülern selbst-initiiertes Lernen erreichen. Auch beim Sport sollte er mehr Probleme in den Raum stellen und Impulse geben, um die Kinder zu eigenem Erproben, Experimentieren und Handeln zu führen.

— Eine nicht autoritäre Lernumgebung im Sportunterricht erleichtert schöpferisches und spielerisches Tun. Freiheit ist hier als Freiheit innerhalb eines von Interessen, Fähigkeiten und Möglichkeiten abgesteckten Raumes zu sehen, der strukturiert werden muß.

— Der Lehrer ermutigt auch im Sport den Schüler zum „Überlernen" (overlearning) und zum „Über-Spielen". Formen werden so häufig angeboten, daß es zu einer Übersättigung kommt, die nach anderen Ausdrucksformen drängt.

— Motorische und spielerische Prozesse müssen in Denkprozesse eingebunden werden. Das Kind muß lernen seine Handlungen zu intellektualisieren, zu problematisieren und bewußt einzusetzen. Der Lehrer muß hier seine Strukturierungshilfe anbieten, er sollte Veränderungsstrategien darstellen.
— Der Lehrer schiebt sein eigenes Urteil über die Leistung auf, um durch frühzeitige Bewertungen nicht voreilig Bemühungen, andere Bewegungen auszuführen, zu unterbinden und fordert zur Selbstbewertung auf.
— Auch im Sportunterricht soll der Lehrer die intellektuelle Flexibilität fördern, um Probleme zu variieren oder neu zu definieren.
— Die Sensitivität gegenüber Eindrücken, Gefühlen und Stimmungen soll er intensivieren, um Problembewußtsein zu entwickeln.
— Kreative Lehrer verschaffen den Schülern im Sportunterricht Gelegenheit, mit Materialien, Geräten, Ideen und Strukturen umzugehen.
— Er hat sie zur Frustrationstoleranz zu erziehen, um auch im Sport in schwierigen Situationen noch kreativ zu sein, mit den Möglichkeiten spielen zu können.

Forderungen, die im familiären Alltag häufig gegeben sind, da Eltern häufig in der Interaktion mit ihren Kindern diese Faktoren unbewußt berücksichtigen.

Schule und auch Training sind primär nicht an Verhaltenserweiterungen interessiert, sondern an einer Vermehrung von Wissen und Können. Wobei diese beiden Kategorien an definierten inhaltlichen Kriterien, nicht an Verhaltensspielräumen orientiert sind.

So ist auch das Training für Lehrer, Trainer und Erzieher darauf ausgerichtet, den Kindern etwas „beizubringen", mit möglichst geringem Zeitaufwand ein Maximum an Wissen und Können an möglichst viele Kinder zu vermitteln.

Ansätze einer Veränderung zeigen sich nur im verhaltenstherapeutischen Raume, wo man eingesehen hat, daß mit der traditionellen schulischen Ausgangsposition nichts zu erreichen ist.

Wenn — wie oben erwähnt — Spielerziehung in erster Linie eine Vermehrung von Verhaltensmöglichkeiten (adaptive potentiation: SUTTON-SMITH) zum Ziele hat, so muß der Spielerzieher und der Kreativ-Lehrer nicht nur gefordert werden, es müssen Trainingskurse in oben erwähnter Weise in die Lehrer- und Erzieherausbildung aufgenommen werden. In dem den Kongreß fortführenden Lehrgang sollen Möglichkeiten spielerischen Übens im Sportunterricht und kreatives Lehren vorgestellt und diskutiert werden.

5. Erziehung zu Spiel und Kreativität

Negative Formen falsch verstandener Spielerziehung und Kreativitätsförderung sind schon vorher angesprochen worden. Sie sollten das Feld zielgerichteter Kreativitätserziehung vorbereiten helfen.

Wenn man die bisher recht spärlichen Hinweise auf Kreativitätserziehung im Sport im deutschsprachigen Raum (BRÜGGEMANN 1976, DIECKERT 1974, 1976; ENGEL/KÜPPER 1972, HAHN 1974, 1975, 1976; KREISS 1975, 1977; SCHODER 1975, SEYBOLD 1975, SOMMER 1974) zusammenfaßt, so kann man folgende Leitlinie für diesen Bereich ableiten:

— Ziel muß eindeutig die Vermehrung der Verhaltensmöglichkeiten sein. Dieses Ziel kann jedoch nur erreicht werden, wenn gleichrangig neben die Sensibilisierung für neuartige Probleme auch die kritische Bewertung der erreichten Ergebnisse tritt. Ein bloßes Initiieren allein genügt nicht.

Eine emanzipatorische Entwicklung findet dann statt, wenn eine möglichst eigenständige und intrinsisch gesteuerte Bewertung der Verhaltensmöglichkeiten erreicht wird.

— Die Basis der Problemfindung für kreative Prozesse muß die Lernerfahrung der Kinder, ihre Bedürfnisse und ihre Entwicklungsgesetzmäßigkeit sein. Sollten andere Probleme — vor allem erwachsenenspezifische im Mittelpunkt stehen — werden keine Kreativität und auch keine emanzipatorischen Veränderungen entwickelt.
— Kreative Prozesse bedürfen der sorgfältigen Planung und der betreuenden Supervision. Zu kreativen Prozessen müssen die Schüler angeleitet werden, sie bedürfen vor allem in der Beurteilung ihrer eigenen Kreationen der kritischen Hilfe.
— Im kreativen Unterricht darf der methodische Aufbau nicht vergessen werden (ähnlich ENGEL/KÜPPER: Finden — Üben — Variieren — Gestalten). Positive Rückkopplungsprozesse erleben die Schüler nur nach eigenen „kreativen Leistungen".
— Ergebnisse des kreativen Unterrichts (und somit auch Lernziele) sind nicht definierte Leistungen in bestimmten Bereichen, sondern Strategien, auf bestimmte Anforderungen adäquat reagieren zu können. Strategien sind so anzusiedeln, daß eine Transferwirkung auf andere Bereiche möglich wird.
— Bewegungserfahrungen und neue Formen einzelner sind der Gruppe verfügbar zu machen, um von hier einen positiven Anregungseffekt zu erzielen.
— Im kreativen Angebot des Sportunterrichtes sollen Mittel, Zeit und Raum den Schülern verfügbar gemacht werden. Sie sollen lernen, in unterschiedlichen Situationen darin selbständig aktiv werden zu können.
Fernwirkungen auf eine spätere Verwendung im life-time-Sport sind zu intendieren.
— An die Stelle eines kontinuierlichen Einwirkens zur Erreichung definierter Leistungssteigerungen tritt die punktuelle Stimulierung in der gegebenen Situation.

Was hier für die Entwicklung kreativer Strukturen im Sportunterricht herausgehoben worden ist, gilt in analoger Weise auch für die Inhalte einer zielgerichteten Spielerziehung, in der es nicht um die Erlernung bestimmter definierter Sportspiele gehen kann, sondern um die Fähigkeit, spielerisch Probleme auch im Sport anzupacken.

Eine Schlußbemerkung muß der Vollständigkeit halber angefügt werden. Sie darf auch in der Zentrierung auf Spiel und Kreativität nicht untergehen.

So wie wir im Lernprozeß unsere Fortschritte neben spielerischer und kreativer Möglichkeiten auch in logischen Prozessen zu sehen haben, können Kreativität und Spiel nicht die ausschließlichen Inhalte eines richtig geführten Sportunterrichtes sein.

Der Heranwachsende benötigt zwei Formen motorischer Lernprozesse:

— die Bewegungsoptimierung als relativ sicher anwendbares Repertoire von Bewegungsmustern und
— die Bewegungsdifferenzierung als die Entwicklung vielfältiger Möglichkeiten einer Bewegungsausführung.

Nur von der letzteren Möglichkeit sollte hier die Rede sein.

Literatur

ANDERSON, H. H.: (Hrsg.): Creativity and its Cultivation. New York 1959.

ARNHEIM, R.: Art and Visual Perception. Berkeley 1954.

BANDURA, A.: Principles of Behavior Modification. New York 1969.

BARRON, F.: Complexity — Simplicity as a Personality Dimension. In: Jour. Abnorm. a. social Psychol. 48 (1953), 163—172.

BERLYNE, D. E.: Conflict, Arousal and Curiosity. New York 1960.

BRÜGGEMANN, H. J.: Kreativität im Sportunterricht — eine Bestandsaufnahme. In: DIECKERT/LEIST (Hrsg.), Auf der Suche nach Theorie-Praxis-Modellen im Sport. Schorndorf 1976, 116—127.
BUYTENDIJK, F. J. J.: Wesen und Sinn des Spiels. Berlin 1933.
DEWEY, J.: Wie wir denken. Zürich 1951.
DIECKERT, J.: Kreativität und Freizeitsport. In: DIECKERT (Hrsg.), Freizeitsport — Aufgabe und Chance für jedermann. Düsseldorf 1974, 131—139.
DIECKERT, J.: Zu einer Methodik der Kreativität. In: DIECKERT/LEIST (Hrsg.), Auf der Suche nach Theorie-Praxis-Modellen im Sport. Schorndorf 1976, 107—115.
DUNCKER, K.: Zur Psychologie des produktiven Denkens. Berlin/Göttingen/Heidelberg 1935.
ELLIS, M. J.: Why People Play. Englewood Cliffs 1973.
ENGEL, R. / KÜPPER, D.: Gymnastik. Finden — Üben — Variieren — Gestalten. Schorndorf 1972.
ERIKSON, E. H.: Studies in the Interpretation of Play. In: Genet. Psychol. Monogr. 22 (1940), 557—671.
FEITELSON, D.: Developing Imagnitive Play in Pre-school Children as a Possible Approach to Fostering Creativity. In: Early Child Develop. and Care. 1 (1972), 181—195.
FEIGE, K.: Vergleichende Studien zur Leistungsentwicklung von Spitzensportlern. Schorndorf 1972.
FEIGE, K.: Leistungsentwicklung und Höchstleistungsalter von Spitzenläufern. Schorndorf 1978.
FLITNER, A. (Hrsg.): Das Kinderspiel. München 1973.
FREUD, A.: The Psychoanalytic Treatment of Children. London 1946.
FROMM, E.: The Creative attitude. In: ANDERSON (Hrsg.), Creativity and its Cultivation. New York 1959, 44—54.
GROOS, K.: Das Spiel. Jena 1922.
GUILFORD, J. P.: The Nature of Creativity. In: RUSSELL (Hrsg.), Frontiers in Psychology. Chicago 1964, 125—131.
GUILFORD, J. P.: Persönlichkeit. Weinheim 1964.
HAHN, E.: Kreativität im Sport — eine Sozialisierungschance. In: ADL (Hrsg.), Sozialisation im Sport. Schorndorf 1974, 309—313.
HAHN, E.: (Probleme der Kreativität im Sport) rumänisch. In: EPURAN (Hrsg.), Psihologia si sportul Contemporan. Bukarest 1974, 358—375.
HAHN, E.: Creativity in Movement Behavior of 4 and 5 years old Children. In: SIMRI (Hrsg.), Play in Physical Education and Sport. Wingate 1975. 49—60.
HAHN, E.: Kreativitätserziehung im vorschulischen und schulischen Bereich. In: RIEDER/HAHN (Hrsg.), Psychomotorik und sportliche Leistung. Schorndorf 1976, 151—166.
HALL, G. S.: Ausgewählte Beiträge zur Kinderpsychologie und Pädagogik. Altenburg 1902.
HALLMAN, R. J.: Techniken des kreativen Lehrens. In: MÜHLE/SCHELL (Hrsg.), Kreativität und Schule. München 1973, 175—180.
HECKHAUSEN, H.: Entwurf einer Psychologie des Spielens. In: FLITNER (Hrsg.), Das Kinderspiel. München 1973, 133—149.
HUIZINGA, J.: Homo ludens. Hamburg 1938 (1962).
JOHNSON, H.: Children in the Nursery School. New York 1928.
KRAUSE, R.: Kreativität. München 1972.
KRAUSE, R.: Produktives Denken bei Kindern. Weinheim 1977.
KREISS, F.: Kreativität und Training im Sport — Kreativität im Training. In: Jugend und Sport. 32 (1975), 102.
KREISS, F.: Kreativität im Training — Kreativität im Sport. In: Der Übungsleiter 1977, 13—16.
KUBIE, L. S.: Psychoanalyse und Genie. Hamburg 1966.
LAWTHER, J. D.: Movement Individuation, Motor Pattern, Learning and Creativity. In: KENYON/GROGG (Hrsg.): Contemporary Psychology of Sport, Chicago 1970, 623—632.
LAZARUS, M.: Die Reize der Spiele. Berlin 1883.
LOWENFELD, V.: Creativity. In: PARNES/HARDING (Hrsg.), A Source Book of Creative Thinking. New York 1962, 9—17.
MASLOW, A. H.: Creativity in self actualizing people. In: ANDERSON (Hrsg.), Creativity and its Cultivation. New York 1959, 83—95.
MEDNICK, M. / MEDNICK, S. A. / JUNG, C. C.: Continual Association as a Function of Level of Creativity and Type of Verbal Stimulus. In: Journ. Abnorm. and Social Psychol. 69 (1964), 511—515.
PARNES, S. J. / HARDING, H. F.: A Source Book for Thinking. New York 1962.
PIAGET, J.: La Representation du Monde chez L'Enfant. Paris 1947.
POINCARÉ, H.: The Foundations of Science. New Vork 1913.

Rüssel, A.: Das Kinderspiel. München 1953.
Schiller, F.: Über die ästhetische Erziehung des Menschen. Jena 1793.
Schoder, G.: Fachdidaktische Perspektiven zum Thema Kreativität und Sportunterricht. In: Neff (Hrsg.), Kreativität in Schule und Gesellschaft. Ravensburg 1975, 191—207.
Schöler, H.: Über Beziehungen zwischen subjektivem Streß und Persönlichkeitsmerkmalen. Freiburg 1972.
Seybold, A.: Kreatives und programmiertes Lernen in der Leibeserziehung. In: Thaller/Recla (Hrsg.), Signale der Zeit. Schorndorf 1975, 208—127.
Sommer, A.: Kreativitätsförderung durch rhythmische Bewegungserziehung. In: Rhythmik in der Erziehung. 1974, H. 2, 1—12.
Stein, M. I.: Creativity and Culture. In: Jour. of Psychol. 36 (1953), 311—322.
Stern, V.: Cognitive Aspects of Symbolic Play. New York 1921.
Sutton-Smith, B.: The role of Play in Cognitive Development. In Herron/Sutton-Smith (Hrsg.), Child's Play. New York 1971.
Sutton-Smith, B.: Play, Creativity and Movement. In: Hahn/Preising (Hrsg.), Die menschliche Bewegung — Human Movement. Schorndorf 1976, 20—35.
Sutton-Smith, B.: How to Play with Children. In: Gardner (Hrsg.), Contemporary Psychology New York 1974, 594—596.
Taylor, C. W. / Barron, F. (Hrsg.): Scientific Creativity, its recognition and development. New York/London 1963.
Thorndike, E. L.: The Psychology of Invention in a Very Simple Case. In: Psychol. Review. 56 (1949), 192—199.
Thorndike, R. L.: The Measurement of Creativity. In: Teachers College Record. 64 (1963), 422—424.
Thurstone, L. L.: Creative Talent. In: Anastasi (Hrsg.), Testing Problems in Perspective. New York 1966, 414—435.
Torrance, E. P.: Explorations in Creative Thinking. In: Education. 81 (1960), 216—220.
Torrance, E. P.: Testing and Creative Talent. In: Educational Leadership. 20 (1962), 7—10.
Ulmann, G.: Kreativität. Weinheim 1970.
Wallach, M. A. / Kogan, N.: Modes of Thinking in Young Children. New York 1965.
Woodworth, R. D.: Psychology. New York 1934.
Zeigarnik, B.: Über das Behalten von erledigten und unerledigten Handlungen. In: Psychol. Forsch. 9 (1927), 1—85.

Hansjochen Brüggemann

Kreativität im Sportunterricht — Realisierungsproblematik

Nachdem im vorausgegangenen Referat ein Überblick über die wichtigsten Forschungserkenntnisse zur Kreativität in Abgrenzung zum Spiel (1) gegeben worden ist, soll nunmehr die Frage nach deren Realisierungsproblemen gestellt werden.

Unter dem Begriff „Sportunterricht" sollen im weiteren alle intentionalen Erziehungsbemühungen unter dem Aspekt der Motorik subsumiert werden (2), hier speziell auf den Bereich des Kindergartens, der Grundschule und des Vereins bezogen. Als Diskussionsraster, auf dem die für derartige Neuerungen wichtigsten Aspekte und Schaltstellen zu beleuchten sind, soll das gesamte Spannungsfeld von Theorie und Praxis dienen, da die Probleme der Umsetzung wohl nicht auf den Praktiker in der realen Situation allein zu beschränken sind. Auch wenn sich gerade bei seiner Arbeit die Probleme der Realisierung offenlegen, so sollte doch versucht werden, deren eigentliche Wurzeln, das heißt, die innovationskritischen Punkte (3), aufzudecken.

1. Begriff der Kreativität im Spannungsverhältnis von Theorie und Praxis

1.1 Situationsanalyse derzeitiger Praxis

Seitdem vor einigen Jahren Kreativität als Begriff sehr schnell Eingang in die pädagogische — auch in die sportpädagogische — Diskussion gefunden hatte, folgte den anfänglichen programmatischen Forderungen nur äußerst zaghaft die ernsthafte Auseinandersetzung bezüglich der realen Umsetzung dieses so vielversprechenden Aspektes. War der Begriff der Kreativität im Sport gleichsam als Lösung sich auftuender Diskrepanzen in verschiedenen sportpädagogischen Feldern angesehen worden, zeigt sich zur Zeit offensichtlich eine gewisse Resignation.

Bewußt wird derzeit in der Praxis wohl selten auf Kreativität hingearbeitet (4). Die Situation der intentionalen Erziehung muß zur Zeit mit ihrem Konformitätsdruck eher kreativitätsfeindlich als -freundlich angesehen werden. So scheitern die punktuellen Ansätze, die sicherlich von dem einen oder anderen Erzieher gewagt werden, vielfach an den ungünstigen Rahmenbedingungen oder verlieren sich in dem Gesamteinfluß der Umwelt auf unsere Kinder. Wir können also davon ausgehen, daß die Kinder in der Praxis im Rahmen der Elementar- und Primarstufe sowohl in den staatlichen Institutionen von Kindergarten und Grundschule wie auch den privaten der einzelnen Vereine verschwindend geringe Chancen zu kreativer Betätigung haben, obwohl die Kreativität — auch die motorische — allgemein als ein für die kindliche Entwicklung äußerst wichtiger Aspekt anerkannt wird. So muß im folgenden die Frage nach den Hemmnissen, den kritischen Punkten, für die generelle Durchsetzung der Kreativität im Sportunterricht gestellt werden!

1.2 Positionen im Theorie-Praxis-Verhältnis

Im Rahmen der thematischen Weiterentwicklung unseres Arbeitskreises treten wir nunmehr verstärkt in das Spannungsverhältnis von Theorie und Praxis. Es erscheint darum zur Orientierung sinnvoll, positionsbestimmt dieses Verhältnis kurz zu charakterisieren *(Abb. 1).*

Scheinbar polar stehen sich die Bereiche von Theorie und Praxis, als Ebene der Erkenntnis und als Ebene der Realisierung, gegenüber. Bei näherer Betrachtung stellt sich heraus, daß die Theorie keineswegs schlechthin ein unstrukturiertes Ganzes darstellt, sondern — meines Erachtens — in den Varianten der neutralen Grundlagenforschung, der praxisbezogenen sogenannten angewandten Forschung und schließlich der systematisierenden Didaktikaufrisse zu sehen ist. Diesen fachdidaktischen Problemdarstellungen steht die Praxis mit ihren Aspekten von Planen, Organisieren, Evaluieren und der übergreifenden Reflexion über die eigene Aktualität keineswegs polar gegenüber sondern ist gleichsam Ausgangspunkt beziehungsweise realitätsbezogene Ergänzung.

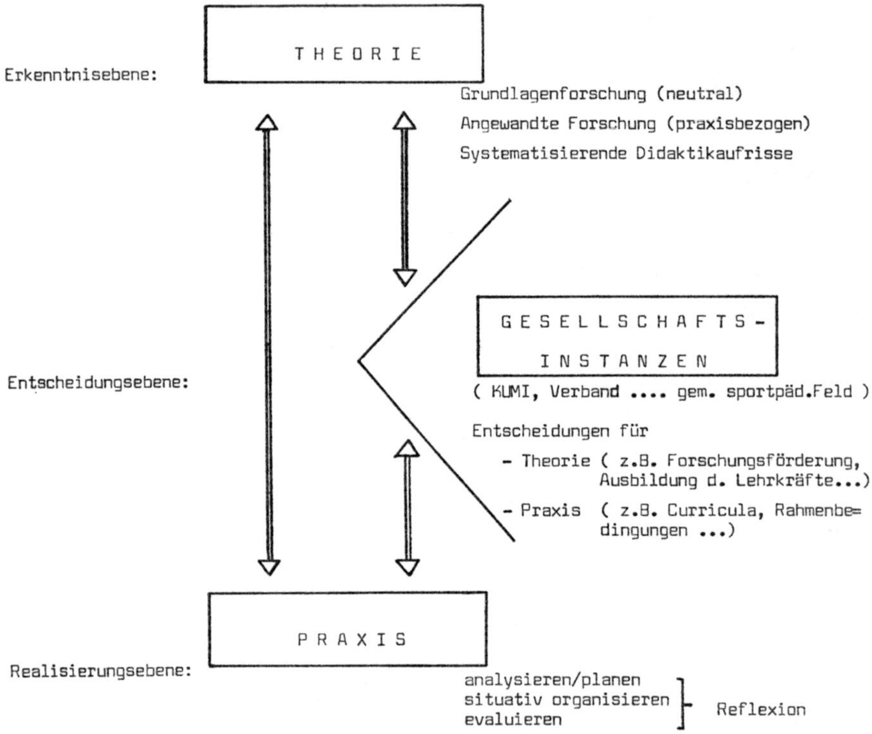

Abb. 1: Positionen im Theorie-Praxis-Verhältnis.

Zwischen Theorie und Praxis darf aber keineswegs die Entscheidungsebene (5), in der Vorentscheidungen für mögliche Forschung und für mögliche Praxis fallen, vergessen werden. Hier wird durch gesellschaftliche Instanzen — Ministerien, Verbände und Ähnlichem — festgelegt, welche Ziele unter welchen Rahmenbedingungen in den einzelnen pädagogischen Feldern, Kindergarten, Schule und Verein, erreicht werden sollen.

Das Verhältnis dieser drei Ebenen, so wird immer wieder betont, sollte dialogisch, gegenseitig befruchtend und sich ergänzend sein (6). Die vorausgegangene Skizzierung der Praxissituation unter dem Aspekt der Kreativität läßt in diesem Falle Gegenteiliges vermuten.

2. Innovationskritische Punkte

2.1 Curriculare Zielentscheidung

2.1.1 Notwendige Primärentscheidung

Maßgeblich für die Ausrichtung der intentionalen Erziehung ist die curriculare Zielentscheidung. Generalisierend gibt es hier zwei extrem sich gegenüberstehende Vorstellungen zum Endziel der Erziehung: Auf der einen Seite steht als oberstes Richtmaß die Wesensentfaltung des Menschen, auf der anderen Seite die Anpassung an die vorhandenen gesellschaftlichen Normen. In dem ersten Falle, dem anthropogenen Maßstab, ist der Aspekt der Kreativität unersetzbar für die Selbsterfahrung und Selbstverwirklichung des Menschen (7), und ganz besonders entscheidend für die kindliche Entwicklung mit ihrer Fundierung für das spätere Leben. In dem zweiten Falle, dem gesellschaftsbezogenen Ansatz, gilt es, zur optimalen Anpassung an die von der Gesellschaft gesetzten Normen zu erziehen, das heißt, bei uns hat sich Kreativität im Hinblick auf die Produktionskraft als Dienstleistung zu erweisen (8) *(Abb. 2)*.

Bewußt sind hier zur Verdeutlichung diese beiden Auffassungen so extrem gegenübergestellt. Sicherlich gibt es gewisse Kombinationsmöglichkeiten, die auch im Hinblick auf die Wesentsentfaltung des Individuums und seine gesellschaftliche Abhängigkeit sinnvoll erscheinen dürften, die aber ohne Zweifel die oben geschilderten Züge dann konsequenterweise verkraften müssen. Wichtig aber ist, daß von den obersten Entscheidungsinstanzen zu diesen Alternativen eine klare Stellung bezogen werden muß, da sich daraus für die Erstellung der Feinziele und ihrer Umsetzung auf der Ebene der Praxis ganz entscheidende Folgen ergeben.

2.1.2 Folgerungen und Grenzen

Für die Einbindung der Kreativität in den Sportunterricht fordern derartige Leitlinien weitere Überlegungen: So ist beim anthropologisch zentrierten Ansatz die Kreativitätsentfaltung ein Endziel neben anderen. Das bedeutet wiederum, daß die Motorik unter diesem Gesichtspunkt als Mittel kreativer Betätigung gesehen werden muß. Betont werden weiterhin im Gegensatz zur anderen Extremsicht der kritische und der kommunikative Aspekt während des Kreativitätsprozesses, das heißt, das kritische Erkennen von Problemen, die kritische Betrachtung der Ergebnisse und das Hineinstellen derselben in den sozialen Bezug. — Dem entgegengesetzt wird im normorientierten Ansatz beim Kreativitätsprozeß die Vielfalt der gefundenen Lösungen herausgestellt. Kreativität ist hier gleichsam nur Zwischenziel, nur Mittel zur besseren Lebensbewältigung in den vorgefundenen Bahnen. Auf den Sport bezogen dient Kreativität hier zur Erreichung besserer Ergebnisse (9); die Bewegungsleistung ist das Endziel. — Diese tendenziell aufgezeigten Schlußfolgerungen erzwingen nun wiederum zum Teil extrem unterschiedliche Konsequenzen für etwa den Verbund der zu erarbeitenden Lernziele und ihrer Bewertung, den erforderlichen Voraussetzungen in zeitlicher, räumlicher, gerätemäßiger und personeller Hinsicht — nur um einige Gesichtspunkte zu nennen, die aber auf die Bedeutsamkeit solcher Grundentscheidungen hinweisen.

Festzuhalten ist, daß bislang von den jeweils zuständigen Gremien eine derartige curriculare Primärentscheidung zur Grundrichtung der Sporterziehung in den einzelnen Institutionen nicht eindeutig getroffen worden ist — auch nicht zu einer der Kombinationsmöglichkeiten. Das bedeutet, daß die bisherigen konkreten Kreativitätsbemühungen im Sportunterricht mehr oder weniger in nebulöser Ungewißheit der Zielrichtung diskutiert und vorgenommen wurden.

curriculare

PRIMÄR-ENTSCHEIDUNG

?

Welches Leitziel ?	anthropologisch orientiertes Leitziel	normenorientiertes Leitziel
Warum Kreativität ?	menschliche Wesens= entfaltung	Ideenproduktion
Welcher Schwerpunkt ?	kritischer Aspekt, kommunikativer Aspekt	produktiver Aspekt
- - - - - - - - - -	- - - - - - - - - -	- - - - - - - - - -
Stellung der BEWEGUNG im Sportunterricht ?	Mittel	Endziel
Stellung der KREATIVITÄT im Sportunterricht ?	ein Endziel unter anderen	Mittel / Zwischenziel

Abb. 2: Curriculare Zielentscheidung.

2.2 *Unterrichtsmethodische Möglichkeiten*

2.2.1 Inhaltliche Verankerung

Der Stoff ist hier im Vergleich zu rein motorischen Lernzielen nicht Endziel, nicht Selbstzweck sondern lediglich Mittel, methodische Anbindung. Die Diskussion der stofflichen Verankerung der Kreativität im Sport erscheint aber äußerst dringlich, denn die bisherigen Erörterungen teilen die bekannten Sportarten in der Regel lediglich in mehr oder weniger kreativitätsträchtige ein (KREISS 1975, 102). Ein Blick in die Vielfalt der einzelnen Ausprägungsformen und Niveaugrade — von der Sammlung sportartspezifischer Grunderfahrungen des Anfängers, über die Fertigkeitsgrundstrukturen des Fortgeschrittenen bis hin zu den Variationen und verabsolutierten Vertiefungen des Spitzensportlers — dürfte aufzeigen, daß eine so generalisierte Sichtweise den Möglichkeiten nicht gerecht werden kann. Es dürfte sinnvoller sein, gezielt zu fragen, in welchen Bereichen der einzelnen Sportarten kreativitätsträchtige Situationen erwartet werden können. Allgemein gesehen können wir zwei Varianten kreativer Leistung vermuten, die „entdeckende" Kreativität, wenn für den jeweiligen Erkenntnishorizont relativ gesehen „neue" Erfindungen gemacht werden, und die „kombinatorische" Kreativität, wenn bekannte Bewegungsmuster „neuartig" zusammengesetzt werden (BRÜGGEMANN 1976, 119).

Neben diesem primär motorischen Bereich müssen wir aber auch einen sekundär motorischen erkennen, in dem auf Materialien bezogene Ideen (ADDEN u. a. 1976) (z. B. neuartige Verwendung von Geräten) und soziale Möglichkeiten (HAHN 1974) (z. B. im Rahmen der Zusammenarbeit der Gruppe) entwickelt werden.

Leider sind bislang derartige Aufschlüsselungen der stofflichen Anbindung unterrichtlicher Kreativitätsbemühungen von der Forschung noch kaum angegangen worden (10).

2.2.2 Impulssetzung als methodische Maßnahme

Unterrichtsmethodisch gilt es — im Gegensatz zu rein stofflichen Zielen, bei denen es darauf ankommt, das Kind in einem stringent aufgebauten Weg in kleinen Schritten vom Leichten zum Schweren an das Endziel heranzuführen — hier, bei unserem Lernziel, den Kindern größtmögliche Freiheit zu eigener Selbsttätigkeit zu geben.

Dieses Zurücktreten der Lehrkraft muß aber unabdingbar gezielt sein und darf auf keinen Fall mit einem falsch verstandenem Laissez-faire-Stil verwechselt werden. Es gilt, äußerst behutsam und sparsam, aber gezielt Impulse (SALZMANN 1969) zu setzen und ansonsten für ein günstiges Arbeitsklima zu sorgen. Die größte Bedeutung kommt dem einleitenden Initial-Impuls zu, der das Kind zu eigenem Denken und freien Handeln provozieren soll. Ergänzt wird dieser fast alles entscheidende Anfangsimpuls gegebenenfalls durch sogenannte Steuer-Impulse, die in entsprechenden Phasen notfalls helfende Anregungen und Hinweise geben sollen. Ansonsten kommt der Lehrkraft die Aufgabe zu, mit großem Einfühlungsvermögen das Kind zu freier Entfaltung und Erprobung seiner Ideen zu ermutigen und diese — was bei der Bewegung praktisch unabdingbar ist — in der notwendigerweise kritisch anmutenden Atmosphäre der betreffenden sozialen Gruppen offenzulegen. Hier gilt es nun, Einfluß auf das Toleranzverhalten der Gruppe auszuüben.

Bislang muß der Praktiker im Zuge seiner Bemühungen pragmatisch auf Grund eigener Erfahrungen vorgehen oder auf einzelne im anderen Zusammenhang entwickelte Maßnahmen zurückgreifen (11). Einen echten fachspezifischen Aufriß von Möglichkeiten zu situativ abgestimmten Impulsen ist die Kreativitätsforschung bisher schuldig geblieben.

2.3 *Unterrichtliche Rahmenbedingungen*

2.3.1 Äußere Bedingungen

Den begrenzenden Rahmen für unterrichtliches Agieren setzt die räumliche und gerätemäßige Ausstattung. Es ist leider zu beobachten, daß dieser äußere Rahmen in unseren Ausbildungsinstitutionen immer stärker durch Wettkampfnormen geprägt wird. Diese Normierung engt aber notgedrungenerweise die Chance zu vielfältiger motorischer Auseinandersetzung mit der Umwelt ein und suggeriert, ja, erzwingt direkt wieder die normierte Bewegung des Wettkampfsportes. Für kreativitätsfördernden Unterricht sind dagegen aber die Phantasie anregende und mobil veränderbare Geräte und Raumverhältnisse notwendig. Hierzu fehlt bislang leider — obwohl sich erste Ansätze zeigen (DIECKERT 1974) — von der Forschung das notwendige Engagement und von seiten der verantwortlichen Entscheidungsinstanzen die notwendige Einsicht und Bereitschaft zu materiellen Investitionen, die aber konsequenterweise bei der Entscheidung zu einem derartigen Erziehungsziel unter Umständen notwendig werden.

2.3.2 Sozialpsychologischer Rahmen

Anders als bei manch anderem Lernziel ist der sozialpsychologische Rahmen im Hinblick auf kreative Entfaltung äußerst entscheidend. Schon früh wird das Gruppenverhalten durch bestimmte Rollenansprüche bestimmt, die in unseren derzeitigen Erziehungsinstitutionen äußerst stark durch die normierten Zielanforderungen geprägt werden. Jedes Andersartige, jedes Neue wird abgelehnt, belächelt und verstoßen (12). Das kreative Kind gilt nur zu leicht als Außenseiter. Einfluß auf dieses Milieu haben im weitesten Sinne die diese Leistungsnormen setzenden Gremien, und speziell auf die kleine Gruppe oder die Klasse bezogen die jeweilige Lehrkraft. Ihr obliegt es, verantwortlich Toleranz vor jedem anderen echten Bemühen zu entwickeln — eine Erziehungsaufgabe, die vom Praktiker vor lauter stofflichen Zielanforderungen nur zu leicht vergessen wird, die aber für Kreativitätsentfaltung Voraussetzung ist.

2.4 Innovationsbereitschaft als grundlegende Voraussetzung

Die Basis jeder Neuerung in pädagogischen Feldern ist die Innovationsbereitschaft der Verantwortlichen. In unserem Zusammenhang interessieren diesbezüglich die entsprechenden gesellschaftlichen Instanzen, die Eltern und die Lehrkräfte als die entscheidendsten Faktoren.

2.4.1 Institutionelle Aufgeschlossenheit als langfristige Innovationsinstanz

Den weitreichendsten Einfluß auf Innovation haben verständlicherweise die jeweiligen gesellschaftlichen Entscheidungsinstitutionen wie Ministerien und Verbände. Für eine langfristige Wirkung jeder Veränderung ist die Bereitschaft zu konsequenter Durchdringung des Gesamtproblemes einschließlich seiner materiellen Notwendigkeit unabdingbar.

In fast allen Curricula wird der Kreativität eine entscheidende Rolle für die Motorikausbildung des Kindes im Rahmen der Gesamterziehung eingeräumt, doch ohne daß die notwendigen Konsequenzen für die methodische Umsetzung berücksichtigt werden. In diesem Sinne wäre es hier dringend notwendig, daß die Entscheidungsebene sich theoretisch über die Durchführungsmöglichkeiten von bestimmten Zielvorstellungen informiert und parallel dazu sich mit dem Praktiker über die notwendigen Maßnahmen abstimmt. Zur Zeit, so scheint es jedenfalls, ist in verschiedenen Curricula das Ziel „Kreativität" offensichtlich lediglich aus Gründen der Modernität aufgenommen worden — ohne echte Chance auf reale Umsetzung. Die Bereitschaft zu konsequenten Folgerungen, etwa für die Koppelung mit anderen Lernzielen, für die unterrichtlichen Rahmenbedingungen, für die Aus- und Weiterbildung der Lehrkräfte und ähnlichem, wird bislang von diesen Entscheidungsgremien in der Regel nicht gezeigt — sei dies bewußt oder unbewußt.

2.4.2 Elterneinstellung als mobilisierender Faktor

Kommt schon dem Elternhaus im Hinblick auf die Grundansätze kindlicher Prägung — gerade auch für die Kreativität — entscheidende Bedeutung zu, so muß ebenfalls die Einflußmöglichkeit der Elterninitiativen in der heutigen Gesellschaft als äußerst stark — vielfach stärker als die der professionellen Erzieher — gesehen werden. Richtig eingesetzt könnten diese Impulse große Wirkung auf positive Änderungen der materialen Rahmenbedingungen für kreativitätsfördernden Unterricht haben. Hier wäre eine enge Zusammenarbeit der Institutionen von Kindergarten, Schule und Verein mit diesen privaten Kräften sicherlich förderlich, wobei den Fachleuten in diesem Zusammenhang die Aufgabe der Aufklärung und den Elterninitiativen die der materiellen Durchsetzung zukäme. So könnten Eltern in unserem Gesellschaftssystem als mobilisierender Faktor im diesbezüglichen Innovationsprozeß gesehen werden, wenn ihre Innovationsbereitschaft geweckt würde.

2.4.3 Lehrkraft als kurzfristige Innovationsinstanz

Schließlich sind die Lehrkräfte für die reale Durchführung kreativitätsfördernden Sportunterrichtes die entscheidendste Komponente. In diesem Sinne ist es unerläßlich, daß sie selbst von der Wichtigkeit der Kreativität als Lernziel überzeugt und zu tätiger Veränderung ihrer gewohnten Unterrichtsführung bereit sind. Dies bedeutet für sie neben der Alltagsarbeit zusätzliche Weiterbildung und ständige Selbstkontrolle ihrer eigenen Tätigkeit. Diese Offenheit zu Reflexion und Veränderung muß aktiviert werden (13), wenn die Lehrkräfte, die im Vergleich zu anderen als relativ kurzfristige Innovationsinstanz gesehen werden müssen, gezielt in den Innovationsprozeß eingeschaltet werden sollen. Diese Einbeziehung ist — gerade bei einem stofflich nicht abprüfbaren Ziel — aber notwendig, wenn Kreativität als Ziel im Sportunterricht überhaupt eine Chance haben soll.

2.5 Zusammenfassung der Innovationsprobleme

Zusammenfassend muß festgehalten werden, daß bei der Durchsicht der wichtigsten innovationskritischen Punkte verschiedene Hauptgründe für die mangelnde Durchsetzung des Kreativitätsaspektes in der Praxis erkannt worden sind (14):

— Die notwendige curriculare Primärentscheidung ist keineswegs konsequent von den zuständigen Instanzen getroffen worden.
— Die unterrichtsmethodischen Möglichkeiten sind in ihrer stofflichen Anbindung und den möglichen fachspezifischen Impulssetzungen von der Forschung bislang nur unzureichend aufgeschlüsselt worden.
— Die unterrichtlichen Rahmenbedingungen sind bisher weder von der Forschung voll erfaßt noch von den zuständigen Gremien geschaffen worden.
— Schließlich scheint die Innovationsbereitschaft bei Lehrkräften, Eltern und öffentlicher Hand noch nicht allgemein geweckt worden zu sein.

So kann gesagt werden, daß die Ursachen für die mangelnde Realisierung der Kreativität im Schulsport keineswegs — wie es in solchen Fällen in der Regel geschieht — allein beim Praktiker zu suchen sind, obwohl gerade ihm — wie abschließend angedeutet werden soll — natürlich in der Realisierungsphase entscheidendste Bedeutung zukommt. Er wird aber bislang augenscheinlich mit der anspruchsvollen Forderung nach kreativitätsförderndem Sportunterricht in seiner Verantwortlichkeit allzu sehr alleine gelassen.

3. Theoretisch fundierte und reflektierte Praxis

3.1 Der Praktiker als auslösender Faktor der Realisierung

Die eben diskutierten innovationskritischen Punkte legen sich verständlicherweise in ihrer ganzen Tragweite erst in der Realisierungsebene offen. Erst hier in der Arbeitssphäre des Praktikers treten die Bemühungen, bzw. die Versäumnisse der anderen Positionen des Theorie-Praxis-Verhältnisses deutlich hervor. Da aber der Praktiker in der realen Situation im Rahmen seiner Verantwortlichkeit zum Handeln gezwungen ist — notfalls auch pragmatisch — wird ihm nur zu leicht die Mitverantwortung für die anderen Positionen dieses Beziehungsgeflechtes unterschoben. Er ist zwar der entscheidendste Faktor, gleichsam der Auslöser für die Realisierungsphase pädagogischer Intentionen, die Theorie mit ihren Erkenntnissen jedoch erhellt und fundiert die Möglichkeiten seiner Tätigkeit, und die gesellschaftliche Instanz setzt ihm die Ziele und die Rahmenbedingungen.

Diese Gegenseitigkeit der beteiligten Positionen ist aber in unserem Falle, wie im Laufe der Ausführungen gezeigt worden ist, nicht gegeben. Darum soll abschließend ein möglicher Aspekt der Theorie-Praxis-Beziehung als Beispiel der sinnvollen dialektischen Verschränkung aufgezeigt werden.

3.2 Rezeptologie versus Entscheidungshilfe

Ein derartiges curriculares Ziel wie das der Kreativität ist äußerst situationsabhängig und entzieht sich so mehr denn jedes stoffliche Ziel einer klaren und ständig wiederholbaren methodischen Festlegung. Folglich können keine praktikablen Rezepte im Sinne

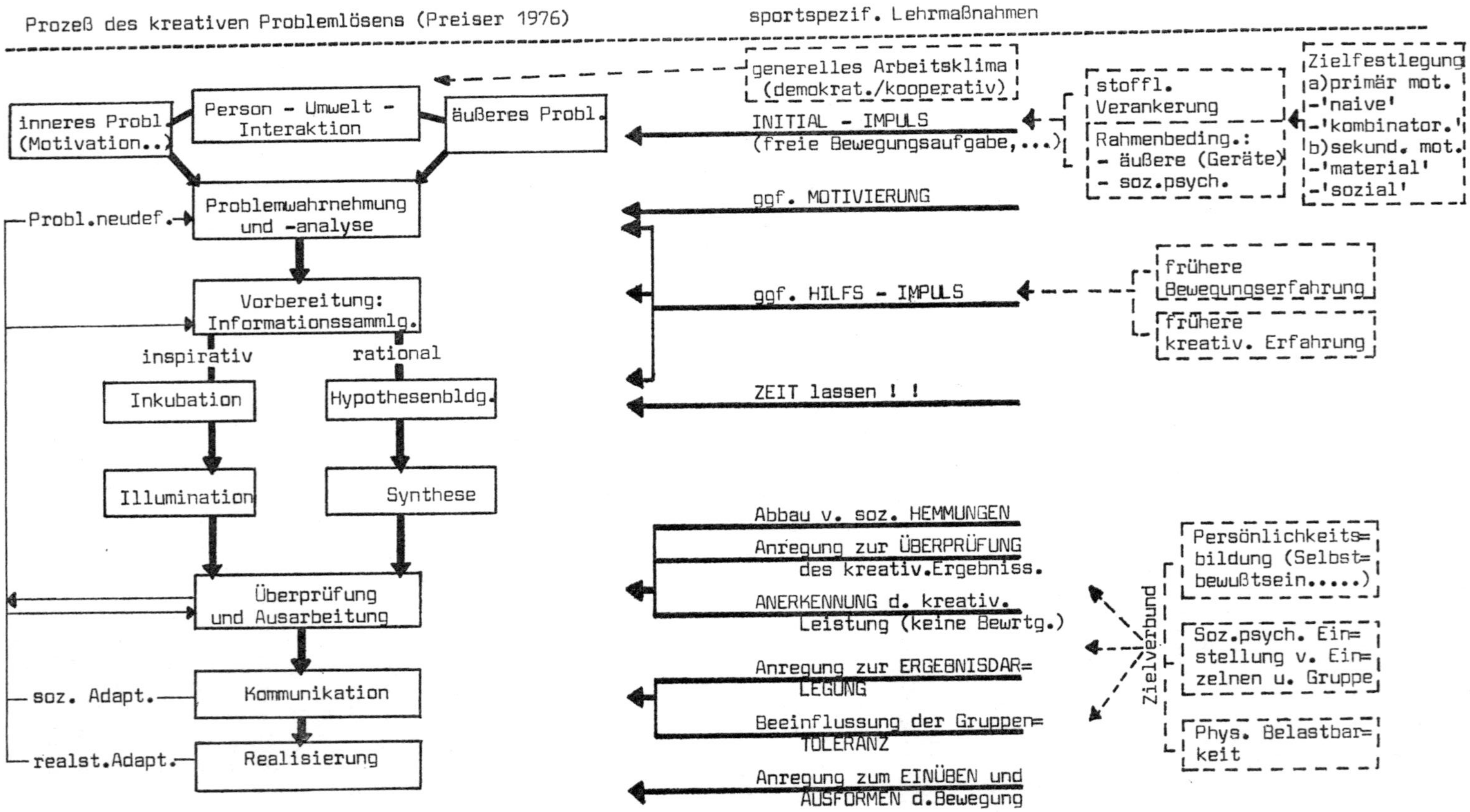

Abb. 3: Orientierungshilfe für Planung und Selbstkontrolle.

einer Wenn-dann-Beziehung aus der Theorie abgeleitet werden. Jede theoretische Erkenntnis und theoretische Erörterung kann lediglich dazu dienen, dem Praktiker Entscheidungshilfen für die Realisierung zu geben. Es können ihm so nur die möglichen Varianten der Einflußbedingungen vor Augen geführt werden; die situationsgebundene Entscheidung für seine Einflußnahme auf das reale Unterrichtsgeschehen liegt allein in seiner Verantwortlichkeit — sicherlich eine bedeutend anspruchsvollere Aufgabe als bei den vielen rein stofflichen Zielen. Das Lehrverhalten für einen kreativitätsfördernden Unterricht kann somit nicht eintrainiert werden, sondern die Lehrkräfte können und müssen für kreativitätsträchtige Möglichkeiten und Maßnahmen sensibilisiert werden.

3.3 Orientierungshilfe für Planung und Selbstkontrolle des Lehrers

In diesem Sinne, gleichsam in Rückerinnerung an das vorherige, die Kreativitätstheorien behandelnde Referat, als richtungsweisender Abschluß der vorausgegangenen Erörterung und als eine über diesen Arbeitskreis hinausreichende Reflexionsanregung, soll abschließend versucht werden, schematisch die verschiedenen Funktionen der Lehrkraft im Rahmen eines kreativitätsfördernden Unterrichtes zusammenzustellen. Als zeitliches und problemgebundenes Ordnungsraster dienen die einzelnen Phasen eines Kreativitätsprozesses (PREISER 1976, 43, Tab. 2), wobei zu betonen ist, daß dieser Prozeß gegebenenfalls mehrfach innerhalb einer Unterrichtseinheit ablaufen könnte *(Abb. 3)*.

Dieses vorgelegte Schema ist als Orientierungshilfe bei der Planung von Kreativitätsprozessen gedacht und möge anschließend im Sinne einer Reflexionshilfe zur Selbstkontrolle der eigenen Lehrtätigkeit anregen. Es könnte vielleicht in dieser Form helfen, Lehrkräfte für Kreativität im Sportunterricht zu sensibilisieren — eine der vornehmlichsten Aufgaben, wenn motorische Kreativität als *ein* Ziel unter anderen (15) im Rahmen der kindlichen Gesamterziehung erkannt ist. Diese Orientierungshilfe sollte zugleich aber auch als ein mögliches Beispiel im Rahmen der Theorie-Praxis-Verschränkung gelten, wie auf der Basis theoretischer Erkenntnis didaktisch aufbereitete Arbeitsanregungen für den Praktiker gegeben werden könnten.

Anmerkungen

1 Da sich diese Darstellung als Fortsetzung des Referates von E. HAHN versteht, wird bewußt auf die erneute Angabe der dort zusammengestellten Literatur zur Kreativität verzichtet.
2 Vgl. hierzu auch das Referat von KURZ, D.
3 Der Begriff „Innovation“ ist hier im allgemeinen Sinne der Neuerung gebraucht. Zur Begriffsproblematik vgl. EICKHORST, A. 1977.
4 Als Beleg dient die Durchsicht der Lehrprobenthemen in der Referendarausbildung für das Lehramt an Realschulen und Gymnasien 1976 im Saarland, bei der nur ein ggf. kreativitätsträchtiges Thema gefunden wurde.
5 In der Literatur zur fachspezifischen Theorie-Praxis-Problematik wurde diese Ebene bisher ausgeklammert.
6 Vgl. etwa WIDMER, K. 1974, 137. Eine kritische Betrachtung der vorliegenden fachspezifischen Literatur zum Theorie-Praxis-Verhältnis nehmen BRODTMANN, D. u. a. 1977 vor.
7 Vgl. ROTH, H. 1971, Kap. IVc; OERTER, R. 1971, Kap. 3 und MATUSSEK, P. 1974, bes. Kap. VIII.
8 Vgl. KASTNER, P. M. 1973 und RAUCH, E., ANZINGER, W. (Hrsg.) 1972, Kap. „Kreativität“.
9 Z. B. etwa im Fußballspiel, in der Gymnastik usw.
10 Erste Ansätze hierzu sind etwa zu finden bei: BRUCKMANN, M. 1977; FISCHER-MÜNSTERMANN, U. 1977; PETER, M. 1976.
11 Gewisse Ansätze hierzu gibt es etwa mit der „Bewegungsaufgabe“, dem „freien Lehrweg“ auf der Basis reformpädagogischen Gedankengutes. Vgl. etwa LOEW, E. 1976.

12 Im Rahmen der Vorschulerziehung sind diese Erscheinungen noch nicht so kraß wie im Grundschulalter.
13 Nach ALTENBERGER, H. 1974 scheinen die Sportlehrer zur Zeit nicht sehr innovationsfreudig zu sein.
14 Sicherlich gibt es hier noch unzählige Probleme anzuführen, die aber wohl auf die herausgestellten Hauptaspekte zurückzuführen oder ganz individuell gelagert sein dürften.
15 In der Diskussion wurde von den Arbeitskreisteilnehmern mehrfach betont, daß Kreativität nur ein Ziel neben anderen sein kann. Immer wieder mußten die Diskussionsbeiträge auf die Problematik der bislang ungeklärten curricularen Primärentscheidungen (s. Kap. 2.1) zurückgeführt werden. Hier ist auch die Wurzel für den Stellenwert der Bewegungsausformung im Vergleich zu kreativen Ideen über motorische Möglichkeiten zu suchen.

Literatur

ADDEN, W. / LEIST, K.-H. / PETERSEN, U.: Lernen von sportlichem Bewegungshandeln und sozialem Handeln im Sport als Problemlösen. In: ADL (Hrsg.): Sport — Lehren und Lernen. Schorndorf 1976, 129—136.

ALTENBERGER, H.: Sportlehrerurteil und Curriculumentwicklung — Eine empirische Untersuchung zur Planung und Durchführung des Sportunterrichtes. Ahrensburg 1974.

BRODTMANN, D. / DIETRICH, K. / JOST, E. / LANDAU, G. / SCHERLER, K. / TREBELS, A. H.: Sportpädagogik — Rückzug ins Denken oder Anleitung zum Handeln. In: Zeitschrift für Sportpädagogik 1. (1977), 9—37.

BRUCKMANN, M.: Einführung in den Themenkomplex „Bewegungsgestaltung und Kreativität" verdeutlicht an Beispielen aus dem Gerätturnen. In: RECLA, J. (Hrsg.), Sportunterricht — effektiv und vielseitig. Graz 1977.

BRÜGGEMANN, H.: Kreativität im Sportunterricht — eine Bestandsaufnahme. In: DIECKERT, J. / LEIST, K.-H. (Hrsg.): Auf der Suche nach Theorie-Praxis-Modellen im Sport. Schorndorf 1976, 116—127.

EICKHORST, A.: Der Innovationsbegriff — Ergebnisse einer Bestandsaufnahme und Inhaltsanalyse. In: Unterrichtswissenschaft 5 (1977), 174—183.

FISCHER-MÜNSTERMANN, U.: Die Improvisation als Ansatz entdeckenden Lernens in der Tanzerziehung. In: Turnen und Sport 1977, 98—102.

DIECKERT, J.: Kreativität und Freizeitsport. In: DIECKERT, J. (Hrsg.), Freizeitsport — Aufgabe und Chance für Jedermann. Düsseldorf 1974, 131—140.

HAHN, E.: Kreativität im Sport — eine Sozialisierungschance. In: ADL (Hrsg.), Sozialisation im Sport. Schorndorf 1974.

KASTNER, P. M.: Domestizierte Kreativität — Kritik einer Illusion. Starnberg 1973.

KREISS, F.: Kreativität und Training im Sport — Kreativität im Training. In: Jugend und Sport 32 (1975), 102.

LOEW, E.: Lehr- und Übungswege in der Gymnastik. In: DIECKERT, J. / LEIST, K.-H. (Hrsg.): Auf der Suche nach Theorie-Praxis-Modellen im Sport. Schorndorf 1976, 128—136

MATUSSEK, P.: Kreativität als Chance — der schöpferische Mensch in psychodynamischer Sicht. München 1974.

PETER, M.: Kreativität im Sportunterricht — dargestellt am Beispiel der Gymnastik. In: Lehrhilfen für den Sportunterricht. 25 (1976), 73—76.

OERTER, R.: Psychologie des Denkens. Donauwörth 1971², bes. Kap. 3, 285—313.

PREISER, S.: Kreativitätsforschung. Darmstadt 1976.

RAUCH, E. / ANZINGER, W. (Hrsg.): Wörterbuch der kritischen Erziehung. Starnberg 1972, Kap. Kreativität, 148—156.

ROTH, H.: Pädagogische Anthropologie, Bd. II. Hannover 1971, Kap. IVc, 153—163.

SALZMANN, Ch.: Impuls — Denkanstoß — Lehrerfrage, zum Problem der Aufgabenstellung im Unterricht. Essen 1969.

UHLMANN, G.: Kreativ durch Spielen? In: Schulmanagement 1975, 48—52.

WIDMER, K.: Sportpädagogik — Prolegomena zur theoretischen Begründung der Sportpädagogik als Wissenschaft. Schorndorf 1974, Kap. D 1, 137—138.

Diskussion des Arbeitskreises 4

1. Problem der Zielsetzung innerhalb eines kreativitätsorientierten Unterrichts

Als ein grundlegendes Problem der Diskussion über Kreativität stellt sich die Vorgabe und Bestimmung von Lernzielen heraus, und zwar insofern, als der von der Kreativität beanspruchte größtmögliche Freiraum innerhalb einer Gruppe eingeschränkt wird. Aus diesem Grunde sieht Brüggemann das „äußere Problem" als das wesentlichere an, kreative Prozesse auszulösen. Diese durch eine Analyse des inneren Problems, also aufgrund der jeweiligen kindlichen Bedürfnisse zu initiieren, ist im Unterricht sehr schwer, da die Bedürfnisse der Kinder unterschiedlich sind, aber auch auf eine Problemsituation nicht immer gewartet werden kann. Diese Ausgangsposition, die mehr auf das Individuum eingeht, ist nur in der Sozialinstanz „Familie" möglich. Aber nicht nur organisatorische Schwierigkeiten dürfen der Grund für eine Bevorzugung des äußeren Problems sein. Die unterschiedlichen Sozialisationsvoraussetzungen und somit mehr oder weniger ausgeprägte Bedürfnislagen, die es zu kompensieren gilt, machen eine Steuerung des Unterrichts notwendig. Der Impuls des Erziehers sollte jedoch nicht eine einmalige Anregung bleiben, sondern als Medium während des Lernprozesses gezielt eingesetzt werden. Es müssen immer wieder neue Anregungen gegeben werden, damit Kreativität weiterentwickelt wird.

Wie in diesen Ausführungen deutlich wird, ist Kreativität immer durch eine Normierung gefährdet, und zwar nicht nur von seiten des Erziehers, sondern auch durch bereits gesammelte Erfahrungen und Erkenntnisse. Das Kind ist immer vorgeprägt, so daß das kreative Arbeiten immer eingeschränkt ist und infolgedessen nicht auf allen Gebieten kreativ gearbeitet werden kann. Mit zunehmendem Alter bildet sich zudem noch eine Spezialisierung der kreativen Fähigkeit auf ganz bestimmte Bereiche aus. Trotz der hier aufgeführten Schwierigkeiten sollte der Erzieher versuchen, die inneren Probleme des Kindes zu berücksichtigen. Dazu muß das Kind genau beobachtet werden. Werden Probleme immer nur an das Kind herangetragen, so lernt es nicht, eigenständig Fragen zu finden und zu artikulieren.

Nicht nur die Ermittlung von Problemsituationen, sondern auch die Beurteilung des kreativen Prozesses erweist sich als schwierig. Eine Bewertung im Sinne einer Note, die der Schulsport fordert, widerspricht strenggenommen der Kreativitätstheorie, so daß darauf verzichtet werden sollte. Dennoch ist eine Bewertung notwendig, da es u. a. das Ziel des kreativen Unterrichts ist, die Kinder zu intellektualisieren. Dies ist aber nur dann möglich, wenn dem Schüler gewisse Kriterien vorgegeben werden, so daß er seinen Lernprozeß verfolgen kann. Das Verhalten der Kinder soll sich stabilisieren, indem sie sachbezogene Lösungen finden. Hierfür dürfen keine festen Lernziele, sondern nur allgemeine Kriterien vorgegeben werden, damit ein kreativer Prozeß nachvollzogen und beurteilt werden kann.

Wichtig ist es auch, daß eine soziale Bewertung erfolgt, damit Kinder nicht in einem isolierten Freiraum, sondern umweltbezogen mit Auseinandersetzungen der Gemeinschaft konfrontiert werden. Außerdem trägt ein Gruppengespräch zu einer Problembewußtseinsbildung der Kinder bei.

Zusammenfassend stellen sich die Probleme der Art dar, daß Kreativität ein langer Lernprozeß ist, der der ständigen Gefahr einer Übernahme bereits erlernter bzw. vorgegebener Schemata unterliegt.

2. Das Verhältnis „traditioneller Unterricht" — „kreativer Unterricht"

Eine Trennung von traditionellem und kreativem Unterricht ist als idealtypisch anzusehen. Ein ausschließlich kreativer Unterricht würde genauso an den Interessen und Bedürfnissen der Kinder vorbeigehen wie ein nur traditionsgebundener Unterricht. Weiterhin sind einige Lernziele so angelegt, daß diese eher über logisch strukturierte Lernprozesse zu erreichen sind. Dies ist vor allem beim Schaffen motorischer Voraussetzungen der Fall. Außerdem bietet sich ein stark gesteuerter Unterricht immer dann an, wenn auf ein vorhandenes Repertoire zurückgegriffen werden kann. Bei einem ausschließlich kreativen Unterricht besteht die Gefahr, daß die dynamischen Aspekte vernachlässigt werden. Aus diesen Überlegungen ergibt sich die Folgerung, daß Kreativität zwar an allen Punkten des Unterrichts eingesetzt werden kann, jedoch nicht als Spontanreaktion, sondern als bewußt eingesetzte Unterrichtsmaßnahme. Kreativität muß also immer in den traditionellen Unterricht sinnvoll integriert werden. So sind sowohl kreative Unterrichtseinheiten als auch kreative Situationen möglich. Wichtig ist, daß der Erzieher alle Unterrichtsmethoden *bewußt* einsetzt.

Schwierigkeiten können dann auftreten, wenn Kinder, die nur nach der traditionellen Unterrichtsmethode gelernt haben, plötzlich in eine Problemsituation gestellt werden. Die Kinder werden am Anfang Hemmungen haben, neue Ideen zu produzieren. Deshalb ist es notwendig, daß der Erzieher ein Unterrichtsklima schafft, in dem das Leistungsdenken abgebaut wird und der Erzieher eine Toleranzebene schafft, auf der alle Lösungen akzeptiert werden.

3. Konsequenzen aus den unter Punkt 1 und 2 diskutierten Sachverhalten

Die Diskussion hat gezeigt, daß der kreative Unterricht schwer zu realisieren ist. Die Notwendigkeit, immer neue Ansatzpunkte für kreatives Verhalten zu finden, die sich aus der Verschiedenartigkeit von kindlichen Bedürfnissen ergibt, macht ein spezifisches Lehrerverhalten erforderlich. Dieses kann durch ein Training, das vor allem auf eine Intellektualisierung und Sensibilisierung des Erziehers abzielt, erfolgen. Nur so kann vermieden werden, daß ein kreativer Unterrichtsstil nur Intuition einiger weniger bleibt.

Weiterhin ist eine intensivierte Zusammenarbeit der verschiedenen schulischen Institutionen zu fordern, damit Kreativität nicht auf den vorschulischen Bereich beschränkt bleibt. Kreativität sollte zu einem Prinzip der frühkindlichen Erziehung werden, da das Kind in dieser Entwicklungsphase noch relativ wenig vornormiert ist. Es ist daher wichtig, dieses Prinzip auch in der Primarstufe, so wie in den folgenden Schulstufen fortzusetzen, um die Entwicklung von Verhaltensstrategien zu fördern. Um die Zusammenarbeit der verschiedenen Instanzen zu gewährleisten, müssen primäre Zielentscheidungen getroffen werden. Dabei muß beachtet werden, daß Kreativität innerhalb der Curricula keine Alibifunktion erhält, sondern zu einem begründeten und realisierbaren Lernziel wird.

Unter Mitarbeit von Burkhard Amelung und Ursula Hülsmann

ARBEITSKREIS 5

Talentförderung und Leistungsentwicklung

Arbeitskreis-Leiter: EDUARD FRIEDRICH
Referenten: KLAUS CARL und EMIL BECK

KLAUS CARL

Talentförderung – Leistungsentwicklung Probleme einer frühen Spezialisierung im Training

In diesem Beitrag soll aus dem umfassenden Themenkomplex „Talentförderung und Leistungsentwicklung“ vor allem das Problem der frühen Spezialisierung des Trainings im Hinblick auf das Erreichen der Höchstleistung in einer Sportart angesprochen werden. Aus den dazu ausgeführten Thesen werden am Schluß einige Folgerungen für die Talentauswahl sowie für den Aufbau, bzw. die Gestaltung des langfristigen Trainingsprozesses abgeleitet werden.

Im Hochleistungssport, vor allem in den trainingsintensiven Sportarten, ist wie z. B. ein Blick in die Siegerlisten der Olympischen Spiele zeigt, seit einigen Jahren die Tendenz feststellbar, daß immer bessere Leistungen von immer jüngeren Sportlern erbracht werden; Namen junger Eiskunstläuferinnen oder junger Kunstturnerinnen, die im Alter von 12—14 Jahren Höchstleistungen vollbringen, sind ebenso belegbar, wie die Weltklasseleistungen sehr junger Schwimmerinnen.

Von sehr hohen Leistungen durch Kinder in anderen Ausdauerwettbewerben berichtet VAN AAKEN (1977, 279 und 299 ff.); so von einem 11jährigen Mädchen, das bei den amerikanischen Frauenmeisterschaften im Marathonlauf Vierte wurde in einer Zeit von 3:01 Std. und von weiteren Kindern, die im Alter unter 10 Jahren die Marathonstrecke in Zeiten zwischen 4:30 und 5 Std. zurückgelegt haben. Solche Leistungen wurden noch vor einigen Jahren nicht für möglich gehalten.

Als Gründe für diese Leistungssteigerung sind vor allem zu nennen:

— der Beginn eines spezialisierten Trainings im frühen Kindesalter mit hohen Trainingsbelastungen im konditionellen und koordinativen Bereich,
— eine Veränderung der Wettkampfprogramme im Kinder- und Jugendsport.

Diese Entwicklung wurde in einigen Sportarten durch konstitutionelle Vorteile der Kinder gegenüber Erwachsenen begünstigt. So belegt VAN AAKEN (1977, 297), daß Kinder von Natur aus ein sehr günstiges Verhältnis von Herzvolumen und Körpergewicht aufweisen und Maßzahlen erreichen, die sonst nur für Weltklassesportler in Ausdauersportarten gelten.

Die Bereitschaft von Eltern und Trainern, die Kinder bereits im frühen Schulalter mit einem Spezialtraining beginnen zu lassen, wurde wesentlich durch Erkenntnisse der Wissenschaft über die scheinbare Unschädlichkeit, bzw. die besondere Wirksamkeit des Kindertrainings herbeigeführt. Diese Aussage gilt besonders für das Ausdauertraining. WEIDEMANN (1970, 43) kommt zu der Schlußfolgerung, „... daß die Voraussetzungen für die Belastbarkeit des Herz-Kreislaufsystems im Hinblick auf die allgemeine Ausdauer bei Kindern, Jugendlichen und Erwachsenen gleich sind. Auch die Trainierbarkeit von Kindern, Jugendlichen und Erwachsenen weist im Prinzip keine Unterschiede auf".

Aus der Annahme, daß zur vollen Entfaltung vorhandener Anlagen über den natürlichen Reifungsprozeß hinaus, sehr früh gezielte Reizsetzungen erfolgen müssen, schlossen Sportpraktiker und -wissenschaftler auf die Notwendigkeit eines gezielten Fähigkeits- und Fertigkeitstrainings schon im vorschulischen Alter, um das spätere Ziel, die sportliche Höchstleistung, zu erreichen.

Beeinflußt wurde die Entwicklung auch durch das im Auftrag des Deutschen Bildungsrates von ROTH (1968) herausgegebene Gutachten „Begabung und Lernen", das den Stand der Begabungsforschung dokumentiert. Das Gutachten bezieht sich im wesentlichen auf die kognitiven Leistungsentwicklungen; es weist als wichtigstes Ergebnis den erworbenen (oder nicht erworbenen) Lernvoraussetzungen größere Bedeutung zu als der Begabung (im genetischen Sinne) oder der Reifung (ROTH 1969, 22). Diese Aussagen auf den motorischen Bereich zu übertragen heißt, davon auszugehen, daß derjenige, der im Hochleistungssport erfolgreich sein will, in frühester Kindheit mit dem gezielten Training beginnen muß. Um dieser Entwicklung gerecht zu werden, änderten viele Sportfachverbände das Wettkampfprogramm im Kinder- und Jugendbereich. Als überholt angesehene Jugendschutzbestimmungen wurden weitgehend aufgelockert oder gestrichen und die Wettkampfprogramme im Jugendbereich in stärkerem Maße den Erwachsenen angepaßt; z. B. durch Einführung des Geräte-Zwölf-Kampfes bei den Jugendturnern. Darüber hinaus wurde in verschiedenen Sportfachverbänden die Einführung von Schülermeisterschaften beschlossen; im Geräturnen wurden für die Jungen erstmals 1968, für die Mädchen 1969, Deutsche Schülermeisterschaften veranstaltet, in der Leichtathletik erstmals 1971. Der im Jahre 1971 verabschiedete Rahmenplan zur Talentsuche (DSB 1973, 6c) weist ausdrücklich auf die Notwendigkeit der Ausweitung des Wettkampfprogrammes der 10- bis 14jährigen Schüler hin.

Ein Spezialtraining mit hohen konditionellen und koordinativen Reizsetzungen wird in vielen Sportarten schon vor dem 10. Lebensjahr begonnen. So empfiehlt FILIN bereits in einer 1965 erschienenen Veröffentlichung mit dem Grundlagentraining im Eiskunstlauf, Wasserspringen, Schwimmen, Ski-Slalom und in der tänzerischen Gymnastik in einem Alter von 6—9 Jahren zu beginnen. Ähnliche Daten werden vom Bundesausschuß zur Förderung des Leistungssports bestätigt (DSB 1973, 8/9).

Durch die Einführung von Schülermeisterschaften sollte ein Anreiz zu frühzeitigem Spezialtraining verschafft werden. Die im Kindes- und Jugendalter besonders Leistungsfähigen wurden in ein besonderes Förderungssystem übernommen in der Hoffnung, damit die zum Erreichen sportlicher Höchstleistungen besonders Talentierten frühzeitig erfaßt zu haben und effektiv fördern zu können.

Ich meine, daß in der Theorie des Kinder- und Jugendtrainings einige Jahre ein verhängnisvoller Fehlschluß allgemein akzeptiert wurde: Aus der Möglichkeit, in Teilbereichen Kinder im Vorschul- und Grundschulalter ohne gesundheitliche Schäden sehr hohen Trainingsbelastungen auszusetzen und damit verbunden, sehr hohe sportliche Leistungen erreichen zu können, wurde die Notwendigkeit solch frühzeitiger Trainingsbelastungen und Leistungen abgeleitet.

Aufmerksame Beobachter stellten sehr bald fest, daß die in den Schüler- und Jugendklassen leistungsfähigsten Sportler nur in seltenen Fällen in den Bestenlisten oder gar an der Spitze der Seniorenklasse wiederzufinden waren, und daß stattdessen Sportler, die erst relativ spät zu einer Sportart gestoßen waren, das höchste Ziel des Hochleistungssports, die Weltmeisterschaft oder den Olympiasieg, erreichten. Ich erinnere nur an bekannte Namen, wie die Olympiasiegerin im 100-m-Lauf, Annegret Richter, die nach eigenen Angaben bis zum Alter von 14 Jahren nur in der Schule Sport betrieb und erst mit 16 Jahren ein systematisiertes Sprint- und Sprungtraining begann, oder an den Weltmeister im Reckturnen, Eberhard Gienger, der nach Aussagen des ehemaligen Cheftrainers E. Friedrich im Alter von 13 Jahren mit dem systematischen Gerätturntraining anfing.

Zu ähnlichen Aussagen kommen unabhängig voneinander Witt (1970) bei einer Analyse der Schüler- und Jugendbestenlisten des Deutschen Leichtathletikverbandes, Zaciorskij (1974) für die Schwimmer der UdSSR in den Jahren 1960—1972 und Stork (1977) bei einer Analyse der Siegerlisten der Schüler-, Jugend- und Männer-, bzw. Frauenmeisterschaften im DTB von 1968—1976.

Sehr umfangreiche Untersuchungen zur Leistungsentwicklung von Hochleistungssportlern in der Bundesrepublik Deutschland wurden von Feige (1973 und 1978) für das Schwimmen und den Lauf durchgeführt. Zu dem Problem, ob eine frühzeitige Spezialisierung oder ein entwicklungsgemäßer Leistungsaufbau zu höchster sportlicher Leistung hinführen, fand er die folgenden Ergebnisse:

1. „Die zeitliche Vorverlegung maximaler Trainings- und Wettkampfbelastungen (ist) weder notwendig noch zweckmäßig, ... im Gegenteil: bei allen Vergleichen stellte sich heraus, daß die Gruppen der frühspezialisierten Läufer nicht die Höhe der persönlichen Bestleistungen der entwicklungsgemäß aufgebauten erreichten" (Feige 1978, 136).
2. Außerdem stellte Feige fest, daß die frühe Spezialisierung sehr oft mit abrupter Beendigung der Laufbahn und einer Verkürzung der Hochleistungsphase verbunden war (Feige 1978, 132).

Subjektive Erfahrungen mit einzelnen Sportlern und die allgemeinen Tendenzen darstellenden wissenschaftlichen Untersuchungen von Feige, Stork, Witt und Zaciorskij geben also Anlaß dazu, die Versuche frühestmöglicher Spezialisierung und damit verbunden das Anstreben höchster sportlicher Leistungen im Kindes- und Jugendalter, im Hinblick auf das Ziel des Erreichens der sportlichen Höchstleistung mit Skepsis zu betrachten. Denn eine Leistungsförderung, die darauf abzielt, die im Schüler- und Jugendbereich nach hohen Trainingsbelastungen besonders Leistungsfähigen zur Spitzenleistung hinzuführen, muß als wenig effektiv bezeichnet werden. Wenn trotzdem von vielen Praktikern und Verbandsfunktionären noch immer an einer frühen Spezialisierung festgehalten wird, so wohl aus Furcht darüber, daß man bei einem nach dem genetischen Potential für den Hochleistungssport besonders geeigneten Sportler sonst etwas versäumen könne, das bei späterem Trainingsbeginn nicht mehr nachzuholen sei.

Die wissenschaftlichen Untersuchungen, die zur motorischen Entwicklung und zur Trainingsgestaltung im Kinder- und Jugendtraining durchgeführt wurden, geben streng genommen dem Praktiker wenig Hilfestellung zur Lösung der Frage nach dem optimalen

Trainingsbeginn. Die meisten wissenschaftlichen Veröffentlichungen zu diesem Themenbereich (UNGERER 1967, FOMIN/FILIN 1975) stellen zwar fest, in welchem Alter bestimmte Leistungsanforderungen bereits bewältigt werden können; zu den Fragen darüber, wann das günstigste Alter zur Entwicklung bestimmter Fähigkeiten und Fertigkeiten liegt, bzw. wann welche Fähigkeiten und Fertigkeiten *spätestens* entwickelt werden müssen, wenn es zu einer maximalen Ausschöpfung des genetisch vorgegebenen Potentials im Hochleistungsalter kommen soll, werden meist keine oder bestenfalls sehr allgemeine Antworten gegeben.

Die Skepsis gegenüber einer frühzeitigen Spezialisierung wird noch größer, wenn man nicht ausschließlich die sportliche Effektivität, sondern darüber hinaus die gesamte Persönlichkeitsentwicklung der jungen Menschen betrachtet.

Einsichtige Eltern und verantwortungsbewußte Pädagogen beobachten mit Unbehagen eine Diskrepanz zwischen scheinbaren leistungssportlichen Notwendigkeiten und entwicklungsgemäßen Bedürfnissen der Kinder. Untersuchungen von KAMINSKI und RUOFF (1977) scheinen zu bestätigen, daß zehn- bis dreizehnjährige Kinder, die täglich etwa drei bis vier Stunden durch sportliche Tätigkeit beansprucht waren, in großem Maße Defizite in Bereichen Freizeit, Sozialkontakte, schulische Leistungen und häusliche Tätigkeiten empfinden. Die Gefahr, daß es zu abnormalen und eventuell sogar zu Fehlentwicklungen in der psychischen Entwicklung der Kinder kommt, ist nicht zu unterschätzen. Allein durch die hohen zeitlichen Belastungen durch sportliches Training fehlt den Kindern der notwendige Freiraum, um spontan diejenigen Erfahrungen in unterschiedlichen Lebensbereichen sammeln zu können, die zu einer abgerundeten Persönlichkeitsentwicklung wohl notwendig sind.

Durch die Konzentration auf das sportliche Training geht darüber hinaus sehr oft die primäre Motivation, die Freude an sportlicher Betätigung im Training und Wettkampf verloren und wird durch sekundäre Motive, wie das ausschließliche Streben nach immer höheren Leistungen ersetzt. Die Folge ist sehr oft, besonders dann, wenn bestimmte Erwartungen nicht erfüllt wurden, ein plötzliches Ausbrechen aus der leistungssportlichen Umgebung und damit die Beendigung der Sportlerkarriere. Auch aus dieser Sicht ist eine frühzeitige Spezialisierung eine Fehlinvestition.

Zusammenfassend ist zur Alternative frühzeitige Spezialisierung oder entwicklungsgemäßige Leistungsförderung festzustellen: Aus Gründen, die die Persönlichkeitsentwicklung des jungen Menschen und die Effektivität der Investition auf seiten der Trainer und der Verbände betreffen, ist es notwendig, im Bereich der Talentförderung im Kindesalter umzudenken. Die Forderung, *so früh wie möglich* mit einem sportart- oder sportdisziplinspezifischen Training zu beginnen, muß ersetzt werden durch die Forderung, *so spät wie möglich* in ein spezialisiertes Training einzutreten.

Hiermit, und das sei, um Mißverständnissen vorzubeugen, ausdrücklich festgestellt, wende ich mich nicht gegen ein systematisches Sporttreiben mit Kindern, nur sollte die Zielsetzung nicht zuerst auf das Erreichen möglichst hoher Leistung in diesem Alter ausgerichtet sein, sondern man sollte vielmehr möglichst breite sportliche Erfahrungen in unterschiedlichen Sportarten anstreben. Dazu müssen Umfang, Intensität, Inhalt und Organisationsformen des Sporttreibens den entwicklungsbedingten Bedürfnissen der Kinder angepaßt sein, d. h. vor allem die systematische Entwicklung der konditionellen und koordinativen Fähigkeiten und der sportmotorischen Grundfertigkeiten muß in spielerischer Form geschehen und nicht primär auf das Erreichen sportlicher Höchstleistungen im Kindesalter ausgerichtet sein.

Talentauswahl

Erst im Anschluß an eine breitangelegte Grundausbildung sollten systematische Maßnahmen zur Talentauswahl ergriffen werden.

Im Zuge einer gewissen Testeuphorie war vielerorts der Optimismus verbreitet, daß die Talentauswahl über einen Auswahltest erfolgen könnte. So wurden 1969 und 1970 Begabungstests im Gerätturnen für 10- bis 14jährige Jungen (DICKHUT 1969) und Mädchen (SCHOHS 1970) veröffentlicht. Man ging davon aus, daß es möglich sein müßte, bereits vor Beginn oder am Anfang des Trainingsprozesses die für den Hochleistungssport geeigneten Sportler herauszufinden; nur mit diesen sollte dann das Training aufgenommen werden. Bei einem solchen Ansatz ist die Talentauswahl mit zwei Problemen verbunden: mit dem Erstellen von sportartspezifischen Anforderungsprofilen der Spitzensportler und der Prognose der Leistungsfähigkeit im Hochleistungsalter.

Das Erstellen von Anforderungsprofilen mit wissenschaftlichen Methoden setzt die eingehende Untersuchung einer großen Anzahl von Spitzensportlern bezüglich aller die Leistung eventuell beeinflussender Faktoren voraus und besteht darin, unter Anwendung statistischer Verfahren den leistungsbestimmenden Anteil der einzelnen Faktoren zu ermitteln. Solche Untersuchungen sind umfassend bei uns noch nicht durchgeführt worden. Es liegen Arbeiten für Teilbereiche, wie die Körperbaumerkmale, die konditionellen Fähigkeiten und die Technomotorik von AMTMANN, BALLREICH und HOLLMANN u. a. vor; auf Einzelheiten kann hier leider nicht eingegangen werden.

Da sportart-, bzw. sportdisziplinspezifische Anforderungsprofile notwendige Voraussetzung für eine Talentprognose sind, ist mit dieser Standortbestimmung auch bereits die Frage nach der augenblicklichen Durchführbarkeit einer so konzipierten Talentauswahl bzw. Talentförderung im negativen Sinne beantwortet.

Aber auch bezüglich der prinzipiellen Durchführbarkeit der Talentprognose nach einem solchen Modell gibt es Bedenken. Die Beantwortung der Frage, ob die Eignung zum Hochleistungssport schon zu Beginn des Trainingsprozesses mit hinreichender Genauigkeit prognostiziert werden könne, hängt entscheidend von der genetischen Festlegung und von der Stabilität der Merkmalsausprägung ab. Dieser Problembereich ist wissenschaftlich noch weitgehend ungeklärt und allgemein nicht zu beantworten.

Eine weitere prinzipielle Schwierigkeit einer langfristigen Talentprognose besteht darin, daß nicht vorhersagbar ist, ob ein angestrebtes Ziel während des Trainingsprozesses erhalten bleibt oder durch eventuelle Entwicklung innerhalb der Sportart in der Zwischenzeit verändert wird.

Wegen der aufgezeigten Schwierigkeiten meine ich, daß ein statischer Ansatz, der die Anlagen als die wesentlichsten Bedingungen der Leistungsentwicklung ansieht und die Möglichkeit einer Leistungsprognose aufgrund eines einmaligen Leistungstests feststellt, durch einen dynamischen Ansatz ersetzt werden muß.

Ich gehe davon aus, daß ein Talent nicht aufgrund einer einmalig erbrachten Testleistung zu erkennen ist, sondern daß sich das Talent entwickelt, sich erst während eines systematischen Trainingsprozesses langsam herausschält, daraus folgt, daß ein Talent nicht durch einen einmaligen Test, sondern nur in einem kontrollierten sportlichen Trainingsprozeß, verbunden mit sportlichen Wettkämpfen, erkennbar ist. HARRE (1975, 36) nennt drei Merkmalskomplexe, die ein Talent bestimmen:

— das Leistungsniveau
— das Tempo der Leistungserhöhung

— die Leistungsstabilität (d. i. die Übereinstimmung der Leistung in Training und Wettkampf).

Darüber hinaus sind m. E. weitere Persönlichkeitsmerkmale, wie die Motivation zum Leistungssport, bei einer Leistungsprognose zu berücksichtigen; es ist dabei zu beachten, daß die Entwicklung der einzelnen Merkmale zeitlich sehr unterschiedlich erfolgen kann.

Aus dem bisher Gesagten wird, so glaube ich, deutlich, daß bezüglich der Talentauswahl und Talentförderung z. Z. kurzfristig praxiswirksame Hilfen weniger durch wissenschaftliche Untersuchungen als durch organisatorische Maßnahmen zu erwarten sind. Die Aufgabe der Wissenschaft kann kurzfristig im wesentlichen nur darin bestehen, bestimmte Entscheidungsfelder zu strukturieren und die Folgen von möglichen Entscheidungen systematisch zu durchdenken.

Gliederung des langfristigen Trainingsprozesses

Ein Modell der Talentauswahl und Talentförderung ist nicht unabhängig vom langfristigen Trainingsaufbau zu sehen.

In Anlehnung an Thiess (1964) geht man heute meist von einer Dreigliederung des langfristigen Trainingsprozesses aus. Man unterscheidet die Abschnitte

— Grundlagentraining
— Aufbautraining
— Hochleistungstraining

In der seitdem geführten allgemeinen Diskussion wird oft nicht klar, ob es sich bei dem ersten Abschnitt, dem Grundlagentraining, um eine allgemeine sportartübergreifende Grundausbildung oder um die erste Stufe eines sportartspezifischen Trainings handelt. Das hat zur Folge, daß die von verschiedenen Autoren angegebenen Daten, z. B. zum Beginn des Trainingsprozesses nicht vergleichbar sind.

Zweckmäßiger wäre daher meiner Meinung nach, in Anlehnung an Harre (1975, 19 ff.), eine Zweigliederung des langfristigen Trainingsprozesses in

— Nachwuchstraining und
— Hochleistungstraining.

Der Abschnitt vor Beginn des systematischen Trainingsprozesses sollte dann als Grundausbildung bezeichnet werden und im wesentlichen eine sportartübergreifende allgemeine Fähigkeits- und Fertigkeitsschulung zum Inhalt haben. Eine solche Grundausbildung ist sinnvoll im Hinblick auf unterschiedliche Zielsetzungen, wie „Motivieren zu sportlicher Betätigung, unabhängig von bestimmten Leistungszielen", „Förderung der Gesundheit" und natürlich auch „Vorbereitung auf ein Training im Leistungssport".

Eine nähere Charakterisierung einer so verstandenen sportmotorischen Grundausbildung findet sich z. B. bei Feige (1978, 138—140).

Es ist zu wünschen, daß diese allgemeine Grundausbildung, stärker als bisher geschehen, in den Kindergärten und Schulen, aber auch im Angebot der meisten Vereine und Verbände, Ziel und Inhalt sportlichen Treibens wird. (Obwohl mir bewußt ist, daß ich diese Aufforderung auf einem Kongreß des DTB weitgehend an die falsche Adresse richte, meine ich, daß sie ausgesprochen werden muß.)

Ziel des Nachwuchstrainings muß es dann sein, den jungen Nachwuchssportlern die wichtigsten sportartspezifischen technomotorischen Fertigkeiten zu vermitteln und sie darauf vorzubereiten, die hohen Belastungen des Höchstleistungstrainings zu ertragen. In Sportarten mit sehr differenzierten und umfangreichen Anforderungen an die Technomotorik sollte ein Konditionstraining nur insoweit betrieben werden, wie die Koordination Voraussetzung für das Erlernen der die Sportart bestimmenden technomotorischen Fertigkeiten ist.

Der Abschnitt des Hochleistungstrainings ist dann der Abschnitt, in dem von einem hohen Leistungsniveau ausgehend, durch Erhöhung von Trainingsumfang und -intensität, die Grenzen der individuellen Leistungsfähigkeit erreicht werden sollen. Wesentlichstes Ziel des Hochleistungstrainings ist es, z. B. in einer durch ein differenziertes Fertigkeitsniveau bestimmten Sportart, die Fertigkeiten in der durch die Wettkampfregeln bestimmten Form zu präsentieren, d. h. z. B. im Gerätturnen, daß der Turner in der Phase des Hochleistungstrainings erlernen muß, alle schwierigen Turnelemente innerhalb der Übungen eines Zwölfkampfes darzubieten. Das Training in diesem Abschnitt ist auch sehr stark darauf ausgerichtet, die speziellen konditionellen Fähigkeiten zu verbessern.

Ein Modell der Talentauswahl könnte innerhalb eines so gegliederten Trainingsprozesses wie folgt aussehen:

1. Grobauslese motorisch überdurchschnittlich *leistungsfähiger*, an der Sportart *interessierter* und konstitutionell geeigneter junger Sportler am Ende der Grundausbildung, etwa im Alter von 11—12 Jahren;
2. ein- bis eineinhalbjährige Trainingsphase; langsames Hinführen zu einem Spezialtraining, dabei ständige Beobachtung des Sportlers durch den Trainer bezüglich seiner Eignung für den Hochleistungssport;
3. Auswahl für das eigentliche Nachwuchstraining aufgrund der Parameter
   — Leistungsniveau
   — Tempo der Leistungserhöhung
   — Leistungsstabilität
   unter Berücksichtigung psycho-sozialer Parameter.
4. Beginn des eigentlichen Nachwuchstrainings im Alter von etwa 12—14 Jahren.

Während des Nachwuchstrainings ist auf eine kontinuierliche Steigerung der Trainingsbelastung zu achten. Das Training muß zu Beginn dieser Phase noch sehr stark dem unterschiedlichen Entwicklungsstand der einzelnen Schüler Rechnung tragen.

Auf eine gleichzeitige leistungssportliche und schulische, bzw. berufliche Fortentwicklung der Jugendlichen ist von Anfang an größter Wert zu legen. Leistungsschwankungen in der Schule sind genau zu beobachten. Bei dauernden nicht ausreichenden schulischen, bzw. beruflichen Leistungen ist ein weiteres Fortsetzen des Leistungstrainings aus pädagogischer Sicht nicht zu verantworten und in den meisten Fällen wohl auch aus leistungssportlicher Sicht zwecklos.

Nur dann, wenn das sportliche Training der allseitigen Persönlichkeitsentwicklung des Sportlers untergeordnet ist, und wenn speziell im Kinder- und Jugendbereich die psychophysische Gesamtentwicklung gefördert wird, ist ein Leistungstraining mit Kindern und Jugendlichen vom sportlichen Standpunkt her zweckmäßig und von meinem pädagogischen Standpunkt her verantwortbar.

Literatur

Aaken, E. van: Die schonungslose Therapie. Celle 1977.

Dickhut, A.: Begabungstest im Gerätturnen für 10- bis 14jährige Jungen. In: Die Leibeserziehung 18 (1969), 8. Beilage Lehrhilfen.

DSB/BA-L: Talentsuche — Talentförderung. Eine Bestandsaufnahme unter besonderer Berücksichtigung der Fördergruppen (Leistungsgruppen) und Internate. Frankfurt 1973.

FEIGE, K.: Vergleichende Studien zur Leistungsentwicklung von Spitzensportlern. Schorndorf 1973.

FEIGE, K.: Leistungsentwicklung und Höchstleistungsalter von Spitzenläufern. Schorndorf 1978.

FILIN, W. P.: Die allgemeine und sportliche Vorbereitung junger Sportler. In: Das Training junger Sportler. Moskau 1965 (übersetzt von P. Tschiene).

FOMIN, N. A. / FILIN, W. P.: Altersspezifische Grundlagen der körperlichen Erziehung. Schorndorf 1975.

HARRE, D. (Red.): Trainingslehre. Berlin 1975[5].

KAMINSKI, G. / RUOFF, B.: Kinder im Hochleistungssport. Unveröffentlichter Bericht an das Bundesinstitut für Sportwissenschaft zu dem gleichnamigen Forschungsauftrag. 1977.

ROTH, H. (Hrsg.): Begabung und Lernen. Gutachten und Studien der Bildungskommission des Deutschen Bildungsrates. Bd. 4. Stuttgart 1968.

SCHOHS, G.: Begabungstest im Gerätturnen für 10- bis 14jährige Mädchen. In: Die Leibeserziehung 19 (1970), 3. Beilage Lehrhilfen.

STORK, H. M.: Der Einfluß von Sozialvariablen auf die leistungssportliche Selektion; unveröffentlichter Zwischenbericht an das Bundesinstitut für Sportwissenschaft zu gleichnamigem Forschungsvorhaben. 1977.

THIESS, G.: Die Bestimmung der Trainingsetappen als Grundlage der Trainingsplanung im Aufbautraining. In: Wissenschaftliche Zeitschrift der DHfK Leipzig 6 (1964), Sonderheft, S. 17 ff.

UNGERER, D.: Leistungs- und Belastungsfähigkeit im Kindes- und Jugendalter. Schorndorf 1967.

WEIDEMANN, H.: Training mit Kindern und Jugendlichen. Der Leistungsaufbau — medizinische Aspekte. In: DSB/BA-L, Training mit Kindern und Jugendlichen — Der Leistungsaufbau — Trainertagung. Barsinghausen 13. 4.—16. 4. 1970, S. 29—44.

WITT, D.: Die Entwicklung der Leistungsbesten in der Schülerklasse im DLV-Bereich. In: Die Lehre der Leichtathletik 1970/17.

ZACIORSKIJ, V. M. u. a.: Das Problem des Talents und der Talentsuche im Sport. In: Leistungssport 4 (1974), 239—251.

Emil Beck

Talentförderung und Leistungsentwicklung

Eine effektive Talentförderung, die letzten Endes ja darauf gerichtet ist, Erfolge im hochleistungssportlichen Bereich zu erzielen, muß sich in zwei Maßnahmen unterteilen, nämlich solche, die unmittelbar und solche, die mittelbar der Leistungssteigerung dienen. Nur eine nahtlose Übereinstimmung im Prinzip dieser Komponenten erbringt die gewünschten Erfolge. Dies gilt besonders für das Fechten, die anderen Kampfsportarten, sowie z. B. für das Kunstturnen und den Eislauf. Alle diese Sportarten haben nämlich gemeinsam, daß die Leistungsentwicklung nur sehr langsam vorangeht, da sie von sehr vielen physischen und psychischen Faktoren getragen werden, als da unter vielen anderen sind: die Beherrschung komplizierter Bewegungsabläufe, Einsichtigkeit in den Ablauf derselben, Wettkampferfahrung, Koordinationsfähigkeit. In der Praxis bedeutet das, daß der sportlich Begabte sehr lange und sehr hart an sich arbeiten muß, um zu Erfolgen zu kommen. Die Konsequenz dieser Erkenntnis ist, daß ihm in dieser langen Trainingsperiode vielfältige Unterstützung in Form von trainingsbegleitenden Maßnahmen gewährt werden muß, und zwar in größerem Umfang als in anderen Sportarten, wie z. B. Schwimmen, in denen das Sporterleben wesentlich kürzer ist.

In Tauberbischofsheim habe ich versucht, eine Synthese zu schaffen zwischen diesen, man kann sie auch soziale Maßnahmen nennen, und dem sportlichen Bereich. Daß dieses Experiment gelungen ist, zeigt sich, so glaube ich, an den Erfolgen bei den letzten Olympischen Spielen. Daher rechtfertigt es sich wohl auch, von einem Modell Tauberbischofsheim zu sprechen, das ich Ihnen im folgenden etwas näher bringen möchte.

Dabei werde ich mich im rein sportlichen Bereich auf die Prinzipien beschränken, denn eine nähere Ausgestaltung dessen würde zuviel Sportartspezifisches entfalten, aus dem dieses Forum keine Erkenntnisse ziehen könnte.

Ausgehend von der These, daß die Bewegungsfähigkeit des Kindes schon in den ersten Lebensjahren beträchtlich nachläßt, halte ich es für erforderlich, die Kinder so früh als möglich zum Sport zu bringen. Daher haben wir in Tauberbischofsheim eine Kinderabteilung gegründet, die mit den 3- bis 6jährigen einmal wöchentlich den sogenannten „Denk-Sport-Trimm-Spaß“ absolviert. In dieser Abteilung kann dann durch langfristige Beobachtung auch bereits eine Talentauslese stattfinden, die Voraussetzung jeder Talentförderung ist. Außerdem hat sie den durchaus erwünschten Nebeneffekt, die Kinder so früh wie möglich an den eigenen Verein zu binden und so eine Talentabwanderung zu verhindern. Dabei werden in dieser Kinderabteilung keine sportartspezifischen Übungen durchgeführt, d. h., es spielt keine Rolle, welche Sportart das Kind später betreibt.

Mit dem sechsten Lebensjahr beginnt dann die echte Talentförderung der Kleinen im sportartspezifischen Bereich, die aber eingebettet ist in ein spielerisches sportliches Programm. Die Kinder werden in diesem Alter zum ersten Male konfrontiert mit dem Florett, lernen erste gezielte Bewegungsabläufe und erhalten dadurch eine erste Beziehung zu diesem Gerät. Im Prinzip bleibt dieses Programm, d. h., zweimal wöchentliches Training à 90 Minuten mit Betonung der allgemeinen sportlichen Ausbildung, bestehen bis zum 9. Lebensjahr, mit dem auch die Turnierlaufbahn eines kleinen Fechters beginnt; er darf zum ersten Mal an Landes-Schüler-Jahrgangs-Meisterschaften teilnehmen.

Ab diesem Alter ist es für die Leistungsentwicklung unbedingt erforderlich, daß der Fechter mindestens dreimal wöchentlich je 90 Minuten trainiert, wobei nun die sportartspezifische Ausbildung mehr und mehr in den Vordergrund tritt. Dies klingt wahrscheinlich alles sehr programmiert und hart: wer jedoch einmal gesehen hat, mit welchem Spaß und Eifer die Kinder mit ihren speziellen Mini-Floretts hantieren, der weiß, daß hier kein diktatorisches, hartes, zu Schäden führendes Trainingsprogramm vorliegt, sondern daß die Kinder gerne und selbständig spielend lernen.

Vom 11. Lebensjahr ab werden die jungen Sportler dann in Leistungsklassen erfaßt. Kriterien für die Einteilung sind die Qualifikationen zu, bzw. das Abschneiden bei den Deutschen Schülermeisterschaften. Wer innerhalb von zwei Jahren einmal das Finale der besten Sechs bei den Deutschen Schülermeisterschaften erreicht hat, zählt zum E-Kader des Nordbadischen Fechter-Bundes. Diese Talente trainieren dann schon sehr gezielt auf ihre spätere sportliche Laufbahn. Das Trainingsprogramm sieht dann in ungefähr folgendermaßen aus: Training dreimal wöchentlich pro Tag 2 Trainingseinheiten. 1. Trainingseinheit: 20 Minuten Einzelunterricht, das heißt Fechtlektion beim Trainer und 10 Minuten Konditionstraining in Form des Pyramidentrainings: je 12, 8, 4 Liegestütze, Hochsprung aus der tiefen Hocke und „Messerklappen" sowie 10 Sprints à 15 Meter. Die 2. Trainingseinheit umfaßt 90 Minuten und besteht aus: 15 Minuten Beinarbeit, 15 Minuten Einzelunterricht und 60 Minuten Wettkampftraining. In diesem angesprochenen Alter zwischen 11 und 13 Jahren fällt im Fechtsport wohl die Entscheidung über späteren Erfolg oder Mißerfolg. Das Talent, das sich in dieser Altersgruppe erkennbar von anderen absetzen kann, wird mit ziemlicher Wahrscheinlichkeit, wenn es die erforderliche Trainingsintensivierung in den nächsten Jahren mitmacht, sechs oder sieben Jahre später auch in der Aktivenklasse Erfolg haben.

In diese Altersstufe fällt dann auch der Übergang von der eigentlichen Talentauswahl und Talentförderung in den leistungssportlichen Bereich. Ab dem 14. Lebensjahr werden die Fechter für die Junioren-Klasse startberechtigt, die dann außer den Deutschen Junioren-Meisterschaften, Qualifikationsturniere und Weltmeisterschaften ausficht und zum Teil auch schon an den Turnieren der Aktiven-Klasse teilnimmt. Das Training dieser Sportler vollzieht sich nach den bekannten allgemeinen Grundsätzen des Leistungssports, nach einem System der unmittelbaren Wettkampfvorbereitung und in einer Dosierung des täglichen Trainings in 80% bis 90% sportartspezifische und 10% bis 20% allgemeine sportliche Leistungsförderung.

So stellt sich also der sportliche Weg eines frühzeitig erkannten Talents zum Leistungssportler in Tauberbischofsheim dar. Die Einschränkung in Tauberbischofsheim mache ich deswegen, um zum Ausdruck zu bringen, daß sich die dargestellten Trainingsvorgänge nicht beliebig auf andere Sportarten übertragen lassen, sondern daß im sportlichen Bereich eine Anpassung an die individuellen Gegebenheiten gewährleistet sein muß.

Sie fragen sich wahrscheinlich nun mit Recht, wie es möglich ist, ein Kind, einen Jugendlichen dazu zu bewegen, so lange, d. h. über viele Jahre hinweg zu trainieren, um vielleicht irgendwann einmal Erfolg zu haben, sowie Eltern und Schule diesen Weg einsichtig und gangbar machen.

An diesem Punkt sollen nun die Maßnahmen greifen, die ich zu Beginn meines Referates hervorgehoben und trainingsbegleitende genannt habe.

Einer der wichtigsten Aspekte in dieser Hinsicht ist der medizinische. Bei allem Streben zur Leistung trägt der Sport, also die Vereine und Trainer eine ethische und moralische Verantwortung über den Bereich der Leistungssteigerung hinaus.

Da durch die Entwicklung im Leistungsport heute auch schon hohe Leistungen im Training der Kinder und Jugendlichen erbracht werden müssen, ist es nicht auszuschließen, daß sich unter den jungen Talenten solche befinden, die diesen Anforderungen medizinisch nicht gewachsen sind, oder daß während der Trainings- und Wettkampfperiode Probleme auftauchen, die eine geringe Dosierung oder gar zeitweilige Einstellung der sportlichen Belastung erzwingen. Aus meiner praktischen Erfahrung kann ich jedoch sagen, daß ich erstere Fälle in meiner 25jährigen Tätigkeit eigentlich noch nicht erlebt habe.

Um jedoch Eventualitäten auszuschließen und Schäden zu verhindern, haben wir in Tauberbischofsheim eine verzweigte medizinische Kontrolle. Unmittelbar beim Training steht unseren jungen Talenten in der Regel unser Olympiamasseur genauso zur Verfügung wie den Medaillengewinnern. Dieser behandelt an Ort und Stelle die kleinen Weh-Wehchen oder veranlaßt beim geringsten Zweifel eine ärztliche Untersuchung. Diese erfolgt je nach Lage des Falls entweder durch einen dem Verein verbundenen Arzt für Allgemeinmedizin oder/und durch einen Orthopäden. Besteht nach deren Diagnose noch keine absolute Klarkeit, so wird dem betroffenen Jugendlichen ein Termin bei einem der Olympia-Ärzte vermittelt, die durch ihre Ausbildung und Erfahrung wohl als Kapazitäten auf den entsprechenden Fachgebieten zu betrachten sind. Im allgemeinen wird dieser medizinische Dienst aber höchst selten in Anspruch genommen, da das Training so dosiert ist, daß einem sportlichen Jugendlichen keine medizinischen Probleme erwachsen. Ein übriges trägt dazu die halb-, bzw. jährliche sportärztliche Untersuchung bei, die der Prophylaxe dient. Außerdem wird großer Wert auf Ausgleichssport gelegt; so stehen den Sportlern täglich 4 Tischtennisplatten zur Verfügung, darüber hinaus besteht die Möglichkeit zum Tennis, Basket-, Volley- und Handballspiel. Zusätzlich ist im Trainingsprogramm eine Ausgleichsgymnastik speziell für die Wirbelsäule enthalten, die Schäden des Band- und Bewegungsapparates vorbeugt. Mit diesen Gegebenheiten ist ein medizinisches Sicherungssystem geschaffen, das sowohl den Verpflichtungen des Sports als auch den Anforderungen der Eltern gerecht wird.

Die genannte moralische und ethische Verpflichtung beschränkt sich jedoch nicht nur auf den medizinischen Bereich, sondern umfaßt auch die Verantwortung für die Persönlichkeit des Kindes, sowie seine spätere schulische, berufliche und soziale Stellung. Denn gerade in einer Zeit, in welcher der Leistungssport wieder bedauerliche Verzerrungen erlebt, dürfen weder Sport noch Leistung noch Leistungssport zum Selbstzweck werden. Für die praktische Arbeit bedeutet dies, daß den jungen Talenten nicht nur Förderung im sportlichen Bereich zuteil werden muß.

Die Talentförderung dieser Art beginnt bereits im frühen Kindesalter von 3 bis 4 Jahren. Für diese kleinen Mitglieder bietet der Verein einen Vorschulunterricht durch zwei speziell ausgebildete Grundschullehrer an. Diese im kleinstädtischen Bereich seltene Einrichtung erleichtert den Kindern den Eintritt in die Schule. Die Ausbildung legt vor allem auch auf die schöpferisch, logische Tätigkeit der Kinder wert; diese wird durch gezieltes Spielen mit Knetmassen, Lego-Steinen und ähnlichem gefördert. In dieser Vorschulerziehung werden aber auch wichtige Grundsteine für die Persönlichkeitsentwicklung des Kindes gelegt: es lernt sich in einer nicht nur spielenden Gesellschaft zu bewegen, es sieht und erkennt Unterschiede in den Begabungen; es übt sich darin, diese zu nivellieren und Leistungen anderer anzuerkennen, sowie andersartige zu tolerieren. Hier hat der Sport also eine Funktion übernommen, die Eltern und Staat oder Kirche gerade in strukturschwachen Gebieten nicht erfüllen können.

Mit dem Schulanfang hört diese Betreuung für die Kinder jedoch nicht auf, sie tritt nur in eine neue Phase. Der Schulanfänger hat die Möglichkeit, einer Institution beizutreten, die im deutschen Sport erstmalig in Tauberbischofsheim entstanden ist: das Teilinternat.

Dieser Begriff mag Ihnen zunächst etwas fremd vorkommen; da er jedoch der zentrale Punkt meiner folgenden Ausführungen sein wird, möchte ich ihn kurz erläutern:

Teilinternat bedeutet, der junge Sportler ißt und lernt dort, wo er trainiert, verbringt seine Freizeit wie es ihm beliebt und schläft bei seinen Eltern.

Dieses Modell wurde von mir entwickelt, um eine Anpassung der Erfordernisse des Spitzensports an die Gegebenheiten unseres Gesellschaftssystems zu erreichen; denn in unserer Gesellschaftsform ist es nicht möglich, Sportler, wie im Ostblock, bereits in frühen Jahren beliebig zu zentralisieren.

Im einzelnen sieht der Betrieb dieses Teilinternats folgendermaßen aus:

Nach der Schule kommt der junge Fechter ins Leistungszentrum, ißt hier zu Mittag und absolviert anschließend seine erste Trainingseinheit in Form der Fechtlektion mit seinem Trainer. Danach erledigt er seine Schulaufgaben unter der Aufsicht von elf auf Honorarbasis angestellten Lehrkräften. Daher ist ihm auch die Möglichkeit geboten, individuellen Förder-, bzw. Nachhilfeunterricht bei dem Fachlehrer seiner Wahl zu nehmen. Da diese Lehrer aus den verschiedenen Schulformen kommen, ist eine gute Verbindung zu den einzelnen Lehranstalten gewährleistet.

Nach den Schulaufgaben absolviert der Sportler sein allgemeines Training, d. h. seine zweite Trainingseinheit.

Die Kinder bis zum 11. Lebensjahr gehen dann um 18.00 Uhr nach Hause, die 12- und 13jährigen um 19.00 Uhr. Für die älteren Fechter, auch die, die dem Teilinternat nicht angehören, ist das Training je nach Leistung zwischen 20.00 Uhr und 20.30 Uhr beendet, so daß auch hier genügend Zeit für Familie und private Interessen verbleiben, zumal am Nachmittag nach dem Silentium ein Freizeitprogramm geboten wird, jedoch auch die Möglichkeit gegeben ist, die freie Zeit individuell zu gestalten. Außerdem ist das Teilinternat in der Regel nur an 5 Tagen in der Woche mit vollem Programm geöffnet.

Geleitet wird dieses Teilinternat von einem Olympia-Sieger, dessen Hauptaufgabe es ist, die Stundenpläne für Förderunterricht und Fechttraining für jeden einzelnen optimal aufeinander abzustimmen, die schulische und sportliche Leistung der Kinder zu überwachen und eine individuelle Betreuung zu gewährleisten.

Unterstützt in seiner Aufgabenbewältigung wird er dabei vor allem in den schulischen Bereichen durch eine Diplom-Psychologin mit pädagogischer Lehrbefähigung, die sich auch für Freizeitprogramme und dergleichen verantwortlich zeichnet. Die Finanzierung dieser Internatsform ergibt sich aus Eigenmitteln des Clubs, durch Zuschüsse des Landesausschusses für Leistungssport (Land Baden-Württemberg), sowie Geldern der Stiftung Deutsche Sporthilfe und Zuschüssen der Eltern, wobei die Kosten ziemlich gering sind. Sie betragen in etwa 30% derer eines Vollinternates, zumal eine quantitativ größere Auslastung möglich ist: im Teilinternat Tauberbischofsheim haben wir gegenwärtig 32 deutsche Schülerfinalisten.

Meiner Ansicht nach ist dieses Modell auch an anderen Orten für andere Sportarten (auch für mehrere zusammen) möglich. Die Kinder können gemeinsam im Teilinternat versorgt werden und getrennt zu ihrem jeweiligen Training gehen.

Doch auch mit diesem Teilinternat darf die soziale Betreuung nicht abgeschlossen sein. Sie muß sich vielmehr fortsetzen mit Stellenbeschaffung, Beschaffung eines Studienplatzes in der näheren Umgebung, Verhandlungen mit dem Arbeitgeber und ähnlichem. Nur durch dieses ganze Paket von Maßnahmen ist es möglich, heute im Hochleistungssport noch eine bedeutende Rolle zu spielen. Der Erfolg dieser Methode hat sich, und ich sage dies nicht ohne Stolz, bei den Olympischen Spielen in Montreal bewiesen. Dort haben 8 meiner Schüler olympisches Gold beziehungsweise Silber gewonnen, und 2 davon sogar doppelt, in Einzel und Mannschaft. Zu diesem Erfolg haben nicht unwesentlich die Möglichkeiten, die das beschriebene Teilinternat Modell Tauberbischofsheim bietet, beigetragen.

Dieses „Erfolgskonzept", wenn ich es einmal so nennen darf, läßt sich aber durchaus auch auf andere Städte und Sportarten übertragen.

Falls es an einem Ort nicht genügend Sportler der gleichen Sportart geben sollte, so kann man ohne jegliche Probleme auch verschiedene Sportarten zusammenfassen, da ja nur das Training getrennt organisiert werden müßte. Damit wäre eine Möglichkeit gefunden, auch in der Bundesrepublik zwar eine Zentralisation für Talente durchzuführen, ohne jedoch die Sportler aus ihren Familien reißen zu müssen und ohne die erwünschte Dezentralisation in den einzelnen Sportarten zu unterlaufen.

Ich würde mich freuen, wenn die Diskussion auch diesen Aspekt der Übertragbarkeit des Modells berücksichtigen würde und danke Ihnen für Ihre werte Aufmerksamkeit.

Diskussion des Arbeitskreises 5

In seiner Einführung beschreibt FRIEDRICH die Komponenten des Talentes und ihre Entwicklungsmöglichkeiten. Im ersten Referat geht CARL auf das Problem der Leistungsentwicklung ein und diskutiert kritisch bestehende Tendenzen zur frühzeitigen sportartspezifischen Spezialisierung. Er empfiehlt ein Modell, das zunächst auf intensive Entwicklung allgemeiner Koordination und konditioneller Fähigkeiten hin orientiert ist und erst dann eine sportartspezifische, den individuellen Fähigkeiten angemessene Ausbildung in einer speziellen Sportart entsprechend, dem biologischen Entwicklungsstand folgen läßt.

Im zweiten Referat stellt BECK das Modell Tauberbischofsheim vor. Er stellt dar, wie durch eine umfassende, pädagogische, psychologische, schulische und sportliche Betreuung Kinder schon sehr früh für Sport — und insbesondere Fechten — motiviert werden können. Nach dem Übergang zum leistungsorientierten Fechten ist das Teilinternat in seinem Konzept eine wichtige Einrichtung, um die Ansprüche einer umfassenden Persönlichkeitsentwicklung mit den Anforderungen des Hochleistungssports kombinieren zu können.

In rund 100 Diskussionsbeiträgen wurde zunächst die Frage nach der Notwendigkeit des Hochleistungssports überhaupt gestellt und von FRIEDRICH mit dem Hinweis auf

— die wissenschaftliche Pilotfunktion,
— die Vorbild- und Animierfunktion und
— die staatlich und politisch gegebene, wenn auch nicht überzubewertende Repräsentanz

beantwortet.

Es gab allgemeines Einverständnis zur Notwendigkeit einer intensiven, breit angelegten sportlichen Grundausbildung vor einer Spezialisierung, allerdings wurden vielen Diskussionsbeiträgen die Schwierigkeiten in der praktischen Realisierung eines solchen Modells deutlich.

Einen breiten Raum nahmen Fragen an BECK bezüglich der Wirkung eines solchen umfassenden Betreuungsangebotes auf die Entwicklung der Persönlichkeit seiner Schützlinge ein.

Dieser wies darauf hin, daß durch organisatorische Maßnahmen eine Straffung des Tagesablaufes in einem solchen Umfang möglich ist, daß den Kindern ausreichend Zeit für außersportliche Interessen bleibt. Im übrigen hängt die Qualität einer jeden pädagogischen Betreuung von Ausbildung, Engagement und Geschick des Trainers ab.

Die Übertragbarkeit des Modells Tauberbischofsheim auf andere Sportarten oder andere geografische Gegebenheiten wurde diskutiert, konnte aber nicht beantwortet werden, da vergleichbare Modellversuche erst im Entstehen sind.

Es wird in diesem Zusammenhang auch zu überprüfen sein, ob nicht Organisationsformen gefunden werden können, die einen Wechsel zwischen den Sportarten erleichtern.

Einstimmig wird festgestellt, daß es eine dringende Forderung an die Öffentlichkeit ist, vor Beginn jeder leistungsorientierten sportlichen Betätigung — einbezogen die Grundausbildung — eine umfassende sportmedizinische Untersuchung vorzuschalten.

Unter Mitarbeit von Inge Westerhoff und Klaus Wistokat

ARBEITSKREIS 6

Kooperation vorschulischer Einrichtungen, Schule, Verein und Eltern

Arbeitskreis-Leiter: Rudi Müller
Referenten: Günter Hein, Klaus Altpeter und Annegret Marona

Günter Hein

Kooperation – aus der Sicht der Schule

Sport als notwendiger Bestandteil des Unterrichts in der Schule wird wohl von niemandem mehr ernsthaft in Frage gestellt.

Die Lehrpläne drücken dies in den einzelnen Bundesländern zwar noch in Nuancen unterschiedlich aus, gemeinsam ist allen jedoch die Zielsetzung, Erziehungsarbeit am jungen Menschen ohne Ansprache seiner geistigen *und* seiner körperlichen Kräfte nicht für optimal und damit für sinnvoll zu halten.

Anders ausgedrückt: Die Schule will mit dem Sportunterricht einen nicht austauschbaren Beitrag zu einer harmonischen, ganzheitlichen Entwicklung des jungen Menschen leisten, sie will den Schüler anregen, Sporttreiben als Lebensnotwendigkeit zu erfahren und als Lebensgewohnheit anzunehmen.

Die Schule wird sich darauf beschränken müssen, Wege dazu aufzuzeigen, ohne erwarten zu dürfen, in ihrem Bemühen kritiklos bestehen zu können. Sie wird sich bemühen, dem jungen Menschen Möglichkeiten zu eröffnen, die es zulassen:

— die eigene Leistungsfähigkeit bis zum Optimum erproben zu können, oder wenn es nicht anders möglich oder gewünscht wird, auch nur zu lernen, wie Freizeit sinnvoll gestaltet werden kann.

Fast als Abfallprodukt dieser Bemühungen ergibt sich dann auch noch ein nicht unwesentlicher Beitrag

— zur Gesunderhaltung und
— über das Begreifen von Spielregeln und Verhaltensnotwendigkeiten im Sport zu Erfahrungen, die die Einordnung in die Gesellschaft erleichtern.

Und schließlich ergeben sich

— über die Konfrontation mit Erfolg und Mißerfolg, durch das Erleben von Freude, die durch gemeinschaftliches Tun entstehen kann

— und über das Erfahren von Helfen und Geholfenwerden nicht unwesentliche Anstöße für die Entwicklung zur Persönlichkeit.

Die Frage ist also nicht mehr das Warum, sondern vielmehr: kann das die Schule mit ihren Möglichkeiten überhaupt alles leisten?

Unsere Kritiker meinen selbstsicher: *N e i n !*

Die erfahrenen Pädagogen glauben trotzdem, im Wissen und in Anerkennung der Grenzen ihrer Möglichkeiten Sinnvolles zu tun und haben sich daran gewöhnt, Spielball leichtfertiger und manchmal vielleicht auch unbedarfter Kritiker zu sein.

Wo gibt es denn sonst noch eine ähnliche Aufgabenstellung zu lösen wie die, vor der jeder Lehrer in seiner Sportstunde steht, der zur gleichen Zeit Schüler mit

— unterschiedlichem Bewegungsinteresse und
— mit unterschiedlichem Bewegungsvermögen

durch entsprechende Aufgabenstellung Freude an der eigenen Bewegungserfahrung vermitteln soll.

Die Schule muß sich nun einmal *allen* Kindern zuwenden, sie soll

— dem Talent gerecht werden
— den Durchschnittsschüler fördern, aber auch fordern
— und darf schließlich den Bewegungsgehemmten, den Ängstlichen, den Unbeholfenen nicht links liegen lassen.

Eine Aufgabe, die eigentlich nur Übermenschen, Superpädagogen zuzumuten ist.

Wie kann sich das nun in der Realität vollziehen?

Die Grenzen, in denen sich Schule vollzieht, bestimmen weitgehend dieses *wie.*

Der Klassenverband, die übliche Organisationsform, der gerade in den jüngsten Jahrgängen, und wir ahnen eigentlich heute, daß das nicht nur für die Jüngsten Gültigkeit besitzt, eine nicht wegzudenkende soziale Funktion erfüllt, läßt ein Aufteilen nach Neigung oder Bewegungsvermögen in der Regel kaum zu.

Die theoretisch denkbare Binnendifferenzierung, über die soviel geredet wird, läßt sich mit Sicherheit schwerer praktizieren als verbalisieren! Sicher gibt es auch Beispiele, die das Gegenteil beweisen, für eine Durchschnittsschule müssen solche Ideen aber wohl Theorie bleiben.

So wird es dann wohl auch weiterhin zum Schicksal des Schulsports gehören, in völliger Verkennung der geleisteten und oftmals mit viel Hingabe und Einsatz erbrachten Arbeit am jungen Menschen, wegen der nicht deutlichen Erfolge in der negativen Kritik der Öffentlichkeit zu bleiben.

Die Schule darf und wird sich dadurch nicht in ihrem Bemühen resignierend beeindrukken lassen, sie wird dennoch versuchen

— den Kindern in der Primarstufe eine solide Grundausbildung zu vermitteln,
— in der Mittelstufe das Interesse für spezielle Ausbildungen zu wecken, ohne die Benachteiligten ins Abseits zu drängen
— und in der Oberstufe der Neigung soweit wie es möglich ist, Raum zu geben, ohne dabei die Aufgabenstellung der Vereine kopieren zu wollen.

Mit allen Bemühungen kann die Schule dennoch nur Anreize geben. Den Ansprüchen eines jungen Menschen auf optimale Entwicklung seiner Fähigkeiten *allein* entsprechen zu wollen, das kann nicht ihre Absicht sein.

Hier berühren sich die Aufgaben von Verein und Schule.

Im freien Spiel von Angebot und Nachfrage können und sollen die Vereine das Angebot der Schule ergänzen und vervollständigen. Der Leistung, der Neigung, dem Talent, aber auch dem Individualisten und dem, der nur fröhliches Tun in der Gemeinschaft sucht, kann hier der Raum eröffnet werden, den die Schule bereitzustellen nicht in der Lage ist.

Leichtsinnige Forderung nach Ausweitung des Umfangs des Schulsports sollten wohl überlegt werden, sie kosten nicht nur Geld für Lehrer und weitere Übungsstätten, sondern würden zwangsläufig dazu führen, die Wirkungsmöglichkeiten der Vereine zu beschneiden; dann nämlich, wenn die Schule auch noch in die Zeiten vordringen muß, die jetzt noch den Vereinen zur Verfügung stehen. Die Entwicklung in der Sekundarstufe II gibt über die Konsequenzen solcher Wünsche dem, der sehen will, hinreichend Aufschluß.

Ich sage nur *Nein!*

Das gemeinsame Ziel von Schule und Verein kann es nur sein, *mehr* jungen Menschen das Sporttreiben zu ermöglichen, nicht aber, bei Erweiterungen des schulischen Angebots, die eine Übungsgruppe durch eine andere zu ersetzen.

Sieht man so die Aufgabenstellung für Schule und Vereine, dann ist klar, daß beide Einrichtungen

— weder Konkurrenten sein dürfen,
— noch als Konkurrenten verstanden werden können.

Sie bedingen einander, weil keiner für sich allein dem Anspruch unserer jungen Menschen gerecht zu werden in der Lage ist.

Schule und Verein müssen sich als Partner verstehen und bereit sein, gemeinsam die Hilfen zu geben, die im Interesse unserer Gesellschaft notwendig sind.

Wer das nicht einsehen will, soll sich ausmalen, was passieren würde, wenn einer der Partner seinen Anteil an dieser Aufgabe nicht mehr zu übernehmen bereit oder in der Lage wäre!

Der junge Mensch gehört damit weder der Schule, d. h. seinem Lehrer allein, noch dem Verein, und das soll bewußt in diesem Fall heißen, seinem Trainer.

Erfolge werden auch zukünftig keinem anderen gehören als dem jungen Menschen selbst. Mißerfolge werden dann schon eher von uns, und dann meistens von der Schule, zu verantworten sein. Lassen wir uns von solchen Äußerlichkeiten nicht übermäßig beeindrucken. Es wird nun einmal dabei bleiben müssen, daß es Aufgabe und Auftrag für einen Pädagogen ist, Hilfen zu geben und im Hintergrund zu bleiben. Die Freude über den Erfolg seines Schützlings muß und sollte ihm als Anerkennung für seinen Beitrag genügen.

Und das gilt m. E. gleichermaßen für die helfenden Begleiter eines jungen Menschen auf der Bahn seiner Entwicklung in der Schule und im Verein, das gilt dann für alle, die sich als Pädagogen fühlen und verstehen.

Annegret Marona

Kooperation – aus der Sicht vorschulischer Einrichtungen

Beauftragt, Kooperation zwischen vorschulischen Einrichtungen, Schule, Verein und Eltern darzustellen, stehe ich vor der Schwierigkeit, über etwas zu sprechen, was es vielerorts gar nicht gibt. Zwar hat hier und da persönliches Engagement einzelner zu Kooperation geführt, jedoch sind solche Ansätze aus meiner Sicht nur Einzelfälle, bei denen glückliche Umstände zusammenfallen. So bleibt mir an dieser Stelle nichts anderes übrig, als Hemmnisse der Kooperation aus meiner Sicht zu schildern, damit die gewünschte und im Interesse der Vorschulkinder notwendige Kooperation auf den Weg kommen kann.

1. Kooperationshemmnisse

Ein wesentliches Hemmnis für die Kooperation sind unterschiedliche Auffassungen von Sport in den verschiedenen Institutionen:

1.1 Kooperationshemmnisse in Vorschuleinrichtungen

Den Vorschuleinrichtungen, die in der großen Mehrzahl von Kommunen und Kirchen unterhalten werden, kann nicht ohne weiteres ein starkes Interesse an der Sporterziehung unterstellt werden. Im Gegenteil, oft werden durch Einflüsse des Trägers Schwerpunkte so auf soziale und musische Erziehung gelegt, daß die Bewegungserziehung der Kinder zu kurz kommt. Die räumliche und personelle Ausstattung vieler Kindergärten tut ein übriges, um den Sport nicht gerade zu fördern. Es fehlen im Kindergarten vor allem Mehrzweckräume, die auch sportliche Aktivitäten zulassen.

Ungünstige räumliche Bedingungen hemmen zwar die Sportmöglichkeiten, sie dürfen aber kein Alibi für das Unterlassen vorschulsportlicher Bemühungen sein. Die Nutzung der Räumlichkeiten hängt aber vom Ausbildungsstand der *Erzieher* ab.

1.2 Kooperationshemmnisse im Schulwesen

In den Ausbildungsgängen der Schulen sieht die Lage jedoch recht trübe aus: Die meisten Bundesländer haben in der Fachschule für Sozialpädagogik und der Fachhochschule für Sozialpädagogik keine eigentliche Vorbereitung auf den Vorschulsport vorgesehen. In dem einen Bundesland lernt der Erzieher Sport nur über Eigenrealisierung, in anderen Bundesländern verbergen sich sportliche Aktivitäten lediglich in Fächern wie „Musik“, „Rhythmik“ und „Spielmethodik“.

Im Fall der erstgenannten Länder hängt es von Interessenschwerpunkten der Sportlehrer ab, ob Aspekte des Vorschulsports behandelt werden, während die Mitbehandlung des Sports in anderen Fächern nur einen ansatzweisen Einblick in die Möglichkeiten der Sporterziehung bei Vorschulkindern geben kann. Eine Ausbildung, die zu sachgerechter sportlicher Arbeit mit Vorschulkindern befähigt, ist nach dem heutigen Richtlinienstand nicht die Regel. Hinzu kommt, daß die Vorstellung vom Sport, wie sie die Schule vermittelt, für den Elementarbereich nicht zu übernehmen ist. Hat der angehende Erzieher Sportunterricht, so erlebt er hier einen an Leistung und Zensur orientierten Unterricht, der mit Vorschulkindern so nicht durchzuführen ist. Andererseits läßt ein Behandeln sportlicher Aspekte in den Bereichen „Spielmotorik", „Musik" oder „Rhythmik" weite Bereiche notwendiger Bewegungserziehung außer acht.

1.3 Kooperationshemmnisse in Vereinen

Von den Vereinen ist in der großen Breite keine durchgreifende Hilfe zu erwarten. Die Turnvereine machen da glücklicherweise wegen ihrer ganzheitlichen, auch breitensportlich orientierten Sichtweise eine Ausnahme. Die meisten Vereine jedoch bieten nur eine Sportart an und betreiben, wenn sie sich schon für den Vorschulsport interessieren, oft nur „Talentsuche" für ihre spezielle Fachsportart. Die fachsportlich orientierte Sichtweise verstellt den Blick auf das ganzheitliche Bewegungserlebnis der Vorschulkinder, das vielseitige Bewegungsangebote statt der Einübung *einer* bestimmten Sportart braucht. Die Vereine als Träger einer leistungsorientierten Sportidee sollten hier nicht eine für Jugend- und Erwachsenensport sinnvolle Auffassung auf Vorschulkinder übertragen wollen.

Durchgreifende Erfolge sind nur dann zu erwarten, wenn es gelingt, die Verbände und Vereine nicht nur vordergründig mit einer Vorstellung von Vorschulsport, die weniger leistungs- als vielmehr situations- und sozialorientiert ist, vertraut zu machen. Ansonsten werden wir das Feld rührigen Familienbildungsstätten und Volkshochschulen überlassen müssen, die in bezug auf Leistungssport weniger vorbelastet sind.

2. Lösungsvorschläge für bessere Kooperation

Die Schilderung der Kooperationshemmnisse zeigt, daß eine radikale, bald zur Lösung führende Entwicklung nicht wahrscheinlich ist. Ebenso führen gegenseitige Vorwürfe nicht weiter, bei denen sich alle den „Schwarzen Peter" zuschieben und die Kinder das Nachsehen haben.

Besser ist es, sich auf sofort praktizierbare, kleine Anfänge zu besinnen, die langsam Einstellungen bei den Beteiligten verändern können. Ich möchte nun eine kurze Zusammenstellung realistischer Möglichkeiten der Kooperation beteiligter Gruppen geben:

2.1 Lösungen durch die Aus- und Fortbildung der Sportlehrer/innen

Den *Sportlehrern* kommt als Vermittlern der Sportidee ein besonders wichtiger Rang zu. Viele Kollegen, die in Fachschulen für Sozialpädagogik unterrichten, sind jedoch auf diese Arbeit durch ihre Ausbildung nicht vorbereitet worden. Sie müssen institutionalisierte Möglichkeiten bekommen, das nachzuholen, was viele Kollegen sich durch Eigenstudium oder auch in Zusammenarbeit mit Vereinen und Verbänden angeeignet haben. Voraussetzung ist dazu, daß die Verbände auch für Lehrer — also für Nichtmitglieder offene — Fortbildungskurse im Vorschulbereich anbieten. Die Zusammenarbeit mit staatlichen Institutionen könnte weitere Fortbildungsmöglichkeiten eröffnen.

2.2 Lösungen durch die Aus- und Fortbildung der Erzieher/innen

Bei den *Erziehern* muß das Vorschulsportangebot im Rahmen der Aus- und Fortbildung verbessert werden. Neben den Bemühungen um Verbesserung von Richtlinien und Lehrplänen bleibt notwendig, daß die Verbände auf allen Ebenen bis hinunter zu Städten und Kreisen Fortbildung für Erzieher/innen anbieten. Ziel solcher Fortbildung ist es, Vorurteile abzubauen. Nach meinen Beobachtungen herrschen z. B. diese Vorurteile:

— Ohne Turnhalle oder Turnraum ist keine Sporterziehung möglich.
— Sport ist gefährlich. (Als seien bewegungsungeschickte Kinder nicht viel stärker gefährdet als sportlich geschulte.)

— Man muß schon früh bestimmte Sportarten vorbereiten, dazu bin ich aber durch meine Ausbildung nicht befähigt.

2.3 Lösungen durch Elternarbeit

Eine weitere Anlaufstelle, die viele Erfolge verspricht, sind die *Eltern.* Durch ER-SIE-ES-Turnen wird die ganze Familie angesprochen, vielleicht an einem Samstagvormittag in den Räumen des Kindergartens gemeinsam Spiel und Sport zu betreiben. Hierbei kann ein sportlicher Elternteil die Gruppe betreuen, eine Erzieherin die Übung durchführen oder der Verein seine Mitarbeit durch einen geschulten Vorschulübungsleiter anbieten. Sport darf nicht nur Leistungssport sein. Wenn der Vater mit dem Vorschulkind Fußball spielt, kommt dabei für beide wenig heraus, den meistens will der Vater ernsthaft spielen, wobei das Kind der unterlegene Teil ist. Diese Form führt häufig dazu, daß beide schnell den Spaß verlieren. Besser wäre es, die Aktivitäten so zu planen, daß mehrere Kinder daran beteiligt sind. In kleinen Gruppen steigt der Lerneifer, soziale Umgangsformen und das Erleben von Erfolg bzw. Mißerfolg werden besser getragen. Natürlich hängt dies auch von einer geschickten Auswahl der Inhalte ab, die sich vor allem auf Geschicklichkeits- und Gleichgewichtsübungen sowie Klettern und Kunststücke beziehen sollte. Wichtig dabei ist es, daß die Eltern mit den Kindern oder die Kinder gemeinsam Freude daran haben. Auch die tägliche Umwelt der Kinder sollte sportlicher gestaltet werden. Die Eltern brauchen dazu nur Hinweise, wie das Haus und seine Umgebung sportlicher wird, zum Beispiel dadurch, daß vorhandene Möglichkeiten sportlich genutzt werden.

2.4 Lösungen durch Vereinsarbeit

Die Vereine müssen, um helfen zu können, zunächst leistungsbetonte Sportauffassungen zurückstellen. Vorschulkinder dürfen nicht als „Talente" mißverstanden werden. Sie sind Kinder, deren Bewegungsbedürfnisse nicht durch die Anforderung einer bestimmten Fachsportart, sondern durch den Ausgleich ihrer Bewegungsdefizite definiert werden sollten. Hier haben die Vereine in ihrer Breite eine Entwicklung nachzuholen, die auch schon im Erwachsenensport zu breitensportlichen Formen geführt hat.

Erfolge verspricht das Zugehen der Vereine auf die Kindergärten durch Patenschaften. Versicherungsrechtliche Bedenken, die eine Mitgliedschaft der Sporttreibenden im Verein zur Bedingung machen, können sicher durch korporative Mitgliedschaften der Kindergärten oder ihrer Eltern umgangen werden. Man kann sich auch für zeitlich begrenzte Kurse entscheiden, wie sie schon vielerorts von Volkshochschulen und Wohlfahrtsverbänden angeboten werden. Neue Organisations-Formen wie „Familien-Sporttreffs" in Turnhalle, Schwimmbad, Kindergarten oder am Trimm-dich-Pfad, sowie Familiensportausflüge sollten weitere Kooperation in Gang setzen helfen.

An einigen Orten ist es auch zur Gründung von Kindergärten durch Vereine gekommen, den sog. „Sportkindergärten". Auch solche Formen sind zu begrüßen, sofern nicht nur der Wunsch des Vereins nach Talentsuche oder nach Auslastung der Sporteinrichtungen auch am Vormittag hinter der Trägerschaft steht.

3. Kritischer Ausblick

Die Ausgangslage für Veränderung dieser mißlichen Lage erscheint paradox: Die Voraussetzungen für eine verbesserte Kooperation sind eigentlich erst durch verbesserte Kooperation zu schaffen. Hier sollte nicht zu viel von den Anfängen erwartet werden, jedoch sind solche Anfänge, werden sie einmal gemacht, durchaus fruchtbar.

Die *Sportverbände* sollten Kooperation mit den Ländern suchen, um durch Veränderung der Baurichtlinien und durch zusätzliche Förderungsmaßnahmen zu erreichen, daß jede Vorschuleinrichtung über einen Mehrzweckraum verfügt, der sich auch für den Vorschulsport eignet. Weiter ist die Kooperation mit den Ländern nötig, um die Lehrpläne und Richtlinien für die Ausbildung der Erzieher/innen und Sozialpädagogen in der Weise zu verbessern, daß eine sachgerechte Ausbildung für den Vorschulsport erreicht wird. Eine solche Initiative kann nur von „überfachlichen" Verbänden sachgerecht vorgetragen werden. Die meisten Fachverbände verstehen sich lediglich als die Sachwalter ihrer eigenen Fachsportart. Ich meine, deutlich genug dargelegt zu haben, daß sich eine solch enge Sichtweise negativ auf den Vorschulsportgedanken auswirken muß. Ich möchte wünschen, daß der Deutsche Turner-Bund, der von seiner Fachstruktur her diese „Überfachlichkeit" bereits repräsentiert, seine Bemühungen fortsetzt, weil er hierzu besonders geeignet erscheint. Der DTB steht — neben vereinzelten Initiativen interessierter Verbände — mit der Deutschen Sportjugend auf dem Feld der Vorschulerziehung weitgehend allein.

So erscheint es auch nicht verwunderlich, wenn man über die sportlichen Aktivitäten in Vorschuleinrichtungen keinen verläßlichen Überblick hat. Der Arbeitskreis „Sport im Elementarbereich" der Deutschen Sportjugend ist im Augenblick dabei, eine solche Bestandserhebung durchzuführen. Ergebnisse liegen zur Zeit noch nicht vor. Ich möchte jedoch hoffen, daß die Ergebnisse weitere Verbände motivieren, ihre Aktivität im Vorschulbereich zu verstärken, ohne in den Fehler der bloßen „Talentsuche" zu verfallen. Auf Initiative von DTB und DSJ ist der DSB zur Zeit dabei, eine Übungsleiterausbildung für Vorschul-Übungsleiter zu entwickeln, damit auch die Aus- und Fortbildungsvoraussetzungen für die Vereine geschaffen werden können.

Die *Vereine* sollten sich ergänzend dazu an die Erzieher/innen wenden, um ihnen berufsbegleitende Fortbildung oder konkrete Hilfen für die Gestaltung des Vorschulsports in den Einrichtungen zu geben. Solche Hilfen könnten auch in Angeboten bestehen, die ich oben beschrieben habe. (Familien-Sporttreffs, Sonnabendsport im Kindergarten usw.) Daß zu solcher Bereitschaft zunächst der Wille vorhanden sein muß, leistungsorientierte Erwartungen zurückzustellen, habe ich oben bereits deutlich dargestellt.

Zum Schluß noch eine Anmerkung: Dem einen oder anderen mögen meine Darstellungen zu negativ ausgefallen sein. Ich bin jedoch der Meinung, daß die alarmierenden Signale aus Freizeitsoziologie und Medizin uns zu unverzüglichem Handeln auffordern müssen. Gesunde Jugendliche und Erwachsene, die sinnvolle Freizeitbeschäftigungen kennengelernt haben, werden es uns später danken.

Klaus Altpeter

Kooperation — aus der Sicht des Verbandes

Ich möchte versuchen, den Sport in den Vereinen zu charakterisieren, als Kinderturnwart des Deutschen Turner-Bundes und anläßlich eines Kongresses, der sich mit dem Kind befaßt, natürlich auch im Hinblick auf das Kinderturnen im Deutschen Turner-Bund, und ich möchte versuchen, den Vereinssport vom Schulsport abzugrenzen. Dabei möchte ich folgende Thesen aufstellen:

1. Der Sport in den Vereinen ist auch bei bestem Schulsport notwendig und sinnvoll,
2. Schulsport und Vereinssport haben unterschiedliche Rollen. Die Kritik am Schulsport sollte nur dort geschehen und ist nur dort berechtigt, wo der Schulsport seine Aufgabe nicht wahrnimmt oder Aufgaben des Vereinssports wahrnehmen will und
3. der Vereinssport muß künftig ernster im Bildungskonzept beachtet werden und seinen anerkannten Platz bekommen.

Aufgaben des Schulsports

Es soll hier nicht näher auf die Aufgaben des Schulsports eingegangen werden. Es sollte nur noch einmal klar gesehen werden, daß der Schulsport im Sport ein Mittel der Erziehung in gesundheitlicher, sozialer und persönlichkeitsbildender Hinsicht sieht. Er ist ein nicht wegzudenkender Faktor einer ganzheitlichen Erziehung.

Schulsport — und das ist auch ein Charakteristikum — ist Pflicht für alle, jeder *muß* daran teilnehmen.

Es geht der Schule um das pädagogische Ziel, die Funktionstüchtigkeit des körperlichen Organismus zu pflegen und zu erhalten und als gestaltete Bewegung die leibliche Ausdrucksfähigkeit des Menschen mit zu begründen und zu entwickeln. Weiterhin führt der Schulsport ein in das Erlebnis des Spiels und des Wettkampfs.

Seiner Form nach richtet sich der Schulsport nach organisatorischen Gegebenheiten, die, zumindest heute noch, mit den Worten „Wochenstunden", „Wochentafeln", „Stundenplan" und „Klassenstärke" charakterisiert werden können.

Der Sport in den Verbänden

Der Sport in den Verbänden und den Vereinen hat natürlich auch pädagogische Auswirkungen und beeinflußt in gesundheitlicher und sozialer Hinsicht den Menschen.

Die Zielsetzung der Verbände und Vereine ist jedoch vor allem darauf gerichtet, eine Begegnung mit dem Sport zu vollziehen. Man kann nicht sagen, Schulsport und Vereinssport sei dasselbe. Es ist ein anderes System, und der Schüler, der in einen Verein geht, um dort Sport zu treiben, und zwar nach seiner Wahl, hat entschieden das Gefühl, in ein Milieu zu kommen, dessen soziologischen und psychologischen Aspekte sich von denen seines Studiums oder seiner Schule grundlegend unterscheiden.

Die Schule hat die Tendenz, die wissenschaftliche und technische Zivilisation über die ganze Welt zu verbreiten. René Maheu, der Generalsekretär der UNESCO sprach es anläßlich der Olympischen Spiele in München so aus: „Die Jugend erstickt in dieser zu eng begriffenen Bildung, bei der systematisch die Übung der Intelligenz und ihre nutzbringende Anwendung Vorrang genießt, während andere Möglichkeiten brachliegen, die des körperlichen Empfindens, der gefühlsmäßigen Intuition, des ästhetischen Bewußtseins, des spielerischen Ausdrucks oder der künstlerischen Schöpfung, an denen jeder Mensch mehr oder weniger reich ist, das Leben in seiner ganzen Fülle zu genießen!"

In der vom Jugendlichen gewählten Gemeinschaft weitab von der Schule vollzieht sich das, was den Sport ausmacht: Die Freude über den gelungenen Torwurf, die Freude darüber, daß man mit seinen Freunden ein Spiel gewann, das Sichärgern über eine mißlungene Turnübung. Entgegen aller logischen Einsichten kann man einem fast unerreichbaren Ball nachjagen und der Sportler wächst, sein eigenes Kraftvermögen vergessend, im Eifer des Gefechtes über sich selbst hinaus. Er freut sich am Gelingen einer ästhetischen Bewegung und vergißt sich im Rhythmus der Bewegung selbst.

Er kämpft bis zum Umfallen und ist mit dem Erfolg selbst zufrieden. Dieser wahrhaft im Sport selbst begründete Sport, dieses Motiv zum Sport vollzieht sich in der Freiheit weitab vom Streß des Alltags, weitab auch von der Berechnung der guten Zeugnisnote.

Da kann sich der Sport erst ganz entfalten, wo er hinüber wechselt in die Welt des Spiels und des Wettkampfs.

Und dann das zweite:

Die Begegnung mit der Gemeinschaft, die in der Freiheit des Vereins selbst gewählt wird. „Die Lust, sich sportlich zu betätigen, geht zusammen mit der inneren Neigung zur Geselligkeit. Sport erhält seine geistige, moralische und gesellschaftspolitische Rechtfertigung weithin erst im lebendigen Verein, in der Vereinsgemeinschaft, zu der sich dieser oder jener aus kaum zu erhellenden Gründen hingezogen fühlt", schrieb Josef Göhler.

Das Spiel nährt sich von der Gemeinschaft, und die kameradschaftliche Spielgemeinschaft ist kampfstärker als die Mannschaft, die sich aus Einzelspielern zusammensetzt.

Das Fröhlichsein in der Gruppe, der Gemeinschaft bringt Erlebnisse, die kein Mensch missen sollte.

Der Mensch sucht die Gemeinschaft, nicht die obligatorische der Schule, sondern die freie Gemeinschaft, bei dem der einzelne mit seinen Problemen nicht allein ist. Dort fühlt er sich wohl.

Die Behauptung, der Jugendliche wolle die Gemeinschaft nicht, ist falsch. Wohl könnte die Behauptung noch stimmen, der Jugendliche wolle die Form des Vereins nicht. Und auch diese Behauptung ist in Wahrheit nicht richtig, weil der Begriff „Verein" von Leuten, die immer alles besser wissen, herabgewürdigt wurde.

Man will unseren Jugendlichen klarmachen, daß „Verein" etwas mit Vereinsmeierei, mit alten Formen zu tun habe und antiquiert sei und es wird vergessen, daß der Verein doch eine Gemeinschaft ist, die sich demokratisch bildet.

Es ist der Zusammenschluß aller, die in einem bestimmten Bezirk mit bestimmten Schwerpunkten Sport treiben und neben und durch den Sport die Geselligkeit, die Kameradschaft und die Gemeinschaft suchen.

Aber nicht nur der junge Mensch sucht die Gemeinschaft, sondern die Gemeinschaftsbildung ist auch für den Staat unerhört wichtig. Wir bekennen uns in überwältigender Mehrheit zur demokratischen Gesellschaftsordnung. Eine solche Gesellschaftsordnung ist aber nur möglich, wenn es gelingt, den Menschen klarzumachen, daß die Gemeinschaft nicht irgendwer, sondern die Menschen selber sind, daß also jeder einzelne die Gemeinschaft mitträgt und Verantwortung für sie hat. Eine echte Demokratie ist der Ausdruck einer selbstbewußten Volksgemeinschaft, die wir bejahen und folglich auch unterstützen müssen.

So soll behauptet werden, daß der Verein die sinnvolle Einrichtung ist, wo weitab vom Schulalltag, der in keiner Form unterschätzt wird, eine demokratische, weil freie und sportliche Entfaltung möglich ist und frei von den Menschen gewünscht wird.

Neben diesen hier aufgezeigten besonderen Aspekten des freien Sports, die ihn vom Schulsport und vielleicht auch ein wenig vom Vorschulsport in Kindertagesstätten abgrenzt, sei es dem Kinderturnwart des Deutschen Turner-Bundes auch erlaubt, einige besondere Aspekte des Kinderturnens im Deutschen Turner-Bund hervorzuheben, um dabei auch den Anspruch dieses Verbandes zu verdeutlichen, „Kinderstube des deutschen Sports" zu

Ein Leitziel des Deutschen Turner-Bundes ist es *„Sport für alle"* anzubieten und dies trifft natürlich im besonderen Maße auch auf das Kinderturnen zu.

So bemüht sich das Kinderturnen im Deutschen Turner-Bund natürlich auch — wie das alle anderen Sportverbände tun — um die Talentierten und besonders Talentierten und fördert sie im Prinzip der „Sporthilfepyramide", um auch letztlich eine oberste Spitze zu erreichen. Ganz sicher ist der Breitensport ein besonders wichtiger Aspekt des Kinderturnens im Deutschen Turner-Bund und gerade dieser Verband zeichnet sich aus, daß er sich um jeden bemüht und besondere Programme des Breitensports entwickelt. Schließlich geht es dem Kinderturnen im DTB auch um jene 30 bis 50 Prozent unserer Kinder, die als Haltungsschwache, Behinderte und sportlich Unbegabte vom Sport, der eigentlich von sich behauptet, gesundheitsfördernd, sozial und persönlichkeitsbildend zu sein, als „Flaschen" oder „Nieten" immer wieder abgewiesen werden.

Darüber hinaus ist Kinderturnen im Deutschen Turner-Bund im Gegensatz zum Sport im Kinderbereich anderer Fachverbände *überfachlich* angelegt.

So erfolgt nach einer Einführung in Grundtätigkeiten und nach einer allseitigen Bewegungsschulung beim Kleinkind und beim heranwachsenden Kind das Angebot von Spielen, leichtathletischen Übungen, dem Schwimmen und Gerätturnen, vielleicht auch noch anderen Sportarten, ein Hinüberführen in spezielle Sportarten der Neigung der Kinder entsprechend.

Daneben werden die Kinder im Deutschen Turner-Bund aber auch bei Wanderungen, Fahrten und Lager, beim Singen und Basteln, beim Musizieren und Feiern in den Gemeinschaften des Turner-Bundes betreut.

Gestatten Sie mir auch einen Ausflug in den *Vorschulischen Bereich.* Die Evangelische Kirche bat durch ihren Sportpfarrer den Turner-Bund bei einer Tagung mitzuwirken, die sich mit der *Familie* befaßte. Die Evangelische Kirche überlegt, welche Möglichkeiten der Kommunikation in der Familie genutzt werden können und kommt auch darauf, daß Sport, oder besser das Spielen und Turnen — und ich wähle hier das Wort „Turnen" ganz bewußt — ein hervorragendes Mittel sein könnte, dies zu erreichen.

„Sein könnte" muß man sagen, denn meist ist Sport in der Tat heute häufiger eine Sache, die die Familie geradezu zerreißt, als daß er sie zusammenführt.

Der Vater geht montags, die Mutter dienstags, der Sohn mittwochs und sonntags und die Tochter donnerstags zum Sport und schließlich führt der Sport auch noch an Wochenenden zum großen Familienkrach, wenn der Vater wieder zum Fußballplatz geht und so den gemeinsamen Spaziergang ebenso vermiest, wie das gemeinsame Gespräch bei der Sportreportage am Fernsehen.

Sport in der Familie muß in der Tat anders sein als der, der gegenwärtig vielerorts in den Vereinen und Verbänden als *alleinige* Möglichkeit gesehen wird.

Familienturnen wird — soweit Kinder beteiligt sind — im Deutschen Turner-Bund derzeit als „Mutter-und-Kind-Turnen" oder als „Vater-Mutter-und-Kind-Turnen" praktiziert.

Die Programme hier im einzelnen zu erläutern halte ich nicht für sinnvoll, sie sind nachzulesen und werden auch bei diesem Kongreß vorgeführt.

Was wir allerdings hier besprechen und beraten sollten, wäre: wie sinnvoll und motivierend muß das von uns in den Turnhallen praktizierte Familienturnen sein, daß es auch in den häuslichen Familien, im Haus, im Garten, auf der Wiese, beim Spaziergang, dem gemeinsamen Ausflug oder im Urlaub im Rahmen der Familie unabhängig vom Verein weiter betrieben wird?

Ob wir eventuell Programme brauchen, die eine Familienzusammenführung ermöglichen:

— die zu einem Nachvollzug in der Familie reizen

— und die möglicherweise speziell für den Familienbereich als Angebote dienen können.

Bisher haben wir, jeder für sich, uns um den Sport mit Kindern bemüht. Ja, es war sogar feststellbar, daß einzelne Gremien es ängstlich vermieden, in das Fahrwasser der anderen zu kommen. Dies setzte sich fort bis in die einzelnen Schulen und Vereine, wo die Schule dem Verein nur Vereinsinteresse vorwarf und über die mal wieder nicht aufgeräumte Turnhalle schimpfte und der Verein der Schule den schlechten Sportunterricht unterstellte.

Die Aufgabe heute aber, das erkennen wir bei der unterschiedlichen Zielsetzung, ist jedoch getrennt nicht mehr erreichbar, und so müssen wir uns mit Möglichkeiten der Zusammenarbeit befassen. Wir sollten untersuchen, ob nicht künftig verstärkt *zwischen den Trägern und Institutionen wie KMK, AGJ, Verband, Elternschaft, kommunalen Spitzenverbänden und den Kirchen wirkungsvolle Absprachen* — nicht nur rein äußerlich, wie es die Deutsche Sportkonferenz tat — über den Inhalt des Sports und den möglichen Kooperationen Verhandlungen geführt werden sollten.

Wir sollten überlegen, wie *durch gemeinsame Tagungen von Erziehern, Lehrern, Übungsleitern und Eltern* Vorurteile abgebaut werden könnten.

Wichtig erscheint weiterhin, Praktiken zu entwickeln, wie *„vor Ort“ zwischen Lehrern, Erziehern, Eltern und Übungsleitern* ein kooperatives Arbeiten ermöglicht wird.

Es sollte überlegt werden, *wie die Rahmenpläne der einzelnen Institutionen aufeinander abgestimmt werden können,* damit nicht Curricula in der Schule, Lehrpläne der vorschulischen Erziehung und Übungsleiterpläne beziehungslos gegenüberstehen.

Die *Koordination der Wettkampfpläne* von Schule und Verbänden ist in der letzten Zeit, nicht zuletzt durch gemeinsame Anstrengungen beim Wettbewerb „Jugend trainiert für Olympia“ schon weitgehend erfolgt, jedoch bleibt auch hier, vor allen Dingen bei den Wettkämpfen mit allgemeinbezogenen Anforderungen, noch einiges zu tun.

Sicher gibt es noch viel Arbeit im Hinblick auf *koordinierte Programme für Schwache und Behinderte,* ebenso wie eine *abgestimmte Öffentlichkeitsarbeit* und die *stärkere Beteiligung der Eltern,* gerade im Vereinssport.

Ich fasse zusammen:

Die Schule sollte in einem fachlich gut angelegten und von engagierten Lehrern betriebenen Sportunterricht jeden einzelnen zum Sport führen und dabei in gesundheitlicher, funktionaler, aber auch in sozialer Hinsicht eine fundamentale sportliche Grundarbeit leisten. Sie sollte den Schüler hinübergeleiten in die freie sportliche Gemeinschaft „Verein“, und zwar nicht nach der Schulzeit, sondern während der Schulzeit, damit der Sport in der Gemeinschaft zur lebendigen Gewohnheit, zur lebenslangen Gewohnheit werden möge. Die Schule sollte es unterlassen, den Verein zu kopieren. Die Schule sollte es unterlassen,

Konkurrenz zu den Vereinen zu betreiben und Schüler darin zu bestärken, daß sie den Verein nicht brauchen. Die Hochschule sollte Fachlehrer hervorbringen, die nicht nur einen fachgerechten Unterricht erteilen können, sondern sich auch für den Sport engagieren und die Konzeption des freien Sports, ohne den der gesamte Sport sich nicht entfalten kann, bejahen.

Vorschule, Schule und Verein sollten in einer komplexen und sich gegenseitig anerkennenden und ergänzenden Weise sich den Schülern und Eltern vorstellen: glaubwürdig und überzeugend.

Diskussion des Arbeitskreises 6

In seiner Einführung versuchte MÜLLER das in der Öffentlichkeit vorherrschende Bild des rekord- und leistungsorientierten Sports dahingehend zu korrigieren, daß der „Sport“ in seiner ursprünglichen Bedeutung wieder in das Bewußtsein der breiten Öffentlichkeit zurückkehrt. Er wies dabei auf die Notwendigkeit einer allseitigen Kooperation aller am Sport beteiligten Träger und Institutionen im Interesse unserer Kinder hin und grenzte das Thema mit den Bezugspunkten — vorschulische Einrichtungen, Schule, Verbände, Elternschaft, Kommune und kirchliche Einrichtungen ab.

MARONA versuchte aus der Sicht der vorschulischen Erziehung zunächst die Kooperationshemmnisse in Vorschuleinrichtungen, Schulen und Vereinen aufzuzeigen, um im Anschluß daran Lösungsvorschläge für eine bessere Kooperation zu entwickeln; wie zum Beispiel durch die Ausbildung von Sportlehrer(innen), der Ausbildung und Fortbildung der Erzieher, gemeinsame Seminare mit Eltern und Vereinsvertretern. Sie forderte, daß die beteiligten Gruppen *gemeinsam* nach Möglichkeiten suchen müssen, die zum Teil recht mangelhafte räumliche Ausstattung der Kindergärten für den Sportbereich zu verbessern und dafür Sorge zu tragen, daß die Sportausbildung der Kindergärtnerinnen mehr in den Lehrplänen berücksichtigt wird. Dennoch sollte in der augenblicklichen Lage im täglichen Angebot Sport möglich sein.

Sie wies dabei auf die Notwendigkeit des wechselseitigen Informationsaustausches zwischen Eltern, Erziehern und Vereinsvertretern hin. Ein weiterer wichtiger Aspekt dieses Referates waren Hinweise und Lösungsmöglichkeiten auf altersgemäße Bewegungserziehung im Gegensatz zur vielfach praktizierten fach- und leistungsorientierten Sportausübung.

HEIN als Vertreter der Kommission „Sport“ der KMK zeigte auf, daß Schulsport ein elementarer, nicht austauschbarer Beitrag zu einer harmonischen, ganzheitlichen Entwicklung des jungen Menschen ist. Die Schule will den Schüler anregen, Sporttreiben als Lebensnotwendigkeit zu erfahren und als Lebensgewohnheit anzunehmen. Dabei hat sich der Schulsport jedem Schüler zuzuwenden. Das sportliche Angebot richtet sich in erster Linie nach pädagogischen Aspekten, weniger nach spektakulären Höchstleistungen. Dabei dürfte nicht übersehen werden, daß der Schule Grenzen gesetzt sind, die mit den Begriffen „Klassenstufen“, „Schüler und Stundenzahl“ aufgezeigt wurden. Er warnte eindringlich davor, leichtfertig der Schule Aufgaben zu stellen, die nicht erfüllt werden können, und sah im partnerschaftlichen Zusammenwirken die Chance, Sport umfassend zu betreiben.

ALTPETER versuchte die unterschiedliche Aufgabenstellung von Schule und Verein aus der Sicht des Deutschen Turner-Bundes zu charakterisieren und stellte dabei drei Thesen auf:

— Sport in den Vereinen ist auch bei bestem Schulsport nötig.
— Schul- und Vereinssport haben unterschiedliche Rollen.
— Der Vereinssport muß künftig stärker im Bildungskonzept beachtet werden.

Er betonte dabei die besondere Zielsetzung des Kinderturnens im Deutschen Turner-Bund, „Sport für Alle“ und „Sport“ überfachlich zu betreiben und erläuterte die Bedeutung des Vereins im Hinblick auf die Gemeinschaftsbildung. Von der Notwendigkeit der Kooperation ausgehend, zeigte er einige Lösungsmöglichkeiten für Verein, Schule, vorschulische Einrichtungen, Elternschaft und Kirche auf.

Im Laufe der lebhaften Diskussion wurde auf einige wesentliche Aspekte der Referate eingegangen, ohne diese aber in Frage zu stellen. Es entwickelten sich folgende Schwerpunkte.

1. Zusammenarbeit „vor Ort“.
2. Gemeinsame Seminare von Erziehern, Lehrern, Übungsleitern und Vertretern der öffentlichen Hand.
3. Absprache zwischen Institutionen und Trägern auf Länder- und Bundesebene.

Zu 1.:

Grundvoraussetzung ist, alle oben genannten Institutionen an *einen* Tisch zu bringen. Dafür ist von Bedeutung:

— nicht Konkurrenz, sondern Anerkennung der Partner;
— Aufgaben für die Partner durchschaubar machen;
— Informationen austauschen;

— Lösung organisatorischer Fragen (z. B. Benutzung und Anschaffung von Geräten);
— Durchführung gemeinsamer Veranstaltungen;
— gegenseitige Hospitationen;
— Patenschaften im Bereich der vorschulischen Einrichtungen anregen;
— konkrete Beteiligung bei Entscheidungsprozessen für Planung und Bau von Spielplätzen und sportlichen Einrichtungen.

Zu 2.:

Die gemeinsame Arbeit der Partner bedingt die Durchführung gemeinsamer Seminare und Lehrgänge unter dem Aspekt „von-einander und mit-einander zu lernen". Desgleichen wurde die Fort- und Weiterbildung für alle Beteiligten gefordert.

Zu 3.:

Bedingt durch die Länderhoheit ist es schwierig, auf Bundesebene Länderkompetenzen überschreitende Richtlinien zu entwerfen. Dennoch sollte es zu einem gemeinsamen Gespräch kommen, um die Erfahrungen zusammenzutragen und auszuwerten. Richtlinien werden wohl als nötig angesehen, dürfen sich aber nicht hemmend auf die Zusammenarbeit auswirken. Sie sollen vielmehr dazu dienen, Rechtsunsicherheiten zu beseitigen und Finanzprobleme zu klären.

Große Bedeutung wurde in diesem Zusammenhang der Öffentlichkeitsarbeit und der Aktivierung der Elternschaft beigemessen. Auf der Basis des aktiven, persönlichen Engagements werden sich die angeschnittenen Probleme am besten lösen lassen.

Die Vertreter des öffentlichen Lebens, die Politiker der im Deutschen Bundestag vertretenen Parteien sind dabei aufgerufen, sich mit uns für die Lobby der Kinder einzusetzen.

Unter Mitarbeit von Wolfgang Domenghino und Wolfgang Meyer

Norbert Wolf

Bewegungserziehung für Kinder

Zusammenfassung und Podiumsdiskussion

1. Zur Bewegungssituation des Kindes

Das im Grundgesetz der Bundesrepublik Deutschland garantierte Recht auf Entfaltung der Persönlichkeit ist im Bewegungsleben der Kinder nicht verwirklicht: Sie haben — im weitesten Sinne — zu wenig „Spiel-Raum", als daß sie sich durch freie Entwicklung ihrer Bewegung an ihre Umwelt anpassen oder — wo es nötig wäre — die Umwelt gar nach eigenen Bedürfnissen verändern könnten.

Für diesen Mangel gibt es verschiedene Gründe:

— Das Gemeinwesen, aber auch die private Wohnung bieten *zuwenig Bewegungsraum* für Kinder.

— Die *Eltern* haben *zuwenig eigene Erfahrungen mit und zuwenig Zeit für Bewegung, Spiel und Sport.* Sie sehen ihre Kinder außerdem zu sehr als Objekt der Erziehung, das „lebenstüchtig" gemacht werden muß; auch deshalb kommt Bewegung zu *kurz.*

— Die *öffentlichen Bildungseinrichtungen* sind immer noch zu sehr auf kognitive Erziehung ausgerichtet.

— Die *Erzieher* sind meist ganz *auf ihr Fach eingeengt; Bewegung als Unterrichtsprinzip* ist noch nicht in ihr Bewußtsein gedrungen, geschweige denn angewendet.

— Bewegung für Kinder ist *kein Thema politischer Diskussionen;* es gibt immer Probleme, denen höhere Priorität gegeben wird — obwohl Bewegungsmangel häufig solche Probleme auslöst.

2. Bedeutung von Bewegung und Bewegungserziehung

Bewegung ermöglicht die *Erfahrung der personalen und dinglichen Umwelt,* aber auch *der eigenen Person.* Dementsprechend bedeutet *Bewegungsentwicklung Persönlichkeitsentwicklung* unter individuellen und sozialen Aspekten.

Die *Bewegungserziehung* ist ein wichtiges Mittel der Bewegungsentwicklung und damit der *Persönlichkeitsbildung.*

Die *Bewegungserziehung* — als *Sporterziehung im weitesten* Sinn (Hecker nennt sie auch so, Schilling nennt sie Motopädagogik) — hat (und darüber bestand bei den Teilnehmern wohl Konsens) *vier Aufgaben:*

1. Förderung der *Gesundheit* (denn leibliche Entwicklung ist nur bei ausreichenden körperlichen Belastungen gesichert);
2. Förderung der *Wahrnehmungsfähigkeit* und Erweiterung des *Erfahrungsraums* (nach dem Prinzip: mehr Bewegung — mehr Wahrnehmung — mehr Erfahrung);
3. Entwicklung der *Spielfähigkeit* (vor allem als Beitrag zur geistigen und sozialen Entwicklung sowie zur emotionalen Ausgeglichenheit);
4. Hinführung zum *Sporttreiben* in allen möglichen Erscheinungsformen des Freizeit-, Breiten- und Leistungssports (als Sporterziehung im engeren Sinn).

(Damit ist aber nicht gesagt, daß *jede Bewegungsform* bei Kindern unter pädagogischer Zielsetzung steht. Kinder haben außerdem ein *freies Bewegungsleben*, für das jedoch ausreichende Möglichkeiten geschaffen werden müssen.)

3. Inhalte der Bewegungserziehung für Kinder

Für die einzelnen Aufgaben der Bewegungserziehung (oder auch: des Sportunterrichts im weitesten Sinne) sind je *verschiedene Inhalte* denkbar. Allerdings werden häufig auch — in verschiedener Akzentuierung — alle vier Aufgaben in *einer Bewegungseinheit* miteinander verbunden sein; hier wären dann inhaltliche Schwerpunkte zu setzen.

Unter dem Aspekt der *Gesundheitserziehung* kommt es auf Bewegungsformen an, die das Kind ausreichend belasten; bei der Förderung der *Wahrnehmung* auf eine reichhaltige „Sport-Umwelt“ (z. B. durch Angebot verschiedenster Materialien und Einbeziehung der natürlichen Umgebung); bei der *Spielerziehung* auf Rollen-, Partei- und Regelspiele (mit Möglichkeiten zur Entwicklung von Handlungsalternativen, zum Erfinden und zum Austragen für das menschliche Leben charakteristischer Konflikte); bei der *Sporterziehung* auf die Vermittlung der Fähigkeiten und Fertigkeiten, deren Beherrschung Voraussetzung für die Teilnahme an allen möglichen Formen des Sporttreibens ist (z. B. sportartspezifische Fertigkeiten) — auch hier sollte jedoch die Möglichkeit gegeben sein, überkommene Angebote und Regeln zu ändern, wo es sinnvoll ist.

4. Methoden der Bewegungserziehung

Bewegungserziehung für Kinder muß vielfältige Auseinandersetzungen mit der (möglichst natürlichen) Umwelt ermöglichen. Das erfordert eine weitgehende „*Offenheit*“ von *Aufgaben, Räumlichkeiten* (drinnen und draußen) und *Materialien* (drinnen und draußen). Je nach Aufgabenstellung — im Sinne der Aufgaben 1. bis 4. — muß der „Erzieher“ allerdings sorgfältig zwischen dem Grad der Offenheit (des Selbstsuchens) und der Lenkung abwägen: je nachdem, ob es stärker auf die Eigenbedürfnisse des Kindes oder die Hinführung zu einem gesellschaftlichen Bereich (wie dem Sport) ankommt, auf die Veränderung der oder die Anpassung an die Umwelt (dort mehr schüler-, hier mehr lehrerzentrierter „Unterricht“). Der Erzieher muß sich immer bewußt machen, daß Einschränkungen des freien Spiel-Raums für Kinder Erfahrungsmängel bewirken, die zu Behinderungen führen.

Wichtige methodische Prinzipien sind zum Beispiel: „vom Leichten zum Schwierigen“, Entwicklungsgemäßheit, Vorrangigkeit induktiven Vorgehens, Freude, Ermutigung, vom Anschaulichen zum Abstrakten, Erfolgserlebnisse, Realitäts- und Problembezogenheit, sozialintegratives Vorgehen.

5. Institutionen der Bewegungserziehung

Zehn Wochenstunden Bewegungserziehung, auf jeden Fall aber mehrmals pro Tag ausreichende körperliche Belastungen müßten die Kinder (nach KURZ) haben. Diese Forderung läßt sich nicht durch eine Einrichtung allein erfüllen. Neben *Schule* und *Verein* sind *Elternhaus, Kindergarten* und *andere Orte* angesprochen, an denen sich Kinder aufhalten. Sie müssen — in unterschiedlicher Gewichtung — die vier Aufgaben der Bewegungserziehung wahrnehmen. Eltern und Kindergärten tragen dabei besondere Verantwortung, weil sie am frühesten das Bewegungsleben der Kinder bestimmen („Vor-Sozialisation“ für Bewegung, Spiel und Sport). Schule und Verein sind insbesondere aufgerufen, auch Anregungen für den nicht-organisierten Sport zu vermitteln.

6. Äußere Voraussetzungen für Bewegungserziehung

6.1 Lehrkräfte

Umfassende kindgemäße Erziehung läßt sich nur verwirklichen, wenn an den genannten Einrichtungen *qualifizierte Lehrkräfte* tätig sind:

— *Eltern* müssen selbst Bewegungserfahrungen sammeln und Anleitung erhalten, wie Bewegung den Kindern „zu Hause" vermittelt werden kann.

— *Erzieher* müssen in ihrer Ausbildung für den Kindergarten Bewegungserziehung lernen.

— *Lehrer in der Schule* müssen Bewegung als Unterrichtsprinzip einführen, *Sportlehrer* in den Stand versetzt werden, offene Angebote zu verwirklichen.

— *Sportlehrer und Übungsleiter in Vereinen* brauchen die Befähigung, neben dem Sporttreiben im engeren Sinne auch die anderen drei Ziele von Bewegung in ihr Angebot einzubeziehen.

6.2 Bewegungsräume

Alle genannten Einrichtungen sollten neben den genormten Spiel- und Sportanlagen offene Bewegungsräume schaffen, die der Erlebnis- und Erfahrungswelt der Kinder entsprechen.

7. Organisationsformen der Bewegungserziehung

Bewegungserziehung muß allen Kindern gerecht werden: den normal entwickelten, den behinderten und den besonders begabten. Für sie müssen je eigene Angebote geschaffen werden, die ihnen auch über die Bewegung eine optimale Selbstverwirklichung ermöglichen.

8. Bewegungserziehung durch Kooperation

Kinder brauchen eine Lobby, die sich dafür einsetzt, daß sie für ihre Entfaltung genügend Bewegungsfreiheit erhalten. Diese Lobby muß sich aus Eltern, Erziehern, Lehrern, Funktionären, Wissenschaftlern aller Disziplinen und aus allen anderen zusammensetzen, die für Kinder verantwortlich oder mit-verantwortlich sind. Die Lobby muß dafür sorgen, daß Bewegung und Bewegungserziehung nicht nur zu einem bildungspolitischen, sondern zu einem heißen allgemein-politischen Thema wird. Als Bürgerinitiative muß sie selbst die Öffentlichkeit für das Problem herstellen.

Wolf:

Meine Damen und Herren, ich halte es für sinnvoll, wenn wir versuchen, die Beiträge der Arbeitskreise meiner Zusammenfassung sinnvoll zuzuordnen. Ich schlage deshalb vor, daß Herr Hopf als erster über die motorische Entwicklung des Kindes berichtet.

Hopf:

Das breite Angebot des Kongresses ist sicher so zu deuten, daß dem Interessenten neben Anregungen, wie Praxis geplant, durchgeführt und ausgewertet werden kann, wissenschaftliche Begründungen für solche Handlungsweisen angeboten werden sollten. Von der Thematik her hat sich der Arbeitskreis dieses zuletzt genannten Schwerpunktes angenommen. In dem Anspruch des Praktikers an die Wissenschaft steckt natürlich die Gefahr, sozusagen im Handumdrehen Erfolgsmeldungen im Sinne von wissenschaftlichen Aussagen zu erwarten, von Problemen, die vielleicht seit heute oder erst seit gestern als solche erkannt und untersucht worden sind. Wenn wir ehrlich sind, müssen wir zugeben, daß die junge Sportwissenschaft noch nicht weit genug vorangeschritten ist, um zu dem komplexen Problembereich „motorische Entwicklung des Kindes“ umfassende Aussagen machen zu können, die durchweg in pädagogisch-didaktische Entscheidungen umzumünzen wären.

Während sich WILLIMCZIK aus dem komplexen Feld „motorische Entwicklung“ den Sektor herausgeschnitten hat, in dem er über empirische Methoden zu Aussagen kommen kann, bot DECKER eine Darstellung des Gesamtkomplexes — soweit das in dieser Zeit und an diesem Ort möglich war.

Es ging dann auch in den Diskussionen nicht darum, die wissenschaftlich-analytische Bearbeitung des Themas von der deskriptiven Methode abzuheben, sondern ihre notwendige Ergänzung zu dokumentieren. Als Ergebnis formuliert hieße dies: der Praktiker ist zur Zeit weitgehend auf ein System zur Beschreibung der motorischen Entwicklung angewiesen, weil wissenschaftlich-analytische Methoden noch nicht so weit ausgereift sind, um für die erforderlichen vielfältigen Anforderungen ausreichend Ergebnisse zur Verfügung zu stellen. Die Problematik einer möglichen Zäsur zwischen analytischen Forschungsmethoden auf der einen Seite und didaktisch-methodischen Entscheidungen auf der anderen Seite wurde durchaus behandelt und gesehen. Als ein weiteres Ergebnis konnte WILLIMCZIK deutlich machen, daß die bis ans Ende der 60er Jahre gültige und verbindliche Theorie der Entwicklungsphasen — in modifizierter Form — heute noch beachtet werden muß, zumal echte Alternativen fehlen.

Das wichtigste Ergebnis DECKERS und der dazugehörigen Diskussionsbeiträge müßte heißen: Zur Zeit ist der Praktiker auf ein System zur Beschreibung der motorischen Entwicklung angewiesen, um dem jeweiligen Erfahrungsbereich pädagogische Entscheidungen zuordnen zu können. Dieses Beschreibungssystem wird als Orientierungshilfe notwendig gebraucht. Des weiteren erweist sich die Ausbildungssituation für pädagogische Berufe des vorschulischen Bereichs als bildungspolitische Katastrophe — zumindest in der Bundesrepublik —, denn an vielen Stellen kann nachgewiesen werden, daß gerade diese Lebensabschnitte von entscheidender Bedeutung sind und somit der besonderen Fürsorge bedürfen.

Wenn hier ein weiterer Schritt zur verstärkten Fortführung von wissenschaftlichen Untersuchungen einerseits und zu bildungspolitischen Initiativen andererseits unternommen wurde, so könnte man dem Kongreß im allgemeinen und dem Arbeitskreis im besonderen einen Erfolg bescheinigen.

Wolf:

In meiner Zusammenfassung habe ich von der Offenheit gesprochen, die ein Prinzip von Bewegungserziehung sein muß, von Offenheit, die Kreativität ermöglicht. Mit Kreativität hat sich der Arbeitskreis von Herrn KREISS befaßt.

KREISS:

Kreativität ist eine der wesentlichen Grunddimensionen menschlichen Verhaltens, menschlicher Entwicklung und menschlicher Erziehung. Nicht ohne Grund hat dieser Begriff Kreativität — und eigentlich nur der Begriff — Eingang in nahezu alle Curricula gefunden, die als geschriebene soziale Entscheidung Erziehung des Menschen festlegen. Von dieser Alibifunktion des Begriffs bis zur eigentlichen und wirklichen Umsetzung ist es heute offensichtlich noch ein weiter Weg. Die Chancen der Umsetzung sind ganz entscheidend von der Innovationsbereitschaft des Erziehers, des Lehrers, abhängig: wie weit er aus kreativer Einstellung heraus umzusetzen bereit ist. Unterricht, der kreative Handlungen möglich machen soll, setzt eine sehr intensive Planung unter Einsatz geeigneter

Methoden voraus. Diese Planung ist wiederum von der Ausbildungsqualifikation der Erzieher abhängig. Somit ist hier die Forderung nach Überprüfung der Ausbildungscurricula für Lehrer und Erzieher unter diesem Aspekt gestellt. Die Umsetzung kreativer Unterrichtsformen ist weiter von äußeren Rahmenbedingungen abhängig, die sich auf Raum, auf Material, auf gesellschaftliches Umfeld beziehen. Hier schließt sich der Kreis. Unsere Gesellschaft erscheint heute eher normenorientiert als auf freie und offene Entfaltung der Persönlichkeit ausgerichtet. Das wirkt sich im Bereich der Erziehung um so fataler aus, so daß man in einem weiteren Sinne von einer viel größeren Zahl von Behinderten sprechen müßte, als es im allgemeinen der Fall ist.

Wolf:

Eine wichtige Forderung im Rahmen der Bewegungserziehung war, daß Bewegung für alle Kinder ermöglicht werden muß, auch für Kinder, die in Sondergruppen Bewegungserziehung erfahren. Mit solchen Sondergruppen haben sich drei Arbeitskreise befaßt. Zunächst hören wir aus dem Arbeitskreis von Herrn SCHILLING über Bewegungserziehung für behinderte Kinder.

Schilling:

Kinder der verschiedenen Behinderungsarten haben ein besonderes Recht auf Bewegungserziehung, da die vordergründige Behinderung in der Regel ursächlich mit Wahrnehmungs- und Bewegungsstörungen in Zusammenhang steht. Über das Erlernen grundlegender Wahrnehmungs- und Bewegungsmuster wird diesen Kindern eine umfassende Hilfe für die Persönlichkeitsentwicklung gegeben. Dem Arbeitskreis wurde der Entwurf eines Curriculum für Motopädagogik zur Diskussion vorgelegt, der von einer Grundlagendiskussion des Arbeitskreises Psychomotorik entwickelt wurde. Die Arbeitskreis-Teilnehmer vertreten die Auffassung, daß dieser Diskussionsentwurf, der sich an der Gesamtentwicklung des Kindes orientiert und auf der Basis von Modellvorstellungen zur motorischen Entwicklung erarbeitet wurde, geeignet sei, nicht nur den bisherigen Sportunterricht im Elementar- und Primarbereich zu ergänzen und zu bereichern, sondern das Gesamterziehungskonzept unserer Vorschul- und Schulwirklichkeit zu beeinflussen. Dieses bedeutet keine Alternative zum traditionellen Sportunterricht, sondern eine Erweiterung seiner Möglichkeiten.

Über Variationen von didaktisch-methodischen Maßnahmen ermöglicht dieses Konzept, behinderungsorientierte Curricula der Bewegungserziehung zu entwickeln. Motopädagogik wird so zur Mototherapie.

Die Arbeitskreisteilnehmer sind der Meinung, daß dieses Konzept auf breiter Basis interdisziplinär in den Wissenschaftsbereichen Sportwissenschaft, Medizin, Psychologie, Pädagogik und Sonderpädagogik wie auch in den Praxisbereichen diskutiert werden muß. Verstärkt sollen auch die im DSB organisierten Sportverbände wie DTB und Behindertensportverband sowie die Organisationen angesprochen werden, die sich mit Behinderten oder dem Medium Bewegung befassen.

Es wurde festgestellt, daß sich das Konzept „Erziehung durch Bewegung" im Behindertenbereich bereits bewährt habe, jedoch auf den Normalbereich bisher nicht übertragen worden sei.

Nach eingehender Diskussion wurde gefordert, daß in Modellversuchen eine Umsetzung dieses Konzepts in die Praxis erprobt werden müsse. Dabei sollen die außerschulischen Bereiche wie auch die Elternarbeit mit einbezogen werden.

Gefordert werden die Berücksichtigung der gewonnenen Einsichten in der Aus-, Fort- und Weiterbildung der in diesen Bereichen tätigen Pädagogen, Psychologen und vor allen Dingen auch Ärzte sowie eine verstärkte Aufklärung der Öffentlichkeit, insbesondere auch der Eltern.

Notwendig werden letztlich eine Überprüfung der Sportstätten und ihrer Ausstattung sowie die Einführung von neuen Geräten und Unterrichtsmaterialien, die im besonderen Maße geeignet sind, Prozesse zur Ausdifferenzierung von Wahrnehmungs- und Bewegungsmustern einzuleiten, die dem Kind zu Ich-Kompetenz, Sach-Kompetenz und Sozial-Kompetenz verhelfen.

Wolf:

Der Arbeitskreis von Herrn Kiefer behandelte das Sonderturnen in Schule und Verein.

Kiefer:

Der Arbeitskreis „Sonderturnen in Schule und Verein" ging zunächst davon aus, daß „das Recht auf freie Entfaltung der Persönlichkeit" — verankert im Grundgesetz für die Bundesrepublik Deutschland und in den Verfassungen der Bundesländer — auch für jene Kinder und Jugendliche gilt, die präventiver und rehabilitativer Sondermaßnahmen im Sinne einer Lebenshilfe bedürfen. Auch in der „Charta des deutschen Sportes" sowie in der „Freizeitpolitischen Konzeption" des DSB wird dieses Recht auf Sport und Spiel als Grundrecht aller Menschen in unserem Lande ausdrücklich vermerkt.

Auf dieser Grundlage haben sich im Arbeitskreis der Sport- und der Arbeitsmediziner, der Orthopäde und der Sportpädagoge geäußert. Bei diesen Referaten zeigte sich wieder einmal die unterschiedliche Auffassung über die Durchführung, über die Auswahl und über die Effektivität der Sondermaßnahmen in Schule und Verein. Aufgrund der verfassungsrechtlich gegebenen Situation obliegt dem Staat die Verpflichtung, diese Kinder und Jugendlichen körperbewußt zu erziehen, ihnen die Chance einzuräumen, das Verhältnis zum eigenen Körper, zum eigenen Ich und das Verhältnis zum Du in die richtige Ordnung zu bringen.

Die bisherigen Maßnahmen der Schulverwaltungen in den Bundesländern, aber auch die freiwilligen Initiativen mancher Vereine sind noch immer unbefriedigend, zu wenig koordiniert und entsprechen in ihrer Effektivität nicht den Bedürfnissen der Kinder und unseren Erwartungen.

Von seiten der Sportmedizin kam klar zum Ausdruck, daß zwei Stunden zusätzlicher Maßnahmen in der Woche lediglich zum Ausgleich des vorhandenen Defizits für das Normalkind, nicht aber als zusätzliche Maßnahme genügten. Unbefriedigend ist vor allem auch die Aus- und Fortbildung der Lehrer und Übungsleiter. Entwürfe von Ausbildungs- und Prüfungsrichtlinien für das Schul-Sonderturnen liegen vor und werden noch in diesem Jahre verabschiedet werden. Demgegenüber müssen wir feststellen, daß spezielle Richtlinien für die Aus- und Fortbildung von Übungsleitern der Vereine bislang fehlen. Nur in einigen Landesverbänden oder Landessportbünden sind gewisse Leitlinien vorhanden, aber eine verbindliche einheitliche Ausbildung, die in Relation zu den Maßnahmen der Schulbehörden gesetzt werden kann, fehlt bis zum heutigen Tag. Desgleichen vermissen wir die Festlegung klarer Ziele, eindeutiger Inhalte und Methoden sowie von Kontrollmaßnahmen. Vor allem haben wir in der bisherigen Form die Berücksichtigung der anthropogenen Gegebenheiten und vor allem der sozio-kulturellen Bedingungen für das Sonderturnen vermißt. Aber auch die didaktisch-methodische Orientierung ist noch lange nicht endgültig. Der Arzt hat eindeutig ausgesagt — und stand damit in Widerspruch zu manchen Hausärzten —, daß die Prävention von Körperschäden und deren Kompensation sehr wohl in den Aufgabenbereich der Schule und des Vereins fallen, daß aber die Behandlung aktuter Störungen niemals dem Sportpädagogen oder der Krankengymnastin allein zugeordnet werden könne.

Der Arbeitskreis hat wohl zahlreiche Probleme andiskutiert, er hat sie auch zu einem gewissen Grad analysiert, und auch die Aussagen und Antworten waren zum Teil schon auf eine bestimmte Richtung im Sinne der Kooperation angelegt. Aber wir hatten leider keine Zeit, die ganze Problematik so zu erörtern, daß wir diesem Kongreß heute schon einen endgültigen Vorschlag unterbreiten können.

Wolf:

Auch der Arbeitskreis 5 hat sich mit einer besonderen Gruppe im Rahmen der Bewegungserziehung befaßt, und zwar mit den besonders begabten jungen Sportlern.

Friedrich:

Der Arbeitskreis hat die Hinführung zum Sporttreiben und schließlich zum Leistungssport behandelt. In den einführenden Referaten wurde zunächst einmal die bisher übliche Form der Leistungsentwicklung kritisiert, die sehr häufig als Frühspezialisierung ohne ausreichende Grundausbildung durchgeführt wird. In einem weiteren Referat stellte dann Beck das Modell „Tauberbischofsheim“ am Beispiel Fechten dar: wie aus einem Verein durch Erweiterung des Angebots auch im pädagogischen, psychologisch-betreuenden, schulischen und sportlichen Bereich organisatorisch soviele Voraussetzungen geschaffen werden konnten, daß schließlich die Ansprüche einer umfassenden Persönlichkeitsentwicklung mit den Anforderungen des Hochleistungssports kombinierbar waren. In der Diskussion wurde zunächst einmal die Notwendigkeit des Hochleistungssports erörtert und schließlich dreifach begründet:

1. Der Hochleistungssport hat eine wichtige wissenschaftliche Pilotfunktion für den gesamten Sport überhaupt.
2. Die Vorbild- und Animierfunktion von Hochleistungssportlern ist ein wesentlicher Faktor zur Weckung des Interesses und der Motivation für den Sport überhaupt.
3. Spitzensport hat eine Bedeutung für die staatliche Repräsentanz und bietet für das Individuum eine Möglichkeit der Selbstverwirklichung.

In der Diskussion über die Talentförderung bestand Einigkeit darüber, daß eine umfassende und intensive Grundausbildung der Spezialisierung auf eine bestimmte Sportart hin vorgeschaltet werden muß. Allerdings wurde auch nicht übersehen, welche praktischen Schwierigkeiten bei der Realisierung eines sinnvollen Modells auftauchen. Einen breiten Raum nahm die Frage der Übertragbarkeit eines solchen umfassenden Betreuungsmodells auf andere Sportarten, aber auch auf andere geografische Größenordnungen ein. Hier gab es noch keine endgültige Antwort. Hier müssen erst einmal mit weiteren Versuchen Erfahrungen gesammelt werden. Zur Frage der Einschränkung oder Beeinflussung der Persönlichkeitsentwicklung im Negativen oder im Positiven ist auch keine umfassende Antwort gefunden worden; es wurde hier einfach darauf hingewiesen, daß die Qualität einer jeden pädagogischen Betreuung von der Ausbildung, vom Engagement und vom Geschick des Trainers, Übungsleiters oder Betreuers abhänge.

Abschließend wurde einstimmig festgestellt, daß alle Formen der Leistungsentwicklung einer notwendigen Voraussetzung bedürfen: jede leistungsorientierte sportliche Betätigung

— einbezogen auch die Grundausbildung — mit einer umfassenden sportmedizinischen Voruntersuchung zu verbinden. Diese an sich sehr simple und selbstverständliche Forderung ist jetzt besonders an Länder, Kommunen und untere Einrichtungen gerichtet; denn für den Hochleistungssport des A-, B- und C-Kaders gibt es sie bereits.

Wolf:

Die letzte Frage, die uns im Zusammenhang mit einer Gesamtkonzeption für die Bewegungserziehung beschäftigt hat, ist die Frage nach der Kooperation aller für Kinder verantwortlichen Gruppen. Damit hat sich der Arbeitskreis von Herrn MÜLLER auseinandergesetzt.

Müller:

Die Teilnehmer des Arbeitskreises waren sich von vornherein im klaren, daß dieses breit angelegte Thema nicht so weit ausgreifend diskutiert werden konnte; wir haben uns daher auf einige Ansätze beschränkt.

Das gemeinsame Ziel von vorschulischen Einrichtungen, Schule, Verein, Eltern und Kommunen im Hinblick auf Bewegung und Bewegungserziehung kann nur sein, mehr jungen Menschen das Sporttreiben zu ermöglichen, überdauerndes Interesse am Sport zu wecken und Sport als Lebensform zu sehen. Auf dem Weg, diese gemeinsamen Zielvorstellungen zu verwirklichen, ist nicht nur eine Kooperation aller Träger erforderlich, sondern diese „Lobby für Kinder", wie sie Herr WOLF nannte, muß ihr Verständnis von Bewegung und Bewegungserziehung einer breiteren Öffentlichkeit näherbringen und das von den Massenmedien unserer Tage verzerrte Bild vom Sport im Kindesalter wieder zurechtzurücken.

Die Zusammenarbeit verschiedener Träger und Institutionen setzt die Bereitschaft voraus, nicht im Hinblick auf das eigene Selbstverständnis, sondern im Interesse des Kindes voneinander und miteinander lernen zu wollen. Dieser Lernprozeß fordert den Abbau von Konkurrenzdenken, Vorurteilen und Voreingenommenheiten ebenso dringend, wie er das gegenseitige Vertrauen sucht, um unterschiedliche Standpunkte und Auffassungen abzuklären. In der Erkenntnis, daß alle mit späterer Einsicht begonnene Trimmaktivität das nicht mehr korrigieren kann, was im Kindesalter fehlläuft und fehlgeleitet wird, sollten sich alle, die im Bereich Bewegung und Bewegungserziehung verantwortlich oder mitverantwortlich tätig sind, zu mehr Gemeinsamkeit entschließen, um die Erfahrungen, die da und dort in bereits vorhandenen Ansatzpunkten einer gemeinsamen Zusammenarbeit gewonnen werden konnten, weiterzugeben und neue Wege zu erschließen.

Wir sollten uns also nicht nur mehr miteinander bewegen — wir sollten mehr miteinander reden. Information und Diskussion sind die besten Voraussetzungen einer sinnvollen Kooperation.

Wolf:

Es ist sicherlich nicht sinnvoll — auch wenn wir uns nur auf das Podium hier oben beschränken— die Zusammenfassung und die Ergebnisse aus den Arbeitskreisen zu diskutieren. Ich möchte deshalb an den Bericht von Herrn MÜLLER anknüpfen, in dem von Kooperation die Rede war.

Im Rahmen dieses Kongresses sind eine ganze Reihe von Forderungen vorgetragen worden, die Forderung nach Aufklärung über die Bedeutung von Bewegungserziehung, die Forderung nach der Festlegung spezieller Inhalte und Methoden für die Bewegungserziehung der Kinder, die Forderung nach Bewegungserziehung für alle Kinder, die Forderung nach speziell ausgebildeten Lehrkräften und nach natürlichen Bewegungsräumen, die

Forderung nach Beteiligung aller Verantwortlichen und nach Kooperation zwischen diesen Verantwortlichen.

Mir ist — sowohl im Plenum am ersten Tag als auch in den Arbeitskreisen — deutlich geworden, daß mehr Fragen im Raum standen, als Antworten gegeben wurden. Darüber ist auch in den Arbeitskreisen und nach den offiziellen Veranstaltungen Enttäuschung zum Ausdruck gebracht worden, und ich stelle an meine Mitsprecher hier auf dem Podium deshalb die Frage, ob der Kongreß, der soviele Fragen offengelassen hat, von daher eigentlich sinnvoll gewesen ist. Ich stelle aber auch die Frage, was jetzt eigentlich die Aufgabe aller Teilnehmer wäre, um die unbefriedigende Situation offener Probleme zu verbessern.

Herr Bleuel hat uns ja selbst alle als Verantwortliche angesprochen, hat uns selbst als diejenigen bezeichnet, die etwas tun müssen, und ich finde, diese Frage sollten wir hier noch kurz erörtern.

Hopf:

Anknüpfend an die Formulierung „Bewegungsentwicklung ist Persönlichkeitsentwicklung" meine ich: Wenn sich ein Arbeitskreis über Bewegungsentwicklung unterhalten, wenn er Ergebnisse zutage fördern will, wenn Bewegungsentwicklung mit Persönlichkeitsentwicklung gleichgesetzt wird, so ist das ein derart komplexes Feld, daß nicht nur Vertreter der Sportwissenschaft, sondern recht unterschiedlicher wissenschaftlicher Disziplinen zur Sprache kommen müßten. Diese Kooperation oder die Interdisziplinarität sollte in der Forschung weitergetrieben werden. Die Unzufriedenheit der Teilnehmer ist deshalb erklärbar, weil eben nur ein Sektor behandelt werden konnte. Bei ähnlichen Veranstaltungen in Zukunft wäre ein möglichst weites Spektrum oder eine Zentrierung vom Thema her anzubieten.

Schilling:

Ich sehe die Problematik ganz ähnlich. Die Veranstalter wären sicher überfordert gewesen, den Kongreß von vornherein so zu konzipieren, daß er zur Zufriedenheit aller verlaufen könnte. Das wichtigste ist, daß Anregungen weitergegeben, daß wir zum Nachdenken angehalten worden sind, und wenn wir das mit nach Hause nehmen und in unserem Bereich an der Basis umsetzen, was hier gesagt worden ist, so werden wir in zehn oder zwanzig Jahren vielleicht doch anders dastehen und auch Konzepte und Ergebnisse haben.

Kiefer:

Ich habe bereits am Ende meiner Ausführungen dargelegt, daß der Arbeitskreis seine Aufgabe nur zum Teil erfüllen konnte. Dennoch bin ich der Meinung, daß es sinnvoll war, die ganzen Fragen wieder einmal plastisch darzustellen, das Gewissen der einzelnen zu schärfen und sie zu ermuntern, Lösungen selbst zu erarbeiten. Allein steht der einzelne Teilnehmer auf verlorenem Posten. Er kann sich an der Diskussion beteiligen, da es sich hier um Formen staatlicher und nichtstaatlicher Organisation, aber auch um finanzielle Zuwendungen handelt, da sich hier vor allen Dingen im Blick auf Elternhaus und Familie ein neues Gebiet eröffnet, das sehr bedeutsam erscheint. Denn Schoberth hat festgestellt, daß das motorisch-konstitutionelle Leistungsniveau bereits im 1. bis 3. Lebensjahr praktisch die Voraussetzungen für die weitere optimale Entwicklung bieten muß.

Es ist jetzt an der Zeit, nachdem wir 20 Jahre lang unbefriedigend gemeinsam oder nebeneinander gehandelt haben, daß sich Bundesärztekammer, Sportärztebund, Bundeselternrat, DSB und KMK endlich mit den Sportwissenschaftlern zusammensetzen und ein Nahprogramm erarbeiten, daß flächendeckend in der Bundesrepublik Deutschland erprobt werden kann.

Kreiss:

Ein Kongreß kann sicherlich Probleme nicht lösen, aber seine sehr wichtige Funktion besteht darin, daß er geeignet ist, zu sensibilisieren, Fragen anzugehen, und ich halte von daher die Diskussion in den einzelnen Arbeitskreisen für außerordentlich effektiv, weil doch hier der einzelne immer wieder auf Probleme gestoßen wird, auf neue, für ihn noch nicht sichtbar gewesene Probleme, so daß von daher schon jetzt eine Auswirkung zu sehen ist.

Die Forderungen die hier gestellt werden, richten sich auf zwei Bereiche: Zum einen sind es Forderungen, die nach außen, zum anderen aber sind es auch Forderungen, die nach innen gestellt werden. Wenn wir hier zum Beispiel von Überprüfung der Ausbildungscurricula für Lehrkräfte und Erzieher sprechen, so möchte ich das etwas weiterspannen und sagen, es geht auch um die Überprüfung der Curricula für die Ausbildung von Übungsleitern und Mitarbeitern in unserem eigenen Bereich. Deshalb sollten wir von diesem Kongreß aus auch einmal die Forderung an den Deutschen Sportbund stellen, nun endlich mit seinem Gesamtausbildungsplan zuwege zu kommen.

Eine Sportorganisation ist nichts anderes als der Spiegel der Gesellschaft, in der sie lebt. Eine Sportorganisation in der Größenordnung wie unsere ist eine politische Größenordnung, die sicherlich auch politisch agieren müßte, um die Forderungen dieses Kongresses nun auch nach außen durchzusetzen.

Friedrich:

Ich hoffe, daß in unserem Arbeitskreis zumindest deutlich geworden ist, daß Talentsuche nicht darin besteht, abnorme Veranlagungen aufzuspüren, um daraus Leistungssport und Hochleistungssport zu entwickeln, sondern daß Talentsuche, Talentförderung und Leistungsentwicklung darin besteht, auf einer sehr breiten sportlichen Grundlage leistungsorientiert die Möglichkeit der persönlichen Entfaltung in einer speziellen Sportart zu bieten. Wenn Leistungssport so vertreten und verstanden wird, dann geht es nicht mehr um einen Kreis von sehr wenigen, spezifisch abnorm gestalteten Menschen, sondern um einen Kreis sehr vieler, von denen sich einige lediglich in eine Richtung spezialisieren.

Müller:

Es ist natürlich für mich sehr schwer, etwas pro domo zu sagen, aber eines sei mir doch festzustellen erlaubt. Allein an der deutlichen Aufzählung der Probleme durch Herrn Wolf ist sichtbar geworden, daß der Deutsche Turner-Bund gut beraten war, diesen Kongreß hier durchzuführen, um zu verwirklichen, was ich vorhin schon angedeutet habe: miteinander zu reden. Der Kongreß war bewußt ein Risiko. Um miteinander reden zu können, muß er in der Mitte angesiedelt sein. Das erforderte von den Wissenschaftlern Klarheit und Verständlichkeit, von den Teilnehmern Aufgeschlossenheit und Selbstkritik. Erst so kommt der Dialog zustande.

Wolf:

Ein so großer Kongreß, der dazu ein neues Thema aufgegriffen hat, kann nicht dazu dienen, Rezepte für die Praxis abzuliefern. Ich verstehe deswegen auch den Lehrer nicht ganz, der am ersten Tag in der Diskussion gesagt hat, die Vorträge hätten ihm überhaupt nichts gebracht: Jeder einzelne Teilnehmer ist auch selbst aufgerufen, zu überlegen, wie er theoretische Konzepte selbst mit in die Praxis umsetzen und wie er sie realisieren kann. Das ist die Aufgabe aller, die an diesem Kongreß teilgenommen haben, allein und in Zusammenarbeit mit all denen, die für Kinder verantwortlich sind.

Nachwort

Mit dem vorliegenden Bericht werden einer breiten Fachöffentlichkeit die Aussagen des Kongresses „Kind und Bewegung“ vorgestellt. Damit ist der gegenwärtige Forschungsstand in diesem Bereich dokumentiert.

Dies allein kann dem Deutschen Turner-Bund nicht genug sein. Es kann uns nicht nur um die wissenschaftliche Begründung der Theorie gehen. Wir brauchen die Wissenschaft für die Praxis.

So fängt die Arbeit mit dem Kongreß, der inzwischen ein halbes Jahr zurückliegt, eigentlich erst an. Wir werden seine Ergebnisse gründlich studieren und in unsere Arbeit einbeziehen müssen. Wir werden den Kongreß nutzen, um unserem Ziel, das unsere zur Entfaltung der Persönlichkeit des Kindes zu tun, näher zu kommen.

Es geht zunächst darum, die neu gewonnenen Erkenntnisse für die Praxis des Kinderturnens fruchtbar zu machen. Wir müssen sie also in die Ausbildung der Übungsleiter und in ihre Fortbildung miteinbeziehen. Das bedeutet konzeptionelle Arbeit: Lernziele formulieren, Lerninhalte festlegen, Stoffauswahl treffen, Modelle erproben und verbessern.

Ein erster Schritt in dieser Richtung ist bereits getan: im Anschluß an den Kongreß fand in Berlin die 1. Internationale Lehrwoche der Deutschen Turnerjugend für das Kinderturnen statt. Dort wurden Vermittlungsschritte vom wissenschaftlichen Kongreß zum Vereinsleben versucht. Theoretische und praktische Beiträge zu den einzelnen Schwerpunkten des Kinderturnens versuchten aufzuzeigen, wie die Aussagen des Kongresses in die Praxis des Kinderturnens umgesetzt werden können.

Wenn wir heute über fundierte theoretische Aussagen verfügen, dann verdanken wir das auch der Zusammenarbeit mit Wissenschaftlern. In Vorbereitung und Durchführung des Kongresses hat sich eine fruchtbare Zusammenarbeit von DTB-Gremien und Hochschulangehörigen zum Nutzen aller Beteiligten entwickelt. Wir meinen, daß diese nicht mit Erscheinen des Kongreßberichtes zu Ende sein sollte, daß es viele ungelöste Probleme gibt, die gemeinsam anzugehen es sich lohnt. Dabei kommen beiden Partnern spezifische Aufgaben zu: aus der Erfahrung der Praxis könnte der Deutsche Turner-Bund offene Probleme nennen, die unter Zuhilfenahme von wissenschaftlichen Methoden zu lösen sind. Eine Kooperation in diesen Fragen hätte für den DTB eine verbesserte Praxis zur Folge und für Hochschulangehörige die Gewißheit, mit ihrer Arbeit ein dringendes gesellschaftliches Bedürfnis zu befriedigen. Gleichzeitig bieten sich wissenschaftliche Untersuchungen als kritisches Korrektiv der Praxis an. Die theoretische Analyse könnte Hilfestellungen ergeben, die der Deutsche Turner-Bund mit seinen Mitteln alleine nicht zu geben in der Lage ist. Punktuelle Zusammenarbeit also, im Rahmen etwa eines Kongresses, ist gut — kontinuierliche Kooperation im Interesse der Kinder ist besser und sollte von allen Beteiligten angestrebt werden. Ergebnis könnte eine fruchtbare Zusammenarbeit zum gegenseitigen Nutzen sein.

Das Problem, um das es in diesem Kongreß ging, die Lebensverhältnisse und die Bewegungserziehung der Kinder, hat gesamtgesellschaftliche Dimension. Die Bedingungen der Entwicklung der Kinder werden auch durch politische Entscheidungen von Staat, Parteien und gesellschaftlichen Interessengruppen gesetzt. Interessenvertreter, „Lobby“ für Kinder zu sein, erfordert also auch politisches Handeln im gesellschaftlichen Maßstab. Der Deutsche Turner-Bund fühlt sich aufgefordert, immer dann, wenn Rechte von Kindern berührt werden, Position zu beziehen und Forderungen zu formulieren. Es gilt, Öffentlichkeitsarbeit zu betreiben, um die Rechte der Kinder bewußt zu machen. Es gilt einzugreifen, wenn bildungs-, gesundheits- und finanzpolitische Entscheidungen getroffen werden, hinter denen Interessen stehen, die nicht die der Kinder sein können. Die Berechtigung eines solchen Vorgehens ergibt sich schon daraus, daß mit den Rechten der Kinder die Zukunft der Gesellschaft und damit ein gesamtgesellschaftliches Interesse angesprochen ist.

Der Deutsche Turner-Bund will dabei mit allen zusammenarbeiten, die in dieser Frage ähnliche Ziele verfolgen, und er wird nicht umhin können, sich verstärkt mit solchen Kräften auseinanderzusetzen, die den Bedürfnissen der Kinder entgegenstehen. Eine wichtige Station auf diesem Weg wird das 1. Internationale Jahr des Kindes sein, das für 1979 von der UNESCO geplant ist. In der Bundesrepublik Deutschland wird es zu vielfältigen Aktionen von verschiedenen Trägern kommen, die die Lage der Kinder darlegen, ihre Rechte formulieren und Perspektiven der Arbeit aufzeigen werden.

Drei Aspekte sind es also, die wir bei Auswertung des Kongresses „Kind und Bewegung“ berücksichtigen müssen: zum einen die Verbesserung der Praxis des Kinderturnens, zum zweiten eine verstärkte Kooperation mit wissenschaftlichen Einrichtungen, und zum dritten verstärktes politisches Handeln, um den Interessen, Rechten und Bedürfnissen der Kinder mehr Geltung zu verschaffen.

Die bei dem Kongreß „Kind und Bewegung“ gewonnenen Erkenntnisse werden in *direkter Folge* in die bestehende Praxis des Kinderturnens im Deutschen Turner-Bund einbezogen:

Entsprechend dem Selbstverständnis des DTB ist Turnen heute „lebensbegleitende Leibesübung“ im Verein. Turnen vermittelt Freude an Bewegung und Spiel, es dient der Gesunderhaltung und ermöglicht die Steigerung der persönlichen Leistungsfähigkeit. Die Grundlagen für diese lebensbegleitende Leibesübung bildet das Kinderturnen. So ist der vielseitige Spiel-, Übungs- und Wettkampfbetrieb als kontinuierliche Aufgabenstellung für die 11 000 Turnvereine und -abteilungen — beginnend in den Kinderabteilungen — zu sehen. Im Kinderturnen kommt es darauf an, die Angebote so zu gestalten, daß lebenslanges Interesse an Bewegung, Turnen, Spiel und Sport geweckt wird.

Auch im Kinderturnen ist die Leistung eine wesentliche Motivation zur eigenen Aktivität. Beim Wettkampfangebot des Deutschen Turner-Bundes werden für einige Spitzensportarten natürlich Aufbauwettkämpfe notwendig sein — Hauptaugenmerk jedoch wird eindeutig bei *den* Wettkämpfen liegen, die nicht zur absoluten Leistung führen, sondern nur der Feststellung der persönlichen Leistungsfähigkeit dienen. Hierzu zählen u. a. die Bundesjugendspiele, Wettkämpfe bei Kinderturnfesten (Wahlwettkämpfe) und auch Wettbewerbe zur Erlangung von Abzeichen (Kinderturnabzeichen, Schwimmabzeichen und Deutsches Schülersportabzeichen).

Die Ausbildung von Mitarbeitern wird bei der Lehrgangsplanung des Deutschen Turner-Bundes *der* Schwerpunkt für die nächsten Jahre sein. Zum Ausbildungsplan des DTB gehören für den Bereich des Kinderturnens z. Z. folgende Ausbildungsgänge:

Übungsleiter — Schwerpunkt Kinderturnen, 1. Lizenz
Übungsleiter — S — Sonderturnen, 2. Lizenz
Übungsleiter — S — Kleinkinderturnen, 2. Lizenz und
Übungsleiter — S — Mutter-und-Kind-Turnen, 2. Lizenz.

Neben dem umfangreichen Lehrprogramm in den Turnkreisen, Turngauen, Bezirken und in den Landesturnverbänden mit der Schulung von Vorturnern, Gruppenleitern und Helfern werden gerade diese Lizenzlehrgänge den großen Kreis der ehrenamtlich und nebenberuflich Tätigen vergrößern. Bei der Aufstellung der Ausbildungskonzeptionen werden die Ergebnisse des Kongresses „Kind und Bewegung“ eine nicht unwesentliche Rolle spielen.

Willi Greite
Präsident des Deutschen Turner-Bundes

TEIL IV

DOKUMENTATION

Ilse Reichel
Senator für Familie, Jugend und Sport Berlin

Begrüßung

Meine sehr verehrten Damen und Herren, liebe Freunde aller Kinder!

Ich habe die große Freude, im Namen des Schirmherrn dieses wissenschaftlichen Kongresses „Kind und Bewegung“, des Regierenden Bürgermeisters, Sie alle herzlich zu begrüßen. Ich habe sozusagen die Stellvertretung als Schirmfrau übernommen und möchte in dem Zusammenhang Ihnen allen, die Sie diesen Kongreß nach Berlin vergeben haben, die Sie geholfen haben, diesen Kongreß auszurichten, im Namen des Senats, aber auch im Namen aller Berliner und vor allen Dingen der Berliner Kinder Dankeschön sagen.

Dem Dank schließe ich meinen Gruß an und freue mich, Sie, Herr Greite, hier begrüßen zu können, ich möchte alle die, die aus den Präsidien der unterschiedlichen Sportorganisationen zu uns gekommen sind, begrüßen, und ich freue mich ganz besonders, daß auch die Vertreter der Kultusminister-Konferenz, mit der wir im Zusammenhang mit „Jugend trainiert für Olympia“ viel zu tun haben, ebenfalls unter den Kongreßteilnehmern sind. Ich begrüße aber auch alle diejenigen, die als Teilnehmer zu diesem Kongreß gekommen sind und die Berliner Teilnehmer, die in so großer Zahl die Möglichkeit bekommen haben, diesem Kongreß beizuwohnen.

Den Dank richte ich natürlich an den Deutschen Turner-Bund und das Bundesinstitut für Sportwissenschaft, die die wesentlichen Vorarbeiten geleistet haben, damit dieser Kongreß zustandekommen konnte. Mein besonderer Dank gilt dem Berliner Turnerbund und all seinen Mitarbeitern, die diesen Kongreß mit großem Engagement und, wie wir sehen können, mit viel Liebe vorbereitet haben. Gleich wenn man in die Kongreßhalle kommt, ist man dem Thema „Kind und Bewegung“ gegenübergestellt und das ist eine gute Einstimmung.

Die Teilnehmer an diesem Kongreß beweisen, wie sehr sie sich für dieses Thema engagieren, wie sie sich für Kinder in dieser Industriegesellschaft einsetzen.

Das Thema „Kind und Bewegung“ ist sicher ein allgemein interessierendes Thema; aber im sogenannten Jahrhundert des Kindes müssen wir immer wieder feststellen, daß Kinder eine zu schwache Lobby haben. Wenn ich mich hier umsehe und weiß, daß Sie alle Lobbyisten für Kinder sind, dann kann ich Ihnen nur noch wünschen, setzen Sie sich energischer dafür ein, die anderen Lobbyisten tun es sehr rücksichtslos und ich meine, die Kinder haben es verdient, daß wir ihre Interessen auch energisch vertreten.

Aber ich möchte auch Dank dafür sagen, daß diese Veranstaltung hier in Berlin stattfindet. Sie bringen damit zum Ausdruck, daß der Berliner Sport ein Teil des Deutschen Sportbundes ist. Meine Damen und Herren, Berlin ist zwar kein konstitutiver Teil der Bundesrepublik, aber die engen Bindungen zwischen Berlin (West) und der Bundesrepublik sind in Bestand und Entwicklungsmöglichkeit unbestritten. Die Berliner Fachverbände und der Berliner Landessportbund sind konstitutive Teile der entsprechenden Bundesdachorganisationen, und auch unsere Freunde aus dem Osten Europas werden sich daran gewöhnen müssen, daß in unserer Demokratie die freie Organisation auch im sportlichen Bereich eben andere Regelungen treffen können, als dieses im staatlichen Bereich möglich ist. Und wir werden uns auch bei den weiteren Veranstaltungen, die in Berlin stattfinden werden, nicht irritieren lassen durch Proteste, durch Einreden, sondern wir werden mit Ihrer aller Unterstützung möglichst optimale Veranstaltungsvoraussetzungen schaffen, damit Sie gern wiederkommen wollen, und wir freuen uns darüber, daß die Zahl der internationalen Veranstaltungen in Berlin zunimmt — vor allem auch im Bereich des Turnens.

Im Jugendwohlfahrtsgesetz, im § 1, ist das leibliche, seelische und gesellschaftliche Wohl, die leibliche, seelische und gesellschaftliche Tüchtigkeit den Kindern garantiert worden. Zu fragen wäre, ob es ein Zufall ist, daß die leibliche Tüchtigkeit dabei an erster Stelle steht.

Die Sportjugend hat die Erziehung zur leiblichen Tüchtigkeit, die sie natürlich nie isoliert sieht von der seelischen und gesellschaftlichen — wie keiner von uns — schon seit Jahrzehnten als Programm mit aufgenommen, denn seit der Weimarer Republik werden für Kinder und Jugendliche, vor allem aber auch im Bereich der Turnerjugend, sportliche Angebote gemacht. Die Turnerjugend hat dabei deutlich gemacht, daß Bewegungserziehung integraler Bestandteil eines komplexen Erziehungsangebotes ist, und nicht isoliert betrachtet werden darf. Sie ist anerkannt als ein elementares Bedürfnis der Kinder und als eine Chance der Lebensbewältigung gerade auch dann, wenn wir z. B. an Behinderte denken, für die Bewegungserziehung eine ganz wichtige Hilfe ist. Gerade in den Ballungsgebieten, in denen heute eine große Zahl von Kindern aufwächst, sind Freiräume für Kinder zu schaffen, auch Freiräume im Sinne der Toleranz Erwachsener Kindern gegenüber.

Wir sind im Augenblick dabei, hier in Berlin im Rahmen eines Spielplatzgesetzes dafür zu sorgen, daß Kinder mehr Bewegungsfreiheit, mehr Spielplätze bekommen, auch Spielplätze, die sie selbst gestalten können, und wir sind auch dabei zu werben, daß der Anspruch von Kindern auf Bewegung akzeptiert wird.

Das stößt nicht immer auf Verständnis und wir alle tun gut daran, immer wieder darauf hinzuweisen, daß nicht nur Straßenlärm, Flugzeuglärm und Hundebellen unvermeidbarer Lärm sind, sondern die Lautäußerung von Kindern, ob in Wut oder aus Freude ebenfalls zu unvermeidbarem Lärm gehören.

Wir wissen alle, daß das systematische Angebot an Bewegungserziehung mit der Schule im Grunde zu spät kommt, daß dem schon Jahre vorgegangen sind, in denen die motorischen Bedürfnisse der Kinder entweder nicht weiterentwickelt oder sogar unterdrückt worden sind. Aus diesem Grunde haben wir uns bemüht, in unseren Kindertagesstätten ein Bewegungserziehungsprogramm anzubieten. Wir haben hier in Berlin 27 Bewegungserzieher und wir sind darauf manchmal ein wenig stolz gewesen. Aber dieses hat natürlich auch zur Folge, daß die Bewegungserziehung zu einem Teil eines Stundenplanes wird. Die Forderung, eine Sportstunde, eine Bewegungsstunde im Kindergarten pro Woche ist nur zu unterstreichen, aber mir reicht dies nicht, ich meine, daß im Rahmen der Ausbildung jeder Erzieher darauf vorbereitet wird, in den Tageslauf auch die Bewegungserziehung einzubeziehen. Ich habe gerade vorhin ein Heft von der Sportjugend bekommen, in dem Anleitungen gegeben werden für die Bewegungserziehung, herzlichen Dank dafür. Das sind wichtige und wesentliche Anregungen, denn nichts wäre schlimmer, als wenn die Kinder, die drei- und vierjährigen, ihren Bewegungsdrang auf diese eine Stunde pro Woche begrenzen sollten und wenn ihnen für ihre Mobilität und ihre Motorik in der Zwischenzeit nur das Rumtoben bleiben würde.

Wir hatten die Chance, im Rahmen eines Erprobungsprogrammes in 50 Berliner Kindertagesstätten auch Programmteile der Bewegungserziehung zu erproben und wir hoffen sehr, daß wir die Möglichkeit haben, die Erfahrungen, die dort gemacht wurden, in absehbarer Zeit auf alle unsere Kindertagesstätten — etwa 500 an der Zahl — zu übertragen. Wir wissen, daß durch die Bewegungserziehung den Kindern viele Erfahrungen vermittelt werden. Durch Bewegungserziehung kann man zum Beispiel Kommunikation lernen, man kann die Koordination der eigenen Bewegung lernen, aber man kann auch Vereinbarungen im Spiel mit anderen treffen. Man übt die Geschicklichkeit, man kann die Umwelt erkunden und erproben, man lernt Selbstvertrauen, man lernt Sozialverhalten, man lernt Kräftemessen und Kooperation. Dieses ist sicherlich ein Teil Leistungssport, der hier den Kindern mit angeboten wird, und es soll natürlich auch die Leistung gesteigert werden, aber wir müssen uns davor hüten, daß wir einen Schritt zu weit gehen, der im Zusammenhang mit den Olympischen Spielen von den Ostblockstaaten häufig gegangen wird. Nichts wäre schlimmer, als wenn wir den Spaß der Kinder an der Bewegung dazu ausbeuten würden, daß wir ihnen tägliche Trainingsprogramme von 8 und mehr Stunden aufbürdeten und sie damit von anderen Erlebnisbereichen voll isolierten. Ich kann mir vorstellen, daß auch hier mancher, wenn er den Medaillenspiegel sieht, darüber nachdenkt, ob ähnliches nicht nachzuvollziehen wäre. Ich hoffe, wir alle sind uns hier einig darüber, uns als Lobby auch darin zu verstehen, Kinder davor zu schützen. Sicher sollen sie ihre Leistungen steigern, sicher sollen die, die Spaß daran haben, auch Rekorde erzielen; aber die Bewegungserziehung im frühen Kindesalter muß der Entwicklung der Persönlichkeit insgesamt dienen, weil wir sonst dem Anspruch des Grundgesetzes nicht gerecht würden.

Weil all diese Schwierigkeiten mit einzubeziehen sind, haben wir auch einen Forschungsauftrag an Frau Prof. Vogt vergeben, der sich mit der Bewegungserziehung und Persönlichkeitsbildung befaßt. Es ist erfreulich zu sehen, wie viele Kinder zum Beispiel hier in Berlin allein im Rahmen des Berliner Turnerbundes bereits die Chance der Bewegungserziehung außerhalb von Schule und von Kindergärten haben, und es ist angebracht, diese stolze Zahl einmal zu nennen: 85 Vereine sind im Berliner Turnerbund zusammengefaßt, 17 500 Kinder in 400 Kinderturnabteilungen und die Zahl steigt täglich. Und wenn wir von 400 Kinderturnabteilungen sprechen wird auch gleichzeitig deutlich, welch große Zahl ehrenamtlicher Mitarbeiter diese Arbeit leisten. Diesen vielen gilt mein besonderer Dank, denn es ist durchaus nicht selbstverständlich, neben Familie und Beruf sich dieser Aufgabe zu widmen und darüber hinaus zur Qualifizierung dieser ehrenamtlichen Tätigkeit Kongresse und Fortbildungsmaßnahmen im Rahmen der verbliebenen privaten Zeit zu besuchen.

In diesem Zusammenhang darf man vielleicht auch von einer Bürgerinitiative für Kinder sprechen.

Ich hoffe sehr, daß alle diese Dinge, die Sie hier erarbeiten, zum Wohle der Kinder, zur Entwicklung der gesamten Persönlichkeit dienen werden. Ich darf hoffen, daß Sie alle viele neue Erkenntnisse erwerben können. Dies können Sie allerdings nur, wenn Sie Ihre Erfahrungen mit einbringen, denn in diesem Bereich ist wohl der Stein der Weisen noch nicht gefunden. Und unter diesem Motto, das Beste für die Kinder zu wollen, darf ich Ihnen allen und diesem Kongreß viel Erfolg wünschen und drücke die Hoffnung aus, daß Sie ein bißchen etwas von Berlin kennen lernen, damit nicht nur die guten fachlichen Anlässe, sondern auch die Stadt Berlin ein Anlaß sein kann, daß Sie oft und gerne wieder zu uns nach Berlin kommen.

Dankeschön.

Willi Greite
Präsident des Deutschen Turnerbundes

Begrüßung

Frau Senator, liebe Gäste, liebe Freunde.

Es gibt keine andere Sache in unserer Gesellschaft zu der so viele Bürger in irgend einer Weise Beziehung haben wie zum Sport. Jeder fünfte ist Mitglied, Millionen andere, die zwar keinem Verein angehören, verfolgen die großen und die kleinen Ereignisse des Sports mit zum Teil leidenschaftlicherem Interesse als die Mitglieder und die Aktiven. Aus dieser Tatsache läßt sich aber nicht schließen, daß alles im besten Fluß ist.

Einerseits hängt das Interesse der meisten mehr am äußeren Geschehen und den Abfallprodukten für die eigene Person als an der Sache selbst, an den Zielen, an den Aufgaben, an den Inhalten und ihrer Bedeutung für das allgemeine Wohl. Andererseits ist die aktive Beteiligung der Bevölkerungsgruppen sehr verschieden und liegt zum Teil weit unter dem auf den ersten Blick verblüffend hohem Beteiligungsdurchschnitt.

Dies gilt ganz besonders für Gruppen, für die Bewegung und körperliche Aktivität besonders notwendig sind. Es ist keine Frage, daß dies für keinen Lebensabschnitt mehr gilt, als für die Kindheit, in der die Gesamtentwicklung eng mit der vollen Funktionsfähigkeit und dem Erleben der Körperlichkeit verknüpft ist. Aber gerade hier sind die Voraussetzungen für eine Ausnützung der bestehenden Möglichkeiten sehr begrenzt, im Elementarbereich noch mehr als im Primarbereich.

Weder die Einrichtungen, die sich in kommunaler oder privater Trägerschaft befinden, noch die Schule, noch die Turn- und Sportvereine und Verbände, noch alle miteinander können dem Kinde derzeit die Entwicklungs- und Erlebensbedingungen gewährleisten, die es in einer so stark verzweckten, von Verboten verstellten, von Zwängen eingeengten Welt braucht, um sich frei entfalten und sich selbst erfahren und erleben zu können.

Die nahezu bis in jedes Dorf hineinwirkende Turn- und Sportbewegung mit ihrem riesigen Erfassungsapparat hat zwar für die älteren Jugendjahrgänge eine große Vielfalt von Betätigungsmöglichkeiten entwickelt, betreut aber im Augenblick nur etwa jedes 20. Kind im Alter bis zu 6 Jahren und von den 6- bis 10jährigen nicht einmal jedes 5. Kind.

In der Sprache der Zeit: die Kinder sind „unterrepräsentiert". Nur wenige der 47 Mitgliedsverbände des Deutschen Sportbundes beziehen die Arbeit mit Kindern in ihre Aufgaben ein. Unter den wenigen, deren Wirkungsschwerpunkt auf allgemeinen Zielsetzungen liegt, nimmt der Deutsche Turner-Bund durch die hohe Zahl der von seinen Mitgliedsvereinen betreuten Kinder — im Elementarbereich sind das mehr als 85% — eine Sonderstellung ein. Diese Tatsache bestätigt die alte Erfahrung: die Ärmsten haben immer die meisten Kinder. Aber sie hängen auch sehr an ihnen. Der Deutsche Turner-Bund empfindet es als eine Verpflichtung, als ihr Fürsprecher und Anwalt dafür einzutreten, daß sie im Gedränge der Ansprüche, der Forderungen, der Interessen der verschiedenen miteinander konkurrierenden und rivalisierenden Gruppen in unserer Gesellschaft zu ihrem Recht kommen. Aus diesem Gefühl der Verpflichtung veranstaltet der Deutsche Turner-Bund in Zusammenarbeit mit dem Bundesinstitut für Sportwissenschaft auch diesen Kongreß.

Der Turner-Bund, der es als seine Hauptaufgabe betrachtet, eine lebensbegleitende, den sich verändernden Bedürfnissen angepaßte variable Betreuung für alle Altersstufen und beide Geschlechter zu gewährleisten, hat damit seit eh und je schon beim Kleinkind begonnen. Er unterhält den größten Sportkindergarten in der Bundesrepublik.

Die Funktion ist für ihn so kennzeichnend, daß sich für diese Aufgabe der ebenso schlichte wie allgemein verständliche Begriff „Kinderturnen" über alle Wandlungen und Modetrends hinweg und trotz aller Überflutungen mit anspruchsvolleren wissenschaftlich irisierenden Begriffen im praktischen Sprachgebrauch erhalten hat. Er ist für diese von ihm mit hoher Priorität versehene Aufgabe auch besonders prädestiniert, weil er über eine große Zahl pädagogisch engagierter Mitarbeiter verfügt, die an dieser Aufgabe ihre Befriedigung finden, obwohl sie keine publikumswirksamen Effekte aufweist, vom Scheinwerferkegel der Medien höchstens mal gestreift und daher von der breiten Öffentlichkeit kaum bemerkt wird.

Diese Bereitschaft zur Arbeit in aller Stille war und ist das wertvollste Gut des Turnerbundes und des gesamten deutschen Sports. Auf diese Gemeinsamkeit in der Grundeinstellung ist es zurückzuführen, daß in diesem Bereich des Sports eine so enge Tuchfühlung, eine so wechselseitige Befruchtung zwischen Schule und Verein festzustellen ist. Hier wie dort ist die Arbeit am Menschen, am Kinde und seinen Bedürfnissen, Lebensbedingungen und seinen Gefährdungen orientiert.

Die Zusammensetzung des Teilnehmerkreises dieses Kongresses läßt diese Berührung, diese Wechselwirkungen und diese Gemeinsamkeiten deutlich erkennen. Solche Zusammenarbeit ist angesichts der noch unbefriedigenden Verhältnisse auch dringend erforderlich. Es ist ja nicht nur notwendig, dem Kinderturnen eine breitere Basis zu geben, ihm in der Primarstufe der Schule mehr Raum zu gewähren, neue Gruppen einzurichten, zu bewirken, daß überall und von allen Vereinen die Betreuung von Kindern aufgenommen wird, daß wissenschaftliche Erkenntnisse und praktische Erfahrungen ausgewertet und angewandt und die Arbeitsweisen weiterentwickelt werden, es muß auch angestrebt und erreicht werden — und hier unterstütze ich, was Frau Reichel schon gesagt hat — daß die Gelegenheiten, die äußeren, die gegenständlichen Voraussetzungen für das Spiel und die körperliche Aktivität der Kinder verbessert werden.

Die gegenwärtigen Gegebenheiten genügen bei weitem nicht, um den Beeinträchtigungen ausgleichend entgegenwirken zu können, denen das Leben der Kinder in einer ihnen so wenig entsprechenden Umwelt ausgesetzt ist.

Das gilt auch für unsere Sportstätten. Es ist auf diesem Gebiet in zwei Jahrzehnten besonders von den Kommunen Außerordentliches geleistet worden und niemand wird dieser Leistung die Anerkennung versagen können. Diese Sportstätten entsprechen auch alle den Anforderungen und Bestimmungen des Wettkampfs, es ist in der Regel an alles gedacht, was für die meßbare, die wertbare und sogar die verwertbare Leistung erforderlich und wünschenswert ist. Nur selten aber sind mit gleicher Sorgfalt die Bedürfnisse der Kinder — im übrigen auch nicht die der älteren Menschen — bedacht worden. Dabei könnten die Sportstätten geradezu ideale Bewegungs-, Handlungs- und Erlebensräume für Kinder sein. Günstigere Standorte für Kindergärten sind gar nicht denkbar. Aber wo finden wir Räume und Plätze, bei deren Gestaltung das Interesse der Kinder mit der gleichen Liebe und Gründlichkeit berücksichtigt wurde wie die Interessen des Wettkampf- und Veranstaltungssports?

Dies zu ändern ist nicht in erster Linie eine Sache des Geldes. Die Mehrkosten dafür sind im Verhältnis zu den Gesamtkosten solcher Anlagen gering, hier werden vielmehr pädagogische und soziale Ideen und persönliches Engagement benötigt. Zu allererst wird es aber nun darauf ankommen, dies endlich ins öffentliche Bewußtsein zu rücken — eine Lobby zu schaffen, wie Frau Reichel es ausdrückte.

Der Deutsche Turner-Bund hofft, mit diesem Kongreß deutlich gemacht zu haben, welche Bedeutung er diesem im allgemeinen so wenig beachteten Aufgabenbereich beimißt. Er sieht in der ungewöhnlich hohen Beteiligung sowohl aus dem eigenen Mitarbeiterkreis als auch aus Verbänden, Institutionen und Einrichtungen mit verwandter Zielsetzung — auch aus dem Auslande — ein bestätigendes und ermutigendes Zeichen. Für den angestrebten Fortschritt in der Sache ist ja nicht in erster Linie die Beachtung von außen, sondern vor allem das Interesse und die Bereitschaft entscheidend, sich dieser Aufgabe anzunehmen und durch eigenen Einsatz zum Fortschritt beizutragen. Der großen Beteiligung kommt auch deshalb große Aussagekraft zu, weil der Kongreß zu einem erheblichen Teil aus Teilnehmerbeiträgen finanziert werden muß. Die Bereitschaft, solche finanzielle Belastungen auf sich zu nehmen, nur um die Kenntnisse und Fähigkeiten für eine selbstgewählte und zumeist ehrenamtlich geleistete Tätigkeit zu verbessern, kommt in unserer Zeit fast einem Wunder gleich. Hier wird erkennbar, worauf die innere Stärke und die Wirkungskraft des Turner-Bundes beruht, die manchem Kritikaster so unerklärlich erscheint. Es ist dies der 3. Kongreß des Deutschen Turner-Bundes mit allgemeiner Themenstellung in diesem Jahre, zu deren Finanzierung von insgesamt mehr als 3000 Teilnehmern allein nahezu DM 150 000,— Teilnehmergebühren aufgebracht und außerdem ein Mehrfaches — weit über eine halbe Million DM — für persönliche Kosten wie Reise und Unterkunft und Verpflegung getragen wurden.

Solange solche Bereitschaft besteht, hat die Sache einen guten Boden. Trotzdem wäre die Durchführung nicht möglich gewesen, ohne ideelle und finanzielle Unterstützung von anderer Seite. Das letzte Wort muß daher ein Wort des Dankes sein an alle, die uns geholfen haben. Wir haben zu danken der Bundesregierung für die finanzielle Sicherung des Kongresses — unserem Veranstaltungspartner, dem Bundesinstitut für Sportwissenschaft, das auch diesmal wieder bereit war, die Veranstaltung gemeinsam mit dem Deutschen Turner-Bunde zu tragen; wir haben zu danken dem Senat der Stadt Berlin, für die vielfältige Unterstützung und die finanzielle Hilfe, die wir auch diesmal wieder erfahren haben — wir haben zu danken der Kultusministerkonferenz, und den

Kultusministern und Schulsenatoren der Bundesländer dafür, daß sie den Lehrern die Möglichkeit der Teilnahme gegeben haben.

Unser Dank gilt allen, die sich als Referenten, als Arbeitskreisleiter oder für praktische Lehraufträge und Demonstrationen zur Verfügung gestellt haben. — Wir haben ganz besonders herzlich zu danken unseren Freunden vom Berliner Turnerbund, die die Hauptlast der Vorbereitung auch diesmal wieder auf sich genommen haben. Sie haben damit den ohnehin schon sehr hohen Vertrauenskredit beim Deutschen Turner-Bund erneut erhöht. — Und schließlich fühle ich mich verpflichtet, Ihnen allen zu danken für die Ermunterung, die wir durch Ihre Teilnahme erfahren haben. Ich hoffe, daß der Kongreß die Erwartungen erfüllen kann, die der DTB und das Bundesinstitut für Sportwissenschaft als Veranstalter und die Sie als Teilnehmer mit ihm verbinden.

Ich wünsche dem Kongreß Erfolg, Ihnen allen bei der Arbeit viel Freude.

Rudi Müller
1. Vorsitzender der Deutschen Turnerjugend

Schlußwort

Niemand von uns, meine sehr verehrten Damen und Herren, am wenigsten sicherlich der Deutsche Turner-Bund, wird von diesem Kongreß erwartet haben, daß er nach diesen arbeitsreichen Tagen heute oder morgen in der Lage ist, mit Patentlösungen und Spezialrezepten aufzuwarten.

Aber allein die Tatsache, daß hier in Berlin Lehrer, Dozenten, Übungsleiter, Ärzte, Eltern, Vertreter verschiedenster Träger, Organisationen und Verbände zusammengekommen sind, um nicht feststellen zu wollen was sie von einander unterscheidet, sondern aufzuzeigen, was sie im gemeinsamen Anliegen, Bewegung und Bewegungserziehung, miteinander verbindet, war dem Deutschen Turner-Bund dieser Kongreß wert.

In der Fragestellung, ob dieser Kongreß sein Ziel erreicht hat, ist sicher, daß Sie, meine sehr verehrten Damen und Herren, dem Deutschen Turner-Bund und nicht zuletzt allen, die im Bereich Bewegungserziehung mitverantwortlich sind, eine Menge Hausaufgaben aufgetragen haben.

Sicher ist auch, daß der Deutsche Turner-Bund unter Ihnen eine große Zahl von Freunden und Mitstreitern gefunden hat, die bereit sind, sich zu einer „Lobby für Kinder" zusammenzuschließen und dafür danken wir Ihnen allen.

Liebe Freunde, meine sehr verehrten Damen und Herren, Freunde sollten nicht auseinandergehen, ohne vorher einen neuen Treffpunkt vereinbart zu haben.

Im Namen des Deutschen Turner-Bundes und im Auftrag des Vorsitzenden des Vereins Deutsches Turnfest 1978 — Dr. Jochen Benecke, der hier unter uns weilt, lade ich Sie alle herzlich ein, zum Deutschen Turnfest 1978 nach Hannover zu kommen. In- und ausländische Institute, Gruppen aus den Vereinen und Landesturnverbänden werden Ihnen im Rahmen dieser festlichen Tage in Lehrvorführungen und anderen turnerischen Darbietungen einen Einblick in die ebenso vielseitige wie weitgefächerte turnpraktische Arbeit unseres großen Bundes vermitteln.

Hier und heute aber gilt es all denen Dank zu sagen, die diesen Kongreß vorbereitet und durchgeführt haben. Den Referenten, den Arbeitskreisleitern, den Leitern der Vorführungen, den Protokollanten und vor allem aber unserem lieben Herrn Erwin Hahn, der mit dem Kongreßausschuß mit Beharrlichkeit und Geduld den Kongreß in Bewegung gesetzt hat.

In diesem Zusammenhang, meine sehr verehrten Damen und Herren, erlauben Sie mir sicher noch das Wort an Herrn Ministerialrat Kurtz zu richten.

Verehrter Herr Ministerialrat Kurtz, der Deutsche Turner-Bund bedankt sich nicht nur für das Grußwort, das Sie uns von Herrn Minister Maihofer überbrachten, sondern wir bitten Sie, unseren Dank an das Bundesinstitut für Sportwissenschaft, das uns die Durchführung dieses Kongresses ermöglichte, weiterzuleiten.

Wir hoffen zuversichtlich, daß Sie Herr Ministerialrat, sich im Laufe des Kongresses davon überzeugen konnten, daß hier Steuergelder renditebringend angelegt wurden.

Dank und Anerkennung gebührt auch dem Berliner Turnerbund, seinem 1. Vorsitzenden Günter Hein, Manfred Stelse und allen seinen Mitarbeitern, dem Senat und der Verwaltung dieser gastfreundlichen Stadt.

Und jetzt, meine sehr verehrten Damen und Herren, liebe Freunde, möchte ich Sie bitten, sich mit Kreativität in ihren Beifallsäußerungen zu versuchen, denn es gilt, dem guten Geist dieses Kongresses den wohlverdienten Dank abzustatten. Frau Mekelburger, der Kongreß dankt mit Bewegung.

Mit der Bitte dem Deutschen Turner-Bund auch weiterhin in Freundschaft verbunden zu bleiben und ihn bei der Bewältigung seiner Hausaufgaben zu unterstützen, grüße ich Sie alle, danke Ihnen und wünsche Ihnen eine gute Heimkehr.

Erwin Hahn

Demonstrationen

Will man die unterschiedlichen Ansätze der Bewegungserziehung im Elementar- und Primarbereich darstellen, stößt man auf enorme Schwierigkeiten. Sicher könnte man durch die Arbeit an unterschiedlichen Geräten ein vielfältiges Bewegungsangebot erkennen, das einen bunten Querschnitt der Kinderarbeit zeigen könnte.

Doch dies war bei den Demonstrationen in der Schöneberger Sporthalle nicht die Absicht.
Die Aufgabe der Gruppen aus dem Elementarbereich sollte vielmehr sein, die unterschiedlichen Ziele eines solchen Unterrichtes und die Wege dazu zu demonstrieren.

So konnten folgende Ziele für diesen Unterricht definiert werden:

— Entwicklung von Fertigkeiten und der Aufbau turnerischer Geschicklichkeiten. Nach Kurz ist dies „die Vermittlung der Fähigkeiten und Fertigkeiten, deren Beherrschung Voraussetzung für die Teilnahme an allen möglichen Formen des Sporttreibens ist", nach Schoberth „die Entwicklung des motorisch-konstitutionellen Leistungsniveaus".
In diesem Ansatz, der von Bärbel Vitt dargestellt werden sollte, steht die Sachzentrierung im Vordergrund. Um bestimmte Fertigkeiten zu entwickeln, werden die klare Bewegungsanweisung und die Bewegungskontrolle benötigt.
Dieser Ansatz kommt dem tradierten „Klein-Kinderturnen"-Ansatz am nächsten.

— Entfaltung der kindlichen Persönlichkeit durch Bewegungsangebot und Sport.
Nach Decker hat Bewegungserziehung die Aufgabe, Erlebnisfähigkeit, Risikobereitschaft, Spiel und Leistungsfreude, aber auch soziale Interaktion und Selbstsicherheit zu entwickeln.
In diesem Ansatz, der von den Berliner Kindertagesstätten (KITAS) getragen werden sollte, sollen durch gezielte Anregungen für Bewegungsverhalten Möglichkeiten der Selbstrealisation und Kommunikation gefunden werden. Die Integration von Kindern in das gemeinschaftliche Gruppenleben wurde hierbei vor allem von einer Kindergruppe geleistet, in der über die Hälfte Ausländer- und Gastarbeiterkinder waren.
Ziel ist hier in erster Linie nicht die Entwicklung sportmotorisch definierter Fertigkeiten, sondern mehr die Möglichkeit der Selbstbestätigung und der Integration in die Gruppe.

— Entwicklung von Bewegungs- und Leistungsfreude sowie das Finden und Erfinden vielfältiger Variationen.
Eltern und Kinder sollten in dem von Helmut Schulz vorgetragenen Ansatz, Anregungen zur Erweiterung ihres gemeinsamen Spielraumes erfahren. Abseits von der Tagesarbeit der Eltern und den schulischen Belastungen der Kinder sollen sie in der freudvollen bewegungszentrierten Atmosphäre lernen, miteinander zu spielen. Dabei spielt die Variation, zugeschnitten auf die grundständigen Bedürfnisse jeder einzelnen Familie, eine bedeutende Rolle.
Hier werden nur Impulse und Anregungen gegeben, sich mit einem Bewegungsproblem selbständig auseinanderzusetzen. Hier gibt es keine „richtig" oder „falsch", sondern nur ein „Sowohl" „Als auch".

— Entwicklung von Handlungsstrategien zur Befriedigung eigener Bedürfnisse und Abbau von motorischen Defiziten.
Kindliches Verhalten ist nicht ausschließlich durch Bewegungs- und Expansionsdrang geprägt. In der urbanisierten Umwelt kommt es zu vielfältigen Behinderungen, die sich als raum-zeitliche, soziale und psychische Barrieren bei einzelnen Kindern aufbauen. Diese Milieuschädigung wirkt sich auch im motorischen Bereich aus. Im Sozialisationsansatz von Treess/Treess wurden Bewegungsangebote gezeigt, bei denen Kinder durch selbst ausgesuchte Formen die eigene Sozialkompetenz erfahren und Behinderungen abbauen sollten. Sie sollten erfahren, daß Sport, Spiel und Bewegung hilft, zu sich selbst zu finden.

Die Beurteilung der vorgegebenen Strukturansätze durch die Zuschauer der Demonstrationen in der Schöneberger Sporthalle machte deutlich, wie schwierig es ist, die Ansätze klar voneinander zu trennen.

Es sollte auch hier noch einmal wiederholt werden. Es gibt keine Bewegungserziehung, die nicht Motivationen zu setzen hat, die nicht Aufgaben stellt, die nicht schwachen, ängstlichen oder geschädigten Kindern hilft und die nicht zur Persönlichkeitsbildung der Kinder beiträgt.

So konnten nur bedingt unterschiedliche Strukturen eines „mehr sachzentrierten", eines mehr „motivationszentrierten" Unterrichtes usw. gezeigt werden.

Berücksichtigt man noch die gestalterischen Bemühungen jedes einzelnen Demonstrationsgruppenleiters, so ist verständlich, daß einige Verwischungen und wenig unterschiedliche Strukturen erkennbar wurden.

Eine Differenzierung der Bewegungserziehung gelingt im Primarbereich schon wesentlich besser. Hier konnte eine Auflösung der Strukturen nach methodischen Gesichtspunkten recht gut erfolgen.

Die Einbindung in einen in Lehr- und Trainingsplänen verankerten und an der vorhandenen Leistungsfähigkeit der Kinder orientierten Zusammenhang ließ eine klare Standortbestimmung zu. In der Zentrierung auf Rhythmik, turnerische Grundausbildung und turnerische Leistungsentwicklung waren auch klare Marken gesetzt.

— In der rhythmisch-gestalterischen Arbeit, dargestellt von Wolfgang Tiedt, sollte die Bewegungsgestaltung im Mittelpunkt stehen. In der Verbindung von Bewegung, Mimik und Musik sollte Improvisation, Variation und Gestaltung erreicht werden.
  Der methodische Aufbau wurde in den einleitenden Interaktionsspielen, den folgenden Bewegungsübungen, der Diskussion der erfundenen Einfälle und in dem abschließenden „Flaschenfließband" als Gruppengestaltung sichtbar.
— In der turnerischen Arbeit (Hans-Joachim Dörrer) wurde das Prinzip der methodischen Übungsreihe als eine Vorstufe des programmierten Lehrens und Lernens vorgestellt.
  Die nach methodischen Grundsätzen aufgebaute Übungsfolge will über vorbereitende Übungen zu den Zielübungen voranschreiten. Diese wiederum werden in Steigerungen und Variationen zu einem breiten Bewegungsrepertoire führen und die Fähigkeiten der einzelnen Kinder berücksichtigen. Über die Grobform wird die Feinform eines Bewegungsablaufes erlernt.
— In der sportlich-leistungsoptimierenden Arbeit des Landes-Leistungszentrums Turnen Berlin (Ludwig Forster) konnte nur der rein technische Teil der Arbeit mit Talenten gezeigt werden. Sportliche Höchstleistungen setzt die Entwicklung aller leistungslimitierenden Faktoren voraus. Neben der in der Demonstration gezeigten technischen Ausbildung werden auch Kondition und Taktik, aber auch die psychischen Komponenten wie Stabilität, Risikobereitschaft, Kampfgeist und Motivation entwickelt. Die Feinstformung turnerischer Bewegungen konnte gut aufgezeigt werden.

Die Demonstrationen hatten ihre Eigendynamik und konnten so zwar aus dem Kongreß heraus nicht zwingend abgeleitet werden, wirkten aber sehr nachhaltig in die Diskussionen der Arbeitskreise und in die Praxis der Lehrwoche hinein.

Bärbel Vitt

Spiel- und Bewegungsformen mit Luftballons und an Bänken und Kästen.

Elementarbereich: Sachzentrierter Ansatz

Einengung und Einschränkung des Bewegungsraumes unserer Umwelt ist für Kinder im Vorschulalter besonders gravierend. Haltungs- und Bewegungsstörungen sind Folgen eines Bewegungsmangels, der unseren Kindern aufgezwungen wird.

Wir müssen darum dem Kind Bewegungsmöglichkeiten schaffen, um damit dem Spiel- und Bewegungsbedürfnis Raum zur Entfaltung zu geben.

Wichtig dabei ist die Erfahrung, daß freies Sich-Bewegen Lust und Freude bereitet. Bewegungserfahrung gesammelt und die Bewegungsfertigkeit verbessert wird.

Das Bewegungsangebot im Elementarbereich soll vielfältig sein, damit sich die motorischen Grundfertigkeiten bei allen Kindern entwickeln können.

Mit Hilfe von Kleingeräten — Kästen, Bänke, Matten — soll das Vorschulkind alleine und in der Gruppe motiviert und herausgefordert werden, seine körperliche Leistungsfähigkeit zu steigern.

Der Deutsche Turner-Bund will mit seinem vielfältigen Angebot in seinen Vereinen im Elementarbereich Bewegungsmöglichkeiten schaffen, um damit dem Spiel- und Bewegungsbedürfnis der 3- bis 6jährigen entgegenzukommen.

Kinder des TuS Lichterfelde-Berlin, im Alter von 3 bis 6 Jahren zeigen Spiel- und Bewegungsformen mit Luftballons und an Kästen, Bänken und Matten.

A. Spiel und Spaß mit Luftballons

Koordination, Geschicklichkeit und Anpassung an ein Gerät werden in spielerischer Form erlernt. Musik soll helfen, bestehende Bewegungsbarrieren zu überbrücken und gelöstes — spontanes und schöpferisches Verhalten zu fördern.

B. Bänke, Kasten, Matten — zur Entwicklung der Geschicklichkeit

Überleitend vom Spiel mit den Luftballons wird die Bank in die Bewegungsformen mit einbezogen.

„Wer kann?" Luftballons und Bank in verschiedenen Bewegungsformen miteinander verbinden und immer neue Formen erfinden?

Spezifisch leistungsbezogene Aufgabenstellungen, die schon im Elementarbereich auf eine bestimmte *Spezialisierung* hinzielen, sind *abzulehnen.*

Das *vielfältige* Bewegungsangebot und die sich daraus ergebenden Bewegungserfahrungen und Erfolgserlebnisse sollten im Vordergrund stehen.

Hauptziel: Entwicklung von Fertigkeiten und das Training von turnerischen Elementen.

Methode: Kindgemäße Anweisungen für alle Kinder, dazu Hilfen und Kontrollen.

Ursula Arnold-Jäger / Helga Eymann / Gerhild Nebus / Ursula Stelse

(Berliner Kindertagesstätten. Koordination: Der Senator für Familie, Jugend und Sport, Berlin)

Entwicklung kognitiver Fähigkeiten und sozialer Interaktion.

Elementarbereich: Persönlichkeitszentrierter Ansatz

Wir wissen, daß unsere Kinder — vor allem in den Innenstadtbezirken — zu wenig Bewegungsmöglichkeiten haben, daß die meisten Kinder Haltungs- sowie Fußschwächen und -schäden aufweisen; wir wissen, wie nötig es ist, eine Bewegungserziehung so früh wie möglich mit den Kindern zu beginnen. Aus diesem Wissen heraus sind in den landeseigenen Kindertagesstätten Fachkräfte für Bewegung und musisch-rhythmische Betätigung eingestellt.

Sie sollen den natürlichen Bewegungsdrang unserer Kinder so unterstützen und fördern, daß die Kinder im Spiel eine Bewegungsförderung erfahren. Dabei soll den Kindern ermöglicht werden, Haltungsschwächen abzubauen, aufgeschlossen und sicher zu werden, aktiv die eigene Motorik zu erleben und mit ihr umzugehen lernen. In diesen „Stunden" werden die Spielsituationen zu Lernsituationen für das Kind, das aus Freude an der Bewegung aktiv zu einer Anstrengungsbereitschaft — Leistungsmotivation kommt. Nutzt das der Bewegungserzieher, so wird er dem Kind helfen können, über Motivation, Anleitung und Übung motorische Grundeigenschaffen wie Gewandtheit, Geschicklichkeit etc. zu erlernen.

Der Senator für Familie, Jugend und Sport hat für eine Lehrdemonstration im Rahmen des Kongresses „Kind und Bewegung" vier Kindergruppen aus unterschiedlichen Bezirken im Alter von 3 bis 6 Jahren ausgesucht, die mit ihren Bewegungserziehern Frau Arnold-Jäger, Frau Eymann, Frau Nebus und Frau Stelse gemeinsam turnen.

Die Demonstration soll zeigen, mit wieviel Spaß und Freude sich Kinder bewegen. Tennisringe, Bänder, Papier und Stühle werden genutzt, um die Aktivitäten der Kinder zu unterstützen und zu fördern.

Das Turnen mit einfachen, in jedem Kindergarten vorhandenen Hilfsmitteln (Geräten) zeigt, wie auslastend, freudevoll, spielerisch und bewegungsreich auch mit begrenzten Mitteln in kleinen Räumen gearbeitet werden kann. Jedes Kind wird u. a. beim Gehen und Laufen, Hüpfen und Springen, Werfen und Fangen, Heben und Tragen sowie beim Kriechen, Stoßen, Balancieren, Rollen und Stützen ein Erfolgserlebnis haben. Es wird sagen: „Ich kann ...". Motorische Fähigkeiten und Fertigkeiten, soziale und psychische Lernziele tragen zur Persönlichkeitsentwicklung jedes einzelnen Kindes bei. Unsere Übungsstunden regen zu abwechslungsreichem, phantasievollem, spielerischem, selbständigem, schöpferischem Tätigsein an.

Hauptziel: Entwicklung sozialer und psychischer Eigenschaften, Bewegungsfreude und Geschicklichkeiten mit einfachen Mitteln.
Methode: Gezielte Anregungen an alle Kinder für Bewegungsmöglichkeiten.

HELMUT SCHULZ

Familienturnen — Angebot zur gemeinsamen Bewegungserziehung

Elementarbereich: Motivationszentrierter Ansatz

Bewegungsmangel, Haltungsschwächen und -schäden, mangelnde Bewegungskoordination, Kreislauf- und Stoffwechselstörungen als Folge der Bewegungsarmut, *zunehmend geringer werdende soziale Beziehungen innerhalb der Familie,* fehlende Kontaktfähigkeit und passiver Konsum des Unterhaltungsangebotes in einem ständig wachsenden Freizeitraum sind nur einige Aspekte einer sich aus den heutigen Lebens- und Arbeitsbedingungen ergebenden Problematik.

Wir wollen Kindern und Erwachsenen in unserer Gesellschaft Alternativangebote machen, mit deren Hilfe die vorhandenen Mängel gemildert bzw. beseitigt werden: Aktive Freizeitgestaltung im Rahmen der Familie, des Vereins oder einer anderen Gemeinschaft, Förderung der Bewegungsfreude, Kontaktfindung, Weckung selbstbestimmter Handlungen.

Zusätzlich zu der bisher fast ausschließlich angestrebten Verbesserung motorischer Fähigkeiten und Fertigkeiten müssen verstärkt personale und soziale Lernziele, wie Förderung der Kreativität, Kooperationsfähigkeit, Kommunikationsfähigkeit etc., in Übungsstunden mit Kindern realisiert werden.

Das Üben und Spielen im Familienverband, innerhalb und außerhalb des Vereinslebens fördert besonders das soziale und kommunikative Verhalten aller Beteiligten und eröffnet durch sportliche Betätigung ein Lernfeld für die gesamte Familie, das in sich in geringem Maße genutzt wird. Das Prinzip des koedukativen und altersübergreifenden Miteinander, der Einsatz von einfachsten Spiel- und Sportgeräten, die sich nicht ausschließlich an den Normen und Gesetzen des Spitzensports orientieren, eröffnen einen neuen sportlichen, sozialen und kommunikativen Erfahrungsbereich und vielfältige Möglichkeiten zur gemeinsamen sportlichen Betätigung unabhängig von Raum und Zeit.

In der 20 Minuten dauernden Demonstration mit Berliner Kindern versuche ich aufzuzeigen, daß auch Lernziele, wie die oben genannten, als Teilziele in jeder Übungsstunde durch Aufgaben zur freien Bewegungsgestaltung und bewußten Zusammenarbeit der Partner — Vater, Mutter und Kind — angestrebt werden können. Die von mir gezeigten Übungen können und sollen Anregungen für aktive Freizeitgestaltung zu Hause und im Verein und Anreiz zum Selbstfinden und -gestalten neuer Übungen sein.

Es wäre zu wünschen, daß noch mehr als bisher Turn- und Sportvereine Anregungen und Hinweise für selbständiges Bewegen in der Freizeit geben und die sinnvolle Nutzung von Geräten, die im Haushalt oder in der Freizeit Verwendung finden, zeigen würden.

Hauptziel: Entwicklung von Bewegungsmotivation in altersgemischten Gruppen und der Variationsmöglichkeiten zum Aufbau eines sozialen Lernfeldes.
Methode: Impulse an die Eltern (Teilgruppe) als Motivatoren der Kinder. Herausheben besonders gelungenen Bewegungsverhaltens als Variationsimpuls.

HELGA und UWE TREESS

Entwicklung von Handlungskompetenzen im Sport

Elementarbereich: Sozialisationszentrierter Ansatz

Eine Demonstration mit einer Kindergruppe, die vorher mit der Leitung nicht zusammengearbeitet hat, kann nicht hinreichend die Perspektiven und die Wirkungen einer auf langfristige pädagogische Beeinflussung angelegten Arbeit mit Kindern verdeutlichen.

Der Turn- und Sportverein stellt ebenso wie der Kindergarten und die Vorschule Kindern im Alter bis zu 6 Jahren Lernangebote bzw. Lernsituationen bereit. Diese Lernsituationen sind eigens eingerichtete, planmäßige Veranstaltungen, die — durch Lehrpersonen vermittelt — zu Lernprozessen bei Kindern führen sollen. Die Vermittlung geschieht von seiten der Übungsleiter/Erzieher/Lehrer immer, ob bewußt oder nicht, nach bestimmten Vorstellungen vom Menschen, nach einer „implizierten Persönlichkeitstheorie" (vgl. ULICH/MERTENS: Urteile über Schüler. Weinheim 1976[3], 98 ff.).

Leitbild unserer Erziehung ist die kompetente und selbstbestimmte Persönlichkeit.

An Hilfsaufgaben wurden gestellt:

— Welche Einfälle können wir für die Spielszene „Flaschenfließband" gebrauchen?
— Einfälle werden ausprobiert und überprüft, welche besser sind.

5. Phase: Aufführung und Vorstellen der verschiedenen „Flaschenfließbänder".

Hauptziel: Erweiterung der eigenschöpferischen Möglichkeiten im motorischen Bereich.

Methode: Beschreibung bestimmter Situationen, die gespielt werden sollen, wobei kreative Möglichkeiten und persönlichkeitsadäquate Verhaltensformen unterstützt werden.

HANS-JOACHIM DÖRRER

Methodische Übungsreihe Hocke am Kasten

Primarbereich: Turnerisch-technische Zentrierung

Dem natürlichen Bewegungsbedürfnis unserer Kinder muß auch im Gerätturnen als einer Grundforderung Rechnung getragen werden. Ansatzpunkt für das Gerätturnen im Primarbereich sind daher die von den Kindern beim Schuleintritt gezeigten Grundtätigkeiten (wie Kriechen, Gehen, Laufen, Hüpfen, Springen, Balancieren, Heben, Tragen, Ziehen, Schieben, Stützen, Schwingen, Hängen, Klettern, Steigen, Wälzen und Rollen). Diese Grundtätigkeiten gilt es aufzugreifen und durch ein vielfältiges und freudvolles Bewegen an und mit Geräten weiterzuentwickeln.

Durch das Anwenden der Grundtätigkeiten werden die physischen und motorischen Bewegungsgrundlagen des Kindes erweitert und somit auf einer breiten Basis die Lernvoraussetzungen für den Erwerb der turnerischen Grund- und Leistungsformen geschaffen.

Es geht demnach bei der Konzeption des Gerätturnens im Primarbereich darum, das motorische Lernen und Üben von einem vielseitigen Anwenden der Grundtätigkeiten an und mit Geräten zu einem zunehmend formgebundenen Bewegen in den turnerischen Grund- und Leistungsformen zu entwickeln.

Im Verlauf dieser turnerisch-technischen Zentrierung kommt dem Einsatz methodischer Übungsreihen eine besondere Bedeutung zu. Es handelt sich dabei um methodisch geordnete Übungsfolgen, die zum Erlernen einer bestimmten motorischen Fertigkeit (Zielübung) führen sollen.

Der Grundaufbau der methodischen Übungsreihe ist durch drei Stufen gekennzeichnet:

a) Stufe des Vorbereitens und Schaffens der notwendigen Lern- und Leistungsgrundlagen;
b) Stufe des Erlernens der jeweils ausgewählten Bewegungsfertigkeit;
c) Stufe des Übens und Festigens der neu erlernten Bewegungsfertigkeit.

1. Zum Vorbereiten und Schaffen der notwendigen Lern- und Leistungsgrundlagen:

Voraussetzung für das Erlernen der Hocke über den seitgestellten Kasten ist die sach- und kindgerechte Entwicklung der Sprung- und Stützkraft.

Übungsbeispiele:

Laufspiele

— Laufspiel mit „Zusatzaufgaben": Durcheinanderlaufen und auf Zuruf in die „Hocke", in den „Sitz" gehen, sich auf den „Bauch" oder „Rücken" legen und schnell weiterlaufen.
— Haschen oder Nachlaufen: Auf begrenzter Spielfläche versucht ein Fänger abzuschlagen. Die Mitspieler müssen vor dem Fänger weglaufen oder sich in die Freimale retten. Unter der vorgegebenen Zielsetzung können Freimale vereinbart werden wie Hockstand, Sitz, Bauch- oder Rückenlage, Liegestütz, Hampelmannspringen usw. Wer abgeschlagen wird oder die Grenze überschreitet, wird zum Fänger.
— Nummernwettlauf: Mehrere Mannschaften mit jeweils 4 bis 6 Spielern stellen sich so zueinander auf, daß die ersten einer jeden Mannschaft einen Kreis bilden. Sobald nun eine Nummer aufgerufen wird, läuft aus jeder Mannschaft der betreffende Spieler einmal um den Kreis zu seinem Platz zurück. Der schnellste Läufer erhält für seine Mannschaft jeweils einen Punkt. Abwandlungen im Hinblick auf die vorgegebene Zielsetzung: Auf einem Bein um den Kreis hüpfen, auf allen vieren laufen, „wie ein Hase" hüpfen usw.

Partnerspiele (Partnerwettkämpfe)

— Wir bilden Zweiergruppen: Faßt euch bei den Händen und versucht euch gegenseitig leicht auf die Füße zu treten!

— Die Partner fassen sich wieder bei den Händen: Wer kann den anderen wegschieben?
— Die Partner sind im Hockstand: Versucht euren Partner mit den Händen umzustoßen!
— Bankspringen: Ein Partner macht eine „Bank"; der andere überspringt diese „Bank" im Lauf-, Schluß- oder Hocksprung und kriecht anschließend unter ihr hindurch, um dann schnell für den Partner selbst eine „Bank" zu halten. Welches Paar schafft am schnellsten 5 Durchgänge?

2. Zum Erlernen der ausgewählten Bewegungsfertigkeit:

Der Einstieg in den Lernprozeß erfolgt gemäß der oben dargelegten Gesamtkonzeption des Gerätturnens im Primarbereich über die Grundtätigkeiten Kriechen, Laufen, Hüpfen, Springen und Stützen, die in vielfältigen Bewegungsaufgaben zielgerichtet auf die technomotorischen Anforderungen der Zielübung ausgerichtet werden.

Übungsbeispiele:

Am Stützbarren:
— Auf allen vieren über die Holme krabbeln.
— Durch die Holmengasse stützeln.
— Stützhüpfen durch die Holmengasse.
— In die Mitte der Holmengasse wird ein kleiner Kasten gestellt: Aus dem Anlauf Hockwende über einen Holm mit Absprung vom kleinen Kasten.

An Schwebebänken:
— Wir stellen zwei Schwebebänke in körperbreitem Abstand nebeneinander auf: Auf allen vieren über die Schwebebank krabbeln.
— „Wie ein Hase" über die Schwebebank hocken.
— Hockwenden in fließender Folge über die Schwebebank hinweg.
— Wir legen in die Gasse zwischen den Schwebebänken 3 Medizinbälle: Mit Stütz auf den beiden Schwebebänken in der Gasse entlang und über die Bälle hinweghocken.

Am Sprungkasten mit aufgelegten Schwebebänken:
— Wir legen zwei Schwebebänke in körperbreitem Abstand nebeneinander auf einen niedrigen seitgestellten Sprungkasten: Auf allen vieren die Schwebebank hinaufkrabbeln.
— „Wie ein Hase" die Schwebebank hinaufhocken und vom Kasten einen Strecksprung ausführen.
— Mit Stütz auf den beiden Schwebebänken die Gasse hinauf bis auf den Kasten hocken. Abgang vom Kasten wie bei der Übung zuvor.
— Wer schafft das Hocken durch die Bankgasse mit den wenigsten Absprüngen?

An einer Gerätebahn aus kleinen Kästen:
— Kleine Kästen werden im Abstand von 1 bis 2 m hintereinander aufgestellt: Die Kästen im Laufen überspringen.
— Schlußsprünge in fließender Folge von den Kästen in die Zwischenräume.
— Dasselbe, aber jetzt über die Kästen hinweg.
— „Wie ein Hase" von Kasten zu Kasten hocken.

Auf dieser motorischen Bewegungsbasis kann nun die Hocke unter erleichterten Bedingungen erprobt werden. Wir stellen dazu zwei seitgestellte Kästen so nebeneinander, daß eine körperbreite Gasse entsteht. Zwischen die höchsten Griffstellen wird eine zusammengerollte Zeitung gelegt, über die hinweg die Hocke gesprungen werden soll. Bei diesem Geräteaufbau können auch die schwächeren Kinder die Hocke springen, weil ein Hängenbleiben an der Zeitung unmöglich ist. Darüber hinaus wird durch die Anfangshöhe das fehlerhafte „Durchhocken" weitestgehend eingeschränkt.

Für ängstliche Kinder stellen wir zusätzlich noch zwei Helfer vor die Kästen, die wie folgt in die Hilfeleistung eingewiesen werden: Stellt euch Schulter an Schulter vor die Kästen und setzt das innere Bein vor; wenn die Übenden stützend das Gerät berühren, erfaßt ihr mit beiden Händen jeweils einen Oberarm (Klammergriff), setzt das vorgestellte Bein einen Schritt zurück und tragt bzw. begleitet so die Übenden in den Stand (s. dazu Dörrer, H. J. in: Schulz/Peiffer/Kalb: Turnen und Spielen mit Musik im Elementar- und Primarbereich, Celle 1978, 107—115.

Wenn die Hocke an der Kastengasse ohne Hilfestellung sicher gesprungen wird, folgt als letzte Übungsstation auf dieser Stufe der seitgestellte Kasten. Dabei wird die Hocke zunächst wieder mit Hilfeleistung oder Sicherheitsstellung geübt.

3. Zum Üben und Festigen der neu erlernten Bewegungsfertigkeit

Auf dieser Stufe soll die in der Grobform erlernte Bewegungsfertigkeit durch Anwenden unter veränderten Bedingungen gefestigt und ausgeprägt werden.

Übungsbeispiele:

— Aus dem Anlauf Hocke über das niedrige Reck.
— Hocken an einer Gerätebahn, die aus den vorhandenen Sprunggeräten (Kästen, Böcke, Pferde) aufgebaut wird.
— Dasselbe, aber in Kombination mit Grätschen.
— Hocken an einer Gerätebahn aus verschiedenen Geräten (z. B. Kasten, Schwebebalken und Reck).

Entscheidend ist dabei, daß die Hocke mehrfach hintereinander geübt wird, damit sich der neu erlernte Bewegungsablauf automatisiert und dadurch zum festen Besitz wird. Dieses Üben kann durch den Einsatz von Musik noch intensiviert werden (s. dazu Dörrer, H. J. in: Schulz/Peiffer/Kalb: Turnen und Spielen mit Musik im Elementar- und Primarbereich, Celle 1978, 107—115.

Für die Hocke passen alle Rhythmen, zu denen man laufen kann (z. B. Querfeldein, auf Fidula-Schallplatte FF 1194. Fidula Verlag).

Hauptziel: Die nach methodischen Grundsätzen geordnete Übungsfolge zur Entwicklung turnerischer Bewegungsformen. (Methodische Übungsreihe, Lehrprogramm).

Methode: Zielgerichtete Aufgabenstellungen an die ganze Gruppe mit Hilfen und Kontrollen. Nach Schwierigkeitsgraden geordnetes Programm, von der Vor- zur Zielübung).

Ludwig Forster

Entwicklung der Stützkraft bei einfachen und schwierigen kunstturnerischen Elementen.

Primarbereich: Sportlich-leistungsoptimierende Zentrierung

16 Jungen des Landesleistungszentrums Berlin zeigen einen kleinen Bereich der Entwicklung zu kunstturnerischen Leistungen auf. Die gezeigten Übungsformen gehören zu den Elementarübungen, die im Training immer wieder gefordert werden, stellten für die Jungen also keine unbekannten, neu zu erarbeitenden Elemente dar.

Im Vordergrund unserer Demonstration steht die Entwicklung der Stützkraft verbunden mit einfachen und schwierigsten kunstturnerischen Elementen.

Im allgemeinen Übungsbetrieb für Anfänger gilt es, eine allgemeine Leistungsfähigkeit zu schaffen. Diese Aufgaben werden in einigen Vorführungen zu Beginn gezeigt. Der Umfang der Belastung muß bei fortgeschrittenen Jungen kontinuierlich zunehmen, und zwar im Blick auf die speziellen Anforderungen der jeweiligen Sportart. Hier setzt unsere Demonstration mit zwei in ihrer körperlichen Entwicklung unterschiedlichen Gruppen ein.

Eine jüngere Gruppe im Alter von 9—12 Jahren turnt am Kastenbarren. Der Kastenbarren bietet eine breite und weiche Stützfläche und nimmt damit die Angst vor Verletzungen. Die Kinder können sich besser auf die Aufgabe konzentrieren.

Bei der zweiten Gruppe im Alter von 13—15 Jahren ist die Kraft schon gut entwickelt, die technischen Bewegungsabläufe sind oft genug geübt. Deshalb können diese Jungen ohne Gefahr schwierige Elemente am Barren mit entsprechender Hilfeleistung turnen.

Die jüngere Gruppe beginnt mit Stützschwingen im Kastenbarren. Ungeübte Kinder würden bei dieser einfachen Form bereits „einbrechen". Bei gutem Schwungverhalten werden mit Hilfestellung Handstände mit und ohne Drehung geübt.

Die älteren Jungen zeigen das Handstandschwingen ohne Hilfestellung. Mehrmaliges Handstandschwingen erfordert mehr Kraft und wird deshalb gefordert.

Es folgen vorbereitende Aufgaben, die zu den Beinschwungbewegungen vorwärts führen sollen (Luftrolle, Stützkehre, Dijamidow). Die jüngere Gruppe springt in den Kastenbarren und betont im Vorschwingen den Beinschwung. Am Ende des Vorschwunges springen die Kinder ähnlich wie beim Unterschwung ab. Hüftstreckung und Stütz sind zum Teil noch mangelhaft und müssen deshalb durch Hilfe unterstützt werden. Die älteren Jungen hingegen turnen den Vorschwung im Barren einige Male hintereinander in guter Ausführung.

Der Vorschwung soll nun bis zur Luftrolle führen. Die jüngere Gruppe übt dies mit starker Hilfestellung. Trotzdem ist ein zu kleiner Hüft- und Arm-Rumpf-Winkel nicht zu verhindern. Mangelnde Kraft verhindert noch ein gutes Schwungverhalten. Die zweite Gruppe turnt den Dijamidowkreisel am Barren, selbstverständlich auch mit Hilfestellung. Aufgrund des guten Schwungverhaltens und der bereits vorhandenen Kraft gelingen viele Kreisel sehr gut. Ich wähle den Dijamidowkreisel gern als Vorbereitung zur Stützkehre, weil er einen starken Beinschwung erfordert, um wieder in den Handstand zu gelangen. Ein zu frühes Umspringen wird verhindert, weil eine Hand im Stütz bleibt. Die jüngere Gruppe zeigt den Kreisel im Kastenbarren.

Schließlich wird eine Kombination gezeigt, die sich geradezu aufdrängt: Dijamidowkreisel und Stützkehre in den Handstand. Diese schwierige Verbindung wird von den älteren Jungen schon gekonnt geturnt.

Die gezeigten Fertigkeiten erfordern von der Grobformung bis hin zur Feinformung ein jahrelanges Training. Das Einspringen in den Barren zum Stützschwingen mit Hilfe des Minitrampolines bedeutet für die jüngere Gruppe eine schwere, lang erarbeitete Aufgabe!

Bleibt schließlich noch zu begründen, weshalb mit Kindern bereits so schwierige Elemente erarbeitet werden müssen: Kinder im Alter von 9—12 Jahren sind äußerst koordinationsfähig. Die Kraft ist in diesem Alter gut trainierbar, reicht aber für diese schwierigen Teile noch nicht aus. Deshalb wird die fehlende Kraft durch meine Hilfestellung ausgeglichen.

Das Kunstturnen bietet eine Fülle interessanter Bewegungen, von denen viele bereits in jungem Alter angeboten werden können. Das Training wird durch sinnvolle Spiele und technische Aufgaben, eher eigentlich technische Spielereien, äußerst vielseitig und abwechslungsreich gestaltet. Eine frühzeitige und zu häufige Wettkampftätigkeit würden eine sorgfältige Trainingsentwicklung verhindern. Unsere Arbeit zielt darauf ab, im Jugend- und Männerbereich hohe kunstturnerische Leistungen zu erzielen. Deshalb müssen wir im Kindesalter das Interesse am Kunstturnen wecken und bewahren. Das gelingt nur, wenn die Kinder — auch in ihrem zeitlichen Trainingsaufwand — nicht überfordert werden und neben dem Training pädagogisch gut betreut werden.

Hauptziel: Die Leistungsoptimierung durch die Entwicklung aller an der Entwicklung der Leistung beteiligten Faktoren (Kondition, Technik, Taktik, psychische Vorbereitung).

Methode: Auf den einzelnen Jugendlichen abgestimmte Anweisungen, Hilfen und Kontrollen aus dem Trainingsplan für Turner.

Lorenz Peiffer

1. Internationale Lehrwoche der Deutschen Turnerjugend, 27. bis 30. November 1977, Berlin

Im Anschluß an den Kongreß „Kind und Bewegung" veranstaltete die Deutsche Turnerjugend eine Internationale Lehrwoche mit der Thematik „Turnen und Spielen für Kinder im Elementar- und Primarbereich". Inhaltlich und thematisch stand diese Lehrwoche in unmittelbarer Beziehung zu dem Kongreß. Hatte der Kongreß die Aufgabe, den Problembereich „Kind und Bewegung" in seiner gesamten Tragweite und Bedeutung vorwiegend einer theoretischen Betrachtung zu unterziehen, so sollten in der Lehrwoche die ersten Verbindungen von den wissenschaftlichen Aussagen zu der praktischen Arbeit des Kinderturnens in Verein, Schule und Elternhaus geknüpft werden. Die theoretischen Ansätze und Ergebnisse des Kongresses fruchtbar zu machen für die praktische Arbeit an der Basis, dem beziehungslosen Nebeneinander von Theorie und Praxis im schulischen, wie im außerschulischen Sport zu begegnen, auch dem nicht akademisch vorgebildeten Übungsleiter wissenschaftliche Erkenntnisse so darzubieten, daß sie für ihn als „praktikabel" verstanden und nicht als praxisferne Wissenschaft abgelehnt werden, dazu sollte diese Lehrwoche einen ersten Beitrag leisten.

An fünf ausgewählten Bereichen des Kinderturnens
— Rhythmische Bewegungserziehung,
— Familienturnen,
— Spiel und Kreativität,
— Sonderturnen im Verein,
— Leistungsentwicklung

wurden die Teilnehmer exemplarisch in die Theorie und Praxis dieser einzelnen Schwerpunkte eingeführt. Die jedem Themenbereich vorgeschalteten Referate hatten die Aufgabe, die inhaltliche Verbindung zum Kongreß herzustellen und die wesentlichsten Aussagen — soweit das in der Kürze der Zeit machbar war — zusammenzufassen. In gemeinsamer praktischer Arbeit mit den Teilnehmern oder in Form von Lehrdemonstrationen mit Kinder- und Familiengruppen wurden die theoretischen Erkenntnisse in der Praxis beispielhaft verdeutlicht und abschließend zur Diskussion gestellt.

Um eine inhaltliche Kontinuität von Kongreß und Lehrwoche auch personell zu gewährleisten, wurden die einleitenden Referate zu den einzelnen Themenblöcken jeweils von Mitgliedern des Kongreßausschusses gehalten.

In die Aufgaben und Inhalte einer „Rhythmischen Bewegungserziehung" führte Chr. Kirch ein. Mit Beispielen zur „Rhythmischen Bewegungsbegleitung", „Gestaltung von Kindertänzen" von B. Vogel und zur „Rhythmischen Gymnastik mit und ohne Musik" von H. Schulz wurden ihre Aussagen verdeutlicht und Handreichungen für die Praxis gegeben.

In seinem Beitrag „Familienturnen — neue Lernmöglichkeiten in einer neuen Organisationsform" verwies G. Kalb insbesondere auf die Förderung der sozialen Kontakte durch diese Form der koedukativen, altersübergreifenden sportlichen Betätigung. Eine Akzentuierung, die durch die Lehrvorführung „Er — Sie — Es — die Familien turnen" von H. Schulz eindrucksvoll demonstriert wurde.

„Spiel und Kreativität" war in enger Anlehnung an den Arbeitskreis 4 des Kongresses ein weiteres Arbeitsfeld, in das E. Hahn mit einem grundlegenden Referat einführte. Beispiele kreativen Handelns zeigten B. Vogel „Möglichkeiten der Sensibilisierung" und H. Schulz mit seiner Lehrdemonstration „Kinder wollen Bewegung".

Wie dem Anspruch des Deutschen Turner-Bundes „Sport für alle" Rechnung getragen werden kann, verdeutlichte H. Cicurs mit seinem Schwerpunktthema „Sonderturnen im Verein". In seinem einführenden Referat und der sich anschließenden Lehrdemonstration zeigte er Möglichkeiten einer sinnvollen Betreuung haltungsgefährdeter, organschwacher und koordinationsgestörter Kinder für den Vereinsbetrieb auf.

„Leistungsentwicklung" beinhaltet der letzte Themenbereich, in den L. PEIFFER mit seinem Beitrag „Probleme einer frühzeitigen motorischen Leistungsentwicklung" die Verbindung zu dem Arbeitskreis 5 des Kongresses zu ziehen suchte. Daß „Leistung" im Turnen nicht nur auf den sportmotorischen Bereich beschränkt bleiben muß, bewies H. J. DÖRRER in seiner praktischen Arbeit „Gerätturnen mit Kindern".

Die Inhalte und Ergebnisse dieser 1. Internationalen Lehrwoche der Deutschen Turnerjugend werden unter dem Titel: Turnen und Spielen mit Musik für Kinder im Elementar- und Primarbereich (Hrsg. H. SCHULZ / L. PEIFFER / G. KALB) veröffentlicht.

Biographische Daten der Mitarbeiter und Referenten des Kongresses

KLAUS ALTPETER

Komm. Bundeskinderturnwart des Deutschen Turner-Bundes, dienstlicher Rektor und Fachberater für Sport an saarländischen Grund- und Hauptschulen, Regierung des Saarlandes, Ministerium für Kultus, Bildung und Sport, Saarbrücken.
Schulsport — Zusammenarbeit Schule und Verein.
Aufsätze über die Bundesjugendspiele in „Sportunterricht". Zahlreiche Veröffentlichungen in „deutsches turnen", „turnerjugend" und „Olympische Jugend" über Schulsport/Vereinssport.

URSULA-ARNOLD-JÄGER

Staatlich geprüfte Gymnastiklehrerin an Kindertagesstätten in Berlin.
Bewegungserziehung mit Tagesstättenkindern der Laufkrippe, der 1. und 2. Elementarstufe und der Vorschulgruppen. Fortbildung für Erzieherinnen auf Bezirksebene zum Thema: Bewegungserziehung in Kindertagesstätten.
Mit Stelse, U.: Aus der Praxis der Bewegungserziehung. Eine Handreichung aus der Praxis der Bewegungserziehung, geschaffen für Kindertagesstätten. Berlin 1977.

EMIL BECK

Bundestrainer, Diplom-Fechtmeister, Bundesleistungszentrum Fechten, Tauberbischofsheim.
Leistungstraining (18 Nationalfechter), Talententwicklung, Dozent an der Trainerakademie Köln.
Mentales Training im Fechten. In: Waterloh/v. Dam: Sportmedizinische und trainingsphysiologische Probleme im Fechten. Aachen 1977, 108—112. — Strukturplan über Trainingsaufbau. In: Sportfechten (1975), 11. — Test für Talententdeckungen. In: Sportfechten (1976), 1.

HANS PETER BLEUEL

Freier Publizist, u. a. Mitarbeiter am Deutschen Jugendinstitut, München.
Die Stützen der Gesellschaft. München 1976. — Lebensaufgabe Alter. Stuttgart 1976. — Alte Menschen in Deutschland. München 1975. — Kinder in Deutschland. München 1974. — Das saubere Reich. München 1972.

HANSJOCHEN BRÜGGEMANN

Akademischer Oberrat am Sportwissenschaftlichen Institut der Hochschule des Saarlandes.
Curriculum/Didaktik des Sportes, Lehrerverhalten.
Kreativität im Sportunterricht — eine Bestandsaufnahme. In: Dieckert/Leist: Auf der Suche nach Theorie-Praxis-Modellen. Schorndorf 1976, 116—127. Verschiedene Aufsätze in Fachzeitschriften.

KLAUS CARL

Oberregierungsrat am Bundesinstitut für Sportwissenschaft, Köln.
Trainingslehre/Bewegungslehre.
Zur Terminologie des Trainings In: Leistungssport 6 (1976), 218—224, zusammen mit Kayser, D. — Wettkampfbeobachtung und Wettkampfanalyse. In: Kirsch, A. (Red.), Sportfilmtage 73 Oberhausen. Köln 1974, 103—113. — Über die Anwendung von Tests im sportlichen Leistungstraining. In: Leistungssport 3 (1973), 254—258.

Prof. ROBERT DECKER

Pädagogisches Institut, Walferdange/Luxemburg.
Ausbildung und Fortbildung von Vorschul-, Grundschul- und Sonderschullehrern im Fach Sport/Bewegungserziehung.
Durch Spiel zum Sport. Handbuch einer Spielerziehung der 6- bis 14jährigen für Lehrer und Übungsleiter, Service national de la Jeunesse. Luxemburg, o. J. — Le schéma de la leçon d'éduca-

tion physique, étude comparative de la situation actuelle des pays européens de langue française et allemande. In: L'Homme Sain (1969), 5, und in Gymnasion, Schorndorf (1969), 3 und 4. — Praxis und Theorie der psychomotorischen Erziehung bei behinderten und normalen Kindern in Frankreich. In: Eggert/Kiphard: Die Bedeutung der Motorik für die Entwicklung normaler und behinderter Kinder. Schorndorf 1976, 68—97. — Die psychomotorische Erziehung im Kindes- und Jugendalter. In: Hahn/Preising (Red.), Die menschliche Bewegung. Schorndorf 1976, 139—157. — Spiel und Sport als wichtige Sozialisationsfaktoren. In: Dieckert/Leist (Hrsg.), Auf der Suche nach Theorie-Praxis-Modellen im Sport. Schorndorf 1976, 75—88.

Hans-Joachim Dörrer

Oberstudienrat am Christian-Dietrich-Grabbe-Gymnasium, Detmold.
Didaktik und Methodik des Gerätturnens. Curriculumplanung im Bereich der Sekundarstufe II (insbesondere im Leistungsfach Sport).
Leistungsbetontes Gerätturnen im Grundschulalter — Methodische Übungsreihen zu den leistungsrelevanten turnerischen Grundformen. Celle 1974. — Von der Spielreform zur Leistung — Wege zur Leistungserziehung im Gerätturnen der 9- bis 12jährigen. Celle 1969. — Gerätturnen in der Primarstufe. In: Recla, J. und H., Sportunterricht — effektiv und vielseitig. Graz 1976, 129—144. Ständiger Mitarbeiter der Fachzeitschrift Turnen und Sport (TuS).

Helga Eymann

Gymnastiklehrerin an Kindertagesstätten in Berlin.
Bewegungserziehung im Tagesstättenbereich mit Kleinkindern im Alter von 2—6 Jahren.

Ludwig Forster

Sportlehrer, Landestrainer am Landesleistungszentrum Berlin und beim Berliner Turnerbund e. V.
Kunstturnen.

Eduard Friedrich

Sportdirektor beim Bundesausschuß Leistungssport im Deutschen Sportbund.
Trainingswissenschaften.
Bundestrainer im Deutschen Sportbund. Zu Stellung, Aufgaben und Qualifikationskriterien der Bundestrainer. In: Lenk (Hrsg.), Handlungsmuster Leistungssport. Schorndorf 1977, 232—235. — Fachartikel, hauptsächlich zum Kunstturnen.

Hans-Jürgen Fritz

Mitglied des Kongreßausschusses. Bundesjugendsekretär der Deutschen Turnerjugend. Landeskinderturnwart Mittelrhein und Lehrwart im Deutschen Turner-Bund.
Kinder- und Jugendturnen.
Diverse Veröffentlichungen in der Landesturnzeitung.

Erwin Hahn

Mitglied des Kongreßausschusses. Dipl.-Psychologe. Referent für Sportpsychologie am Bundesinstitut für Sportwissenschaft, Köln.
Psychische Vorbereitung. Sportpsychologische Diagnostik. Kreativität im Sport.
Kreativitätserziehung im vorschulischen und schulischen Bereich. In: Rieder/Hahn, Psychomotorik und sportliche Leistung. Schorndorf 1976, 151—166. — Psychodiagnostik — wofür? In: Schilling/Pilz, Sportpsychologie wofür? Basel 1974, 129—140. — Zum Begriff des Counselling und der Anwendung im Sport. In: Rieder/Feige/Hahn, 3. Europäischer Kongreß für Sportpsychologie. Schorndorf 1973, 16—19. — Probleme der Sportpsychologie und Psychologie des Trainers. In: Autorenkollektiv, Psychologie in Training und Wettkampf. Berlin 1973, 13—21, 129—139. — Hahn/Preising: Die menschliche Bewegung — Human Movement. Schorndorf 1976.

Prof. Dr. phil. Gerhard Hecker

Deutsche Sporthochschule Köln, Lehrstuhl Sportdidaktik II.
Unterrichtsforschung, Grundschuldidaktik, Motivationstheorie.
Hecker, G. / Trebels, A. T.: Sportdidaktik. Ratingen 1970. — Leistungsentwicklung im Sportunterricht. Weinheim 1971. — Das Problem der Operationalisierung von Lernzielen für den Sportunter-

richt. In: Sportwissenschaft 1 (1971), 126—135. — Operationalisierung von Lernzielen für den Sportunterricht, Forschung — Entwicklung — Anwendung. In: Sportwissenschaft 5 (1975), 328—338. — Hecker, G. / Beier, A. / Diehl, H.: Aufgabenkanon für 100 Sportstunden im 1. und 2. Schuljahr. Schorndorf 1974.

GÜNTER HEIN

Oberschulrat und Schulsportreferent beim Senator für Schulwesen, Berlin. Vorsitzender des Berliner Turnerbundes e. V. Vorsitzender des Bundesausschusses Ausbildung und Präsidialmitglied des Deutschen Sportbundes. Präsidialmitglied des Landessportbundes Berlin. Vorsitzender des Vereins Deutsches Turnfest 1968 Berlin. Präsident der 6. Gymnaestrada Berlin 1975.

Prof. Dr. HERBERT HOPF

Pädagogische Hochschule Niedersachsen, Abteilung Göttingen.
Didaktik der Bewegungslehre, schulpädagogische Forschung.

GÜNTER KALB

Mitglied des Kongreßausschusses. Wissenschaftlicher Assistent am Institut für Grundschulforschung im Fachbereich Erziehungs- und Kulturwissenschaften der Universität Erlangen-Nürnberg. Deutscher Turner-Bund (Bundesturnausschuß Kinderturnen; Historische Kommission; Arbeitskreis Schule, Hochschule und Verein).
Schulpädagogik und Didaktik der Primarstufe. Bewegungserziehung im Elementar- und Primarbereich. Geschichte der Leibeserziehung im schulischen und außerschulischen Raum.
Lautenschlager, B. / Kalb, G. / Holzheuer, M.: Die Praxis des Faustballspiels. Vom Schulsport zum Leistungstraining. Celle 1975. — Kalb, G.: Initiativen der Sportorganisationen im Bereich der Sporterziehung im Vorschulalter. In: Stübing, A. D. / Treess, U. (Hrsg.), Sporterziehung im Vorschulalter. Theoretische Grundlagen und Anregungen zur Praxis. München 1975, 212—225. — Kalb, G.: Zur Geschichte des Kinderturnens in Deutschland. In: Deutscher Turner-Bund 1975/76. Amtliches Jahrbuch des Deutschen Turner-Bundes. Celle 1975, 38—43.

PAUL KIEFER

Ltd. Ministerialrat im Kultusministerium Baden-Württemberg. Sportreferent.
Sport an Schule und Hochschule. Sport im außerschulischen Bereich. Mitglied des Landesausschusses zur Förderung des Leistungssportes. Mitglied des Landesausschusses zur Förderung des Freizeitsports. Schulsonderturnen und Sport für Behinderte.
Hierzu mehrere Veröffentlichungen in Fachzeitschriften, sowie in Tagungs- und Kongreßberichten.

CHRISTEL KIRCH

Mitglied des Kongreßausschusses. Wissenschaftliche Assistentin Sport an der Pädagogischen Hochschule, Göttingen. Bundeskinderturnwartin des Deutschen Turner-Bundes.
Kinderturnen (Vorschule und Primarbereich).

FRIEDHELM KREISS

Studiendirektor am Mannesmann-Gymnasium in Duisburg (Gymnasium in Ganztagsform). Deutscher Ruderverband. Redakteur der Arbeitshilfen „Der Übungsleiter".
Freizeitpädagogik. Methodik des Schulsports. Curriculumplanung im Bereich der Sekundarstufe II. Übungsleiter- und Trainerausbildung im Bereich des Deutschen Ruderverbandes und des Deutschen Sportbundes.
Turnen, Sport, Spiel, erstes deutsches Schulbuch für den Sportunterricht (zusammen mit J. Dieckert und H. Meusel). Frankfurt 1970, 1974. — Rudern, Methodik und Trainingslehre (zusammen mit H. J. Held). München 1974. — Familiensport Band 11 der Schriftenreihe Breitensport des DSB. Frankfurt 1973. — Kreativität und Sport. In: Jugend und Sport (1974), 5. — Lehrbriefe für Jugend- und Übungsleiter des Deutschen Sportbundes. Ca. 250 Zeitschriftenveröffentlichungen und Mitarbeiten an Buchprojekten zu den Bereichen: Freizeitsport, Familien- und Alterssport, Übungsstättenbau, Schulsport, Sportpraxis, Sportsprache, Sportpädagogik, Erwachsenenweiterbildung. Lehrfilm in 11 Teilen Rudern. FWU München, Hofmann-Verlag Schorndorf, 1977 (zusammen mit W. Schröder).

Prof. Dr. Dietrich Kurz

Institut für Sportwissenschaft der Universität Tübingen.
Sportpädagogik, Sportdidaktik.
Elemente des Schulsports — Grundlagen einer pragmatischen Fachdidaktik. Schorndorf 1977. — Sportlehrerausbildung — Analyse und Reform. Frankfurt 1975 (mit Dietrich, K. / Dassel, H. / Haag, H. / Menze, C. / Wolf, N.). — Sport und Sportunterricht in der Sekundarstufe II. In: Deutscher Bildungsrat (Hrsg.), Spiel und Kommunikation in der Sekundarstufe II. Stuttgart 1974 (mit Grupe, O. / Bergner, K.).

Prof. Theo Lautwein

Erziehungswissenschaftliche Hochschule Rheinland-Pfalz, Abteilung Koblenz.
Sportdidaktik (Elementar-/Primarstufe), kompensatorischer Sport.
Der Sportunterricht im 1. Schuljahr. Schorndorf 1973. — Spiel und Sport = Spaß und Gesundheit. Stuttgart 1972 (mit Sack, M.). — Praxis des Sportunterrichtes Freiburg 1974 (mit Rösch, H. E.). — Sportliches Spielen in der Grundschule. Schorndorf 1978.

Annegret Marona

Sport- und Gymnastiklehrerin an der Gertrud-Bäumler-Schule, Duisburg (Fachschule für Sozialpädagogik).
AK Vorschulerziehung der Deutschen Sportjugend Ausbildung von Erziehern/Erzieherinnen im Fach Sport.
Diverse Arbeitspapiere für den AK Vorschulerziehung der DSJ.

Regine Mekelburger

Mitglied des Kongreßausschusses. Kongreßmanagement.

Prof. Dr. phil. Jakob Muth

Ruhr-Universität Bochum.
Allgemeine Pädagogik, Schulpädagogik, Sonderpädagogik und Grundschulpädagogik.
Die Aufgabe der Schule in der modernen Arbeitswelt. Essen 1968³. — Pädagogischer Takt. Heidelberg 1967². — Von acht bis eins. Situationen aus dem Schulalltag und ihre didaktischen Dimensionen. Essen 1970³. — Akzente der Grundschulreform. Essen 1973. — Schulversuche zur Integration behinderter Kinder in den allgemeinen Unterricht. Braunschweig 1976.

Gerhild Nebus

Gymnastiklehrerin an Kindertagesstätten in Berlin.
Bewegungserziehung in Tagesstätten für Kleinkinder.

Dr. phil. Lorenz Peiffer

Mitglied des Kongreßausschusses. Lehrstuhl für Sportpädagogik der Universität Münster.
Sportlehrerausbildung, Sportdidaktik, Sportgeschichte.
Die Deutsche Turnerschaft. Ihre politische Stellung in der Zeit der Weimarer Republik und des Nationalsozialismus. Ahrensburg 1976. — Zur Vorgeschichte der Richtlinien für den Neuaufbau des deutschen Sports vom 24. 5. 1933. In: Stadien I, 2 (1975), 377—396. — Einführung in das sportpädagogische Studium (zusammen mit Langenfeld/Aschebrock/Stork). Ahrensburg 1977.

Horst Ritter

Mitglied des Kongreßausschusses. Leiter der Finanzabteilung des Deutschen Turner-Bundes. Von 1969 bis 1974 Jugendsekretär des Deutschen Turner-Bundes. Mitglied des Fachausschusses Finanzen der Deutschen Sportjugend.

Prof. Dr. Friedhelm Schilling

Philipps-Universität Marburg, FB 21, Fachrichtung Sportwissenschaft.
Bewegungslehre, Motodiagnostik, Behindertensport, Motologie, Bewegungsentwicklung, Motopathologie.

Zusammen mit Kiphard, E. J.: Körperkoordinationstest für Kinder (KTK), Manual und Testmaterial. Weinheim 1974. — Zusammen mit Müller, H.-J. und Decker, R. (Red.): Motorik im Vorschulalter. Schorndorf 1975. — Probleme der Linkshänderbetreuung. Therapiewoche 26 (1976), 4034—4039. — Checklist motorischer Verhaltensweisen (CMV). Manual und Testmaterial. Braunschweig 1976. — Die Bedeutung der Motorik für die Entwicklungsförderung der geistig Behinderten. In: DSB, Sport für geistig behinderte Kinder (1976), 106—122.

Prof. Dr. Klaus Schleicher

Universität Hamburg, Fachbereich Erziehungswissenschaft, Abt. für Vergleichende Erziehungswissenschaft.
Vorschulerziehung, Familien- und Elternbildung, Humanökologie, Bildungswesen in den westlichen Industrieländern.
Schule und Elternhaus, Kooperation ohne Erfolg? Düsseldorf 1972. — Elternmitsprache und Elternbildung. Düsseldorf 1973. — Elternmitwirkung in der Eingangsstufe des Primarbereichs. In: Eingangsstufe des Primarbereichs, Band III. Stuttgart 1975. — Familienbildung, Dringlichkeit — Aufgabe — Möglichkeit. Düsseldorf 1977. — Sesame Street für Deutschland: Die Notwendigkeit einer vergleichenden Mediendidaktik. Düsseldorf 1972.

Prof. Dr. med. Hannes Schoberth

Honorarprofessor an der Universität Frankfurt/Main. Ärztlicher Direktor der Ostseeklinik Damp 2000.
Sportmedizin. Leiter der sportärztlichen Hauptuntersuchungsstelle in Damp. Beratender Sportarzt des DFB. Präsident der Bundesarbeitsgemeinschaft zur Förderung haltungsgefährdeter Kinder und Jugendlicher e. V. Orthopädie. Rehabilitation. Physikalische Therapie. Leiter der Krankengymnastikschule in Damp.
Sitzhaltung, Sitzschaden, Sitzmöbel. Berlin 1962. — Die Leistungsprüfung der Bewegungsorgane. München 1972. — Mitarbeiter an der Monographie. Zentrale Themen der Sportmedizin. Berlin 1972. — Sportmedizin. Frankfurt 1977. — Über 100 wissenschaftliche Veröffentlichungen in Fachzeitschriften speziell über Haltungsschäden, Sitzschäden, Sportverletzungen, physikalische Therapie.

Stud.-Prof. Dr. Paul van der Schoot

Deutsche Sporthochschule, Köln. Institut für Rehabilitation und Behindertensport.
Lern- und Verhaltensstörungen im Kindesalter.
Aktivierung und Motorik. In: Motorik im Vorschulalter. Wissenschaftliche Grundlagen und Erfassungsmethoden (Hrsg. Müller, H.-J. / Decker, R. und Schilling, F.). Schorndorf 1975, 13—17. — Aktivierungstheoretische Perspektiven als wissenschaftliche Grundlegung für den Sportunterricht mit geistig retardierten Kindern. Schorndorf 1976. — Sport als Motivationsfaktor bei geistig retardierten Kindern. In: Sport für Behinderte (Hrsg. Deutscher Sportbund). Frankfurt/Main 1976, 79—88.

Helmut Schulz

Sportlehrer an der Karl-Röttger-Tagesschule (Vorschule) und Städt. Grund- und Hauptschule (Primarstufe und Sekundarstufe I, Vorklasse und 10. Schuljahr eingeschlossen) Düsseldorf. Bundeslehrwart für den Bereich Kinderturnen im Deutschen Turner-Bund.
Fortbildung von Vorschul-, Grundschul- und Sonderschullehrern. Aus- und Fortbildung von Kindergärtnerinnen sowie von Übungsleitern für Mutter-(Vater)-und-Kind-Turnen im In- und Ausland. Gastdozent verschiedener ausländischer Hochschulen und Verbände. Initiator des Mutter-und-Kind- und des Familienturnens im Ausland.
Gymnastik für Jungen und Mädchen. Celle 1972[2]. — Leichtathletik für Kinder bis zum 8. Lebensjahr. Spiel- und Übungsformen. Celle 1974. — Turnen und Spielen für Kinder bis zum 8. Lebensjahr, Boden- und Gerätturnen. Celle 1974[3]. — Spielen und Üben für Kinder bis zum 8. Lebensjahr, Gymnastik. Celle 1976[4].

Karl-Heinz Schwirtz

Vizepräsident und Bundesturnwart des Deutschen Turner-Bundes. Architekt BDA. Sportstättenplaner.
Bedarfsanalysen und Bedarfsprogrammierungen von Sportanlagen in Städten und Gemeinden.

Harald Seehausen

Dipl.-Pädagoge. Deutsches Jugendinstitut, AG Vorschulerziehung, Projektgruppe „Übergang Elementar-/Primarbereich“ Hessen.
Curriculumentwicklung im Kindergarten.
Gegenwärtiger Stand der Vorschulerziehung. Entwicklung der vorschulischen Curricula. In: Deutsche Sportjugend, Beiträge zur Aus- und Fortbildung von Erziehern und Sozialpädagogen, Frankfurt 1976, 7—32. — Lernprozesse von Erwachsenen in einer Elternaktion. Bericht über eine Elterninitiative. In: P. Büchner (Hrsg.), Die Eltern und die Schule. München 1974, 142—195. — Elternbildung in Kindergarten und Grundschule I. Einige theoretische Aspekte. Frankfurt 1973. — Elternbildung in Kindergarten und Grundschule II, Praxisberichte. Frankfurt 1974. — Anregungen III. Didaktische Einheiten im Kindergarten. Arbeitsgruppe Vorschulerziehung. München 1976.

Manfred Stelse

Mitglied des Kongreßausschusses. Geschäftsführer des Berliner Turner-Bundes e. V. Generalsekretär der 6. Gymnaestrada in Berlin 1975. Geschäftsführer des Deutschen Turnfestes Berlin 1968. Zahlreiche ehrenamtliche Funktionen im Berliner Sport auf Landes- und Vereinsebene.

Ursula Stelse

Gymnastikerzieherin an Kindertagesstätten in Berlin.
Bewegungserziehung mit Tagesstättenkindern der Laufkrippe, der 1. und 2. Elementarstufe und der Vorschulgruppen. Fortbildung für Erzieherinnen auf Bezirksebene zum Thema: Bewegungserziehung in Kindertagesstätten.
Mit Arnold-Jäger, U.: Aus der Praxis der Bewegungserziehung. Eine Handreichung aus der Praxis der Bewegungserziehung, geschaffen für Kindertagesstätten. Berlin 1977.

Wolfgang Tiedt

Dipl.-Sportlehrer an der Deutschen Sporthochschule Köln.
Studentenausbildung: Gymnastik, Rhythmik, Darstellendes Spiel (Bewegungstheater).
Mit Scholke, A.: Studienbrief Rhythmik/Tanz in der Primarstufe 1978 (i. Vorber.).

Helga Treess

Sozialarbeiterin (grad.). Wissenschaftliche Mitarbeiterin in einem Modellversuch für das Bildungswesen (TV Fischbek e. V./Bundesministerium für Bildung und Wissenschaft) bis April 1977.
Bewegungsspiel-Therapie, sportbezogene Sozialarbeit, Gemeinwesenarbeit.
Treess, H. / Treess, U.: Schwingen, Springen, Rollen, Rennen — Bewegungstraining im Vorschulalter. In: Kinder — Das Journal des Kindergartens. 3 und 4. — Treess, H. / Treess, U.: Vorschulische Bewegungsspiel-Erziehung als sozialtherapeutische Aufgabe. In: Sportunterricht 25 (1967), 83—87.

Uwe Treess

Lehrer (Sonderschule, Fachrichtungen: Lernbehinderten- und Verhaltensgestörtenpädagogik). Wissenschaftlicher Leiter eines Modellversuchs für das Bildungswesen (TV Fischbek e. V./BMBW).
Erziehung und Therapie motorisch gestörter Kinder, Freizeitsport sowie Bewegungsspiel und Sport im Elementar- und Primarbereich.
Michaelis, H. / Treess, U.: Lernbereich Bewegungsspiel und Sport. In: Belser u. a., Curriculum-Materialien II für Vorschule und Eingangsstufe. Weinheim 1975[3]. — Stübing, A. / Treess, U. (Hrsg.): Sporterziehung im Vorschulalter. München 1975.

Bärbel Vitt

Diplom-Sportlehrerin am Städt. Gymnasium Gevelsberg. Bundesjugendwartin der Deutschen Turnerjugend. Mitglied des AK „Bewegungserziehung im Elementarbereich“ der DSJ.
Bewegungserziehung im Vorschulalter.
Wöchentliche Ausstrahlung der Sendung „Turn mit“ im ZDF. — Turn mit. Celle 1974 — Schwimm mit. Falken-Verlag 1977. — Mitarbeit bei Zeitschriften zum Thema: Bewegungserziehung im Elementarbereich.

Prof. Dr. Ursula Vogt

Freie Universität Berlin/WE 1 im FB 12. Instiut für Leibeserziehung und Sportmedizin.
Motorik im Vorschulalter (3—6 Jahre). Didaktisch-methodische Konzeption für Kindergarten- und Schulsport.
Untersuchungen zur Effektivität des Schulsportunterrichts. In: Gutsche (Red.), Sportwissenschaft in der Entwicklung. Berlin 1973, 201—211. — Die Entwicklung der Motorik 3- bis 6jähriger Kinder. In: Baus/Roth (Hrsg.), Motorische Entwicklung. Darmstadt 1977, 151—158. — Zusammenhänge zwischen biologischen und motorischen Entwicklungsmerkmalen 3- bis 6jähriger Kinder und sozialen Umweltfaktoren. In: Baus/Roth (Hrsg.), Motorische Entwicklung Darmstadt 1977, 159—166.

Manfred Vorderwülbecke

Bayerischer Rundfunk, Abt. Fernsehen (Sport).
Sportjournalist (Redakteur und Reporter).
Gymnastik und Spiel mit unseren Kleinen. München 1969. — Tele-Skigymnastik. München 1972. — Skilanglauf. Hamburg 1976. — Das große Skihandbuch. München 1977.

Prof. Dr. Klaus Willimczik

Institut für Sportwissenschaft der Technischen Hochschule, Darmstadt.
Wissenschaftstheorie, Methodenlehre, Interdisziplinäre wissenschaftliche Forschungsansätze, Motorik.
Wissenschaftstheoretische Aspekte einer Sportwissenschaft. Frankfurt 1968. — Leibesübungen bei Homer. Schorndorf 1969. — Zur Bedeutung der Zielproblematik für die Erstellung eines Sportcurriculums. In: Sportwissenschaft 1 (1971), 138—155. — Leistungsbestimmende Bewegungsmerkmale der 110-m-Hürdentechnik. Berlin 1972. — Forschungsmethoden in der Sportwissenschaft Grundkurs Statistik. Frankfurt 1975. — Grundkurs Datenerhebung 1 (Hrsg.). Bad Homburg 1977. — Grundkurs Datenerhebung 2. (Hrsg. mit Singer, R.). Bad Homburg 1978.

Norbert Wolf

Leiter der Abteilung Wissenschaft und Bildung beim Deutschen Sportbund.
Schulsport, Sportwissenschaft, Sport und sozial benachteiligte Gruppen.
Motivation im Breitensport. In: ADL (Hrsg.), Motivation im Sport. Schorndorf 1971. — Dokumente zum Schulsport. Bemühungen des Deutschen Sportbundes 1950—1974. (Zusammenstellung und Einleitung). Schorndorf 1974. — Sportlehrerausbildung. Analyse und Reform (Mit-Autor). Frankfurt 1975. — Sport und Spiel für Ältere. (Mit-Redakteur). Frankfurt 1975.

TEIL V

LITERATUR

Eine Auswahlbibliographie zur Bewegungserziehung in Familie, Kindergarten, Grundschule und Verein

Zusammengestellt von Erwin Hahn, Günter Kalb und Lorenz Peiffer

Der Versuch, die einschlägige Literatur zu dem umfangreichen Kongreßthema „Kind und Bewegung“ zusammenzutragen, ist von erheblichen Schwierigkeiten begleitet. Wenn wir diesen Versuch hier trotzdem wagen, so geschieht das, um denjenigen, die sich auf diesem Gebiet weiter informieren wollen, eine erste „Suchhilfe“ zu geben.

Neben dem großen Zeitdruck ergaben sich Schwierigkeiten vor allem bei der Auswahl und Anordnung der Titel. So werden einige erwähnenswerte Arbeiten fehlen und andere weniger wichtige Beiträge sind aufgenommen. Kompromisse waren vor allem wegen der heterogenen Zusammensetzung der Zielgruppe erforderlich. Auf Doppelzitierungen wurde verzichtet. Um den Umfang dieser Bibliographie in erträglichen Grenzen zu halten, wurde im wesentlichen nur Literatur für den im Mittelpunkt des Kongresses stehenden Altersbereich von 3 bis 10 Jahren (Elementar- und Primarbereich) aufgenommen. Beiträge für andere Altersgruppen bzw. Randgruppen und ältere Literatur wurden nur berücksichtigt, wenn es sich um grundlegende bzw. einführende Werke handelte. Verzichtet wurde ebenfalls auf die Aufnahme rein praktischer Beiträge.* Spezielle Literatur zu einzelnen Referaten befindet sich dort in den entsprechenden Literaturverzeichnissen.

Aus Platzgründen wurde auch die Angabe der vollständigen Vornamen, der Verlage und der Heftnummern der Zeitschriften, soweit sie nicht erforderlich waren, weggelassen. Die Abkürzungen der Zeitschriften sind im Anhang erläutert.

Gegliedert wurde die Bibliographie wie folgt:

1. Grundlegende Literatur
2. Literatur zur psychischen und motorischen Entwicklung
3. Spezielle Literatur zum Elementar- und Primarbereich
   3.1 Zusammenfassende Darstellungen
      3.1.1 Elementar- und Primarbereich
      3.1.2 Elementarbereich
      3.1.3 Primarbereich
   3.2 Literatur zu einzelnen Bereichen
      3.2.1 Boden- und Gerätturnen
      3.2.2 Leichtathletik
      3.2.3 Rhythmik, Tanz, Gymnastik
      3.2.4 Schwimmen
      3.2.5 Sonderturnen
      3.2.6 Spiele
      3.2.7 Spielplätze, Turngärten
      3.2.8 Wintersport
4. Bibliographische Hilfsmittel zur Erschließung weiterer Literatur
5. Anhang: Zeitschriftenverzeichnis

1. Grundlegende bzw. allgemeine Literatur

ADL (Hrsg.): Die Gestaltung. Stuttgart 1967.
ADL (Hrsg.): Motivation im Sport. Schorndorf 1971.
ADL (Hrsg.): Sozialisation im Sport. Schorndorf 1974.
ADL (Hrsg.): Das Spiel. Frankfurt/M. 1959.

* Vgl. dazu beispielsweise die Zeitschriften: Der Übungsleiter. Arbeitshilfen für Übungsleiter in den Mitgliedsverbänden des Deutschen Sportbundes. Frankfurt/M. Der Turnwart (TuS). Beilage zur Turnzeitung deutsches turnen. Celle. Lehrhilfen für den Sportunterricht. Ständige Beilage zur Zeitschrift Sportunterricht. Schorndorf. Praxis der Leibesübungen. Frankfurt/M. Üben und Gestalten. Hilfen für die Praxis im Turnverein. Beilage zu den Zeitschriften diverser Landesverbände des Deutschen Turner-Bundes.

ADL (Hrsg.): Sport, Lehren und Lernen. Schorndorf 1977.
ADL (Hrsg.): Die Leistung. Schorndorf 1964.
ADL (Hrsg.): Der Wetteifer. Schorndorf 1962.
ADL (Hrsg.): Zum Begriff der Bewegung. Schorndorf 1966.
ALBERTSON, L.: Physical Education or Physical Indoctrination? In: Phys. Educator 31 (1974), 90—92.
ALBINSON, J. G. / ANDREW, G. M. (Eds.): Child in Sport and Physical Activity. Baltimore 1976.
Arbeitsgruppe Vorschulerziehung: Anregungen I: Zur pädagogischen Arbeit im Kindergarten. München 1974.
Arbeitsgruppe Vorschulerziehung: Anregungen II: Zur Ausstattung des Kindergartens. München 1976[3].
Arbeitsgruppe Vorschulerziehung: Anregungen III: Didaktische Einheiten im Kindergarten. München 1976.
Arbeitsgruppe Vorschulerziehung: Vorschulische Erziehung in der Bundesrepublik. Eine Bestandsaufnahme zur Curriculumentwicklung. München 1974.
ARNDT, M.: Didaktische Spiele, Stuttgart 1975[7].
BADER, K. / OTTE, G. / STOKLOSSA, D.: Handbuch für Kindertagesstätten. Reinbek 1977.
BÄSKAU, H.: Gestaltung und Leitung des außerunterrichtlichen Sports. In: Theor. Prax. Körperkult. 26 (1977), 165—174.
BAKKER, M. C. u. a.: Zeitgemäße Leibeserziehung des Kleinkindes, der Schulkinder, des Jugendlichen. Wien/München 1964.
BARGEL, T. / MUNDT, W. (Hrsg.): Projekt Umwelt, Kind und Elementarbereich — praxisorientierte Grundlagenforschung zur Sozialisation von Kindern in Areal, Familie und Kindergarten. Konstanz 1975.
BARRES, E.: Erziehung im Kindergarten. Weinheim/Basel 1974[4].
BAUER, D. / KLEINDIENST, C.: Soziale Erziehung im Schulsport. In: Sportunterricht 25 (1976), 224—227, 262—268.
Bay. Staatsmin. für Unterricht und Kultus (Hrsg.): Der Übergang vom Kindergarten zur Grundschule. Richtlinien für den Elementarbereich. Donauwörth 1974[4].
BERG, L.: Look at Kids. Harmondsworth 1972.
BIENER, K.: Aktives Freizeitverhalten bei Kindern und Jugendlichen. In: Sportarzt u. Sportmed. 19 (1968), 460—469, 505—506.
BIERHOFF-ALFERMANN, D. (Hrsg.): Soziale Einflüsse im Sport. Darmstadt 1976.
BIERHOFF-ALFERMANN, D.: Sport und soziales Lernen. Zur Frage von Sozialisationswirkungen im Sport. In: BIERHOFF-ALFERMANN, D. (Hrsg.): Soziale Einflüsse im Sport. Darmstadt 1976, 91—112.
BIERMANN, G.: Familie und Kind in der Gesellschaft unserer Zeit. München/Basel 1975.
BITTNER, G. / SCHÄFER, G. u. a.: Spielgruppen als soziale Lernfelder. München 1975[2].
BITTNER, G. / SCHMID-CORDS, E.: Erziehung in früher Kindheit. München 1968.
BLANKENBAKER, H. J. / DAVIS, M. W.: Some Thoughts for Movement Educators In: Phys. Educator 32 (1975), 28—30.
BLEUEL, H.-P.: Kinder in Deutschland. München 1974[2].
BÖNNINGHAUSEN, I. v.: Spiel mit mir. München 1974.
BONN, H. / ROHSMANITH, K.: Studien zur Entwicklung des Denkens im Kindesalter. Darmstadt 1972.
BORNEMANN, M. / HUNDERTMARCK, G.: Treffpunkt Spielgruppe. München 1977.
BOSHOWITSCH, I.: Die Persönlichkeit und ihre Entwicklung im Schulalter. Berlin 1970.
BOWER, T. G. R.: Development in Infancy. San Francisco 1974.
BRAUN, M. u. a.: Kooperation von Elementar- und Primarbereich. Stuttgart 1973.
BREDE, K.: Die psycho-soziale Organisation der Familie und der frühkindliche Sozialisationsprozeß. In: KIPPERT, K. (Hrsg.): Soziologie der Erziehung. Freiburg/Basel/Wien 1970.
BRENIG, R.: Arbeit im Kindergarten. Stuttgart 1975.
BRINKMANN, G. u. a.: Die soziale Entwicklung des Kindes. München 1974.
BRITZ-CRECELIUS, H.: Kinderspiel — lebensentscheidend. Stuttgart 1972[2].
BRONFENBRENNER, U.: Socialization and Social Class through Time and Space. In: MACCOBY, E. E. u. a. (Eds.): Readings in Social Psychology. New York 1958, 400—425.
BRUNER, J. S.: Bereitschaft zum Lernen. In: WEINERT, F. E.: Pädagogische Psychologie. Köln 1967, 105—117.
BRUUN, U.-B.: Das Vorschulkind. Weinheim 1973[2].

Bund Deutscher Landschaftsarchitekten (Hrsg.): Das Kind in der Stadt. München 1973.
Bundesvereinigung für Gesundheitserziehung (Hrsg.): Sport und Gesundheit. Bonn 1972.
BURKHARDT, L. (Hrsg.): Kindertagesstätte — erste Begegnung mit der organisierten Umwelt. Berlin 1976.
CACHAY, K. / KLEINDIENST, C.: Soziales Lernen im Sportunterricht. In: Sportwissenschaft 5 (1975), 339—367.
CACHAY, K. / KLEINDIENST, C.: Soziale Lernprozesse im Sportspiel. In: Sportwissenschaft 6 (1976), 291—310.
CALLIES, E.: Vorschulerziehung. Zum Problem frühkindlicher Sozialisationsprozesse. Münster 1970.
CAPLAN, F. u. T.: The Power of Play. New York 1974.
CHATEAU, J.: Das Spiel des Kindes. Paderborn 1976.
CLAUS, J. u. a.: Spiel im Vorschulalter. Frankfurt/Main 1973.
COLBERG-SCHRADER, H. / KRUG, H.: Arbeitsfeld Kindergarten: Planung, Praxisgestaltung, Teamarbeit. München 1977.
CORBIN, C. B.: Becoming Physically Educated in the Elementary School. Philadelphia 1969.
CRATTY, B. J.: Aktive Spiele und soziales Lernen. Ravensburg 1977.
DAHM, G. / WOLF, E. / PEPER, D.: Bestimmung von Lernzielen und Lerninhalten für das Kinderturnen der Deutschen Turnerjugend unter Berücksichtigung des gegenwärtigen Curriculumdiskussion. In: Der Turnwart (TuS) 50 (1976), 26—27, 50—53, 73—76, 100—102, 123—124, 148—150, 173—175, 195—196.
DAUBLEBSKY, B.: Spielen in der Schule. Vorschläge und Begründungen für ein Spielcurriculum. Stuttgart 1973.
DECKER, R.: Spiel und Sport als wichtige Sozialisationsfaktoren. In: DIECKERT, J. / LEIST, K.-H. (Hrsg.): Auf der Suche nach Theorie-Praxis-Modellen im Sport. Schorndorf 1976, 75—80.
DECKER, R.: Sport in der Sonderpädagogik. In: Sportunterricht 25 (1976), 110—114.
DEFONTAINE, J. (Hrsg.): Thérapie et rééducation psychomotrice, du dévelopment psychomoteur à l'approche thérapeutique. Malvine/Paris 1977.
DEISSLER, H. H.: Der neue Kindergarten. Die erzieherische Gestaltung. Freiburg i. B. 1974.
Departement of the Environment (Ed.): Children at Play. London 1973.
Deutsche Sportjugend (Hrsg.): Beiträge zur Aus- und Fortbildung von Erziehern und Sozialpädagogen. Frankfurt/M. 1976.
DIEM, L. u. a. (Red.): Report: Heranwachsende Jugend heute. Probleme der Leibeserziehung. Schorndorf 1966.
DIEM, L.: Sport für Kinder. Elemente einer Didaktik für das Alter von null bis zehn. München 1973.
DIENEMANN, M. / RAEDER, J.: Zur psychologischen Fundierung der Führungs- und Leitungstätigkeit im Kinder- und Jugendsport. In: Theor. Prax. Körperkult. 20 (1971), 415—422.
DIETRICH, W.: Sport in der Familie. Berlin 1969.
DÖPP-VORWALD, H.: Gesundheitserziehung in Schule und Lehrerbildung. Ratingen 1966.
DRENKOW, E.: Inhalte selbständiger sportlicher Betätigung in der Freizeit von Kindern und Jugendlichen. In: Theor. Prax. Körperkult. 26 (1977), 182—183.
ELKONIN, D. S.: Das Spiel und die psychische Entwicklung des Vorschulkindes. Berlin 1952.
ELKONIN, D. S.: Zur Psychologie des Vorschulalters. Berlin 1967.
ERIKSON, E.: Kindheit und Gesellschaft. Stuttgart 1974[5].
EWERT, O. (Hrsg.): Entwicklungspsychologie. Bd. I. Köln 1976[2].
FARNHAM-DIGGORY, S. (Ed.): Information Processing in Children. New York 1972.
FEND, H.: Sozialisation und Erziehung. Weinheim/Berlin/Basel 1976[8].
FETZ, F.: Allgemeine Methodik der Leibesübungen. Frankfurt/M. 1977[7].
FLAVELL, J. H. u. a.: Rollenübernahme und Kommunikation bei Kindern. Weinheim 1975.
FLITNER, A.: Curricula für die Vorschule: Hochgesteckte Ziele — nur wenig praktikable Vorschläge. In: Betr. Erziehung 7 (1974), 12, 49—53.
FLITNER, A.: Das Kinderspiel. München 1976[3].
FLITNER, A.: Das Kind in der Leistungsgesellschaft. In: Universitas 25 (1970), 817—834.
FLITNER, A.: Spielen — Lernen. Praxis und Deutung des Kinderspiels. München 1975[4].
FLITNER, A.: Untersuchungen zur Förderung des Kinderspiels. In: Z. Pädag. 21 (1975), 441—448.
FRANKE, M.: Die gesundheitliche Situation der Jugend. München 1965.
FRIEDEBURG, L. v.: Jugend in der modernen Gesellschaft. Köln/Berlin 1965.

Fritz, R. / Scherler, K.: Umwelt als Bewegungsraum. In: ADL (Hrsg.): Sport, Lehren und Lernen. Schorndorf 1977, 198—202.
Frostig, M.: Bewegungserziehung. Neue Wege der Heilpädagogik. München/Basel 1973.
Fürstenau, P.: Soziologie der Kindheit. Heidelberg 1969².
Gebauer, K.: Spielprojekte. Hannover 1976.
Gesell, A. / Ilg, F.: Säugling und Kleinkind in der Kultur der Gegenwart. Bad Nauheim 1967⁶.
Gold, V. u. a.: Kinder spielen Konflikte. Darmstadt 1975².
Goslin, D. A. (Ed.): Handbook of Socialization Theory and Research. Chicago 1969⁴.
Grebe, H.: Die biologischen Grundlagen der sportlichen Leistungsfähigkeit. Frankfurt/M. 1956.
Grüneisl, G. / Mayrhofer, H. / Zacharias, W.: Umwelt als Lernraum, Organisation von Spiel- und Lernsituationen, Projekte ästhetischer Erziehung. Köln 1973.
Grupe, O.: Leibeserziehung und Erziehung zum Wohlbefinden. In: Sportwissenschaft 6 (1976), 355—373.
Hahn, E.: Psychologische Probleme beim Leistungstraining mit Jugendlichen. In: Leistungssport 4 (1974), 252—258.
Hahn, E. / Preising, W. (Red.): Die menschliche Bewegung — Human Movement. Schorndorf 1976.
Halbfas, H. / Maurer, F. / Popp, W.: Entwicklung der Lernfähigkeit, Bd. I. Stuttgart 1976.
Hassenstein, B. u. a.: Das Kind im Vorschul- und Grundschulalter. Freiburg i. B. 1974⁴.
Hassenstein, B.: Verhaltensbiologie des Kindes. München 1973.
Harling, K.: Zur Begründung der Pädagogik des Spiels im Vorschulalter. In: Blätter Pestalozzi-Froebel-Verb. 21 (1970), 33—47.
Hausten, H.-J.: Zum Problem der Allseitigkeit der Persönlichkeitsentwicklung im Kindes- und Jugendalter. In: Theor. Prax. Körperkult. 24 (1975), 421—428.
Heckhausen, H.: Entwicklung, psychologisch betrachtet. In: Weinert, F. E. u. a. (Hrsg.): Funk-Kolleg Pädagogische Psychologie. Bd. 1. Frankfurt/M. 1976⁴, 67—99.
Heckhausen, H.: Faktoren des Entwicklungsprozesses. In: Weinert, F. E. u. a. (Hrsg.): Funk-Kolleg Pädagogische Psychologie. Bd. 1. Frankfurt/M. 1976⁴, 101—132.
Heckhausen, H. u. a.: Anfänge und Entwicklung der Leistungsmotivation. In: Psycholog. Forschung 26 (1962/63), 313—397; 28 (1964/65), 179—245.
Hederer, J. (Hrsg.): Handbuch für den vorschulischen Erziehungsbereich. München 1974⁴.
Hellbrügge, T. / Rutenfranz, A. / Graf, O.: Gesundheit und Leistungsfähigkeit im Kindes- und Jugendalter. Stuttgart 1966.
Hempfer, P.: Zur Didaktik des Schulsports in seiner Abhängigkeit vom Freizeitsport. In: Praxis d. Leibesüb. 16 (1975), 149—150.
Henke, M. / Stöckmann, F.: Leibeserziehung mit geistig behinderten Kindern und Jugendlichen. Rheinstetten 1974.
Hentig, H. v.: Lerngelegenheiten für den Sport. In: Sportwissenschaft 2 (1972), 239—257.
Herron, R. E. / Sutton-Smith, B.: Child's Play. New York 1977.
Hess, R. D. / Bear, R. M.: Frühkindliche Erziehung. Weinheim/Basel 1972.
Hetzer, H.: Spielen lernen — spielen lehren. München 1975⁵.
Hetzer, H.: Spiel und Spielzeug für jedes Alter. München 1976¹⁵.
Hetzer, H. / Brenner, L. / Pee, L.: Kinderspiel im Freien. München 1974².
Hielscher, H. (Hrsg.): Materialien zur sozialen Erziehung im Kindesalter. Heidelberg 1976².
Hielscher, H. (Hrsg.): Sozialerziehung konkret. Materialien zur systematischen Sozialerziehung im Kindergarten, in der Schuleingangsstufe und im Elternhaus. Hannover 1977.
Hoenisch, N. / Niggemeyer, E. / Zimmer, J.: Vorschulkinder. Stuttgart 1973⁵.
Holme, A. / Massie, P.: Children's Play. A Study of Needs and Opportunities. London 1970.
Hornstein, W. (Hrsg.): Kindheit und Jugend in der Gesellschaft. Dokumentation des 4. Deutschen Jugendhilfetages. München 1970.
Hoven, M. v. d. / Speth, L.: Motorik ist mehr als Bewegung. Berlin 1976².
Hünnekens, H. / Kiphard, E. J.: Bewegung heilt. Psychomotorische Übungsbehandlung bei entwicklungsrückständigen Kindern. Gütersloh 1975⁵.
Hundertmarck, G. / Ulshoefer, H. (Hrsg.): Kleinkinderziehung. 3 Bde. München 1972.
Hundertmarck, G.: Soziale Erziehung im Kindergarten. Stuttgart 1975⁷.
Hurlock, E. B.: Die Entwicklung des Kindes. Weinheim 1972³.
Iben, G.: Kinder am Rande der Gesellschaft. München 1972³.
Innenmoser, J.: Organisatorische Voraussetzungen zur Verbesserung der sozialen Integration des behinderten Kindes durch Sport. In: Rehabilitation 14 (1975), 237—242.

JACOBS, D.: Die menschliche Bewegung. Ratingen 1974⁴.
JANS, K.-W. / MÜLLER, E.: Kindergärten, Horte, Kindertagesstätten, Kinderspielplätze. Köln/Berlin 1972².
JOANNES, L.: L'éducation sportive des enfants. In: Sport 16 (1973), 34—43.
KADEN, R.: Aufgaben, Probleme und Standpunkte bei der weiteren Vervollkommnung des außerunterrichtlichen Kinder- und Jugendsports. In: Theor. Prax. Körperkult. 22 (1973), 561—578.
KARSDORF, G. (Red.): Gesundheitserziehung in der Schule. Berlin 1974.
KIPHARD, E. J.: Leibesübungen als Therapie. Gütersloh 1975².
KIPHARD, E. J.: Unser Kind ist ungeschickt. München/Basel 1966.
KIPHARD, E. J. / HUPPERTZ, H.: Erziehung durch Bewegung. Bonn 1977⁴.
KLAFKI, W.: Das pädagogische Problem der Leistung und die Leibeserziehung. In: PLESSNER, H. u. a. (Hrsg.): Sport und Leibeserziehung. München 1967, 137—158.
KLEBER, E. W.: Abriß der Entwicklungspsychologie. München/Basel 1974.
KLEIN, F. / MAYRHOFER, H. / POPP, M. (Hrsg.): Spielen in der Stadt. Aktionen, Strategien, Spielplatz. Nürnberg 1972.
KLEIN, K.: Praktische Gesundheitserziehung. Heidelberg 1976.
KLEINE, W. / HECKER, G.: Zur Förderung der Leistungsmotivation und der Sportmotorik im Sportunterricht der Grundschule. In: Sportwissenschaft 7 (1977), 63—76.
KOPP, B.: Sport für verhaltensgestörte Kinder und Jugendliche. Schorndorf 1977.
KRAFT, P.: Der Schulhof als Ort sozialen Verhaltens. Braunschweig 1977.
KRAUSE, S.: Zur soziologischen Grundlegung einer Spielpädagogik. Stuttgart 1975.
LAMPRECHT, W.: Früherziehung. Stuttgart 1976.
LARSON, D. / SPREITZER, E. / SNYDER, E. E.: An Analysis of Organized Sports for Children. In: Phys. Educator 33 (1976), 59—62.
LAUNER, I.: Persönlichkeitsentwicklung im Vorschulalter bei Spiel und Arbeit. Berlin 1970.
LEHMANN, R.: Jugend braucht Platz für Spiel und Sport. Eine Untersuchung über ein neues Modell des Freizeitsportes. Oldenburg 1973.
LEONTJEW, A. N.: Kinderpsychologie und pädagogische Psychologie. Berlin 1962.
LJUBLINSKAJA, A. A.: Kinderpsychologie. Köln 1975.
LORY, P.: Bewegungsgehemmte Kinder im Wasser. München/Basel 1977.
LOSCH, G.: Kinderspiele. Bad Godesberg 1960.
LÜCKERT, H. R.: Begabungsforschung und Bildungsförderung als Gegenwartsaufgabe. München 1972².
LÜSCHER, K.: Perspektiven einer Soziologie der Sozialisation: Die Entwicklung der Rolle des Kindes. In: Z. Soziol. 4 (1975), 359—379.
MAIGRE, A. / DESTROPPER, J.: L'éducation psychomotorice. Paris 1975.
MARSCHNER, L.: Gesundheitserziehung im Sportunterricht. In: Körpererziehung 27 (1977), 76—84.
MARSCHNER, P.: Befähigung zum Sporttreiben — eine pädagogische Funktion des Sportunterrichts. In: Theor. Prax. Körperkult. 25 (1976), 571—579.
MARSCHNER, P.: Die Körpererziehung im Lebensregime der Schüler. In: Pädagogik 31 (1976), 1026—1034.
MARSCHNER, P.: Körperliche Grundausbildung als Anleitung für selbständiges Sporttreiben in der Freizeit. In: Theor. Prax. Körperkult. 26 (1977), 179—181.
MCGEOCH, T.: The Psychology of Human Learning. New York 1942.
MERAND, R.: Problems of Play and Sports Activity of the Child. In: Internat. Rev. Sport. Sociol. 9 (1974), 93—104.
MERTENS, C.: Die psychomotorische Erziehung im Kindes- und Jugendalter. Rheinstetten 1977.
MILLAR, S.: Psychologie des Spiels. Ravensburg 1973.
MLODZIKOWSKI, G. u. a. (Red.): Education physique des enfants avant l'époque de la puperté. Gdansk 1976.
MÖCKELMANN, H.: Leibeserziehung und jugendliche Entwicklung. Schorndorf 1975⁸.
MOOR, P.: Das Spiel in der Entwicklung des Kindes. Ravensburg 1971.
MOSKAL, E. / WAGNER, J.: Pädagogik im Kindergarten. München 1975.
MÜLLER, R. G.: Vorschulerziehung. Begabung fördern — Leistung fordern. München 1973².
MUSSEN, P.: Einführung in die Entwicklungspsychologie. München 1974⁴.
NEIDHARDT, F. (Hrsg.): Frühkindliche Sozialisation. Stuttgart 1975.
NEUMANN, O.: Die leibseelische Entwicklung im Jugendalter. München 1974.
NEUMANN, O. (Hrsg.): Die sportliche Leistung im Jugendalter. Frankfurt/M. 1967.

NICKEL, H.: Entwicklungspsychologie des Kindes- und Jugendalters. 2 Bde. Bern/Stuttgart/Wien 1974—1975.
NICKEL, H. / SCHMIDT, U.: Vorschulkind und Schulanfänger. München 1975.
NÖCKER, J.: Die biologischen Grundlagen der Leistungssteigerung durch Training. Schorndorf 1977[6].
OPASCHOWSKI, H. W.: Pädagogik der Freizeit. Bad Heilbrunn 1976.
OPASCHOWSKI, H. W. u. a.: Der Freizeitsportleiter: Funktion — Qualifikation — Ausbildung. Hamburg 1977.
OERTER, R.: Moderne Entwicklungspsychologie. Donauwörth 1976[16].
OLSON, W. C.: Entwicklung und Erziehung. Die körperliche, psychische und soziale Entwicklung des Kindes. Weinheim 1972.
PEYKER, I.: Das kindliche Spiel in seiner gesellschaftlichen Determination. In: Leibesüb. Leibeserzieh. 30 (1976), 135—155.
PFEFFER, C.: Bewegung aller Erziehung Anfang. Zürich 1958.
PHILIPP, H.: Die Freizeit im menschlichen und speziell schulkindlichen Lebensgefüge. Eine Studie über Stellung und Funktion der Freizeit unter besonderer Berücksichtigung aktiver, insbesondere sportlicher Verhaltensweisen. Potsdam: Diss. hist.-phil. 1967.
PHILLIPS, P. A.: The Sport Experience in Education. In: Quest 13 (1975), 94—97.
PIAGET, J.: Die Entwicklung des Erkennens. Stuttgart 1973.
PIRJOW, G. D. (Red.): Probleme des Spiels im Kindergarten. Berlin 1974.
PLESSNER, H. / BOCK, H.-E. / GRUPE, O. (Hrsg.): Sport und Leibeserziehung. Sportwissenschaftliche, pädagogische und medizinische Beiträge. München 1975[4].
PORTMANN, A.: Das Spiel als gestaltete Zeit. In: Z. Pädag. 21 (1975), 335—340.
RAEDER, J.: Die Wirksamkeit verantwortlicher Erzieher bei der Formung und Stabilisierung positiver sportbezogener Einstellungen und Verhaltensweisen der Kinder und Jugendlichen. In: Theor. Prax. Körperkult. 19 (1970), 531—539.
RAHN, S.: Die Wirksamkeit von Sportunterricht, Trainings-, Übungs- und Wettkampfbetrieb auf die Einstellung und das Verhalten zur regelmäßigen außerunterrichtlichen sportlichen Betätigung der Kinder und Jugendlichen. In: Theor. Prax. Körperkult. 19 (1970), 88—91.
READ, K. H.: Handbuch des Kindergartens. Organisation — Curriculum — Lehrmethoden. Ravensburg 1974.
REICHENBACH, M.: Aktuelle Probleme des außerunterrichtlichen Sports. In: Pädagogik 32 (1977), 541—550.
RETTER, H.: Fachübergreifendes Lernen im ersten Schuljahr. Freiburg i. B. 1976.
RETTER, H.: Lernangebote für den Kindergarten und die Schuleingangsstufe. Freiburg i. B. 1975.
RETTER, H. (Hrsg.): Schlüsselbegriffe in der Vorschulerziehung. Freiburg i. B. 1973.
RIEBEL, W.: Erziehung zu sportlicher Einstellung. Jena: Diss. phil. 1967.
ROHRBERG, K.: Leistungsschwäche im Sportunterricht als sportpsychologisches Problem. In: Körpererziehung 27 (1977), 85—94.
ROTH, H. (Hrsg.): Begabung und Lernen. Stuttgart 1976[10].
ROTH, H.: Pädagogische Psychologie des Lehrens und Lernens. Hannover 1976[15].
RÖTHIG, P.: Rhythmus und Bewegung. Schorndorf 1970[2].
RÜSSEL, A.: Das Kinderspiel. München 1965[2].
RÜSSEL, A.: Psychomotorik. Darmstadt 1976.
SANTS, J. / BUTCHER, H. J.: Developmental Psychology. Harmondsworth 1975.
SCHEDE, F.: Grundlagen der körperlichen Erziehung. München 1969[5].
SCHILLING, F.: Bewegungsentwicklung, Bewegungsbehinderung und das Konzept der „Erziehung durch Bewegung". In: Sportwissenschaft 7 (1977), 361—373.
SCHMALT, H. D.: Selbständigkeitserziehung und verschiedene Aspekte des Leistungsmotivs. In: Z. Entwickl.-Psychol. pädag. Psychol. 1 (1975), 24—37.
SCHMALT, H. D. / MEYER, W. U.: Leistungsmotivation und Verhalten. Stuttgart 1976.
SCHMIDT, H. J.: Spielen und Lernen mit Kleinkindern. In: Comenius-Institut (Hrsg.): Materialien zur Elternbildung. 2. Münster 1977.
SCHMIDT, W. (Hrsg.): Gesundheitserziehung des Kindes im Vorschulalter. Berlin 1970.
SCHMIDTCHEN, S. / ERB, A.: Analyse des Kinderspiels. Köln 1976.
SCHMIDT-KOLMER, E.: Verhalten und Entwicklung des Kleinkindes. Berlin 1959.
SCHMIDT-KOLMER, E. (Hrsg.): Zum Einfluß von Familie und Krippe auf die Entwicklung von Kindern in der frühen Kindheit. Berlin 1977.
SCHMITT, R. u. a.: Soziale Erziehung in der Grundschule. Frankfurt/M. 1976.

SCHMOLKE, A.: Das Bewegungstheater. Hilfen und Anregungen für das Spielen mit Kindern und Erwachsenen. Wolfenbüttel/Zürich 1976.
School Health Education Study (Ed.): Health Education. A Conceptual Approach to Curriculum Design. Grades: Kindergarten through Twelve. Washington D. C. 1967.
SCHOOT, P. v. d.: Sportunterricht mit geistig retardierten Kindern. Schorndorf 1976.
SCHRAML, W. J.: Einführung in die Entwicklungspsychologie. Stuttgart 1975[3].
SCHREITER, R.: Probleme der Leitungstätigkeit im außerunterrichtlichen Kinder- und Jugendsport. In: Theor. Prax. Körperkult. 19 (1970), Beiheft I, 97—99.
SCHWEIM, L. (Red.): Vorschulzeit. Weinheim/Basel 1972.
SCHWERDT, D.: Vorschulerziehung. Paderborn 1975.
SIMON, J. / SMOLL, F. L.: An Instrument for Assessing Children's Attitudes Toward Physical Activity. In: Res. quart. 45 (1974), 407—415.
SKOWRONEK, H.: Lernen und Lernfähigkeit. München 1975[6].
STANGE, W. / TIEMANN, D.: Materialien zur sozialen Erziehung im Kindesalter 2. Heidelberg 1977.
STEUER, R.: Fördern durch Bewegung. Freiburg i. B. 1975.
SUTTIE, S. J. / SHEARER, L. H.: Play Behavior: From Conzepts to the Play Environment. In: Quest 14 (1976), 96—101.
SUTTON-SMITH, B.: The folksgames of children. Austin/London 1972.
THALMANN, H.-C.: Verhaltensstörungen bei Kindern im Grundschulalter. Stuttgart 1976.
THIESS, G. / SIEBMANN, H.: Über Ziel, Aufgaben, Inhalt und Begriff des Kindertrainings. In: Theor. Prax. Körperkult. 8 (1959), 411—423.
TSCHESNOKOW, A. S.: Über die Auslese von Kindern für den Sport. In: Leistungssport 4 (1974), 335—338.
WALTER, H. (Hrsg.): Sozialisationsforschung. 3 Bde. Stuttgart/Bad Cannstatt 1968.
WEGMANN, R. / BURGER, R.: Gesundheitserziehung in der Schule. München 1968.
WINNICOTT, D. W.: Kind, Familie und Umwelt. München/Basel 1976.
ZIMMER, J. (Hrsg.): Curriculumentwicklung im Vorschulbereich. 2 Bde. München 1973.
ZUCKRIGL, H. u. A. / HELBING, H.: Rhythmik hilft Behinderten. München/Basel 1976.
ZULLINGER, H.: Heilende Kräfte im kindlichen Spiel. Frankfurt/M. 1972.

2. Literatur zur psychischen und motorischen Entwicklung

ALBERBON, L. M.: A Motor Development Program for Young Children. In: Phys. Educator 33 (1976), 189—191.
ARNHEIM, D. D. / PESTOLESI, R. A.: Developing Motor Behavior in Children. St. Louis 1973.
ASCHMONEIT, W.: Motorik und ihre Behinderung im Kindes- und Jugendalter. Dornburg 1974.
AUSUBEL, D. A. / SULLIVAN, E. V.: Das Kindesalter. München 1974.
BACH, F.: Ergebnisse von Massenuntersuchungen über die sportliche Leistungsfähigkeit und das Wachstum Jugendlicher in Bayern. Frankfurt/M. 1955.
BACH, F.: Körperliche Entwicklung und Sportliche Leistung. Freiburg 1956.
BACH, H.: Die psychomotorische Erziehung unter besonderer Berücksichtigung geistig behinderter Kinder. In: Heilpäd. Werkblätter 39 (1970), 272—273.
BAKUNE, K.: Der Einfluß der Bewegungstätigkeit auf die allseitige Entwicklung der Kinder unter Berücksichtigung der Lebensbedingungen und der Erziehung. In: Theor. Prax. Körperkult. 19 (1970), Beiheft II, 145—149.
BALLREICH, R.: Grundlagen sportmotorischer Tests. Frankfurt/M. 1970.
BANDURA, A. S. / WALTERS, R. H.: Social Learning And Personality Development. New York 1965.
BARISCH, F.: Zur Fertigkeit, Geschicklichkeit und Gewandtheit in der sportlichen Motorik. In: Leibeserziehung 13 (1964), 378—382.
BARVORIC, C.: Die Auswirkungen der Pause im sensomotorischen Lernprozeß. In: RECLA, J. / KOCH, K. / UNGERER, D. (Hrsg.): Beiträge zur Didaktik und Methodik der Leibesübungen. Schorndorf 1972, 117—119.
BAUM, L.: Sportbezogene Bedürfnisse und Einstellungen in der DDR-Bevölkerung. Leipzig: Diss. DHfK 1967.
BAUM, L. / HENNIG, W.: Zu einigen methodisch-psychologischen Problemen der Entwicklung des Bedürfnisses nach regelmäßiger körperlich-sportlicher Betätigung. In: Wiss. Z. DHfK Leipzig 8 (1966), 47—49.
BAUM, L. / SCHELLENBERGER, B.: Einstellungen zum Sport und zur eigenen sportlichen Betätigung. In: Theor. Prax. Körperkult. 18 (1969), 706—718.

BAUMANN, S.: Das Körperschema. In: Sportwissenschaft 4 (1974), 299—313.
BAUSS, R. / ROTH, K. (Hrsg.): Motorische Entwicklung. Darmstadt 1977.
BEIER, A.: Der Einfluß verschiedener Unterrichtsvariablen auf die sportmotorische, motivationale und kognitive Entwicklung der Schüler in den ersten Grundschuljahren. Siegen: Diss. phil. 1976.
BEIER, A. / HECKER, G.: Untersuchung zur Förderung der Sportmotorik im 1. und 2. Schuljahr. unter Berücksichtigung der Leistungsmotivationsgenese. In: Sportwissenschaft 7 (1977), 386—403.
BELL, V. L.: Sensorimotor Learning. California 1970.
BETER, T.: Effects of Concentrated Physical Education and Auditory/ Visual Perceptual Reading Programs Upon Three Variables of EMR Children. In: Phys. Educator 30 (1973), 130—131.
BIOLDEAU, E. A.: Acquisition of Skills. New York 1966.
BLOOM, B. S.: Stabilität und Veränderung menschlicher Merkmale. Weinheim 1974.
BLUME, D. D.: Zur Entwicklung der Kombination von Laufen und Werfen im Vorschulalter und frühen Kindheit. In: Wiss. Z. DHfK Leipzig 8 (1966), 69—74.
BLUME, D. D.: System-, regelungs- und informationstheoretische Betrachtung des motorischen Lernprozesses aus der Sicht der Bewegungslehre. In: Theor. Prax. Körperkult. 20 (1971), 141—155.
BOUCHER, J.-L.: Higher Processes in Motor-Learning. In: J. mot. Behav. 6 (1974), 131—137.
BRUNER, J. S.: The Growth And Structure of Skill. In: CONOLLY, K. J. (Ed.): Mechanisms of Motor Skill Development. London/New York 1970, 63—94.
BRUNET, O. / LEZINE, I.: Le développement psychomoteur de la première enfance. Paris 1971.
BUCHMANN, R.: Über den Einfluß der Körpererziehung im Vorschulalter auf die körperliche Leistungsfähigkeit der Schulanfänger. Berlin: Diss. paed. 1961.
BUCHMANN, R.: Zur motorischen Leistungsfähigkeit der Stadt- und Landkinder im Vorschulalter. In: Wiss. Z. DHfK Leipzig 8 (1966), 75—77.
BUCHMANN, R.: Zur motorischen Vervollkommnung im Kindes- und Jugendalter. Theor. Prax. Körperkult. 17 (1968), Beiheft II, 66—71.
BUCHMANN, R.: Die motorische Vervollkommnung im Prozeß der Bildung und Erziehung sozialistischer Schülerpersönlichkeiten im mittleren Schulkindalter. In: Theor. Prax. Körperkult. 19 (1970), Beiheft III, 40—48.
BURKE, E. J. / KLEIBER, D.: Psychological and Physical Implications of Highly Competitive Sports for Children. In: Phys. Educator 33 (1976), 63—70.
BUYTENDIJK, F. J. J.: Allgemeine Theorie der menschlichen Haltung und Bewegung. Berlin 1972.
BUYTENDIJK, F. J. J. / CHRISTIAN, P. / PLÜGGE, H.: Über die menschliche Bewegung als Einheit von Natur und Geist. Schorndorf 1963.
CHI, M. T. H.: Short Term Memory Limitations in Children. In: Cognition 4 (1976), 559—572.
CHISSOM, B. S. / THOMAS, J. R.: Relationships among Perceptual-Motor-Measures and their Correlations with Academic Readiness for Preschool Children. In: Percept. Mot. Skills 39 (1974), 467—473.
CONOLLY, K. (Ed.): Mechanisms of Motor Skill Development. London 1970.
CORBIN, C. B.: A Textbook of Motor Development. Dubuque 1975².
CORBIN, C. B.: A Ball Handling Test for Elementary School Children. In: Phys. Educator 34 (1977), 48—50.
COWELL, C. C.: The Contributions of Physical Activity to Social Development. In: Res. quart 31 (1960), 286—306.
CRASSELT, W.: Entwicklungsstand und -tendenzen in sportlichen Grundleistungsmerkmalen sowie in einigen leichtathletischen Disziplinen. In: Wiss. Z. DHfK Leipzig 17 (1976), 49—58.
CRASSELT, W.: Zur körperlichen Entwicklung unserer Schuljugend. In: Theor. Prax. Körperkult. 24 (1976), 98—110.
CRATTY, B. J.: A Comparison of Fathers And Sons in Physical Ability. In: Res. quart. 31 (1961), 12—15.
CRATTY, B. J.: Social Dimensions of Physical Activity. Englewood Cliffs 1967.
CRATTY, B. J.: Perceptual Motor Behaviour And Educational Processes. Springfield 1969.
CRATTY, B. J.: Perceptual And Motor Development in Infants And Children. New York 1970.
CRATTY, B. J.: Motorisches Lernen und Bewegungsverhalten. Frankfurt/M. 1975.
CRATTY, B. J. / MARTIN, M. M.: Perceptual Motor Efficiency in Children. Philadelphia 1969.
DAUER, V. P.: Essential Movement. Experiences for Preschool and Primary Children. Minnesota 1972.

DAUGS, R.: Zum strukturellen Aufbau sensomotorischer Fertigkeiten. In: RECLA, J. / KOCH, K. / UNGERER, D.: Beiträge zur Didaktik und Methodik der Leibesübungen. Schorndorf 1972, 87—90.

DAUGS, R.: Der sensomotorische Lernprozeß aus regelungstheoretischer Sicht. In: RECLA, J. / KOCH, K. (Hrsg.): Sportunterricht auf neuen Wegen. Schorndorf 1973, 50—61.

DAUSKY, J. L. / SILVERMAN, J. W.: The Effects of Play on Assiociative Fluency in Preschool Children. In: Developmental Psychol. 9 (1973), 9, 38—43.

DAVIES, B.: Effects of Educational Gymnastics on Improvement of Selected Motor Activities. In: Brit. J. phys. Educ. 2 (1971), 28—30.

DEGEL, E. G.: Vergleichende Untersuchung der Motorik und der Leistungsfähigkeit von Stadt- und Landschulkindern. In: Theor. Prax. Körperkult. 11 (1962), 1024—1027.

DELLASTATIONS, J. W. / COOPER, W.: The Physiological Aspects of Competitive Sports for Young Athletes. In: Phys. Educator 27 (1970), 3—5.

DEMETER, A.: Der Einfluß der körperlichen Belastung auf einige Funktionen bei 6- bis 7jährigen Schülern. In: Med. u. Sport 16 (1976), 301—303.

DEOREO, K. L.: The Performance and Development of Fundamental Motor Skills in Preschool Children. In: WADE, M. G. / MARTENS, R. (Eds.): Psychology of Motor Behavior and Sport. Urbana/Ill. 1974, 327—343.

DIEM, L.: Zur motorischen Entwicklung des Kleinkindes. In: Erste Fachtagung 15.—17. Dez. 1967 anläßlich des 20jährigen Bestehens der Deutschen Sporthochschule Köln. Köln 1969, 85—89.

DIETRICH, R.: Spiroergometrische Untersuchungen an sporttreibenden Kindern. In: Wiss. Z. DHfK Leipzig 6 (1964), Sonderheft.

DIETRICH, R.: Zur Entwicklung der Ausdauer bei Kindern und Jugendlichen. In: Theor. Prax. Körperkult. 17 (1968), Beiheft.

DIMITROVA, S.: Tests zur Diagnostik des motorischen Verhaltens der Kinder. In: FEIGE, K. / HAHN, E. / RIEDER, H. / STABENOW, G. (Red.): Bericht über den III. Europ. Kongreß für Sportpsychologie. Schorndorf 1973, 115—117.

DOBRZYNSKI, B.: Entwicklung körperlich-sportlicher Fähigkeiten bei Kindern und Jugendlichen. In: Theor. Prax. Körperkult. 25 (1976), 456—458.

DOIL, W.: Alterstypische und psychische Besonderheiten sporttreibender Kinder und Jugendlicher unter Berücksichtigung der Motivierung ihres Trainingsverhaltens. In: RUDOLPH, E. / KUNATH, P. (Red.): Studientexte zum Studienkomplex Sportpsychologie. Teil I — Grundausbildung — und Teil II — Fachausbildung. Leipzig 1974, 70—98.

DONSKI, D. D.: Die Wege einer gesteuerten Entwicklung des Bewegungssystems. In: DSB (Hrsg.): Informationsheft zum Training. Frankfurt/M. 1970, H. 5, 1—8.

DOWELL, L. J.: Environmental Factors of Childhood Competitive Athletics. In: Phys. Educator 28 (1971), 17—21.

DRENKOW, E.: Zum Problem der beidseitigen Ausbildung im Sport. In: Theor. Prax. Körperkult. 9 (1960), 1084—1092; 10 (1961), 41—48, 137—145.

DRENKOW, E. / PULS, H.: Entwicklungsverläufe bei der Aneignung von Turnelementen. In: Körpererziehung 25 (1975), 465—473.

EASON, R. L. / SMITH, T. L.: A Perceptual Motor Program Model for Learning Disabled Children. In: Phys. Educator 33 (1976), 3—9.

EGGERT, D. (Hrsg.): Psychomotorisches Training. Weinheim/Basel 1975.

EGGERT, D. / KIPHARD, E.: Die Bedeutung der Motorik für die Entwicklung normaler und behinderter Kinder. Schorndorf 1976[3].

EIBEN, O. G.: Über die Periodizität des Wachstums des Kindes. In: Anthropologie 2 (1963), 1, 52—60.

EIBEN, O. G.: Changes in Body Measurements and Proportion of Children Based on Körmend Growth Study Internat. Congresses of Auxologie. Roma 1977.

E.N.S.E.P.S.-Dokuments-Stages: La motricité chez l'enfant de 0 à 6 ans. Châtenay-Malabry 1972.

ESPENSCHADE, A. S. / ECKERT, H. M.: Motor Development. Columbus 1967.

FENGLER, J. / LOEWER, H. D. / SCHRADER, G. v.: Auswirkungen motorischer Übungen bei einer Gruppe verhaltensgestörter Kinder. In: Praxis Kinderpsychol. Kinderpsychiatr. 20 (1971), 291—294.

FILLIPPOVIC, V. I.: Motorische Adaption als Erscheinungsform der Gewandtheit. In: Theor. Prax. Körperkult. 23 (1974), 525—528.

FILLIPPOVIC, V. I.: Zur Entwicklung der Psychomotorik bei Kindern. In: Theor. Prax. Körperkult. 23 (1974), Beiheft I, 90—93.

Fleiss, O.: Die Bewegungssteuerung in den drei Lernphasen. In: Recla, J. (Hrsg.): Methodik der Leibesübungen. Graz 1969, 93—101.

Fleiss, O. / Meisenbichler, P.: Der Basic-Fitness-Test nach Fleishman und seine Verwendung bei Schulversuchen. In: Fleiss, H. u. O. (Red.): Sport und Wissenschaft. Band II. Graz 1973, 107—132.

Flinchum, B. M.: Motor Development in Early Childhood. St. Louis 1975.

Fomin, N. A. / Filin, W. P.: Altersspezifische Grundlagen der körperlichen Erziehung. Schorndorf 1975.

Frostig, M.: Bewegen — Wachsen — Lernen. Dortmund 1974.

Frovlov, V. G. u. a.: Experimentelle Untersuchung zum Entwicklungsstand der Laufausdauer im Vorschulalter. In: Theor. Prax. Körperkult. 25 (1976), 771—772.

Fuchs, E. / Koch, K. u. a.: Morphologische Bewegungsanalysen grundlegender Bewegungsfertigkeiten. In: Koch, K. (Hrsg.): Sportkunde für den Kursunterrricht in der Schule. Schorndorf 1973, 77—138.

Fuchs, E. / Kruber, D. / Paulus, H. / Schicketanz, H.: Schnelligkeitsbestimmende Faktoren bei Kindern und Jugendlichen. In: Leichtathletik 23 (1972), Beilage, 413—415.

Gärtner, H.: Entwicklungstendenzen der Körpererziehung im frühen Schulalter. In: Theor. Prax. Körperkult. 13 (1964), 716—728.

Gärtner, H.: Untersuchungen über den Einfluß des täglichen sportlichen Übens auf die körperliche und sportliche Entwicklung des Kindes im 1. und 2. Schuljahr. Greifswald: Habil.-Schrift 1965.

Gärtner, H. u. a.: Wissenschaftliche Beiträge zur Körpererziehung im frühen Schulalter. Berlin 1969.

Gapon, J. / Gomberadse, G. K.: Untersuchungen von effektiven Mitteln und Methoden zur Ausbildung der physischen Eigenschaften von Kindern. In: Leibeserziehung 20 (1971), Beilage, 127—130.

Gauer, O. H. / Kramer, R. / Jung, R.: Physiologie des Menschen. Bd. 14: Sensomotorik. München/Basel/Wien 1976.

Geissler, A.: Laufmotorik bei Grundschulkindern. — Eine Untersuchung über drei Jahre im Jahresabstand. In: Leibeserziehung 21 (1972), 165—168.

Gerhardus, H.: Über die wechselseitige Beeinflussung körperlicher und bildnerischer Tätigkeiten beim Vorschulkind. In: Welt d. Kindes 51 (1973), 7—9.

Gerken, M. / Döring, P. / Fanslau, H.: Entwicklung koordinativer Fähigkeiten und motorischer Fertigkeiten. Schorndorf 1975.

Gniewkowska, H.: Aus den Untersuchungen über die motorische Leistungsfähigkeit bei Schulanfängern. In: Theor. Prax. Körperkult. 20 (1971), 63—67.

Gottschaldt, K. / Frühauf-Ziegler, C.: Über die Entwicklung der Zusammenarbeit bei Kleinkindern. In: Z. Psychol. 162 (1958), 254—278.

Gropler, H. / Thiess, G.: Der Einfluß von physischen Fähigkeiten, von Körperhöhe und Körpergewicht auf den Ausprägungsgrad der körperlichen Leistungsfähigkeit der Schüler. In: Theor. Prax. Körperkult. 22 (1973), 499—517.

Gropler, H. / Thiess, G.: Die Kennzeichnung der inneren Struktur der körperlichen Leistungsfähigkeit 8- bis 14jähriger Schüler. In: Theor. Prax. Körperkult. 23 (1974), 414—436.

Gropler, H. / Thiess, G.: Zur einheitlichen Herausbildung von Fähigkeiten und Fertigkeiten im Prozeß der körperlichen Grundausbildung unter den Bedingungen der zeitweiligen Akzentuierung von Sportarten. In: Theor. Prax. Körperkult. 24 (1975), 125—150.

Grosser, M.: Einführung in die Theorie sportmotorischer Tests. In: Turnen und Sport 46 (1972), 4, 49—50.

Gürtler, H. / Kibittel, W. / Pahlke, U.: Das Verhalten kardiopulmonaler Funktionsgrößen bei akzentuierter Ausdauerschulung im obligatorischen Sportunterricht der Unterstufe. In: Theor. Prax. Körperkult. 23 (1974), 74—76.

Guilmain, E. u. G.: L'activité psycho-motrice de l'enfant. Paris 1971.

Härtig, R.: Zur Entwicklung motorischer Fertigkeiten am Beispiel des Gerätturnens. In: Körpererziehung 22 (1972), 42—46.

Hahmann, H.: Korrelation zwischen Wuchsform und Motivgenese zu sportlicher Betätigung und ihre Aussage für die Leibeserziehung. Braunschweig: Diss. phil. 1968.

Hahn, E.: Motorische Leistungsfähigkeit und Schulreife. In: Leibeserziehung 21 (1972), 53—59.

Hahn, E.: Psychologische und sozialpsychologische Aspekte der Bewegungserziehung im Elementarbereich. In: Dorsch, I. (Red.): Bewegung, Spiel und Sport im Elementarbereich. Frankfurt/M. o. J. (1975), 63—97.

HAHN, E.: Bewegungsentwicklung und Bewegungsbarrieren. In: STÜBING, A.-D. / TREESS, U. (Hrsg.): Sporterziehung im Vorschulalter. München 1975, 153—175.
HARTWICH, P.: Über den Antrieb im motorischen Bereich. In: Arch. Psychiat. Nervenk. 213 (1970), 166—176.
HECKER, G.: Die Entwicklung der Leistungsmotivation. In: Leibeserziehung 18 (1969), 293—294.
HECKER, G.: Leistungsentwicklung im Sportunterricht. Weinheim 1974².
HECKER, G.: Bericht über eine Untersuchung zur Leistungsentwicklung im Sportunterricht des 1. und 2. Schuljahres. In: Sportunterricht 23 (1974), 191—197.
HECKHAUSEN, H.: Entwurf einer Psychologie des Spielens. In: Psycholog. Forschung 27 (1964), 225—243. Auch in: FLITNER, A.: (Hrsg.): Das Kinderspiel. München 1976³, 133—149.
HEESE, G. (Hrsg.): Rehabilitation Behinderter durch Förderung der Motorik. Berlin 1975.
HELLBRÜGGE, T.: Kindliche Entwicklung und Sozialumwelt. München 1964.
HENNERSDORF, H.: Über einige Bedingungen und Ursachen die Schüler des 4. und 10. Schuljahres veranlassen, die sportliche Betätigung in der Freizeit aufzugeben. In: Theor. Prax. Körperkult. 19 (1970), Beiheft I, 69—71.
HENNIG, W.: Die Motivation des Sportinteresses bei Kindern und Jugendlichen. In: Theor. Prax. Körperkult. 14 (1965), 128—137, 227—236, 799—806.
HENNIG, W. / SCHROER, W.: Zur Entwicklung des Sportinteresses bei Jugendlichen. In: Körpererziehung 16 (1966), 548—554.
HERKOWITZ, J. / KIEFFER, L. F.: Structuring the Movement Environment for Preschool Children. In: Quest 24 (1975), 72—79.
HERZBERG, P.: Zum Problem der motorischen Lernfähigkeit und zu den Möglichkeiten des Diagnostizierens mit motorischen Tests. In: Theor. Prax. Körperkult. 17 (1968), 799—804.
HERZBERG, P.: Testbatterie zur Erfassung der motorischen Lernfähigkeit. In: Theor. Prax. Körperkultur 17 (1968), 1066—1073.
HERZBERG, P.: Aufgaben und Perspektiven motorischer Tests. In: Theor. Prax. Körperkult. 19 (1970), 12—24.
HERZBERG, P. / LEHMANN, G.: Motorische Lernfähigkeit — technische Leistung — Wettkampfleistung. In: Theor. Prax. Körperkult. 18 (1969), 74—78.
HIRTZ, P.: Die koordinative Vervollkommnung als wesentlicher Bestandteil der körperlichen Grundausbildung. In: Körpererziehung 26 (1976), 381—386.
HIRTZ, P.: Untersuchungen zur Entwicklung koordinativer Leistungsvoraussetzungen bei Schulkindern. In: Theor. Prax. Körperkult. 25 (1976), 283—289.
HIRTZ, P.: Zur Bewegungseigenschaft Gewandtheit. In: Theor. Prax. Körperkult. 13 (1964), 729—735.
HIRTZ, P. / RÜBESAMEN, H. / WAGNER, H.: Gewandtheit als Problem der sensomotorischen Entwicklung. In: Theor. Prax. Körperkult. 21 (1972), 742—749.
HÖHNE, J. / HAHN, E.: Die Entwicklung motorischer und psychischer Eigenschaften bei jugendlichen Talenten im Fechtsport. In: Leistungssport 5 (1975), 122—127.
HOFFMANN, R.: Meinungen zum Training mit Kindern und Jugendlichen in der Leichtathletik. In: Theor. Prax. Körperkult. 6 (1957), 198—206.
HOFFMANN, R.: Zur Entwicklung der Motorik im Krippenalter. In: Wiss. Z. DHfK Leipzig 8 (1966), 57—59.
HOFFMANN, R.: Die Gestaltung der Körpererziehung in den Krippen unter Beachtung der motorischen Leistungsfähigkeit von Kindern im dritten Lebensjahr. In: Theor. Prax. Körperkult. 20 (1971), 58—63.
HOLCOMB, J. L.: A Taxonomie of Psychomotor Operations and Motor Skill Acquisition. In: LANDERS, D. (Ed.): Psychology of Sport and Motor Behavior II. Pennsylvania 1975.
HOLTZ, D.: Die Entwicklung der Rhythmusfähigkeit bei Schulkindern. In: Theor. Prax. Körperkultur 26 (1977), 523—525.
HOMBURGER, A.: Über die Entwicklung der menschlichen Motorik und ihre Beziehungen zu den Bewegungsstörungen der Schizophrenen. In: RIEDER, H. (Hrsg.): Bewegungslehre des Sports. Schorndorf 1974, 18—26.
HORNAUF, D.: Selbständigkeit und sportliche Leistungen in einer Schulklasse. In: Körpererziehung 20 (1970), 359—363.
HOWE, B. L.: A Motor Therapy Clinic for Children with Learning Difficulties. In: New Zealand J. Health phys. Educ. Recreat. 9 (1976), 22—25.
ILG, H.: Motivation und Leistungsverhalten im Sportunterricht der Unterstufe. In: Theor. Prax. Körperkult. 13 (1964), 979—990.

ILG, H.: Probleme der Willenserziehung im Sportunterricht der Unterstufe. In: Körpererziehung 14 (1964), 236—238.

ILG, H.: Der Einfluß einiger pädagogischer Bedingungen auf die Leistungsbereitschaft der Schüler im Sportunterricht der Unterstufe. Greifswald: Diss. phil. 1966.

ILG, H.: Der Einfluß pädagogischer Bedingungen und Maßnahmen auf die Leistungsbereitschaft der Schüler der Unterstufe.
In: Körpererziehung 17 (1967), 11—24.

ISRAEL, S.: Die Bewegungskoordination frühzeitig ausbilden. In: Körpererziehung 26 (1976), 501—505.

JACKSON, A. S. / COLEMAN, A. E.: Validation of distance run tests for elementary school children. In: Res. quart. 47 (1976), 86—94.

JANTZ, R. K.: Moral Thinking in Male Elementary Pupils as Reflected by Perception of Basketball Rules. In: Res. quart. 46 (1975), 414—421.

JELINEK, R. / SELLNER, F.: Die Belastbarkeit des Stütz- und Bewegungsapparates bei Jugendlichen und Schülern. In: Österr. J. Sportmed. 6 (1976), 11—15.

JOCH, W.: Die motorische Entwicklung als Lernvoraussetzung im Sport. Zum Problem der altersabhängigen, geschlechtsspezifischen und sozialdeterminierenden Bedingungen. In: ADL (Hrsg.): Sport, Lehren und Lernen. Schorndorf 1977, 137—142.

JÖRGENSEN, G. / RIEDER, H.: Probleme der individuellen körperlichen Leistungsfähigkeit. In: Leibeserziehung 21 (1972), 304—311.

JÜNGST, B.-K.: Die körperliche Belastbarkeit von Kindern mit angeborenen Herzfehlern. In: Sportarzt u. Sportmed. 28 (1977), 146—149.

JÜRGENS, I.: Zum Problem der Veranschaulichung von Bewegungsabläufen. In: Leibeserziehung 11 (1969), 361—368.

KADEN, R.: Der Einfluß der Eltern auf die sportliche Betätigung der Kinder. In: Theor. Prax. Körperkult. 23 (1974), 554—560.

KÄSLER, H.: Grundlagen zur Entwicklung der Spielmotorik. In: KOCH, K. (Hrsg.): Sportkunde für den Kursunterricht in der Schule. Schorndorf 1973, 139—168.

KAGAN, J.: Preschool Enrichment and Learning. In: Interchange 2 (1971), 12—22.

KELLER, S.: Zur physischen Belastbarkeit in der Körpererziehung des Vorschulkindes. In: Neue Erziehung i. Kindergarten 21 (1968), 6, 18—19, 22—24.

KEOGH, J.: Stability And Consistency of Motor Performance of Children. In: ANTONELLI, F. (Hrsg.): Psicologia dello sport. Roma 1965, 788—792.

KEUL, J. / REINDELL, H. / ROSKAMM, H.: Zur Belastbarkeit des jugendlichen Organismus. In: Int. Z. f. angew. Physiol. einschließl. Arbeitsphysiol. 21 (1962), 287—329.

KIPHARD, E. J.: Wie weit ist mein Kind entwickelt? Eine Anleitung zur Überprüfung der Sinnes- und Bewegungsfunktionen. Dortmund 1976.

KIPHARD, E. J.: Gehemmtes und enthemmtes Bewegungsverhalten bei Kindern und Jugendlichen. In: Leibeserziehung 17 (1968), 363—367.

KIPHARD, E. J.: Zum Problem der motorischen Frustration im leibeserzieherischen Unterricht. In: Praxis Kinderpsychol. Kinderpsychiatr. 20 (1971), 294—298.

KIPHARD, E. J.: Bewegungsdiagnostik bei Kindern. Gütersloh 1972.

KIPHARD, E. J.: Großräumige Bewegungserfahrungen als Entwicklungsanreiz für Kinder. In: Rhythmik i. d. Erziehung 2 (1975), 2, 10—13.

KIPHARD, E. J.: Psychomotorische und sensomotorische Übungstherapie bei Kindern. In: Dt. Ärzteblatt 44 (1975), 3053—3055.

KIPHARD, E. J.: Welche Kinder benötigen psychomotorische Fördermaßnahmen? In: Psychomotorik 2 (1977), 7—11.

KIPHARD, E. J.: Bewegungs- und Koordinationsschwächen im Grundschulalter. Schorndorf 1977[3].

KIPHARD, E. J. / HÜNNEKENS, H.: Bewegung heilt. Psychomotorische Übungsbehandlung bei entwicklungsrückständigen Kindern. Gütersloh 1975[5].

KIPHARD, E. J. / LEGER, A.: Psychomotorische Elementarerziehung, ein Bildbericht. Gütersloh 1975.

KLEINE, W. / HECKER, G.: Zur Förderung der Leistungsmotivation und der Sportmotorik im Sportunterricht der Grundschule. In: Sportwissenschaft 7 (1977), 63—76.

KLICHE, D.: Zur Problematik der Bewegungsgenauigkeit unter pädagogisch-methodischen Gesichtspunkten. In: Theor. Prax. Körperkult. 19 (1970), Beiheft II, 165—170.

KLICHE, D.: Untersuchungen zur Bewegungsgenauigkeit bei sportlichen Handlungen 8- und 9jähriger Schulkinder. In: Theor. Prax. Körperkult. 20 (1971), 840—842.

KLICHE, D.: Optische Orientierungshilfen fördern den Lernprozeß. In: Körpererziehung 23 (1973), 516—519.

KLIMT, F. / PANNIER, R. / PAUFLER, D. / TUCH, E.: Ausdauer und Maximalbelastung bei Vorschulkindern. In: Internat. J. phys. Educ. 11 (1974), 2, 15—20.

KLIMT, W. / PANNIER, R. / PAUFLER, D. / TUCH, E.: Wie tolerieren Vorschulkinder ein „Bergaufgehen" auf dem Laufband? In: Sportarzt u. Sportmed. 26 (1975), 163—168.

KNAPPE, W.: Laufgewandtheit und Laufausdauer im 1. und 2. Schuljahr. In: Körpererziehung 16 (1966), 64—74.

KOCH, J.: Der Einfluß der frühen Bewegungsstimulation auf die motorische und psychische Entwicklung des Säuglings. In: IHRLE, M. (Hrsg.): Bericht über den 26. Kongreß der Dt. Gesellschaft f. Psychologie, Tübingen. Göttingen 1969, 413—420.

KOCH, K.: Die Entwicklung psychischer Leistungsgrundlagen und motorischer Eigenschaften. In: Leibesübungen 18 (1967), 5, 24—26.

KOCH, K.: Die Motorik und die Stufen motorischen Lernens in den jugendlichen Entwicklungsphasen. In: NEUMANN, O. (Hrsg.): Die sportliche Leistung im Jugendalter. Frankfurt/M. 1967, 74—88.

KOCH, K.: Morphologische Strukturmerkmale sportlicher Bewegungen. In: KOCH, K. (Hrsg.): Sportkunde für den Kursunterricht in der Schule. Schorndorf 1973, 71—76.

KOCH, K.: Motorisches Lernen — Üben — Trainieren. Schorndorf 1976².

KÖHLER, K.: Die motorische Entwicklung im Vorschulalter. In: Wiss. Z. DHfK Leipzig 3 (1960/61), 205—207.

KÖHN, R.: Bewegungsvorstellung als Entwicklungsprozeß — Versuch einer Strukturierung In: Sportunterricht 26 (1977), 152—156.

KÖRNER, H.: Die Entwicklung und die Wechselbeziehungen der Gesundheit, der körperlichen Leistungsfähigkeit, sowie der Lernleistung bei Kindern mit lehrplanmäßigem Turnunterricht bzw. mit täglicher Bewegungszeit. Wien: Diss. phil. 1961.

KOHL, K.: Zum Problem der Sensumotorik. Frankfurt/M. 1956.

KOHLMANN, Th.: Die Psychologie der motorischen Begabung. Wien/Stuttgart 1968.

KOMADEL, L.: Sportmedizinische Probleme beim Training mit Jugendlichen. In: Leistungssport 5 (1975), 74—82.

KRUBER, D. u. a.: Untersuchungen zum sensomotorischen Fertigkeitsniveau der Schuljugend. Ergebnisse einer Repräsentativerhebung. In: Sportunterricht 25 (1976). 78—83.

KRUG, F. K.: Zur Psychomotorik bei sehbehinderten Kindern. In: Psychomotorik 2 (1977), 66—70.

KUBICKA, J.: Negative Begleiterscheinungen der frühzeitigen Spezialisation im Spitzensport. In: Jugend u. Sport 31 (1974), 72—74.

LAUBE, W.: Herzrhythmusuntersuchungen bei körperlicher Belastung im Kindesalter. In: Med. u. Sport 17 (1977), 146—147.

LAUTWEIN, Th.: Über den Einfluß der täglichen Bewegungs- und Spielzeit auf die motorische Leistungsentwicklung. In: Leibeserziehung 20 (1971), 293—299.

LAWTHER, J. D.: Learning and Performance at the High Skill Level. In: SCHWANK, W. C. (Ed.): The Winging Edge. Washington 1973.

LEIRICH, J.: Bewegungsvorstellungen und motorischer Lernprozeß. In: Körpererziehung 23 (1973), 13—27.

LEIST, K.-H.: Sensomotorisches oder funktionelles Lernen. In: Sportwissenschaft 7 (1977), 209—229.

LENNARTZ, K. / POHL, E.: Ergebnisse einer sportmedizinischen Untersuchung bei 8- und 9jährigen ausdauertrainierten Jungen. In: Leistungssport 7 (1977), 242—243.

LEWIN, K.: Die motorische Entwicklung im Vorschulalter. In: Theor. Prax. Körperkult. 10 (1961), 151—152, 230—239, 334—338.

LEWIN, K.: Untersuchungen zur Genese der Bewegungskombination Werfen-Fangen bei Vorschulkindern. In: Theor. Prax. Körperkult. 20 (1971), 72—75.

LIEBE, S.: Untersuchungen über die körperliche Leistungsfähigkeit bei gesunden Kindern. In: Dt. Gesundh.-Wes. 20 (1965), 347—349.

LIEMOHN, W. / KNAPCZYK, D. R.: Analysis of Cratty's Locomotor Ability Test. In: Res. quart. 45 (1974), 171—177.

LIEMOHN, W. P. / KNAPCZYK, D. R.: Factoranalysis of gross and fine motor ability in developmentally disabled children. In: Res. quart. 46 (1975), 424—432.

LUDORF, W.: Leistungssport im Kindes- und Schüleralter der Schwimmer. In: Dt. Schwimmsport 24 (1974), 2—4.

MACAK, I.: Die Motivation der sportlichen Tätigkeit und der sportlichen Interessen der Schuljugend. In: Theor. Prax. Körperkult. 12 (1963), 895-904.

MÄRKER, K.: Zur Belastung und Belastbarkeit der Mädchen im Sportunterricht und außerunterrichtlichen Sport. In: Körpererziehung 27 (1977), 101—103.

MALINA, R. M.: Factors Influencing Motor Development During Infancy And Childhood. In: CORBIN, C. B. (Hrsg.): A Textbook of Motor Development. Dubuque Iowa 1973.

MALINAK, W. J. / WALTER, G. W. / DSJUBA, G. I.: Kriterien der motorischen Adaptationsfähigkeit von Jungen im Schulalter. In: Körpererziehung 25 (1975), 9—12.

MANCINI, V. H.: Decisionmaking in Elementary Children: Effects on Attitudes and Interaction. In: Res. quart. 47 (1976), 80—85.

MARKUSKE, H.: Die Bedeutung des Sports im Kindesalter. In: BAUSENWEIN-PLANK, J. (Hrsg.): Jugendsport — Frauensport. München-Gräfelfing 1961, 44—57.

MARSENACH, J.: Développement de la motricité pratique pédagogique. In: Rev. Educ. phys. 12 (1972), 185—191.

MARTENIUK, R.: Information Processing in Motor Skills. New York 1976.

MARTENS, R.: Social Reinforcement Effects on Preschool Children's. Motor Performance. In: Percept. Mot. Skills 31 (1970), 787—792.

MATTAUSCH, W.-D.: Untersuchungsergebnisse zum körperlich-sportlichen Leistungsstand von Schülern im außerunterrichtlichen Sport. In: Körpererziehung 24 (1974), 184—191.

MATTAUSCH, W.-D.: Theoretische und empirische Untersuchungen über den Entwicklungsstand der motorischen Fähigkeiten sowie einiger Grundformen der sportlichen Motorik von übenden und trainierenden Kindern der 4., 5. und 6. Klassen im außerunterrichtlichen Sport. In: Theor. Prax. Körperkult. (1975), 745—748.

MATTHIAS, H. H.: Reifung, Wachstum und Wachstumsstörungen des Haltungs- und Bewegungsapparates im Jugendalter. München 1966.

MAUL, T. / THOMAS, J. R.: Self-Concept and Participation in Children Gymnastics. In: Percept. Mot. Skills 41 (1975), 701—702.

MCLELLAN, J.: Kinder sollen spielen. Die Bedeutung des Spiels für die harmonische Entwicklung. Freiburg i. B. 1972.

MEDARD, D.: Structure de Temps. Organisation spatiotemporelle des enfants de 4 à 7 ans. In: Educ. Phys. Sport 27 (1976), 21—24.

MEINEL, K. u. a.: Bewegungslehre. Berlin 1976.

MELLEROWICZ, H.: Das körperliche Leistungsvermögen der heutigen Jugend. München 1966².

MIECZKOWSKA, Z.: Zusammenhänge zwischen motorischer Begabung und intellektuellen Lernergebnissen. In: Theor. Prax. Körperkult. 23 (1974), 528—532.

MIECZKOWSKI, T. / CHOJNACKI, T.: Die Abhängigkeit sportlicher Ergebnisse von den motorischen Fähigkeiten der Schüler. In: Theor. Prax. Körperkult. 23 (1974), 532—534.

MÜLLER, H.-J.: / DECKER, R. / SCHILLING, F.: Motorik im Vorschulalter. Schorndorf 1975.

MÜLLER, K. D.: Hilfen zur Psychohygiene Verhaltensgestörter im Grundschulalter durch heilende Bewegungsübungen. In: Z. Heilpäd. 4 (1971), 255—259.

MULHAUSER, F. A.: Relationships of Space Utilization by Children with Selected Aspects of Behavior. In: Res. quart. 43 (1972), 47—54.

MUNETAKA, H. / MATSUURA, Y. / MUNETAKA, H.: On the Study of the Differences in Motor Ability of Children between Three Different Communities: Island, Housing Development and Urban Area. In: Res. J. phys. Educ. 16 (1971), 91—97.

NAZAROV, V. P.: Zur Schulung der Bewegungsgenauigkeit bei Kindern. In: Theor. Prax. Körperkult. 23 (1974), 501—502.

NEUHÄUSER, G.: Störung der motorischen Koordination im Kindesalter. In: Psychomotorik 2 (1977), 43—46.

NEUHAUS, W.: Entwicklungsstufen der menschlichen Motorik. In: Leibesübungen körperl. Erzieh. 54 (1935), 167—171.

NORTH, M.: Personality Assessment Through Movement. London 1972.

OELSCHLÄGEL, H. / WITTEKOPF, G.: Physiologische Grundlagen der sportlichen Leistungsfähigkeit im frühen Schulalter. In: Theor. Prax. Körperkult. 25 (1976), 596—601. Auch in: Wiss. Z. DHfK Leipzig 17 (1976), 39—48.

PETERS, H. / PAHLKE, U.: Zu einigen Fragen der Entwicklung der Ausdauer im Schulalter. In: Theor. Prax. Körperkult. 26 (1977), 533—536.

PETERSEN, U.: Zum Problem der motorischen Begabung und seiner Bedeutung für die Talentförderung. In: Leibeserziehung 19 (1970), 156—161.

PICKENHAIN, L.: Grundlagenerkenntnisse über das motorische System. In: Theor. Prax. Körperkult. 21 (1972), 1121—1127.

POE, A.: Description of the movement characteristics of two year old children performing the jump and reach. In: Res. quart. 47 (1976), 260—268.

PÖHLMANN, R.: Struktur- und Rhythmusprobleme der Motorik. — Eine kybernetische Darstellung unter philosophischem Aspekt. In: Wiss. Z. DHfK Leipzig 8 (1966), 53—64.

PÖHLMANN, R.: Der motorische Rhythmus. In: Theor. Prax. Körperkult. 21 (1972), 337—346, 637—647, 710—720, 836—845.

POPOV, J.: Untersuchungen über die Leistungsfähigkeit der Vorschulkinder im Lauf, Sprung und Wurf. In: Theor. Prax. Körperkult. 20 (1971), 67—72.

PROCHAZKA, V.: Zu einigen Problemen der motorischen Lernfähigkeit. In: Leibeserziehung 20 (1971), 45—49.

QUELL, M. / SATTEL, L.: Untersuchungen zum Zusammenhang zwischen sensumotorischer Entwicklung von Kindern der Primarstufe und der Zugehörigkeit ihrer Eltern zu verschiedenen sozialen Schichten. In: Sportunterricht 25 (1976), 293—299.

RAEDER, J.: Zu Problemen der Belastung und Erholung in der körperlichen Erziehung und Bildung der Kinder und Jugendlichen. In: Theor. Prax. Körperkult. 19 (1970), 68—77.

RAHN, S.: Die Verwirklichung einer vielseitigen sportartgerichteten Grundausbildung im Anfängertraining. In: Theor. Prax. Körperkult. 24 (1975), 165—172.

RAPP, G. / SCHODER, G.: Mentales Training im Vorschulalter? Untersuchungen bei 5- bis 6jährigen Kindern. In: Leibeserziehung 21 (1972), 423—427.

RAPP, G. / SCHODER, G.: Bewegungsvorstellung und Bewegungslernen bei Kindern. In: Psychol. Erzieh. Unterricht 20 (1973), 279—288.

RAPP, G. / SCHODER, G.: Motorische Testverfahren. Stuttgart 1977.

RARICK, G. L. / DOBBINS, D. A.: A Motor Performance of Boys and Girls in the Age Range 6 to 10 Years. In: J. mot. Behav. 7 (1975), 37—43.

REED, G. S.: Geschicklichkeit und Übung. In: LUNZER, E. A. / MORRIS, J. F. (Hrsg.): Das menschliche Lernen und seine Entwicklung. Stuttgart 1971, 119—160.

REHER, E. / HAVLICEK, J.: Methodologische Bemerkungen zur Erforschung des Sporttalents. In: Leistungssport 4 (1974), 119—124.

REILLY, M.: Play as Exploratory Learning. Los Angeles 1974.

REINARTZ, E.: Förderung visueller Wahrnehmung und Motorik. In: Die Grundschule 5 (1973), 275—278.

RIEDER, H.: Sport als Therapie. Psychomotorische und soziometrische Untersuchungen an verhaltensgestörten Kindern. Berlin/München/Frankfurt/M. 1971.

RIEDER, H.: Zur Diagnostik der sportmotorischen Lernfähigkeit. In: THALLER, F. / RECLA, H.: Signale der Zeit. Schorndorf 1975, 166—172.

RIEDER, H.: Messen der Geschicklichkeit als Grundlage eines gezielten Lernens. In: Leibesüb. Leibeserzieh. 30 (1976), 147—153, 171—175.

RIEDER, H. (Hrsg.): Bewegungslehre des Sports, Bd. 1—2. Schorndorf 1974—1977.

RIEDER, H. / HAHN, E.: Psychomotorik und sportliche Leistung. Schorndorf 1977.

ROHRBERG, K.: Zu Problemen des Leistungsversagens im Sportunterricht. In: Körpererziehung 15 (1965), 563—566.

ROHRBERG, K.: Über Fähigkeiten und Begabung im Sportunterricht. In: Körpererziehung 18 (1968), 232—237.

ROSTOCK, J.: Zum Einfluß des Elternhauses auf die körperliche Bildung und Erziehung des Schulkindes unter besonderer Berücksichtigung des koordinierten Zusammenwirkens mit der Schule. In: Theor. Prax. Körperkult. 24 (1976), 127—131.

RUDOLPH, E.: Zur geistigen und sensomotorischen Handlungsregulation im Übungs- und Trainingsprozeß der Kinder und Jugendlichen. In: Theor. Prax. Körperkult. 25 (1976), 28—37.

RÜSSEL, A.: Das Wesen der Bewegungskoordination. In: Archiv für die gesamte Psychologie 112 (1944), 1/2, 1—22.

RUTENFRANZ, J.: Entwicklung und Beurteilung der körperlichen Leistungsfähigkeit bei Kindern und Jugendlichen. Basel/New York 1964.

SCHABERT, K.: Die Zusammenstellung einer psychologischen Auslese-Testbatterie. In: Theor. Prax. Körperkult. 19 (1970), 133—140.

SCHERLER, K.-H.: Sensomotorische Entwicklung und materiale Erfahrung. Schorndorf 1975.

SCHILLING, F.: Motodiagnostik des Kindesalters. Berlin 1973.

SCHILLING, F.: Neue Ansätze zur Untersuchung der Hand- und Fingergeschicklichkeit im Kindesalter. In: Sportwissenschaft 4 (1974), 276—298.
SCHILLING, F.: Diagnose und Therapie motorischer Störungen mit minimaler zerebraler Dysfunktion. In: Psychomotorik 2 (1977), 47—56.
SCHMIDT, G.: Leistungsfähigkeit im Kindesalter (Schwimmen). In: Leibesüb. Leibeserz. 26 (1972), 156—158.
SCHMIDT, G.: Turnerische Leistungsfähigkeit im Kindesalter. In: Jugend u. Sport 30 (1973), 13—15.
SCHNABEL, G.: Zur Bewegungskoordination. In: Wiss. Z. DHfK Leipzig 10 (1968), 13—32.
SCHNABEL, G.: Die koordinativen Fähigkeiten und das Problem der Gewandtheit. In: Theor. Prax. Körperkult. 22 (1973), 263—268.
SCHNABEL, G. (Bearb.): Motorisches Lernen im Sport. Leipzig 1974.
SCHOBERTH, H.: Leistungssport und Wirbelsäule im Jugendalter. In: Leistungssport 5 (1975), 267—273.
SCHREITER, R.: Die Entwicklung der Bewegungsfähigkeit Fangen und Werfen bei Kindern im 4. bis 8. Lebensjahr. Leipzig: Diss. DHfK 1961.
SCHRUT, S.: Untersuchungen des Wettkampf- und Wettbewerbsverhaltens 6- bis 10jähriger Schüler im Sportunterricht und bei außerschulischen Wettkämpfen. Greifswald: Diss. phil. 1960.
SCHWARZ, G.: Der Einfluß der Turnstunde auf die Konzentrationsfähigkeit von Schulkindern. In: Leibesüb. Leibeserziehung 28 (1974), 31—34.
SCOTT, P. M.: Attitudes toward Athletic Competition in Elementary Schools. In: Res. quart. 24 (1953), 352—361.
SEIFERT, H.: Alle Kinder fördern. In: Körpererziehung 19 (1969), 184—189.
SEYBOLD, A.: Untersuchungen zum motorischen Bestand des Schulanfängers als Voraussetzung für die Leibeserziehung. In: Leibeserziehung 18 (1969), 72—80.
SEYBOLD-BRUNNHUBER, A.: Über das Selbstgefühl. Das Selbstgefühl im Wandel der kindlich-jugendlichen Entwicklung. In: Leibeserziehung 7 (1958), 151—157, 274—279; 8 (1959), 21—27.
SINCLAIR, C. D.: Movement of the Young Child. Columbus, Ohio 1973.
SINGER, R. N.: Motor Learning and Human Performance. New York 1975.
SINGER, R. N.: Motor Learning as a Function of Age and Sex. In: RARICK, G. L. (Ed.): Physical Activity: Human Growth and Development. New York 1973, 176—200.
SINGER, R. N.: Readings in Motor Learning. Philadelphia 1973.
SINGER, R. N. / MILNE, C.: Laboratory and Field Experiments in Motor Learning. Springfield 1975.
SINNHUBER, H.: Spielmaterial zur Entwicklungsförderung — von der Geburt bis zur Schulreife. Dortmund 1977.
SIREN-TIUSANEN, H. / NURMI, H.: Evaluation of the Level of Motor Development Attained in Preschool in Children Entering the Comprehensive School. Jyväskylä 1976.
SLOOTEN, P. v.: Four Theories of Development and Their Implications for the Physical Education of Adolescents. In: Phys. Educator 31 (1974), 181—186.
SMOLL, F. / DEN OTTER, P.: Intraindividual Variability in Development and Accuracy of Motor Performance. In: J. mot. Behav. 8 (1976), 195—201.
SÖLL, W.: Zum Problem der Entwicklung koordinativer Fähigkeiten. In: Sportunterricht 26 (1977), 92—96.
SÖLL, W.: Zur Methodik des motorischen Lernens und Übens. In: Leibeserziehung 21 (1972), 195—199.
SPERLING, O.-K.: Sport und Wachstum. In: Leistungssport 5 (1975), 71.
STANIFORD, D. J.: Competition and the Young Child. In: Phys. Educator 33 (1976), 143—145.
STEEGE, F. W.: Untersuchungen zur motorischen Entwicklung sechs- bis vierzehnjähriger Kinder. Bonn: Diss. phil. 1966.
STEMMLER, R.: Zu einigen Problemen sportlicher Entwicklungsverläufe. In: Theor. Prax. Körperkultur. 21 (1972), 533—539.
STEMMLER, R.: Ein graphisches Informationsnetz für die Einschätzung und Steuerung der körperlich-sportlichen Entwicklung sowie für das Erkennen der Entwicklungstendenz von Körperhöhe und Körpergewicht bei Kindern und Jugendlichen. In: Wiss. Z. DHfK Leipzig 16 (1975), 93—106.
STEMMLER, R.: Zur Ausdauerfähigkeit unserer Schuljugend. In: Wiss. Z. DHfK Leipzig 17 (1976), 59—66.
STEMMLER, R.: Zur dialektischen Einheit von Sozialem und Biologischem in der Entwicklung der körperlichen Leistungsfähigkeit. In: Wiss. Z. DHfK Leipzig 17 (1976), 19—28.

STEMMLER, R.: Entwicklungsschübe in der körperlichen Leistungsfähigkeit. In: Theor. Prax. Körperkult. 26 (1977), 278—284.
STEMMLER, R.: Testbatterie und Entwicklungsinformationsnetz — Mittel zur Kennzeichnung des individuellen Entwicklungsstandes und zur pädagogisch-methodischen Führung und Kontrolle im Sportunterricht. In: Theor. Prax. Körperkult. 26 (1977), 353—359.
SUCHAROW, A. G.: Die Normierung der physischen Belastung bei sportlichen Übungen im Kindes- und Jugendalter als hygienisches Problem. In: Theor. Prax. Körperkult. 19 (1970), Beiheft III, 44—46.
SUTTON-SMITH, B.: Games, the Socialization of Conflict. In: Sportwissenschaft 3 (1973), 41—46.
SUTTON-SMITH, B.: How To Play with Your Children. New York 1974.
THOMAS, A.: Die Entwicklung handlungspsychologisch-psychomotorischer Verhaltensanalysen in ihrer Bedeutung für Sport und Leibeserziehung. In: Sportwissenschaft 4 (1974), 258—275.
THOMAS, J. u. a.: Effects of Perceptual-Motor Training on Preschool Children: A Multivariate Approach. In: Res. quart. 46 (1975), 505—513.
THOMAS, J. / CHISSOM, B. S.: Prediction of First Grade Academic Performance from Kindergarten Perceptual-Motor Data. In: Res. quart. 45 (1974), 148—153.
THOMAS, J. R. / FORTSON, M. P.: Experimenter Effects on Children Motor Performance. In: J. mot. Behav. 7 (1975), 65—72.
THOMAS, J. R. / BENDER, P. R.: A Developmental Explanation for Children's Motor Behavior. In: J. mot. Behav. 9 (1977), 81—93.
THOMAS, R. / MOON, D. H.: Measuring motor rhythmik ability in children. In: Res. quart. 47 (1976), 20—32.
THROHAUER, H.-A.: Wesen und Charakter des Prinzips der „objektiven ergänzenden Information“ und allgemeine Probleme der Steuerung und Regelung von Willkürbewegungen des Menschen. In: Theor. Prax. Körperkult. 19 (1970), 4—12.
THROHAUER, H.-A.: Der Einfluß von Information und Erfahrung auf Prozesse des motorischen Lernens. In: Theor. Prax. Körperkult. 23 (1974), 70—77.
TODOR, J. I.: Age Differences in Integration of Components of a Motor Task. In: Percept. Mot. Skills 41 (1975), 211—215.
ULBRICHT, J.: Über Möglichkeiten einer Auswahl von Sporttalenten im Kindesalter vom Gesichtspunkt der kardiopulmonalen Leistungsfähigkeit. In: Leistungssport 3 (1973), 374—380.
ULICH, E.: Untersuchungen über sensomotorisches Lernen. In: HECKHAUSEN, H. (Hrsg.): Bericht über den 24. Kongreß der deutschen Gesellschaft für Psychologie. Göttingen 1969, 363—367.
UNGERER, D.: Die menschliche Leistung in der Psychophysik der Willkürmotorik. In: Leibeserziehung 13 (1964), 144—150.
UNGERER, D.: Die Bedeutung der menschlichen Bewegung in der Leibeserziehung. In: Leibeserziehung 15 (1966), 189—196.
UNGERER, D.: Zur Theorie des sensomotorischen Lernens. Schorndorf 1973².
UNGERER, D.: Sensomotorische Entwicklung und Umwelt, Probleme und Perspektiven. In: FLEISS, H. u. O. (Red.): Sport und Wissenschaft, Bd. II. Graz 1973, 97—105.
UNGERER, D.: Leistungs- und Belastungsfähigkeit im Kindes- und Jugendalter. Schorndorf 1977⁴.
VAYER, P.: L'éducation du schéma corporel. Clé de voûte de l'éducation de jeune enfant. In: Rev. Educ. phys. 12 (1972), 23—42.
VILKNER, H. J.: Zur Erfassung und Entwicklung der motorischen Reaktionsfähigkeit im Schulalter. In: Theor. Prax. Körperkult. 26 (1977), 516—520.
VOLKAMER, M.: Zur Problematik motorischer Entwicklungstests. Schorndorf 1971.
VOLPERT, W.: Sensomotorisches Lernen. Frankfurt/M. 1973².
WADE, M. G.: Developmental Motor Learning. In: KLOGH/HUTTON (Hrsg.): Exercise And Sport Sciences Review, Vol. 4. Santa Barbara 1977.
WARD, B.: Implications of Physical Education for Preschool Children. In: Phys. Educator 32 (1975), 80—83.
WARWITZ, S.: Körperliche und geistige Gewandtheit und der Zusammenhang zwischen der allgemeinen körperlichen und geistigen Leistungsfähigkeit. In: Leibeserziehung 17 (1968), 341—345.
WASMUND, U.: Die motorische Ausdauer bei 8- bis 10jährigen (Leistungsfähigkeit und Trainierbarkeit). In: Leibesüb. Leibeserziehung 26 (1972), 34—36.
WASMUND, U.: Untersuchungen zur Lateralität im Sport bei Kindern und Erwachsenen. In: Internat. J. phys. Educ. 13 (1976), 37—44.
WASMUND, U. / HOYER, S.: Zur Bewegungskoordination beim Lauf von Kindern. Eine kinomatographische Analyse des Laufs. In: Leistungssport 4 (1974), 369—376.

WASMUND, U. / MOCELLIN, R.: Laufen im zweiten und dritten Schuljahr. In: Sportwissenschaft 2 (1972), 258—272.

WASMUND, U. / PROKSCH, A.: Zur Motorik sechsjähriger Kinder. Eine vergleichende Untersuchung zwischen Kindern aus einer Vorklasse und einem ersten Schuljahr. In: Sportunterricht 25 (1976), 304—307.

WEGENER, H.: Über die Beziehung zwischen intellektueller und motorischer Begabung. In: THOMAE, H. (Hrsg.): Bericht über den 22. Kongreß der deutschen Gesellschaft für Psychologie in Heidelberg 1959. Göttingen 1960, 232—235.

WEGENER, H.: Stichwort: Motorik, motorische Begabung. In: Enzyklopädisches Handbuch der Sonderpädagogik, Bd. 2. Berlin 1969, Sp. 2208—2214.

WEHAUS, B. / LÖSSL, E.: Reliabilitäts- und Variabilitätsstudie zur Verwendung des Trampolins bei der Diagnose von motorisch gestörtem Verhalten bei Kindern. In: Praxis Kinderpsychol. Kinderpsychiatr. 24 (1975), 84—94.

WERNER, P.: Education of Selected Movement Patterns of Preschool Children. In: Percept. Mot. Skills 39 (1974), 795—798.

WHITEHURST, K. E.: What Movement Means to a Young Child. In: J. phys. Educ. Recreat. 42 (1971), 34—35.

WHITING, H. T. A.: Concepts in Skill Learning. London 1975.

WIDMER, K.: Entwicklungsspezifisches Erleben und Verhalten des jugendlichen Mädchens im Turn- und Sportunterricht. In: Leibeserziehung 15 (1966), 42—53.

WIEMANN, K.: Die Ontogenese des aufrechten Ganges — ein Lern- oder Reifungsprozeß. In: Leibeserziehung 19 (1970), 145—148.

WILLIAMS, J. / SCOTT, R.: Growth and Development of Negro Infants: IV. Motor Development and its Relationship to Child Rearing Practices in Two Groups of Negro Infants. In: SAGE, G. / READING, H. (Ed.): Sport and American Society; Selected Readings. Masschusetts 1970, 253—272.

WINTER, R.: Die Ontogenese der Motorik des Menschen als Lehr- und Forschungsbereich unter dem Aspekt der sportwissenschaftlichen Fragestellung und Zweckbestimmung. In: Theor. Prax. Körperkult. 17 (1968), 688—701.

WINTER, R.: Untersuchungen zur Ontogenese der allgemeinen sportlichen Gewandtheit vom 8. bis 18. Lebensjahr (1. bis 11. Schuljahr). In: Körpererziehung 19 (1969), 23—32.

WINTER, R.: Zur Periodisierung der motorischen Ontogenese in der Kindheit und Jugend. In: Theor. Prax. Körperkult. 24 (1975), 39—50.

WINTER, R.: Grundlegendes zur frühen Entwicklung von koordinativen Fähigkeiten und Bewegungsfertigkeiten sowie ihre Rolle für die Persönlichkeitsentwicklung des Kindes. In: Wiss. Z. DHfK Leipzig 17 (1976), 71—76.

WOLFGART, H.: Motorische Förderung in der Körperbehindertenschule — ein interdisziplinäres Problem. In: Vjschr. Heilpädag. 44 (1975), 312—321.

WUELLNER, L. H.: The Role of Play and the Development of Aggression. In: Quest 24 (1976), 56—65.

WURDEL, A.: Sportmotorische Testbatterien und motorische Lernfähigkeit. Ahrensburg 1972.

WURZEL, B.: Zum Problem der verbalen und visuellen Information beim sensomotorischen Lernprozeß. Ahrensburg 1975.

WYGOTSKY, L. S.: Das Spiel und seine Rolle für die psychische Entwicklung des Kindes. In: Ästhetik u. Kommunikation 4 (1973), 11, 16—37.

ZAICHKOWSKY, L. D.: The Development of Perceptual Motor Sequencing Ability. In: J. mot. Behav. 6 (1974), 255—261.

ZAPOROZHET, A. V. / ELKONIN, D. D.: The Psychology of the Preschool Children. Massachusetts 1971.

ZIESCHANG, K.: Zur zeitlichen Gestaltung von Lernprozessen im Sport. In: Sportwissenschaft 7 (1977), 272—284.

ZIHLARSCH, O.: Untersuchung über Zusammenhänge zwischen Beliebtheitsgrad, Schulleistungsniveau und sportmotorischer Leistung in den Leibesübungen bei Kindern im Grundschulalter. In Leibeserziehung 28 (1974), 50—52.

ZWINGER, H.: Zu einigen Untersuchungsergebnissen über den Verlauf und die Ausbildung des Laufleistungsvermögens der Kinder im frühen Schulalter. In: Theor. Prax. Körperkult. 19 (1970), Beiheft II, 177—180.

3. Spezielle Literatur zum Elementar- und Primarbereich

3.1 Zusammenfassende Darstellungen

3.1.1 Elementar- und Primarbereich

AUERNHEIMER, A.: Ich spiele mit dem Ball. Bonn 1975⁵.

AUERNHEIMER, A.: Spielturnen mit dem Tau. Bonn 1965².

AUERNHEIMER, A.: Übungen mit dem Sandsäckchen für groß und klein. Bonn 1973³.

AUERNHEIMER, A.: Übungen mit dem Stab. Bonn 1975⁵.

BACH, F.: Gymnastik, Turnen, Sport und Spiel. Bd. 1. München 1973.

DEMETER, R.: Hüpfen, Laufen, Springen — Wir turnen mit unseren Kindern. Bern/Stuttgart 1972.

DIEM, L.: Spiel und Bewegung. In: Leibeserziehung 26 (1972), 31—33.

DIEM, L.: Sport und Sportunterricht im Elementar- und Primarbereich. In: Sportwissenschaft 7 (1977), 26—41.

DÖRRER, H.-J.: Von der Spielform zur Leistung. Celle 1969.

FLOSDORF, P. / RIEDER, H.: Sport und Spiel in Gruppe und Heim. Freiburg i. B. 1967.

FROMMLETT, W. / MAYRHOFER, H. / ZACHARIAS, W.: Eltern spielen, Kinder lernen. München 1975.

GABLER, H.: Bewegung, Spiel und Sport für körperbehinderte Kinder. In: Sportunterricht 26 (1977), 37—41.

GILL, J. K.: Heilpädagogische Leibeserziehung mit Behinderten. Wuppertal 1974.

GÜNZEL, W.: Turnen — Sport — Spiel in der Wohnung. Hohengehren 1974.

HÄUSLER, W. (Hrsg.): Lehrbogen für Leibesübungen. Wolfenbüttel o. J.

HARDEY, E. B.: Kinder turnen mit Vergnügen. Weinheim 1976.

HERRMANN, K.: Von der Grundform zur Leistungsform. Frankfurt/M. 1971.

HEUSER, I. / SPOHN, G.: Kommt macht mit. Partneraufgaben ohne Gerät. Frankfurt/M. 1971.

HIMSTEDT, I.: Gespieltes Turnen im Vor- und Grundschulalter. Ratingen/Kastellaun/Düsseldorf 1974.

KALLFASS-MOLL, L.: Tanzen, Spielen und Turnen. Celle 1976.

KENNEL-KOBI, L.: Fitness für Dich und Dein Kind. Zürich 1972.

KOCH, K.: Leisten — Formen — Gestalten. Schorndorf 1967.

KRIESEL, M. u. U.: Kinderturnen. Berlin 1955.

KRIESEL, U.: Spielturnen im Freien. Berlin 1962.

LEVAY, L.: Spielerisches Kinderturnen. Berlin 1961.

MANNINGER, O. / TOLLICH, H.: Lernziele für Leibesübungen. Innsbruck 1975².

MEUSEL, H. (Hrsg.): Praxis der sportlichen Grundausbildung. Frankfurt 1972².

MÜHE, A. / SACKERER-HEGGBLUM, H.: Zauberschnur, Zauberkreis, Ziehtau. Schorndorf 1977.

PALM, J. u. L.: Unsere Kinder wollen turnen. Gütersloh 1975.

RÖSCH, H.-E.: Staffelspiele und Wettkämpfe. Frankfurt/M. 1966.

TOLLICH, H.: Leibesübungen unter einfachsten Bedingungen. Wien 1970.

VOGT, W.: Bewegungsförderung. Anregungssituationen und Beispiele zu einem neuen Verständnis der Bewegungserziehung. Hannover 1975.

ZAUNER, R.: Turnen mit Kindern. Ravensburg 1970.

3.1.2 Elementarbereich

BACH, F. / HAUPT, U.: Lernbereich Sport. Bewegungserziehung der 4- bis 6jährigen. München 1975.

BACH, F. / HAUPT, U.: Sport für Vorschulkinder. Freising 1976.

BERDYCHOVA, J.: Vater und Mutter turnen mit mir. München 1975.

BERGEMANN, M.: Leibeserziehung im Vorschulalter. München 1975².

BLUMENTHAL, E.: Bewegungsspiele für Vorschulkinder. Schorndorf 1976².

BLUMENTHAL, E.: Spiel und Spielgerät. In: Welt d. Kindes 51 (1973), 9—13.

BLUMENTHAL, E.: Vorschulerziehung ohne Leibesübungen? In: Leibeserziehung 19 (1970), 336—341.

BRINGMANN, W.: Die sportliche Leistungsfähigkeit im Vorschulalter aus sportärztlicher Sicht. In: Neue Erziehung im Kindergarten 28 (1975), 1, 5—8.

BRUNATH, R.: Turnen mit kleinen Leuten. Berlin 1963.

BURMEISTER, G.: Zur Bedeutung der Freiflächen und der körperlichen Bewegung für die gesunde Entwicklung der Kinder im Kindergarten. In: Neue Erziehung im Kindergarten 28 (1975), 11, 14—15.

Deutsche Sportjugend (Hrsg.): Sporterziehung im Elementarbereich — Praxis mit Klein- und Vorschulkindern. Frankfurt/M. 1976.

Deutscher Sportbund (Hrsg.): Bewegung, Spiel und Sport im Elementarbereich. Frankfurt/ M. o. J. (1975).

Diem, L.: Auf die ersten Lebensjahre kommt es an. Intelligenz durch Bewegungstraining. Stuttgart 1976.

Diem, L.: Bewegungsfertigkeit und Bewegungsspiele. In: Welt d. Kindes 51 (1973), 2—7.

Diem, L.: Juchhei — die Kleinsten turnen. Frankfurt/M. 1975[9].

Diem, L.: Kinder-Sport-Fibel (Dt. Bearbeitung d. finnischen Originalausgabe). Frankfurt/M. 1975[2].

Diem, L.: Körper- und Bewegungsbildung in der Vorschulerziehung. In: Arbeitskreis Vorschule: Vorschulkongreß 1970, eine Dokumentation. Velber 1970, 92—98.

Diem, L.: Körper- und Bewegungsbildung in der Vorschulerziehung. In: Die Grundschule 3 (1971), 30—34.

Diem, L.: Sport im 1. bis 3. Lebensjahr. München 1974.

Diem, L.: Sport im Kindergarten. Didaktisches Material zu einem Multimedienpaket. Schorndorf 1976.

Diem, L. / Gerhardus, H.: Sport im 4. bis 6. Lebensjahr. München 1973.

Egger, T.: Turnen mit Kleinkindern. In: Tschinkel, I. (Hrsg.): Basale Begabungsförderung im Kindergarten. München 1973, 71—75.

Egger, T. / Waidringer, M.: Turnen im Kindergarten. München 1971[2].

Frühauf, M.: Sport. In: Retter, H. (Hrsg.): Schlüsselbegriffe in der Vorschulerziehung. Freiburg i. B. 1973, 176—188.

Grunewald, L. / Köhler, L.: Was müssen wir bei der Körpererziehung beachten? In: Neue Erziehung im Kindergarten 18 (1965), 12, 9—13.

Häusler, W. (Hrsg.): Lehrbogen für Vorschulsport. Wolfenbüttel o. J.

Hahmann, H. / Zimmer, R.: Bewegungserziehung für 3- bis 6jährige Kinder. Ein Beitrag zur Curriculumentwicklung im Elementarbereich. T. I: Auseinandersetzung mit einer neuen Umwelt. T. II: Möglichkeiten zur Verbesserung der Koordinationsfähigkeit. T. III: Rhythmische Erziehung. T. IV: Anregungen zur Bewegungserziehung im Gruppenraum. T. V: Anregungen zur Bewegungserziehung im Freien. Koblenz 1976.

Himstedt, I.: Sport in der Vorschulerziehung und im Kindergarten. In: Recla, J. (Hrsg.): Sportunterricht auf neuen Wegen. Schorndorf 1972, 166—169.

Jacob, L.: Körperbildung im Kindergarten. In: Leibesübungen 14 (1963), 4, 26—29.

Keller, S.: Der Aufbau der Turnbeschäftigung. In: Neue Erziehung im Kindergarten 15 (1962), 24, 13—17; 16 (1963), 1, 10—13.

Keller, S.: Entwicklung, Ziele und Aufgaben der Körpererziehung im Vorschulalter. In: Theor. Prax. Körperkult. 20 (1971), 31—33.

Keller, S.: Erziehungsmethoden in der Körpererziehung im Vorschulalter. In: Theor. Prax. Körperkult. 20 (1971), 50—58.

Keller, S.: Die Intensivierung der Körpererziehung im Vorschulalter durch Umgestaltung der Turnbeschäftigung zur Sportstunde. In: Körpererziehung 16 (1966), 589—595.

Keller, S. (Red.): Körpererziehung im Kindergarten. Berlin 1977.

Keller, S.: Die Körpererziehung im Vorschulalter. In: Neue Erziehung i. Kindergarten 14 (1961), 21, 5—9; 22, 6—10.

Kirchmayer, A.: Turnen mit dem Kleinkind. In: Niegl, A.: Kleinkinderziehung. Wien 1950, 154—177.

Klimt, F.: Kindersport. In: Dt. Gesundh.-Wes. 16 (1961), 480—486.

Krage, E.: Turnen mit Kleinkindern. In: Kinderheim 28 (1950), 25—28, 75—78, 114—117, 179—182.

Lautwein, T. / Sack, M.: Sport und Spiel — Spaß und Gesundheit. Eltern üben mit Vorschulkindern. Stuttgart 1972.

Lehnert, G. / Lachmann, I.: Sport und Spiel mit kleinen Leuten. Berlin 1974[3].

Lewin, K.: Neue Organisationsmethoden der Körpererziehung. In: Neue Erziehung im Kindergarten 18 (1965), 2, 15—16.

Lewin, K.: Turnen im Vorschulalter. Berlin 1975[4].

Lewy, E. G. / Gorinewskaja, E. G.: Die Abhärtung im System der Körpererziehung der Kindergartenkinder. In: Neue Erziehung im Kindergarten 4 (1951), 7, 10—11; 8, 7—9.

Lewy, E. G. / Gorinewskaja, E. G.: Die Auswahl der Körperübungen für Vorschulkinder. In: Neue Erziehung im Kindergarten 7 (1954), 9, 4—6; 10, 16—17; 11, 18—19.

Lewy, E. G. / Gorinewskaja, E. G.: Die körperliche Erziehung im Kindergarten. Berlin/Leipzig 1949.

May, H.: Ein Sportkindergarten stellt sich vor. In: Kindergarten heute 8 (1975), 90—91.
Michaelis, H. / Treess, U.: Lernbereich Bewegungsspiel und Sport. In: Belser, H. (Hrsg.): Curriculum-Materialien für Vorschule und Eingangsstufe. Bd. II. Ästhetische Erziehung, Musik und Bewegen. Weinheim/Basel 1975³, 113—229.
Moliere, S.: Die Turnbeschäftigung im polnischen Erziehungsprogramm für Kindergärten und die Methoden zur Entwicklung von Bewegungsfähigkeiten des Kindes. In: Theor. Prax. Körperkult. 20 (1971), 48—50.
Moosburger, S.: Sport mit Vorschulkindern. Donauwörth 1974.
Oertel, F.: Bemerkungen zu einigen Ansätzen vorschulischer Curriculumentwicklung im Bereich Bewegungserziehung/Sport. In: Sportunterricht 25 (1976), 37—41.
Osokina, T. J.: Pädagogische Fragen der Körpererziehung in dem Kindergarten. In: Theor. Prax. Körperkult. 20 (1971), 39—40.
Polzin, M. / Schneider, R. / Schulke, J. / Weinberg, P.: Sensumotorisches Lernen im Vorschulalter. In: Arbeitsgruppe Sport (Hrsg.): Schulsport im Abseits. Reinbek 1975, 146—171.
Polzin, M. / Schneider, R. / Schulke, J. / Weinberg, P.: Sportbezogene Vorschulerziehung. Theoretische Entwürfe und praktische Arbeit. In: Güldenpfennig, S. / Volpert, W. / Weinberg, P. (Hrsg.): Sensumotorisches Lernen und Sport als Reproduktion der Arbeitskraft. Köln 1974, 108—139.
Prudden, B.: „Spiel mit mir — turn mit mir" für das 1. bis 6. Lebensjahr. Wien 1965.
Ptock, H.: Die Durchführung von Sportfesten mit Kindergruppen im Vorschulalter. In: Körpererziehung 22 (1973), 33—37.
Quanz, D. R.: Zum Problem der pädagogischen Grundlagen einer vorschulischen Sportförderung. In: Die Schulwarte 24 (1971), 8, 47—56.
Rank, A.: Die körperliche Erziehung des Vorschulkindes. In: Neue Erziehung im Kindergarten 5 (1952), 392—396.
Reichenbach, M.: Zu einigen Problemen des Turnens im Kindergarten. In: Neue Erziehung im Kindergarten 13 (1960), 11, 3—8.
Retter, H.: Die Bedeutung motivierender Bewegungserziehung in der vorschulischen Kindheit für den Schulsport. In: Sportunterricht 23 (1974), 229—233.
Sabath, I.: Leibeserziehung im Vorschulalter. In: Arbeitsgemeinschaft Deutscher Sportämter (Hrsg.): Gemeinde und Sport. Jahrbuch 1976/77. Bad Homburg v. d. H. 1976, 42—50.
Schlegel, H. / Herold, W.: Mütter und Kinder turnen und spielen. Celle 1975.
Schwäbischer Turnerbund (Hrsg.): Bewegungserziehung im Vorschulalter. Das Stuttgarter Modell. Schorndorf 1976.
Singer, W.: Die Körpererziehung in unseren Kindergärten. In: Neue Erziehung im Kindergarten 12 (1959), 19, 3—8.
Stübing, A.-D.: Bewegung und Spiel im Elementarbereich. Frankfurt/M. 1977.
Stübing, A.-D. / Treess, U.: Sporterziehung im Vorschulalter. Theoretische Grundlagen und Anregungen zur Praxis. München 1975.
Tollich, H. / Sulke, H.: Turnt mit uns. Theorie und Praxis der Leibeserziehung im Vorschulalter. Wien 1972.
Treess, H. u. U.: Vorschulische Bewegungsspiel-Erziehung als sozialtherapeutische Aufgabe. In: Sportunterricht 25 (1976), 83—87.
Ungerer, D.: Grundlagen einer altersspezifischen Bewegungserziehung im Kindergarten. In: Evangelische Kinderpflege 18 (1967), 281—287.
Vitt, B.: Turn mit Bärbel Vitt. Frankfurt/M. 1974.
Werner, P. H.: Movement Experience for Preschool Children. In: Phys. Educator 32 (1975), 182—185.
Werner, P. H.: Physical Education During The Preschool Years. In: Phys. Educator 29 (1972), 180—184.
Wieczorek, H.: Wir turnen mit den Kleinsten. Stuttgart 1975².
Wolf, H.: Fragen der Körpererziehung bei der Gestaltung des Lebens im Kindergarten. In: Theor. Prax. Körperkult. 20 (1971), 44—47.

3.1.3 Primarbereich

Adden, W.: Problemorientierter Sportunterricht. In: Die Grundschule 9 (1977), 463—465.
Arbeitsgruppe Sport: Schulsport im Abseits. Reinbek 1975.
Bach, F. / Haupt, U.: Sport für Schulanfänger. Freising 1976.

BÄHR, A.: „Aktive Pause“ — eine wirklich sinnvolle Erholung. In: KATZENBERGER, L. F. (Hrsg.): Hygiene in der Schule. Ansbach 1976, 61—70.

BANNMÜLLER, E.: Schritte zu einem „offenen Bewegungskonzept“ für die Grundschule. In: Sportwissenschaft 7 (1977), 374—385.

BANNMÜLLER, E.: Realitätserfahrungen im Sportunterricht der Grundschule. Stuttgart 1977.

BANNMÜLLER, E.: Zur Neuorientierung einer leiblichen Erziehung in der Grundschule. In: HALBFAS, H. / MAURER, F. / POPP, W. (Hrsg.): Neuorientierung des Primarbereichs. Stuttgart 1976, 156—168.

BAUER, D. / KLEINDIENST, C.: Soziale Erziehung im Schulsport. In: Sportunterricht 25 (1976), 224—227, 262—268.

BAUMANN, S. / GEBHARD, U.: Sport in der Grundschule. Teil I u. II. Studienmaterial zum Medienverbundkurs Lehrerkolleg „Sport in der Grundschule“. München 1976/1977.

BEIER/GOPPE/HECKER: Ein Beitrag zum Problem des Tagesrhythmus im Zusammenhang mit dem Sportunterricht im 1. Schuljahr. In: Schule u. Psychol. 17 (1970), 318—320.

BERNSDORFF, W.: Schulsport unter dem Aspekt „Freizeit“. In: Sportunterricht 24 (1975), 128—132.

BILBROUGH, A. / JONES, P.: Physical Education in the Primary School. London 1965.

BÖHM, A.: Schulkurzturnen, Erfahrungsbericht. In: Erziehung u. Unterricht 126 (1976), 39—41.

BRODTMANN, D.: Intensivierung des Sportunterrichts — ein technologisches Problem? In: Westermanns Päd. Beiträge 24 (1972), 63—71.

BRODTMANN, D.: Kommunikation und Kooperation im Sportunterricht. In: Die Grundschule 9 (1977), 452—457.

BRODTMANN, D. / HÄRDRICH, A.: Modelle praxisbezogener Kenntnisgewinnung im Sportunterricht der Primarstufe. In: ADL (Hrsg.): Sport, Lehren und Lernen. Schorndorf 1977. S. 53—57.

BRODTMANN, D. / KLEINE-TEBBE, M.: Aufgaben des Sportunterrichts im Primarbereich. In: Sportwissenschaft 7 (1977), 7—25.

BRODTMANN, D. / JOST, E.: Koedukation im Sportunterricht. In: Z. Sportpäd. 1 (1977), 58—71.

BRÜGGEMANN, J.: Kreativität im Sportunterricht — eine Bestandsaufnahme. In: DIECKERT, J. / LEIST, K.-H.: Theorie-Praxis-Modelle im Sport. Schorndorf 1976, 116—127.

BUCHER, C. A. / READE, E. M.: Physical Education and Health in the Elementary School. New York 1964.

CHARLE, K.: Hinweise zu den ersten Sportstunden in Anfängerklassen. In: Körpererziehung 20 (1970), 407—413.

CZWALINA, C.: Die Leibeserziehung der 6- bis 10jährigen. Hamburg 1968².

DASSEL, H. / HAAG, H.: Circuit-Training. Bildtafeln für Schule und Verein. Schorndorf 1975⁴.

DENK, H.: Orientierung über Sport als Lernziel des Sportunterrichts. In: Z. Sportpäd. 1 (1977), 38—46.

Deutscher Sportbund (Hrsg.): Die Tägliche Bewegungszeit. Eine Fibel für den Unterricht im 1. und 2. Schuljahr. Frankfurt/M. o. J.

DIECKERT, J. / KREISS, F. / MEUSEL, H.: Turnen — Spiel — Sport. Schulbuch für Jungen und Mädchen. Teil I. Frankfurt/M. 1974².

DIEM, L.: Sport im 7. bis 10. Lebensjahr. München 1975.

DIEM, L.: Wer kann ...? Bewegungserziehung in den ersten Schuljahren. Frankfurt/M. 1973⁹.

DIEM, L. / KIRSCH, A.: Lernziele und Lernprozesse im Sport der Grundschule. Frankfurt/M. 1975.

DRENKOW, E.: Zum Inhalt des Sportunterrichts im Hinblick auf das dauerhafte selbständige Sporttreiben. In: Theor. Prax. Körperkult. 25 (1976), 580—586.

EHNI, H. W.: Zur „Identitätskrise“ in der Grundschule. In: Sportwissenschaft 7 (1977), 319—340.

EHNI, H. W.: Sport und Schulsport. Schorndorf 1977.

ENGEL, R. / KÜPPER, D.: Koedukation im Sportunterricht. In: Sportunterricht 24 (1975), 257—262.

ETTER, A.: Turnen in den ersten Schuljahren. In: D. Körpererz. 41 (1963), 321—323.

FERCHLAND, G.: Leistungsbeurteilung und Leistungsentwicklung sportschwacher Schüler. In: Körpererziehung 15 (1965), 347—356.

FETZ, F. u. a.: Leibesübungen für 6- bis 15jährige. Frankfurt/M. 1974.

FRITSCH, U. / LANDAU, G. / MARAUN, H.-K.: Nicht für die Schule, sondern für das Leben lernen wir — auch im Sportunterricht? In: Z. Sportpäd. 1 (1977), 438—444.

FUNKE, J.: Sport in der Schule? In: Neue Sammlung 13 (1973), 590—600.

FUNKE, J.: Alter Sport in neuen Schulen? In: Sportwissenschaft 5 (1975), 298—312.

FUNKE, J.: Körpererziehung, Sport und Spiel in der Bielefelder Laborschule. In: Universität Bielefeld (Hrsg.): Schulprojekte der Universität Bielefeld. H. 4. Stuttgart 1974, 133—195.

GABLER, H. / GRUPE, O.: Bewegung, Bewegungsspiel und Sport (Begründungen und Vorschläge). In: Deutscher Bildungsrat (Hrsg.): Gutachten und Studien der Bildungskommission 48/1: Die Eingangsstufe des Primarbereichs, Bd. 2/1. Stuttgart 1975, 197—210.

GEBHARD, U.: Didaktik des Sportunterrichts in der Grundschule. München 1975³.

GÜNZEL, W.: Emanzipatorischer Sportunterricht. In: TYBL, R. / WALTER, H. (Hrsg.): Handbuch zum Unterricht. Modelle emanzipatorischer Praxis. Grundschule. Starnberg 1973, 466—513.

HAAG, H. / DASSEL, H.: Fitness-Tests. Schorndorf 1975.

HAGEDORN, G. u. a.: Sport in der Primarstufe. Theoretische Grundlegung. Frankfurt/M. 1972.

HAHMANN, H.: Die Bedeutung außerschulischer Anregungen für das Lernen im Sport bei Grundschülern. In: ADL (Hrsg.): Sport, Lehren und Lernen. Schorndorf 1977, 46—53.

HANS, E.: Sportunterricht in der Grundschule. Eine Skizze zum gegenwärtigen Diskussionsstand. In: Neue Wege i. Unterricht 26 (1975), 170—178.

HARTMANN, H. / ODEY, R.: „Schwache Schüler" im Sportunterricht — Hinweise zur Entwicklung kooperativen und sozial-integrativen Handelns im Sportunterricht. In: Z. Sportpäd. 1 (1977), 406—424.

HECKER, G. u. a.: Aufgabenkanon für 100 Sportstunden im 1. u. 2. Schuljahr. Schorndorf 1977².

HIRTZ, P.: Gewandtheitsschulung muß Unterrichtsprinzip bei 6- bis 10jährigen Schulkindern sein. In: Körpererziehung 14 (1964), 238—240.

HUMPHREY, J. H.: Child Learning through Elementary School Physical Education. Dubuque 1974².

JÄGER, K. / OELSCHLÄGEL, G.: Schülersport — Kleine Trainingslehre. Berlin 1977³.

KIRCHNER, G.: Physical Education for Elementary Children. Dubuque 1974.

KIRSCH, A. / KRANKENHAGEN, G. (Hrsg.): Audiovisuelle Medien im Sportunterricht. Stuttgart 1976.

KLEINE-TEBBE, M. / BRODTMANN, D.: Sportunterricht im Primarbereich. In: Z. Sportpäd. 1 (1977), 187—208.

KLEINE, W.: Förderung der Leistungsmotivation im Sportunterricht der Grundschule. Päd. Hochsch. Rheinland: Diss. Erzwiss. 1977.

KLIMT, F. u. a.: Schulpausensport. In: Sportarzt u. Sportmed. 28 (1977), 212—223.

KOCH, K. u. a. (Hrsg.): Visuelle Medien in der Praxis des Sportunterrichts. Schorndorf 1976.

KOCH, K.: Konditionsschulung für die Jugend. Schorndorf 1975⁴.

KOCH, K. / MEYNERS, E.: Unterrichtsplanung — Unterrichtsbeobachtung — Unterrichtsbeurteilung. Schorndorf 1977².

KOCH, K. / MIELKE, W.: Die Gestaltung des Unterrichts in der Leibeserziehung. Schorndorf 1977⁵.

KOCH, K. / SÖLL, W.: Stundenmodelle für alle Altersstufen. Schorndorf 1976³.

KRETSCHMER, J. / BRODTMANN, D.: Intensivierung des Sportunterrichts. In: Z. Sportpäd. 1 (1977), 425—437.

KRUBER, D. / FUCHS, E.: Arbeitskarten für den Sportunterricht: Mappe I: Allgemeine Konditionsschulung Teil 1; Mappe I: Allgemeine Konditionsschulung Teil 2; Mappe II: Allgemeine Bewegungsschulung in der Grundschule. Mappe III: Spezielle Kondition für Fußballspieler. Schorndorf 1976².

KURZ, D.: Elemente des Schulsports. Schorndorf 1977.

LAUTWEIN, T.: Leibesübungen. Grundsätze und methodische Vorschläge für die 5- bis 12jährigen. Stuttgart 1969.

LAUTWEIN, T.: Der Sportunterricht im 1. Schuljahr. Schorndorf 1977³.

LIPP, A.: Die tägliche Bewegungszeit im 1. und 2. Schülerjahrgang. In: Blätter f. Lehrerfortbildung 19 (1967), 133—138.

LUTTER, H. (Hrsg.): Schulsport — pädagogisch-methodische Aspekte. Donauwörth 1977.

LUTTER, H. u. H.: Zur Praxis der Leibeserziehung in der Grund- und Hauptschule. Donauwörth 1975³.

MANNINGER, J.: Schulkurzturnen. In: Erziehung u. Unterricht 125 (1975), 263—267.

MARSCHNER, P.: Befähigung zum Sporttreiben — eine pädagogische Funktion des Sportunterrichts. In: Theor. Prax. Körperkult. 25 (1976), 571—579.

MICHAELIS, H.: Vorschläge zu einer projektorientierten Bewegungsspiel- und Sporterziehung in der Eingangsstufe. In: Sportunterricht 25 (1976), 46—50.

MIELKE, A. / BRUNKHORST, C.: Emanzipatorisches Verhalten als angestrebtes Lernziel im Sportunterricht und Maßnahmen zur Verwirklichung. In: Sportunterricht 23 (1974), 292—298.

MÜLLER, H.: Unfallverhütung im Sportunterricht. Frankfurt/M. 1976.

OBERBECK, H.: Sport in der Grund- und Hauptschule. Dornburg 1976.

OLTROGGE, G.: Schüler unterrichten Schüler. In: Sportunterricht 24 (1975), 226—228.

OVERSBERG, M. P.: Sportunterricht in der Grundschule. Wuppertal 1975.

PASCHEN, K.: Stundenbilder. Bewegungserziehung vom ersten bis zum vierten Schuljahr. Frankfurt/M. 1974.
PASCHEN, K.: Schulsport kontrovers. Ahrensburg 1975.
PASCHEN, K.: Tägliche Bewegungszeit in der Grundschule. Schorndorf 1971.
PETERSEN, U.: Schüler gestalten ihr Sportfest. In: Die Grundschule 9 (1977), 472—475.
Projektgruppe Sportunterricht: Alternativer Sportunterricht. Frankfurt/M. 1977.
REESE, K. / BRASSAT, H.: Sport in der Schule: Didaktisch-methodische Überlegungen und Anregungen. Weinheim/Basel 1976.
RETTER, H.: Bewegungserziehung als Lernbereich im fächerübergreifenden Curriculum. In: Sportwissenschaft 7 (1977), 42—51.
RÖSCH, H.-E.: Sportunterricht in Primarstufe und Sekundarstufe I. München 1973[2].
RÖSCH, H.-E. / LAUTWEIN, T.: Methodik des Sportunterrichts. Freiburg i. B. 1974[3].
SÄCKEL, D. / BREHM, W.: Koedukativer Sportunterricht und Curriculumdiskussion. In: Sportunterricht 26 (1977), 220—225.
SASS, I. / SASS, H.: Erfolgreicher Sportunterricht auch unter erschwerten Bedingungen. In: Körpererziehung 25 (1975), 566—572.
SCHERLER, K.-H.: Bewegung und Spiel in der Eingangsstufe. In: Die Grundschule 8 (1976), 28—34.
SCHLAUDRAFF, U.: Stiefkind Schulsport. Loccum o. J.
SEYBOLD, A.: Zur Effektivität der Leibeserziehung im Grundschulalter. In: FLEISS, H. u. O. (Red.): Sport und Wissenschaft, Bd. 2., Graz 1973, 41—54.
SEYBOLD, A.: Zur Intensivierung des Sportunterrichts in der Grundschule. In: Grundschulmagazin 2 (1975), 12, 7—10.
SEYBOLD, A.: Leibeserziehung. In: RABENSTEIN, R. (Hrsg.): Erstunterricht. Bad Heilbrunn 1974, 277—328.
SEYBOLD, A.: Zur Problematik sportlicher Wettkämpfe in der Schule. In: Z. Sportpäd. 1 (1977), 209—219.
SEYBOLD, A.: Zur Leibeserziehung im 1. Schuljahr. In: Leibeserziehung 19 (1970), 341—345.
SEYBOLD, A.: Zur Leibeserziehung im 2. Schuljahr. In: Leibeserziehung 20 (1971), 405—408.
SEYBOLD, A.: Leibeserziehung in der Grundschule. Lehr- und Arbeitsbogen für das 1. bis 4. Schuljahr. 4 Hefte. Esslingen 1972—1977.
SEYBOLD, A.: Zur Leibeserziehung im Grundschulalter. In: Sportunterricht 22 (1973), 89—95.
SÖLL, W.: Differenzierung im Sportunterricht. Schorndorf 1976[2].
SÖLL, W. / KOCH, K.: Übungsmodelle für alle Altersstufen. Schorndorf 1976[4].
STÄDTLER, H. / KUPFER, M.: Möglichkeiten des situationsbezogenen Lernens im Bereich Bewegungserziehung/Sport. In: Sportunterricht 25 (1976), 41—45.
STAUDE, G.: Arbeitskarten für das Schulkurzturnen. Wien 1976.
STÜBING, A.-D.: Sporterziehung in der Eingangsstufe des Primarbereichs — am Beispiel der hessischen Eingangsstufe. In: Sportwissenschaft 7 (1977), 52—62.
TRAUER, E.: Anleitung für den Sportunterricht in den Klassen 1—2. In: Die Unterstufe 13 (1966), Beilage 8/9; 14 (1967), Beilage 1, 2.
TREBELS, A. H.: Sportunterricht als Veranstaltung organisierten Lernens. In: Sportwissenschaft 5 (1975), 313—327.
WARWITZ, S.: Projekt „Schwimmen" — wie Schwimmen zum Thema fächerübergreifenden Unterrichts werden kann. In: Z. Sportpäd. 1 (1977), 72—82.
WERNER, P.: Guidelines to Teaching Elementary School Physical Education. In: Phys. Educator 30 (1973), 125—128.
WINTER, R.: Erstaunlich, was die Schulanfänger schon können. In: Körpererziehung 11 (1961), 308—316.
WOLF, N. (Hrsg.): Dokumente zum Schulsport. Bemühungen des Deutschen Sportbundes. Schorndorf 1974.

3.2 Literatur zu einzelnen Bereichen

3.2.1 Boden- und Gerätturnen

BLUMENTHAL, E.: Vorschulturnen an Geräten. Schorndorf 1977[3].
BRAECKLEIN, H.: Trampolinturnen I, Grundschule. Bad Homburg v. d. H. 1976[3].
DÖRRER, H.-J.: Gerätturnen in der Primarstufe. In: RECLA, J. (Hrsg.): Sportunterricht auf neuen Wegen. Schorndorf 1973, 129—144.
DÖRRER, H.-J.: Leistungsbetontes Geräteturnen im Grundschulalter. Celle 1974.

FIEBRANDT, K. / HEINY, H. / SPIES, P.: Rollen und Überschläge. Frankfurt/M. 1975.
FILLINGER, F.: Die Gruppenarbeit als Mittel zur Leistungsmotivation im Gerätturnen. Celle 1974.
HAGER, U.: Gerätturnen Schüler. Methodik — Technik. München 1977.
HELDT, U.: Untersuchungen zur Lehrplanrealisierung in der Unterstufe (Gerätturnen und sportbezogene Kenntnisse). In: Theor. Prax. Körperkult. 20 (1971), 1002—1007.
HERRMANN, K.: Elementare Formen des Boden- und Gerätturnens. Celle 1977.
KAISER, A.: Von der Grundausbildung im Boden- und Gerätturnen zum Leistungsturnen durch Partner- und Gerätehilfen. Petersberg 1977².
KNIRSCH, K.: Gerätturnen mit Kindern. Methodische Fibel der Fundamentalbewegungen des Gerätturnens für Jungen und Mädchen. Stuttgart 1976.
KOCH, K.: Vom Bockspringen zu den Längssprüngen. Schorndorf 1973⁴.
KOCH, K.: Bewegungsschulung an Gerätebahnen. Schorndorf 1975⁶.
KOCH, K.: Springen und Überschlagen — Hechten und Rollen am Absprung-Trampolin. Schorndorf 1977⁵.
KOCH, K.: Grundschulturnen an Geräten. Schorndorf 1977⁷.
KOCH, K. / TIMMERMANN, H.: Klettern und Steigen — Schwingen und Springen am Stufenbarren. Schorndorf 1977⁵.
KOCH, K. / TIMMERMANN, H.: Vom Steigen und Balancieren zum Turnen am Schwebebalken. Schorndorf 1973³.
KRETSCHMER, J.: Grundlagen und Methoden zur Intensivierung des Unterrichts im Gerätturnen. Schorndorf 1974².
KUNOW, L. / PREUGSCHAT, F.: Wir turnen am Lüneburger Stegel. Frankfurt/M. 1965².
LOEW, E.: Rhythmische Bewegungsschulung an Kästen. Schorndorf 1975.
LÜTGEHARM, R.: Zusatzaufgaben im Gerätturnen. Celle 1974.
MEUSEL, H.: Vom Purzelbaum zum Salto. Schorndorf 1975⁵.
MEUSEL, H.: Vom Schaukeln und Schwingen zu Schwungstemmen und Umschwüngen. Schorndorf 1977⁴.
MÜLLER, H.: Helfen und Sichern im Geräteturnen. Frankfurt/M. 1973⁴.
POCK, K.: Turnfibel I—II. Wien 1971.
RÄUPKE, R. / KOCH, K.: Vom Klettern und Klimmen zum Turnen an den Ringen. Schorndorf 1976².
SCHULZ, D.: Methodik des Trampolinspringens. Schorndorf 1976².
SCHULZ, H.: Turnen und Spielen für Kinder bis zum 8. Lebensjahr: Boden- und Geräteturnen. Celle 1974³.
TENDEL, K.: Lehr- und Übungswege für das Gerätturnen. Celle 1977.
WELLER, K.-L.: Das Kind und sein turnerischer Bewegungsreichtum. In: Praxis d. Leibesüb. 17 (1976), 163—164.
WESTPHAL, J.: Die Entwicklung und Schulung des Balancierens im Vorschulalter. In: Neue Erziehung im Kindergarten 17 (1964), 4, 7—10.
WIEMANN, K.: Vom Kippen zum Überschlagen — vom Schwingen zum Felgen. Schorndorf 1974³.
ZINKE, E. / ARNOLD, K.: Schülersport — Geräteturnen für Mädchen. Berlin 1976.

3.2.2 Leichtathletik

AHSBAHS, H. (Red.): Leichtathletik — für Jugend und Schüler. Berlin 1974².
BERNHARD, G.: Didaktik der Jugendleichtathletik. Schorndorf 1976.
KIRSCH, A.: Jugendleichtathletik. Berlin 1974⁴.
KOCH, K. (Hrsg.): Leichtathletik in der Primarstufe. Schorndorf 1977.
KOCH, K.: Laufen, Springen, Werfen in der Grundschule. Schorndorf 1975⁴.
KOCH, K.: Methodische Übungsreihen in der Leichtathletik. Bd. 1: Grundausbildung im obligatorischen Unterricht der Schule. Schorndorf 1976⁷.
KRUBER, D.: Leichtathletik in der Halle. Schorndorf 1975⁴.
KRUBER, D. / FUCHS, E. / CORDS, J.: Programmiertes Lehren und Lernen im Sportunterricht. Lehrprogramme in der Leichtathletik. Serie I: Weitsprung — Dreisprung. Serie II: Straddle — Flop — Stabhochsprung. Schorndorf 1977².
LINDACHER, F.: Hüpfen und Springen in der 1. und 2. Klasse. In: Die Unterstufe 6 (1959), Beilage 4/5.
SCHULZ, H.: Leichtathletik für Kinder bis zum 8. Lebensjahr. Celle 1974.

3.2.3 Rhythmik, Tanz, Gymnastik

Autorenkollektiv: Kommt herbei zum großen Kreis. Berlin 1974.

BERGESE, H. / SCHMOLKE, A.: Singen und Spielen. Wolfenbüttel o. J.

BERZHEIM, N. / MEIER, U.: Aus der Praxis der elementaren Musik- und Bewegungserziehung. Donauwörth 1976.

BREITFELD, E.: Welche Rhythmen können Vorschulkinder erfassen und motorisch darstellen? In: Neue Erziehung im Kindergarten 16 (1963), 13, 6.

BRÜNNER, G. / RÖTHIG, P.: Grundlagen und Methoden rhythmischer Erziehung. Stuttgart 1975².

CREUTZER, C.: Kinder, tanzt und spielt mit mir. München o. J.

EHRICH, M.: Kindergymnastik. Wolfenbüttel 1972.

ENGEL, R. / KÜPPER, D.: Gymnastik. Schorndorf 1975².

ERNST, H.-B.: Hilfen und Materialien zur Einarbeitung in ein neues musikalisches Fach: Musik- und Bewegungserziehung. In: Grundschulmagazin 3 (1976), 10, 7—10.

FISCHER-MÜNSTERMANN, U.: Von der jazzgymnastik zum jazztanz. Celle 1975.

FORSTREUTER, H.: Gymnastik — Körperschule ohne Gerät. Frankfurt/M. 1974²⁸.

FRIEDRICH, A.: Heißa Kathreinerle. Wien 1970³.

GAMBER, C.: Rhythmisch-musikalische Erziehung im Kindergarten. München/Wien 1973.

GASS-TUTT, A.: Tanzkarussell. Stuttgart 1972.

GLATHE, B.: Spielerische Gymnastik für Mutter und Kind. Wolfenbüttel 1977.

GLATHE, B.: Stundenbilder zur rhythmischen Erziehung. Wolfenbüttel 1975.

GLATHE-SEIFERT, B.: Rhythmik für Kinder. Wolfenbüttel 1974.

HASELBACH, B.: Improvisation — Tanz — Bewegung. Stuttgart 1976.

HASELBACH, B.: Tanzerziehung. Grundlagen und Modelle für Kindergarten, Vor- und Grundschule. Stuttgart 1975².

HEINSS, M.: Künstlerische Gymnastik für Kinder. Berlin 1976³.

HOELLERING, A.: Zur Theorie und Praxis der rhythmischen Erziehung. Berlin 1976⁶.

HÖLZER, R. (Hrsg.): Kindertänze. Wolfenbüttel o. J.

HOERBURGER, F. / SEGLER, H.: Klare, klare Seide. Kindertänze aus dem deutschen Sprachraum. Kassel 1963².

HUG, E.: Jazz-Gymnastik. Limburg 1977.

KLINDT, E.: Tanzen in der Schule. Schorndorf 1977³.

KRAMER, K.: Tanz als Schulsportdisziplin — Verständnis und Einschätzung. In: Sportunterricht 28 (1977), 73—78.

KRIMM-v-FISCHER, C.: Musikalisch-rhythmische Erziehung im Vor- und Grundschulalter. Freiburg i. B. 1975³.

KROMBHOLZ, G.: Tanzen für alle von den Grundelementen zu geselligen Tanzformen. München 1976.

KUCERA, M.: Gymnastik mit dem Hüpfball. Stuttgart 1975.

LANGHANS, H. / SCHMOLKE, A.: Europäische Tänze. Heft 1—12. Wolfenbüttel 1954 ff.

MARTENS, T.: Stephan darf tun, was er will. Einige Gedanken zur rhythmisch-musikalischen Erziehung im Schulkindergarten. In: Blätter Pestalozzi-Froebel-Verb. 17 (1966), 107—110.

MATTMÜLLER-FRICK, F.: Rhythmik. Anleitung in Karteiform. Bern 1974⁵.

MAURER, H.: Pezzi — der große Gymnastikball. Waldenburg 1975.

MEUSEL, W.: Kinder turnen mit Musik. Frankfurt/M. 1970.

MEUSEL, W.: Wir tanzen. Frankfurt/M. 1962.

MORTZFELD, A.: Üben in Gruppen. Frankfurt/M. 1969³.

MÜLLER, B.: Gymnastik. Von der Grundschulung zur Bewegungsgestaltung. Berlin 1975.

OTTO, I.: Unterrichts- und Übungsmodelle für die Gymnastik. Schorndorf 1977.

PAHLEN, K. (Hrsg.): Musik und Bewegung. 5. Forum für Musiktherapie. Bern 1976.

PALM-SCHEEL, L.: Bewegung und Musik. Frankfurt/M. 1976.

PETERS, G.: Tanzen mit Kindern im Vorschulalter. In: Welt d. Kindes 51 (1973), 154—160.

PFISTERER, T.: Rhythmisch-musikalische Erziehung in Kindergarten und Schule. Zürich 1971.

PILSS-SAMEK, H.: Gymnastik für alle. München 1974.

PREISS, H.: Jazzgymnastik. München 1974³.

REICHMANN, D.: Gymnastik mit den Kleinsten. Frankfurt/M. 1955.

REIDEL, M.: Ich bin ein Frosch. Bewegungs-Singspiele. Freiburg i. B. 1974.

ROBINS, F. u. J.: Pädagogische Rhythmik für geistig und körperlich behinderte Kinder. Rappers-wil 1975³.

RUSSEL, J.: Creative Dance in the Primary School. London 1975[2].
SCHABERT, K.: Jazzgymnastik zum Mitmachen. München 1975[2].
SCHEIBLAUER, M.: Musikalisch-rhythmische Erziehung. In: Kinderheim 39 (1961), 169—173.
SCHUHMACHER, E.: Singspiele und Kindertänze für Kindergarten, Vor- und Grundschule. Schorndorf 1977.
SCHULZ, H.: Spielen und Üben für Kinder bis zum 8. Lebensjahr. Gymnastik. Celle 1976[4].
SEYBOLD, A.: Schulgymnastik 1. Laufen, Hüpfen, Springen. Frankfurt/M. 1976.
SEYBOLD, A.: Schulgymnastik 2. Mit Ball, Seil und Reifen. Frankfurt/M. 1975.
SINGER, W. u. a.: Kommt herbei zum großen Kreis! Bewegungsspiele für Vorschulkinder. Berlin 1973[3].
SOMMER, A.: Kreativitätsförderung durch rhythmische Bewegungserziehung. In: Rhythmik in der Erziehung 2 (1974), 2, 1—12.
TAUSCHER, H. (Hrsg.): Die rhythmisch-musikalische Erziehung in der Heilpädagogik. Berlin 1975[4].
VORDERWÜLBECKE, H. u. M.: Gymnastik und Spiel mit unseren Kleinen. München 1974.
WALLIS, E. L. / LOGAN, G. A.: Gymnastik für Kinder. München 1972.
WOLFGANG, H. (Hrsg.): Orff-Schulwerk und Therapie. Berlin 1975.
ZÖLLER, G.: Musik und Bewegung im Elementarbereich. Donauwörth 1975[3].

3.2.4 Schwimmen, Wasserspringen

ABERLE, H. / WILKE, K.: Wasserspringen. Frankfurt/M. 1976.
AUE, G.: Schwimmen in der Vorschule. In: Deutscher Schwimmsport 23 (1973), Beilage: Schule und Verein 1, 1—4.
BRAECKLEIN, H.: Methodische Übungsreihen im Schwimmen. Schorndorf 1975[5].
BRAECKLEIN, H.: Wasserspringen — lernen — üben — leisten. Schorndorf 1974[3].
BAUERMEISTER, H.: In der Badewanne fängt es an. Wie kleine Kinder spielend schwimmen lernen. München 1972.
BRESGES, L.: Schwimmen im 1. und 2. Lebensjahr. München 1973.
DIEDERLEY, H.: Schwimmen mit geistig behinderten Kindern und Jugendlichen. Rheinstetten 1975.
DIEM, L.: Schwimmen im 3. und 4. Lebensjahr. München 1973.
GILDENHARD, N.: Vielseitiger Schwimmunterricht in der Vorschule und Eingangsstufe. Schorndorf 1977.
GORTON, B. E.: Teach your child Swimming. London 1976.
GRAUMANN, D. / LOHMANN, H. / PFLESSER, W.: Schwimmen in Schule und Verein. Celle 1976.
HEINRICH, W.: Spielerische Wassergewöhnung im Anfänger-Schwimmunterricht. Schorndorf 1976[3].
HELLMICH, H.: Schwimmen im 3. und 4. Lebensjahr. München 1974.
HETZ, G.: Schwimmen lernen — schnell und sicher. München 1974.
KENNEL-KOBI, L.: Schwimmen für jung und alt. Schönenwerd 1969.
KLEMM, F.: Grundschule des Schwimmens. Frankfurt/M. 1975.
KOFINK, A.: Wasserratten. Celle 1969.
KRODEL, E.: Schwimmfibel. Bonn 1972[2].
LEWIN, G.: Schwimmen mit kleinen Leuten. Berlin 1975[4].
LINGENAU, W. G. / VITT, B.: Schwimm mit! Anfängerkurs für Kinder und Eltern. Niederhausen/Ts. 1977.
LORENZEN, H.: Schwimmlehre — Baden und Schwimmen mit Kindern. Retten. Wuppertal 1969[5].
MATHEIS, R.: Erfahrungen beim Schwimmunterricht bei Klein- und Kleinstkindern. In: Arch. Badewes. 25 (1972), 73—74.
MIELKE, W.: Schwimmen lernen — erproben und üben. Schorndorf 1976[6].
MINSEL, M.: Zur Methodik des Anfängerschwimmens. Ahrensburg 1974.
NEWMAN, V. H.: So lernen kleine Kinder schwimmen. München 1969.
RAUER-DECOPPET, V.: Wie bringe ich meinen 3- bis 6jährigen Kind das Schwimmen bei? In: Jugend u. Sport 33 (1976), 355—358.
ROTH, P.: Kleine Spiele im Wasser. Heidelberg o. J.:
SCHINKEL, J.: Zur Methodik des Kleinkinderschwimmens. In: Praxis d. Leibesüb. 13 (1972), 207—210, 235—237.
SCHULZ-KOHLRAUSCH, L.: Badewannengymnastik. Stuttgart 1976.
STICHERT, K.-H.: Schülersport — Sportschwimmen. Berlin 1973[2].
URBAINSKY, N.: Methodik des Schwimmunterrichts. Celle 1975[4].
VOLCK, G. (Hrsg.): Schwimmen in der Schule. Schorndorf 1977.

WAEGNER, N.: Kinderschwimmschule. Stuttgart 1972.
WAEGNER, N.: Kindertauchschule. Stuttgart 1974.
WILKE, K. / DANIEL, K. / VÖLKER, K.: Das Brustschwimmen. Frankfurt/M. 1975.
WILKE, K. / FASTRICH, E.: Das Kraulschwimmen. Frankfurt/M. 1972.

3.2.5 Sonderturnen

BÖCK, P.: Haltungserziehung. Berlin 1967.
CICURS, H. (Bearb.): Lehr- und Arbeitsbuch Sonderturnen. Biologisch-medizinische Grundlagen und Lehrinhalte für gezielte Bewegungs- und Haltungserziehung. Bonn 1977[5].
DIEM, L. / SCHOLTZMETHNER, R.: Schulsonderturnen. Frankfurt/M. 1974.
DIEM, L. / SCHOLTZMETHNER, R.: Fußgymnastik. Frankfurt/M. 1976.
DORDEL, S.: Das Auswahlverfahren im Schulsonderturnen. In: Sportunterricht 26 (1977), Beilage: Lehrhilfen, 133—138.
DORDEL, S.: Organschwäche, Muskelschwäche, Koordinationsschwäche — Überlegungen zu der Gewichtung dieser drei Bereiche im Schulsonderturnen. In: Sportunterricht 25 (1976), 124—130.
FUCHS, H.: Ursachen der Haltungsgefährdung. In: Leibesüb. Leibeserziehung 30 (1976), 66—68.
KLUTTIG, G.: Schulsonderturnen — Entwicklung und Wandel. In: Sportunterricht 25 (1976), 114—120.
MÜLLER, H.: Haltungsbeziehung als Aufgabe der allgemeinen Leibeserziehung aus der Sicht eines Pädagogen. In: Sportarzt u. Sportmed. 26 (1975), 241—252.
SCHARLL, M.: Fußgymnastik mit Kindern. Stuttgart 1975[12].
SCHARLL, M.: So lernt das Kind sich gut halten. Stuttgart 1976[9].
SCHIEVELBUSCH, I.: Turn dich gesund. Stuttgart 1967.
SCHMIDT, D.: Schulsonderturnen in Theorie und Praxis. In: Sportunterricht 25 (1976), 121—124.
SCHOLTZMETHNER, R.: Die körperliche Leistungsschwäche im Kindesalter und ihr Ausgleich durch kompensatorischen Sport. Köln: Diss. Sportwiss. 1976.
TOENNE, E.: Mit Seil und Reifen. Arbeitsmappe mit Übungen und Spielen für Vorschulkinder zur täglichen Haltungsgymnastik. Hannover 1975.
VOLCK, G. / REIBER, H. (Red.): Schulsonderturnen in der Diskussion, Schorndorf 1977.

3.2.6 Spiele

ALBERTZ, H. / ROTHENBERG, L.: Spielreihen in der Spielschulung. Schorndorf 1975[2].
BILEK, Y.: Minibasketball — ein Spiel für Kinder. In: Deutscher Sportbund (Hrsg.): Training mit Kindern und Jugendlichen (Der Leistungsaufbau). Frankfurt/M. 1970.
BUDINGER, H. / KLIPPEL, P. / WEBER, K.: Kindertennis. Frankfurt/M. 1975.
BUSCH, W.: Fußball in der Schule. Frankfurt/M. 1976[4].
Deutscher Tennisbund (Hrsg.): Tennis-Lehrplan Bd. 1: Holzbrett-Tennis. München 1975.
DIEM, L.: Spiele mit Bällen. In: Welt d. Kindes 51 (1973), 18—23.
DIETRICH, K.: Fußball — spielgemäß lernen — spielgemäß üben. Schorndorf 1977[5].
DIETRICH, K. / DÜRRWÄCHTER, G. / SCHALLER, H.-J.: Die großen Spiele. Wuppertal 1976.
DÖBLER, E. u. H.: Kleine Spiele. Berlin 1975[9].
DOWNEY, J.: Teach your child Badminton. London 1976.
DÜRRWÄCHTER, G.: Volleyball — spielend lernen — spielend üben. Schorndorf 1976[7].
ENDERT, T. / LANGHOFF, G.: Handball in der Schule. Berlin 1976[4].
FIEDLER, M. u. a.: Schülersport — Volleyball. Berlin 1969.
FISCHER, G. u. a.: Handball in der Schule. Neustadt b. Coburg 1976.
GEISSLER, A.: Freudvolle Spiele. Frankfurt/M. 1973[7].
GLASBRENNER, G.: „Mini"-Basket- und „Mini"-Volleyball. In: Päd. Welt 27 (1973), 354—361.
GRUMBACH, M.: Tischtennis-Grundschule für Schule und Verein. Teil I. Schorndorf 1975.
HACKS, J.: Unser Kind spielt Tennis. München 1977.
HAGEDORN, G. u. a.: Das Mannschaftsspiel. Frankfurt/M. 1972.
HAGEDORN, G.: Mini-Sportspiele. Frankfurt/M. 1976.
HANREICH, W. H.: Tennis: Unterrichtsziele für die Grundschule. In: Leibesüb. Leibeserz. 30 (1976), 41—42.
HEDDERGOTT, K.-H.: Neue Fußball-Lehre. Frankfurt/M. 1976[4].
HETZER, H.: Das Spiel in der Schule. München 1965[3].
HEUSER, I. / MARX, E.: Spiele für alle in Hof und Halle. Wuppertal 1970[7].
KÄSLER, H.: Handball — vom Erlernen zum wettkampfmäßigen Spiel. Schorndorf 1976[4].

KAMPMÜLLER, O.: Spiele, spielend leicht. München 1970.
KELLERMANN, D.: Spiele für Kleinkinder. Niedernhausen/Ts. 1976.
KERKMANN, K.: Kleine Parteiballspiele. Schorndorf 1975.
KERKMANN, K.: Wir spielen in der Grundschule. Schorndorf 1976⁴.
KIRCHMAYER, A.: Schulspiele für Knaben und Mädchen. Wien 1975⁹.
KNÜPPEL, H.: Freizeitsport Badminton in Schule und Gruppen. Schorndorf 1976.
KOCH, K.: Kleine Sportspiele. Schorndorf 1977⁵.
KOCH, K. (Hrsg.): Einführungsmodelle und Spielreihen für Sportspiele, Teil I: Prellball — Indiaca — Badminton — Faustball. Schorndorf 1977.
KÖHLER, I.: Schülersport — Basketball. Berlin 1974.
KONZAG, G. (Hrsg.): Übungsformen für die Sportspiele. Berlin 1975².
KREIDLER, H.-D.: Konditionsschulung durch Spiele. Schorndorf 1977³.
KRÖNER, S.: Tennis lernen und spielen. Schorndorf 1977².
LAUTENSCHLAGER, B. / KALB, G. / HOLZHEUER, M.: Die Praxis des Faustballspiels. Vom Schulsport zum Leistungstraining. Celle 1975.
LÖSCHER, A.: Kleine Spiele für Viele. Berlin 1976².
LUKACSY, A.: Spiele aus aller Welt. Kassel 1972.
MAYRHOFER, H. / ZACHARIAS, W.: Neues Spielen mit Kindern. Drinnen und Draußen. Ravensburg 1977.
MEINERTS, E. (Hrsg.): Schuster, Schuster, die Milch kocht über. Hüpfspiele und Hinkelkästchen nicht nur für Kinder. Gütersloh 1973.
MEUSEL, H.: Lauf-, Rauf- und Ballspiele. Frankfurt/M. 1972.
MICHAELIS, H.: Selbstorganisation im Spiel — Einführung ins Mannschaftsspiel in der Primarstufe. In: DIETRICH, K. / LANDAU, G. (Hrsg.): Beiträge zur Didaktik der Sport- und Bewegungsspiele. T. III. Schorndorf 1977, 90—103.
MUCKENHAUPT, M.: Spiele lehren und lernen. Eine Untersuchung zur Lehrkompetenz und Kompetenzerweiterung bei Kindern im Grundschulalter. Tübingen 1976.
OPIE, H. I. u. P.: Children's Games in Street and Playground. London 1970.
PEINEMANN, G.: Spiele im Freien für Gruppe, Schule, Familie. Wolfenbüttel, o. J.
RECLA, J. / HIRSCH, R.: Frohes Spielen. Frankfurt/M. 1974.
REEG, E.: Einführung des Volleyballspiels bei großen Unterstufenklassen. In: Sportunterricht 24 (1975), Beilage, 17—18.
REUSS, P.: Vortaktische Ausbildung in der Primarstufe. In: Praxis d. Leibesüb. 18 (1977), 77.
ROGALSKI, N.: Schülersport — Fußball. Berlin 1975³.
SCHERLER, K.: Die Regelung von Bewegungsspielen als Thema des Sportunterrichts. In: Sportwissenschaft 7 (1977), 341—360.
SCHÜNEMANN, P.: Einführung des Basketballspiels. Schorndorf 1976².
SPRENGER, J.: Sport in der Primarstufe — Theorie und Praxis am Beispiel Mini-Basket-Ball. In: Sportunterricht 25 (1976), 374—375.
SPRENGER, J.: Entdeckendes Lernen — Analyse und Auswertung von Szenen des Spielunterrichts. In: DIETRICH, K. / LANDAU, G. (Hrsg.): Beiträge zur Didaktik der Sport- und Bewegungsspiele. T. III. Schorndorf 1977, 51—64.
STEINHÖFER, D.: Basketball in der Schule. Spielend geübt — übend gespielt. Berlin/München/Frankfurt 1977.
STÖCKER, G.: Schulspiel Basketball — vom Spielen zum Spiel. Schorndorf 1975⁵.
WEIN, H.: Hockey, lernen und lehren. Schorndorf 1977.
WIEMANN, K.: Spielt mit. Frankfurt/M. 1974⁶.

3.2.7 Spielplätze, Turngärten

BENGTSSON, A.: Ein Platz für Kinder. Plädoyer für eine kindgemäße Umwelt. Spielanlagen, Tummelplätze, Abenteuerspielplätze. Wiesbaden/Berlin 1971.
BENGTSSON, A.: Ein Platz für Robinson. Internationale Erfahrungen mit Abenteuerspielplätzen. Wiesbaden/Berlin 1972.
BENGTSSON, A.: The Child's Right to play. Sheffield 1974.
BLECHNER, G.: Der Garten als Kinderspielplatz nach modernen pädagogischen Gesichtspunkten. Wiesbaden/Berlin 1973.
BRACHMANN, K.: Kinderspielplätze. Kritik, Analysen, Zielvorstellungen. Kassel 1974.

Christmann, R. / Herrmann, P. / Schottmayer, G.: Zur Konzeption pädagogisch betreuter Kinderspielplätze. Hamburg 1973.
Dillenburger, H.: Mehr Raum für wilde Spiele. Stuttgart/Salzburg/Zürich 1975.
Dittrich, G. G. (Hrsg.): Kinderspielplätze — Grundlagen, Analysen empirischer Befunde und Planungsempfehlungen. Nürnberg 1974.
Franke, G. (Hrsg.): Schulturngärten. Frankfurt/M. 1961.
Frielinghaus, V.: Dokumentation zum Kinderspielplatz-Recht. In: Vorgänge 11 (1972), 87—96, 182—187, 251—256, 295—296.
Günther-Thoma, K. / Henze, R. / Schönegge, L.: Kinderplanet oder das Elend der Kinder in der Großstadt. Reinbek 1972.
Habbich, C. / Möller, P.: Abenteuerspielplätze. Eine Alternative? In: deutsche jugend 20 (1972), 501—513, 553—557.
Herrmann, P.: Spielplätze in einem kinderfreundlichen Land. In: Westermanns Päd. Beiträge 23 (1972), 415—430.
Höltershinken, D.: Öffentliche Kinderspielplätze in der BRD. In: Westermanns Päd. Beiträge 23 (1972), 86—91.
Hofmann, M.: Der Erzieher im Praxisfeld „Spielplatz". In: Sozialpäd. Blätter 28 (1977), 145—150.
Holme, A. / Massie, P.: Children's Play. A Study of Needs and Opportunities. London 1970.
International Playground Association (Ed.): Schöpferisches Spiel. Bericht der 5. Konferenz der Internationalen Spielplatzvereinigung. Wien 1973.
Kammler, H.: Der Pausenspielhof. — Ein Beispiel sozialen Lernens. Schorndorf 1978.
Krüger, K.-H. / Vogt, H.: Spielplatznot. So helfen Eltern sich und ihren Kindern. Stuttgart 1973.
Maurer, H.: Der Turnspielgarten an Kindertagesstätten, an Schulen, als öffentliche Anlage. Schorndorf 1969.
Mugglin, G.: Freizeitstätten für Kinder und Familien. Zürich 1972.
Neuwirth, W.: Das Spiel im Freien. Überlegungen und Anregungen für eine kindgerechtere Spielplatzgestaltung. In: Unsere Kinder 31 (1976), 88—93, 116—119, 140—142; 32 (1977), 20—23, 46—48.
Schiller-Bütow, H.: Spielplatzbau. Kinder müssen spielen. Hannover/Berlin 1972.
Schottmayer, G.: Aktivspielplätze für unsere Kinder. Zur Konzeption der „betreuten Spielplätze". Bonn 1974.
Schulz-Dornburg, U. / Zimmer, J. / Schneider, M. u. a.: Abenteuerspielplätze. Ein Plädoyer für wilde Spiele. Düsseldorf/Wien 1972.
Spitzer, K. / Janne, G. u. R.: Spielplatzhandbuch. Berlin 1975.
Wohlin, H.: Freiflächen für Kinder. Wo spielen sie morgen? München 1972.
Zündorf, U.: Ene-mene-mu — und wo spielst du? Kinderspielplätze in der Bundesrepublik Deutschland. Düsseldorf 1973.

3.2.8 Wintersport

Combe, L.: Kind und Ski. Derendingen 1974.
Dt. Verband für das Skilehrerwesen (Hrsg.): Skilehrplan 1. Grundschule. München 1975[3].
Eberhardt-Matz, B.: Schüler lernen Skifahren. Schorndorf 1971.
Egan, V. / LaGrand, B.: Cross-Country for the Elementary School. In: Phys. Educator 33 (1976), 192—193.
Friedrich, F. / Gattermann, E.: Jugendgemäße Ski-Grundausbildung. Schorndorf 1969.
Köhler, J.: Schülersport — Eislauf. Schlittensport. Berlin 1975.
Köhler, L.: Skiunterricht — Möglichkeiten und Grenzen einer sportbezogenen Körpererziehung im Vorschulalter. In: Theor. Prax. Körperkult. 20 (1971), 76—80.
Koller, K. / Hoppichler, F.: Früh übt sich. Skilauf spielend gelernt. Salzburg 1974.
Lorenz, S. / Grossmann, G.: Schülersport — Skilauf. Berlin 1975.
Murstad, T. / Wisnis, B.: Wir lernen Skilaufen. Frankfurt/M. 1963.
Ortner, S.: Kinder-Skilauf. In: Leibesüb. Leibeserzieh. 26 (1972), 234—235.
Pudenz, H.: Skilauf in der Schule. Lütjensee 1974.
Recla, H.: Methodische Übungsreihen im Skilauf. Schorndorf 1971.
Schmidt, A.: Eine Klasse treibt Wintersport. Schorndorf 1971.
Ulmrich, E. / Wocheslander, M.: Kinderskilauf. München 1975.
Wocheslander, M.: Kinder laufen leichter Ski. München 1969.
Zebhauser, H. u. M. (Hrsg.) Mit Kindern auf Ski. Anregungen für Eltern. Mannheim 1971.

4. Bibliographische Hilfsmittel zur Erschließung weiterer Literatur (Auswahl)

Arbeitskreis Grundschule (Hrsg.): Bibliographie Grundschule. 2 Bde. Frankfurt/M. 1975.

BIB-Report: Bibliographischer Index Bildungswissenschaften und Schulwirklichkeit. Duisburg 1974 ff.

Bundesinstitut für Sportwissenschaft (Hrsg.): Auswahlbibliographie zum Wissenschaftlichen Kongreß „Der Sport in unserer Zeit — Chancen und Probleme" anläßlich der Spiele der XX. Olympiade in München. Hof 1972.

Bundesinstitut für Sportwissenschaft (Hrsg.): Sportdokumentation. Bad Honnef 1972 ff. Teil A: Literatur der Sportwissenschaft ohne Sportmedizin. 1972 ff. Teil B: Literatur der Sportmedizin. 1972 ff. Teil C: Audiovisuelle Informationsträger. 1976 ff.

Deutsche Hochschule f. Körperkultur Leipzig (Hrsg.): Sportbibliographien. Leipzig 1956 ff.

Deutsches Jugendinstitut (Hrsg.): Spiel im Kindesalter. Dokumentation, Bibliographie. München 1971.

Dokumentationsring Pädagogik (Hrsg.): Bibliographie Pädagogik. München 1966 ff.

Essing, W. / Bertram, W. / Meckbach, C.: Bibliographie zur Psychologie des Sports 1968—1971. Schorndorf o. J. (1972).

Essing, W. / Bertram, W. / Meckbach, C.: Bibliographie zur Psychologie des Sports 1972—1975. Schorndorf 1976.

Essing, W. / Bertram, W. / Meckbach, C.: Monographien, Kongreßberichte und Sammelwerke zur Psychologie des Sports. Schorndorf 1977.

Hase, D. v. / Möller, P.: Thema Spielplatz. Eine kommentierte Bibliographie. München 1976.

Institut für Frühpädagogik (Hrsg.): Bibliographie zur Frühpädagogik. Pullach b. München 1972.

Pädagogischer Jahresbericht. Duisburg 1969 ff.

Olszewski, F.: Bibliographie Vorschulische Erziehung — Elternbildung. Frankfurt/M. 1975.

Schmidt, H. / Lützenkirchen, F. J. (Bearb.): Erziehungswissenschaftliche Dokumentation. Reihe A. Band 10. Bibliographie zur Besonderen Unterrichtslehre. Teil 4. Zeitschriften-Nachweis 1947—1967. Weinheim/Berlin/Basel 1970. Erziehungswissenschaftliche Dokumentation. Reihe B. Band 10. Materialien zur besonderen Unterrichtslehre. Teil 4. Weinheim/Basel 1974.

Weinmann, W.: Vorschulerziehung. Dokumentation, Bibliographie. München 1970^2.

Umfangreiche Hinweise auf weitere Bibliographien finden sich in:

Heidtmann, F.: Wie finde ich sozialwissenschaftliche Literatur? Berlin 1977.

Heidtmann, F.: Wie finde ich pädagogische Literatur? Berlin 1977.

5. Anhang: Zeitschriftenverzeichnis

Ästhetik u. Kommunikation = Ästhetik und Kommunikation. Reinbek.

Anthropologie = Anthropologie. Oosterhout.

Arch. Badewes. = Archiv des Badewesens. Oberstdorf.

Arch. Psychiat. Nervenk. = Archiv für Psychiatrie und Nervenkrankheiten. Berlin.

Archiv für die gesamte Psychologie = Archiv für die gesamte Psychologie. The Hague.

Betr. Erziehung = Betrifft: Erziehung. Weinheim.

Blätter f. Lehrerfortbildung = Blätter für Lehrerfortbildung. München.

Blätter Pestalozzi-Froebel-Verb. = Blätter des Pestalozzi-Froebel-Verbandes. Heidelberg.

Brit. J. phys. Educ. = British Journal of Physical Education. London.

Cognition = Cognition. The Hague.

Dt. Ärztebl. = Deutsches Ärzteblatt. Köln.

Dt. Gesundh.-Wes. = Das Deutsche Gesundheitswesen. Berlin.

deutsche jugend = deutsche jugend. München.

Dt. Schwimmsport = Der Deutsche Schwimmsport. Berlin.

Developmental Psychol. = Developmental Psychology. Washington.

Educ. phys. Sport = Education Physique et Sport. Paris.

Erziehung u. Unterricht = Erziehung und Unterricht. Wien.

Evangelische Kinderpflege = Evangelische Kinderpflege. Witten.

Die Grundschule = Die Grundschule. Braunschweig.

Grundschulmagazin = Ehrenwirth Grundschulmagazin. München.

Heilpäd. Werkblätter = Heilpädagogische Werkblätter. Luzern.

Interchange = Interchange. Toronto.

Internat. J. phys. Educ. = International Journal of Physical Education. Schorndorf.

Internat. Rev. Sport Sociol. = International Review of Sport Sociology. Warschau.

Int. Z. f. angew. Physiol. einschließlich Arbeitsphysiol. = Internationale Zeitschrift für angewandte Physiologie einschließlich Arbeitsphysiologie. Berlin.

J. mot. Behav. = Journal of Motor Behavior. Santa Barbara/USA.

J. phys. Educ. Recreat. = Journal of Physical Education and Recreation. Washington.

Jugend u. Sport = Jugend und Sport. Magglingen.

Kindergarten heute = Kindergarten heute. Freiburg i. B.

Kinderheim = Kinderheim. München.

Körpererziehung = Körpererziehung. Berlin.

D. Körpererz. = Die Körpererziehung. Bern.

Leibeserziehung = Die Leibeserziehung. Schorndorf.

Leibesübungen = Leibesübungen. Celle.

Leibesübungen körperl. Erzieh. = Leibesübungen und körperliche Erziehung. Berlin.

Leibesüb. Leibeserzieh. = Leibesübungen — Leibeserziehung. Wien.

Leichtathletik = Leichtathletik. Berlin.

Leistungssport = Leistungssport. Frankfurt/M.

Med. u. Sport = Medizin und Sport. Berlin.

Neue Erziehung im Kindergarten = Neue Erziehung im Kindergarten. Berlin.

Neue Sammlung = Neue Sammlung. Göttingen.

Neue Wege i. Unterricht = Neue Wege im Unterricht. Bochum.

New Zealand J. Health phys. Educ. Recreat. = New Zealand Journal of Health, Physical Education, and Recreation. Dunedin/ New Zealand.

Österr. J. Sportmed. = Österreichisches Journal für Sportmedizin. Wien.

Pädagogik = Pädagogik. Berlin.

Päd. Welt = Pädagogische Welt. Donauwörth.

Percept. Mot. Skills = Perceptual and Motor Skills. Missoula/USA.

Phys. Educator = The Physical Educator. Indianapolis/USA.

Praxis Kinderpsychol. Kinderpsychiatr. = Praxis der Kinderpsychologie und Kinderpsychiatrie. Göttingen.

Praxis d. Leibesüb. = Praxis der Leibesübungen. Frankfurt/M.

Psychol. Erzieh. Unterricht = Psychologie in Erziehung und Unterricht. München.

Psychologische Forschung = Psychologische Forschung. Berlin.

Psychomotorik = Psychomotorik. Dortmund.

Quest = Quest. Amherst.

Rehabilitation = Die Rehabilitation. Stuttgart.

Res. J. phys. Educ. = Research Journal of Physical Education. Tokio.

Res. quart. = Research Quarterly. Washington/USA.

Rev. Educ. phys. = Revue de l'Education Physique. Brüssel.

Rhythmik i. d. Erziehung = Rhythmik in der Erziehung. Göttingen.

Schule u. Psychol. = Schule und Psychologie. München.

Die Schulwarte = Die Schulwarte. Stuttgart.

Sozialpäd. Blätter = Sozialpädagogische Blätter. Heidelberg.

Sport = Sport. Brüssel.

Sportarzt u. Sportmed. = Sportarzt und Sportmedizin. Köln.

Sportunterricht = Sportunterricht. Schorndorf.

Sportwissenschaft = Sportwissenschaft. Schorndorf.

Theor. Prax. Körperkult. = Theorie und Praxis der Körperkultur. Berlin.

Der Turnwart = Turnen und Sport (TuS). Celle.

Universitas = Universitas. Stuttgart.

Unsere Kinder = Unsere Kinder. Linz.

Die Unterstufe = Die Unterstufe. Berlin.

Vjschr. Heilpädagog. = Vierteljahresschrift für Heilpädagogik und ihre Nachbargebiete. Luzern.

Vorgänge = Vorgänge. München.

Welt d. Kindes = Welt des Kindes. München.

Westermanns Päd. Beiträge = Westermanns Pädagogische Beiträge. Braunschweig.

Wiss. Z. DHfK Leipzig = Wissenschaftliche Zeitschrift der DHfK. Leipzig.

Z. *Entwickl.-Psychol. pädag. Psychol.* = Zeitschrift für Entwicklungspsychologie und pädagogische Psychologie. Göttingen.

Z. *Heilpäd.* = Zeitschrift für Heilpädagogik. Dortmund.

Z. *Pädag.* = Zeitschrift für Pädagogik. Weinheim.

Z. *Psychol.* = Zeitschrift für Psychologie. Leipzig.

Z. *Soziol.* = Zeitschrift für Soziologie. Stuttgart.

Z. *Sportpäd.* = Zeitschrift für Sportpädagogik. Ahrensburg.